Techniques et pratique du staff

Chez le même éditeur

J. Festa, *Techniques et pratique du plâtre*,
Applications traditionnelles et modernes, 1998.

Ecole d'Avignon (centre de formation à la réhabilitation du patrimoine),
Techniques et pratique de la chaux, 2e édition 2003.

J.-P. Roy, J.-L. Blin-Lacroix, *Le dictionnaire professionnel du BTP*, 1998.

Centre historique de Léon, *Taille de la pierre*, 2e édition 2005.

Centre historique de Léon, *La ferronnerie d'art*, 1999.

G. Calvat, *Perspective conique*, 1990.

J.-P. Delpech et Marc-André Figueres, *Le Guide du moulage*, 2001.

D. Weldon, *580 profils de tournage/bois, plâtre, terre*, 2002.

J.-C. Bidaux, *Murs : plâtre, formes et volumes*, 2002.

G. Bidou, *Les bases du tournage sur bois*, 2000.

G. Bidou, *L'art du tournage sur bois*, 2001.

J.-P. Grimaux, *L'Art de la sculpture sur pierre*, 2004.

J. Plowman, *Sculpture, techniques et création*, 2002.

E. Rettelsbuch, *Les styles du mobilier, ornementation et décoration
de l'Antiquité au XXe siècle*, 2000.

J. et L. Coignet, *La maison ancienne : construction, diagnostic, interventions*, 2003.

J.-M. Laurent, *Pierre de taille, restauration de façades, ajout de lucarnes*, 2003.

Gérard Rondeau
Stéphane Rondeau
Maurice Pons

Techniques et pratique du staff

Deuxième édition

EYROLLES

ÉDITIONS EYROLLES
61, bd Saint-Germain
75240 Paris Cedex 05
www.editions-eyrolles.com

© Photos et schémas : Stéphane et Gérard Rondeau.

Le code de la propriété intellectuelle du 1er juillet 1992 interdit en effet expressément la photocopie à usage collectif sans autorisation des ayants droit. Or, cette pratique s'est généralisée notamment dans les établissements d'enseignement, provoquant une baisse brutale des achats de livres, au point que la possibilité même pour les auteurs de créer des œuvres nouvelles et de les faire éditer correctement est aujourd'hui menacée.

En application de la loi du 11 mars 1957, il est interdit de reproduire intégralement ou partiellement le présent ouvrage, sur quelque support que ce soit, sans l'autorisation de l'Éditeur ou du Centre Français d'exploitation du droit de copie, 20, rue des Grands Augustins, 75006 Paris.

© Groupe Eyrolles, 2000, 2005, ISBN 2-212-11546-6

Remerciements

Nos remerciements s'adressent aux entreprises de staff et stuc, aux fabricants et aux fournisseurs qui nous ont permis d'éditer cette nouvelle édition.

Nous souhaitons également remercier ici tous ceux qui de près ou de loin ont aidé à sa réalisation : mon fils Stéphane Rondeau, qui a réalisé environ 120 dessins de cette nouvelle édition et Monsieur Maurice Pons, ancien secrétaire général de la chambre syndicale nationale des entrepreneurs de staff, stuc et activités annexes pour les nombreuses relectures et corrections.

Préface

J'ai toujours voulu défendre le métier de staffeur comme un véritable métier d'art, car l'habileté manuelle et de sérieuses connaissances techniques sont indispensables pour accomplir les multiples ouvrages réalisables en plâtre à mouler.

Les références d'un bon staffeur se mesurent à ses capacités à réaliser la totalité d'un ouvrage, seul ou avec des aides et des apprentis, en ayant comme uniques moyens de base la caisse à outils, les plans et des échafaudages. C'est également l'aptitude à construire soi-même son atelier de fabrication à l'intérieur d'un édifice et à proximité des pièces à réaliser, y faire tous les moules à l'échelle grandeur nature, y faire exécuter les moulages des épreuves et guider la pose parfois à des hauteurs impressionnantes, enfin terminer l'ouvrage dans ses moindres détails.

Les staffeurs de chantier sont capables d'étudier le coût et le déroulement technique d'un projet, de respecter un planning, d'organiser et de conduire une équipe, de monter des échafaudages quelquefois de dix à vingt-cinq mètres de hauteur et d'assurer l'avancement d'un ouvrage en coordination avec les autres corps d'état.

Le staffeur ne fait pas seulement des ornements, voire des rosaces, corniches et bas-reliefs, des balustres ou des statuettes, il peut réaliser le moulage et la pose d'éléments staffés des plus grands édifices en tenant compte d'impératifs relatifs à l'esthétique, l'acoustique, la diffusion des sons, l'incorporation des jeux de lumière, et garantir contre l'incendie des lieux privés et publics.

Cette profession, qui date des années 1830, a largement marqué de son empreinte notre patrimoine immobilier et culturel.

Le staffeur doit avoir acquis une base théorique en dessin d'art et industriel, des notions de géométrie descriptive. Il doit également faire preuve d'agilité et de sensibilité à l'égard du matériau qu'il transforme. Le plâtre à mouler est un partenaire vivant qu'il faut suivre au fur et à mesure de sa cristallisation sans le subir : une grande maîtrise est nécessaire, qui exige discipline et minutie. Faire un travail précis, net et harmonieux avec du plâtre nécessite une expérience de plusieurs années.

Depuis quelques années, le développement industriel a permis à des professions nouvelles de naître en utilisant toutes les possibilités offertes par le travail du plâtre à mouler, jusque dans le domaine où le métal est roi. Ainsi l'industrie automobile fait-elle appel au staff pour étudier des formes de carrosserie en grandeur nature.

De même, l'industrie de transformation des matières plastiques a recours au plâtre comme première étape dans l'établissement et la création de modèles et moules destinés à être reproduits en métal fondu, et servant soit à l'injection, soit au soufflage, soit au formage sous vide des matières plastiques.

Les techniciens chargés de l'étude de nouveaux appareils ménagers ou industriels désirent également juger l'aspect en volume de leurs créations. Là encore, le modèle en plâtre intervient comme maquette grandeur nature susceptible d'être retouchée et modifiée jusqu'à l'obtention de la forme désirée.

De nouveaux débouchés sont offerts à notre profession ayant comme point commun l'utilisation d'une même matière : le plâtre à mouler.

Ce métier attire les jeunes car il permet un épanouissement et donne bien des satisfactions ; leur travail est visible et particulièrement mis en évidence puisqu'il est décoratif. Le lycée polyvalent du Domaine du Gué-à-Tresmes, à Congis-sur-Thérouanne (Seine-et-Marne), compte parmi les formations qu'il offre aux jeunes gens, garçons et filles, les préparations au CAP de staffeur-ornemaniste (niveau V) et au brevet des métiers d'art volumes : staff et matériaux associés (niveau IV).

M. Gérard Rondeau, professeur au lycée polyvalent à Congis, a, dans sa nouvelle édition *Techniques et pratique du staff*, fait largement le point sur la connaissance et la pratique du savoir-faire de ce métier.

Je souhaite que son ouvrage reçoive l'attention qu'il mérite, qu'il suscite l'intérêt d'une nombreuse audience et qu'il participe, par sa contribution, à la culture technique, à la promotion de la profession et des personnes qui la pratiquent.

Pierre Stenger,
président de la chambre syndicale nationale
des entrepreneurs de staff, stuc et activités annexes.

Avertissement

Tous les termes techniques non définis dans le cours du texte font l'objet d'un lexique en fin d'ouvrage (annexe n° 6, p. 311).

Table des matières

Remerciements V

Préface VII

Avertissement IX

Avant-propos XIX

CHAPITRE 1
– INTRODUCTION –

Historique 1
    Étymologie 1
    L'Antiquité 1
    Le Moyen Âge 2
    Du XVIe au XIXe siècle 2
    Aux XIXe et XXe siècles 2

Outils 3
    Outillage 3
    Affûtage 4
    Vérification d'un niveau à bulle, d'une équerre 4

Les matériaux employés par le staffeur 6
    Le plâtre 6
    Les autres matériaux 8

CHAPITRE 2
– NOTIONS DE GÉOMÉTRIE –

Courbes usuelles 9
    Ove 9
    Ovales au tiers et au quart 10
    Ellipse 11

SURFACES COMPLEXES	13
Cercle	13
Polygone	14
VOÛTES EN OGIVE	15
MOULURES	16
RÉDUCTION OU AGRANDISSEMENT D'UNE MOULURE	17
Réduction ou agrandissement proportionnels	17
Réduction ou agrandissement en largeur ou en hauteur	18
RÉALISATION D'UN RELEVÉ DE COURBE, DE PLAN, DE DÉTAIL D'ÉLÉMENT	18
ÉCHELLES	21
Échelles employées dans le gros œuvre et le second-œuvre	21
Échelles, représentation de 1,00 m	21
Échelle des triangulations	22
DÉFORMATION DESCRIPTIVE	22
PROJET ET MISE AU PLAN EN ARCHITECTURE	23
PRINCIPAUX TRACÉS PERSPECTIFS	24
Perspective cavalière	24
Perspective axonométrique	25
Perspective conique	27
BASES DE LA DESCRIPTIVE	44
Formats du dessin	44
Signes conventionnels	44
Représentation et disposition d'un volume sur le plan	45
Sections et coupes	46
Cotation	48
Mise en page	48
Hachures	51
Ombres à 45°	52
RÉALISER UN RACCORDEMENT	52
Raccordement d'une ligne droite et d'une ligne courbe	52
Raccordement d'une ligne droite à deux lignes courbes	53
Raccordement de deux courbes	54
Raccordement de trois courbes	55

Réaliser un raccordement mixtiligne ou curviligne	57
Raccordement mixtiligne	57
Raccordement curviligne	58
Réaliser une spirale ou une volute	59
Spirales	59
Volute	62
Réaliser une section biaise ou oblique	64
Relever un profil de corniche	64
Division d'une droite, de droites parallèles ou perpendiculaires	66
Division d'une droite en n parties égales	66
Droites parallèles	66
Droites perpendiculaires	67
Tracés d'angles, ajouts d'angles	69
Tracés d'angles	69
Ajouts d'angles	71
Réaliser une coupe à 45°	71
Dans le sens de la largeur sur une moulure	71
Dans le sens de la hauteur sur une moulure	73
Dans le sens de la largeur sur une corniche	74

CHAPITRE 3
– TECHNIQUES DE BASE –

La recette d'un staffeur	79
Préparation du plâtre à mouler	80
Divers dosages	80
Gâchage et adjuvantation	80
Plan de travail	81
Confection des calibres	82
Fabrication du support	82
Épure du profil	82
Fabrication du calibre	82
Enchâssement du calibre	84
Enchâssement du calibre pour traînage sans noyau	84

Enchâssement du calibre pour traînage sur noyau d'approche du profil 87
Enchâssement d'un calibre à double ou triple profil pour traînage sur noyau 89

QUELQUES ASSEMBLAGES 90
Astuces indispensables 90
Réaliser un modèle de base de colonne 93
Réaliser un modèle de socle à base carrée 95
Réaliser un modèle de chapiteau corinthien 96

CHAPITRE 4
– TECHNIQUES DE TRAÎNAGE –

FABRICATION DES TRAÎNEAUX 99
Fabrication du traîneau droit 99
Fabrication d'un traîneau circulaire avec point de centre extérieur au traînage 102
Fabrication d'un traîneau circulaire avec pivot 107
Fabrication d'un traîneau circulaire sur tour de potier 110
Fabrication d'un traîneau dans un moule hémisphérique ... 111
Fabrication d'un traîneau d'angle ou traîneau de cornière .. 112
Fabrication de traîneau sur plaque et sur forme 113
Fabrication d'un traîneau articulé circulaire 114
Fabrication d'un traîneau à la broche 115
Fabrication d'un traîneau en balançoire 117
Traîneau pour colonne torsadée 118

TECHNIQUES DE TRAÎNAGE 119
Traînage sans noyau 119
Traînage avec noyau 121
Traînage avec noyau et double profil lisse 122
Traînage feuilleté 122
Traînage d'un moule à pièce traînée 125
Traînage sur un premier profil 126
Traînage circulaire 127
Traînage d'un moule de coupole 129
Traînage sur tour de potier 130
Traînage par traîneau en balançoire 131
Traînage avec traîneau à glissière 133

Traînage à main levée 137
Cas particuliers 139

CHAPITRE 5
– LES MOULES –

Les moules à creux perdus 149
   Les moules à creux perdus sur bas-relief 149
   Les moules à creux perdus sur ronde-bosse 150
   Creux perdus sur modèles naturels 153

Les bons creux 154
   Moule à pièces se déplaçant (cas particulier) 154
   Bon creux de pièce avec portée 155
   Bon creux à deux enveloppes 156
   Bon creux à une enveloppe 163
   Plusieurs sortes de bons creux 164
   Cas particuliers 165

Moule en terre à modeler réalisé par estampage 171
   Estampage sur bas et sur haut-relief 171
   Estampage sur ronde-bosse 174

Moules souples 176
   Le choix de l'élastomère 176
   Isoler le modèle 176
   Calculer la quantité nécessaire d'élastomère à couler ou estamper 177
   Les composés vinyliques (Vinamold) 178
   Les élastomères thermodurcissables, vulcanisant à température ambiante 178
   Moule souple à deux enveloppes 185
   Principe du moule mère 192
   Moule souple à une enveloppe 193
   Moule en bateau 194
   Estamper 195
   Faire un moule souple à deux coquilles sur la main d'une personne 197

L'alginate 200
   Mouler en alginate la tête d'une personne ou le visage d'un enfant . 200
   Couler de l'alginate dans un négatif en bateau 206
   Autres exemples de moulage à l'aide d'alginate 207

Moule en latex	207
Le latex	207
Quelques astuces	208
Mouler le latex	210

CHAPITRE 6
– LES TECHNIQUES DE MOULAGE –

Moulages en plâtre	213
Quelques astuces	214
Moulages à la volée (ou à la bocalette)	214
Moulage en deux parties	216
Moulage classique	216
Moulage au pistolet	219
Moulage en plâtre cellulaire	224
Travaux de stuc	225
Les stucs	225
Les techniques	225
Les applications	227
La restauration	229
Moulage en stratifié polyester	229
Le stratifié polyester	229
Les méthodes de mise en œuvre	230
Le *gel coat* polyester	230
Les mastics et enduits	231
Les renforts	231
Les charges	231
Les armatures	232
Les moules	233
Les démoulants	233
Quelques astuces	234
Stockage du liant et de l'armature	235
Matériel	235
Moulage stratifié au contact avec un moule en plâtre	236
Réaliser une chape en stratifié polyester	241
Réaliser une épreuve en polyester dans un moule fermé	242

Colorer et peindre la résine	243
Compatibilités et incompatibilités	243

RÉSINES DE COULÉE 243

MOULAGE EN PÂTE ÉPOXY 246
    Mouler un modèle de voiture 246

MOULAGE EN LATEX ET MOUSSE DE LATEX 248
    Le latex 248
    Mousse de latex expansive 250
    Astuces 252
    Peindre la mousse de latex 252

MOULAGE EN MOUSSE DE POLYURÉTHANNE RIGIDE OU SOUPLE 253
    Mouler dans un négatif ouvert 253

CHAPITRE 7
– LES TECHNIQUES DE POSE –

POSE D'UNE CORNICHE 257
    Implantation et ancrage 257
    Fixation 258

POSE D'UN PLAFOND SUSPENDU 261
    Les méthodes traditionnelles 261
    Pose d'un plafond suspendu plat en staff ou faux plafond 262
    Plafond suspendu à plaques modules démontables 267
    Pose d'un plafond suspendu à caissons 268

POSE D'UNE COUPOLE 268
    Pose d'une petite coupole (au-delà de 1 m de diamètre) 268
    Pose d'une coupole moyenne (au-delà de 3 m) 269
    Pose d'une grande coupole (au-delà de 6 m) 269

POSE VERTICALE 270
    Mise en place provisoire de tous les éléments 270
    Mise en place définitive 270

QUELQUES OUVRAGES SPECTACULAIRES EN STAFF 271

CHAPITRE 8
– LE MODELAGE –

Le matériau	275
L'outillage	275
Les supports et les armatures	277
La pédagogie du modelage	277
La progression du modeleur	279

CHAPITRE 9
– IMITATIONS –

Techniques et procédés	281
Donner l'apparence du vieux bois sculpté	281
Obtenir l'aspect d'un granit gris ou rose	281
Imiter le fer forgé	282
Donner l'impression de l'ivoire	282
Produire un reflet de bronze	283
Technique de la gomme-laque	284
Bronze barbedienne	284
Autres exemples	285

CHAPITRE 10
– DE L'AMATEUR AU PROFESSIONNEL –

Des exercices pour les jeunes	289
Des travaux plus sophistiqués	290

ANNEXES

Annexe 1 • Les écoles de staff	295
Annexe 2 • Quelques personnalités du staff	303
Annexe 3 • Liste des fournisseurs et sociétés	305
Annexe 4 • Adresses utiles	307
Annexe 5 • Bibliographie	309
Annexe 6 • Lexique	311

Avant-propos

Nous avons entrepris de réaliser cet ouvrage tout d'abord parce que nous enseignons le staff et ses techniques. Or nous découvrons quotidiennement que nos élèves manquent de supports explicatifs écrits auxquels ils pourraient se référer et, par conséquent, d'un manuel de technologie exhaustif.

Nous l'avons entrepris aussi parce que les nombreuses méthodes de ce métier sont encore dispersées, empiriques, parfois archaïques, transmises par le seul hasard du travail sur le terrain, et qu'il nous a semblé utile de les regrouper et d'en faire une somme didactique.

Il nous a paru également qu'une profession comme celle-ci ne pouvait réellement progresser sans une organisation, une coordination et un développement rationnels de sa théorie. C'est ainsi que nous avons été conduit, avec nos élèves d'abord, dans le cours de cet ouvrage ensuite, à employer (et donc souvent à créer) un vocabulaire précis qui n'existait jusqu'alors qu'à l'état embryonnaire. Pour la première fois, les staffeurs disposeront d'un lexique de leur métier.

Enfin et surtout, nous avons recherché à servir l'avenir de cette profession, un avenir auquel nous croyons. Employé dans les domaines de la construction, de l'industrie, de la décoration et du loisir, le staff n'a cependant pas encore la place exacte qu'il devrait occuper.

• Il fournit à des entreprises du BTP plafonds plats, moulurés, à caissons, hémisphériques, corniches et rosaces de plafonds, mais aussi cheminées de style, modernes, fonctionnelles ou décoratives, ouvrages réalisés sur le chantier ou assemblés par éléments préfabriqués glissés dans des profilés selon des techniques éprouvées.

• Également liés au BTP, ce sont encore les motifs décoratifs réalisés en staff, qu'il s'agisse de décors de salles de théâtre ou de cinéma, d'aménagements intérieurs tels que bibliothèques, niches, modules de boutique et restaurant, bas-reliefs, hauts-reliefs, copies de rondes-bosses originales, etc. On peut envisager sans crainte de réaliser en staff des sièges non modulés s'intégrant à un décor de même matériau. Les perspectives sur ce point sont loin d'être épuisées.

• Dans l'industrie, le staff peut être souvent un support du maquettiste. Sur un modèle en plâtre peuvent être réalisées des épreuves en ciment ou en plastique.

• En matière de loisirs, enfin, le staff offre de larges horizons pour le moulage, le modelage, l'estampage, etc.

Ce qui apparaît d'une manière générale, c'est l'ignorance dans laquelle les possibilités du staff sont tenues. En dehors de Paris et du sud de la France, le métier est pratiquement inconnu dans notre pays.

Techniques et pratique du staff

Même s'il doit concurrencer des gens de professions annexes, fabricants de lattis, fabricants de plafonds en briques ou plâtriers, on doit reconnaître que ce n'est pas sans raison. Sa grande souplesse d'emploi et d'adaptation mérite d'être reconnue, d'autant qu'il s'agit là d'une technique liée directement aux formes, aux volumes, aux modules, donc à l'esthétique.

En un temps où, comme dit le poète, « on détruit la beauté pour faire surgir la laideur », il y a quelque fierté et quelque honneur à militer pour une profession qui sait unir l'utilitaire et le goût. Le staff n'est pas l'ennemi du plastique, il est simplement son concurrent, mais c'est un concurrent qui a toutes les chances de son côté : ses qualités d'ignifuge, d'isolant thermique et phonique, son grain particulier, son éclat. Il lui manque simplement des campagnes d'information, des efforts de formation et les secours de la mode.

Puisse cet ouvrage aider à le faire mieux connaître, à le faire mieux enseigner et à en répandre les utilisations.

1 · Introduction

Historique

■ Étymologie

Le mot « staff » dériverait de l'allemand *staffieren* (garnir, orner) ou du français ancien *estofer*, (étoffe) ; le mot stuc dériverait du mot allemand *stuki* (croûte), devenu en italien *stuco*. L'avaient précédé en Grèce le mot *komania*, et à Rome l'expression opus *albarium*.

■ L'Antiquité

Le staff a eu pour précurseur le stuc, qui était à l'origine un mélange de chaux éteinte, de travertin et de poudre de marbre blanc.
Il y a environ 5 000 ans, les Égyptiens l'employèrent pour recouvrir les pyramides. De même, les Grecs, les Romains et les Arabes l'utilisèrent pour parementer la pierre ou pour préparer les surfaces murales destinées à recevoir des fresques, comme à Pompeï, à l'Alhambra de Grenade, etc.
Les techniques de travail du stuc remontent aux temps les plus reculés. Les dix livres d'architecture de Vitruve, les textes de Pline et de Tertullien, les *Dossiers d'archéologie*[1], les communications récentes du centre universitaire de Dijon[2] sur les techniques gréco-romaines révèlent que nombre des procédés expliqués dans le présent ouvrage existaient déjà chez les bâtisseurs romains et gallo-romains.
Nous avons relevé, entre autres, une technique de mouluration, une technique d'estampage d'un motif donnant des griffons par empreinte à l'aide d'un moule creux, un emploi de plâtre pur et non en mélange, une fabrication de cimaise modelée, tirée avec un profil en bois glissé, l'existence de calibres pour les moulures avec noyaux d'ébauche, d'approche de profil (ou calibre en bois), puis traînage définitif avec second calibre (en fer) adapté sur le premier calibre en bois. De nos jours, les gypsiers traînent toujours les

---

1. N° 25, novembre/décembre 1977.
2. Publication n° 7-1977, Michel Frizot : *Stucs de gaule et des provinces romaines. Motifs et techniques*.

corniches au plafond à l'aide d'un traîneau guidé sur la retombée par une règle fixée provisoirement à la hauteur désirée.

■ Le Moyen Âge

Le stuc disparaît à cette époque, comme la plupart des techniques. Il faut attendre le XIVe siècle pour que l'Italien Margaritone le redécouvre.
On cite généralement le nom de Giovanni da Fiesole, dit Fra Angelico (1384-1455), comme l'artisan de sa rénovation. Le stuc s'impose à la Renaissance, notamment grâce à l'édification des Loges du Vatican, et apparaît en France après les guerres d'Italie, grâce aux Italiens Le Rosso (1494-1540) et Le Primatice (1504-1570), appelés par François Ier pour décorer le château de Fontainebleau.

■ Du XVIe au XIXe siècle

Le stuc connaît une brillante fortune à l'époque baroque. Il orne le Louvre sous la direction de Pietro Sanso. Il décore le pavillon d'Amalienburg à Nymphenburg (Munich), l'église de Vierzenhnheiligen (Bavière), le palais d'Hiver de Saint-Pétersbourg.
Mais c'est à Versailles qu'il connaît son grand règne avec des décorations murales à relief sur fond blanc telles qu'on en retrouve dans le vestibule et les appartements de Louis XIV et de la reine. Les grands sculpteurs Pigalle (1714-1785), Falconet (1716-1791) et Coustou (1716-1777) ont travaillé le stuc et ont porté son utilisation à la perfection.

■ Aux XIXe et XXe siècles

La Révolution française ayant appauvri les particuliers, pour restaurer les appartements détruits les décorateurs se tournent naturellement vers des matériaux moins coûteux. C'est d'abord le carton-pierre, apparu en 1817, mélange de papier de soie bouillie, de colle de peau versée à chaud et de blanc de Meudon (craie) ayant la consistance d'une pâte homogène. Au besoin, on lui adjoint une armature en fils de zinc. Difficile à conserver entre des chiffons mouillés, à pétrir et utiliser, le carton-pierre est remplacé en 1850 par le staff. Mélange de plâtre et de filasse sur une armature de bois ou de métal, ce sont les premiers moulages de corniches du Français Mézier qui imposent le staff en France. Dès lors, l'emploi du staff se développe rapidement. On en fait une utilisation intensive et variée à l'Exposition de 1889 à Paris, à l'Exposition Universelle de 1900 à Paris, à l'Exposition Coloniale de 1931 à Vincennes (on y voyait une reproduction en staff du temple d'Angkor), à l'Exposition Internationale de 1937. Sa vogue la plus grande correspond à la Belle Époque où il n'était point de construction sans staff : salles de spectacles, balcons des théâtres, corniches des appartements, décorations des grands magasins, salles à manger, halles, jardins d'hiver des hôtels particuliers, etc.
Sans perdre pour autant sa valeur décorative, par exemple dans les décors de cinéma, le staff suit aujourd'hui l'évolution de l'industrie et de la construction moderne.

Outils

■ Outillage

La figure 1.1 présente l'outillage de base du staffeur, qu'il faut compléter par la scie, le réglet, le mètre, le crayon, etc.

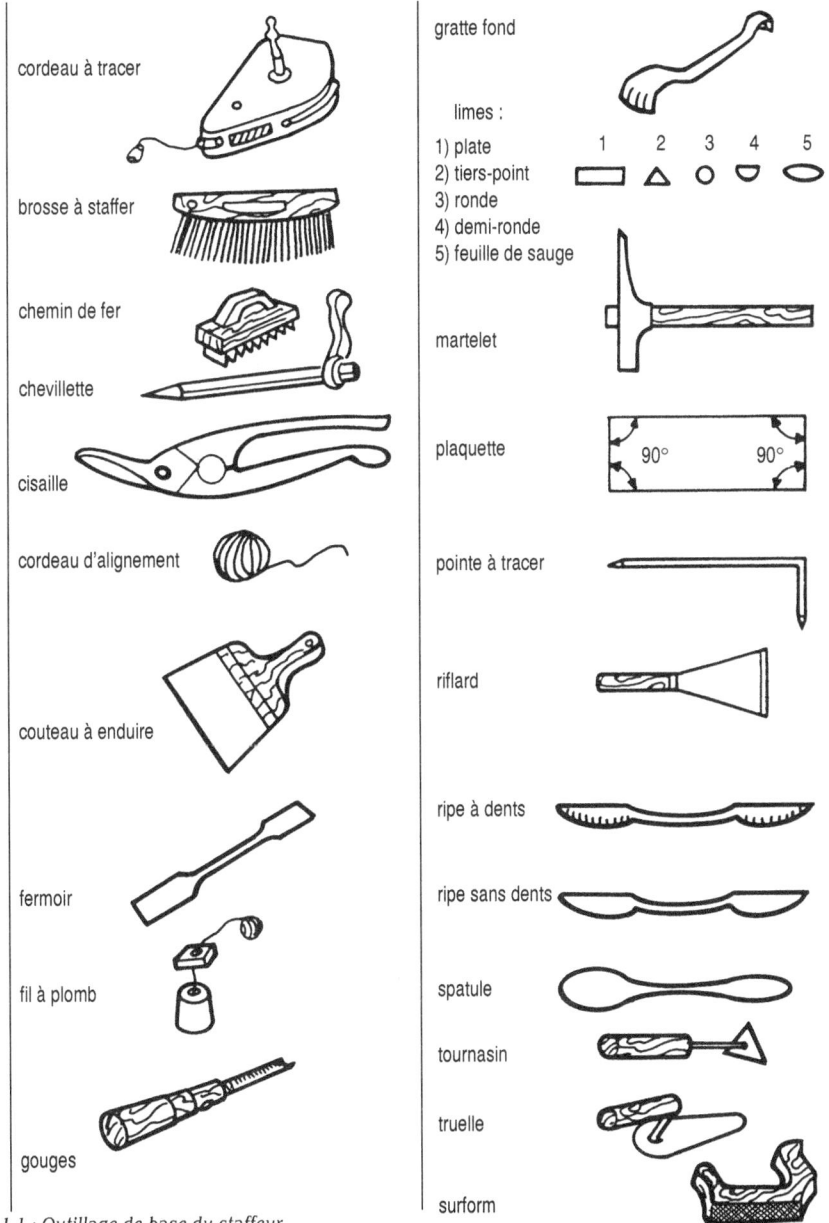

Figure 1.1 : Outillage de base du staffeur

En matière d'outillage, le staffeur est souvent amené à faire preuve d'initiative, d'invention et d'imagination. Le besoin de grattoirs et d'ergots aux formes adaptées à des modelés spécifiques, des conditions particulières de traînage ou de pose conduit à créer son propre outillage.

a : plaquette
b : fermoir

▪ Affûtage

La minutie avec laquelle doivent être réalisés coupes, polissages, modelés et finitions exige l'utilisation d'outils en parfait état et très bien entretenus (fig. 1.2).

Les techniques d'affûtage sont les mêmes que celles qu'utilise le menuisier, par exemple l'affilage au tiers-point ou à la lime plate (fig. 1.3), l'affinage à la pierre à l'huile, à l'affûtoir ou au papier abrasif fin.

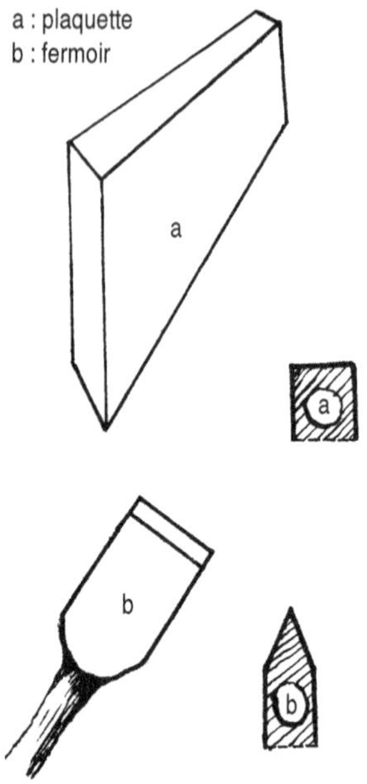

Fig. 1.2 : Affûtage des outils du staffeur

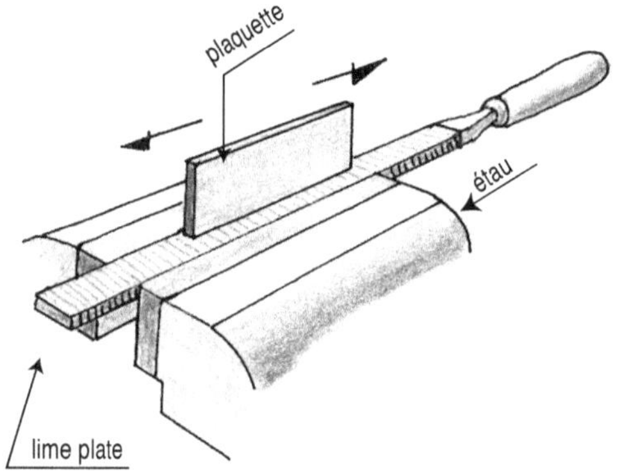

© = tiers-point

Fig. 1.3 : Affilage à la lime plate

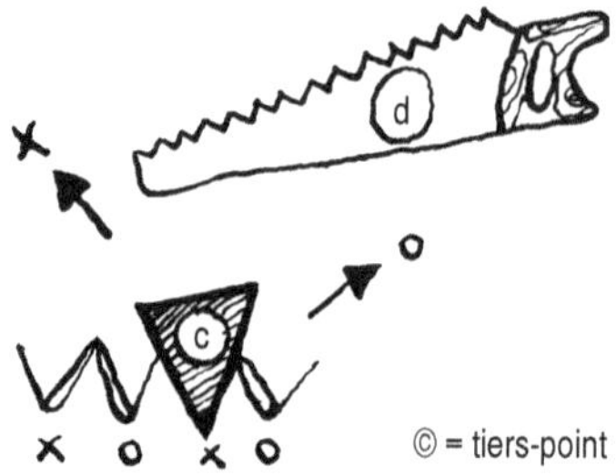

Fig. 1.4 : Affilage au tiers-point

Il faut veiller particulièrement à l'entretien des plaquettes (couteau à enduire, etc.), des fermoirs (riflard, etc.) et des scies. Pour affûter une scie, après avoir serré la scie entre deux planches, il convient de limer une dent sur deux avec un tiers-point, d'abord sur un côté, puis sur l'autre (fig. 1.4). Ensuite, il faut redonner de la voie avec un tourne-à-gauche ou une clef à avoyer.

▪ Vérification d'un niveau à bulle, d'une équerre

a/ *Vérifier un niveau à bulle*

Un niveau permet de délimiter et de contrôler l'horizontalité ou la verticalité d'une droite ; il est composé de deux éléments essentiels :

- le fût, dont la base, appelée semelle, doit être parfaitement plane ;
- les éléments en résine transparente, indicateurs de niveau, dans lesquels sont incorporées les fioles remplies d'alcool où se déplace une bulle d'air (fig. 1.5).

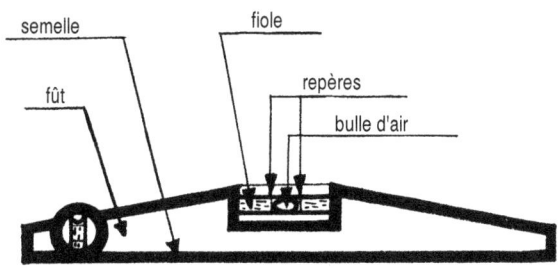

Fig. 1.5 : Composition d'un niveau à bulle

Pour vérifier la précision d'un niveau, il faut :
- appliquer le niveau en position horizontale contre un mur ;
- tracer une droite d'un bout à l'autre de la semelle (fig. 1.6a) ;

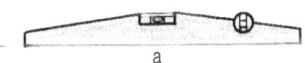

Fig. 1.6 : Positionnement du niveau
a. Tracer une droite d'un bout à l'autre de la semelle.
b. Retourner le fût.

- retourner le fût (fig. 1.6b) : la bulle d'air doit se positionner de nouveau entre les deux repères indiqués sur la fiole ;
- opérer de la même manière pour vérifier la verticalité (fig. 1.7a et b) ;
- si nécessaire, corriger le niveau de la moitié de l'écart observé, à l'aide des vis.

b/ Vérifier une équerre

L'équerre permet de tracer et de contrôler un trait perpendiculaire à une droite. Pour vérifier la précision d'une équerre, il suffit de tracer une droite verticale (fig. 1.8a), de retourner l'équerre et de s'assurer qu'elle est parallèle à cette droite (fig. 1.8b).

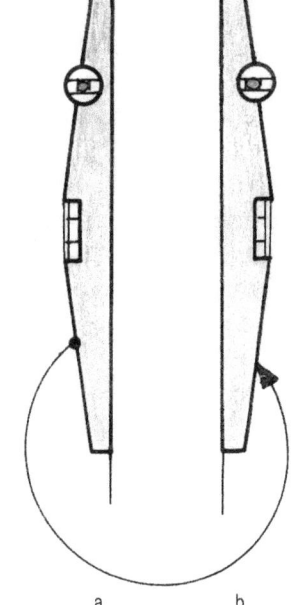

Fig. 1.7 : Vérification de la verticalité du niveau

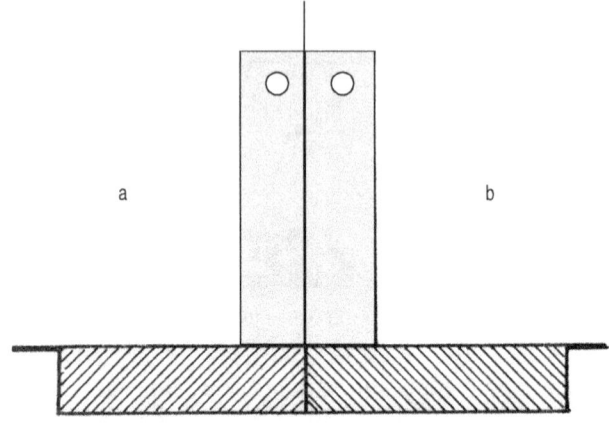

Fig. 1.8 : Vérification d'une équerre

Les matériaux employés par le staffeur

■ Le plâtre

Matière première constitutive de tout élément en staff, le plâtre est un matériau essentiel qu'il convient de connaître et de choisir parfaitement.

a/ Historique

Connu depuis la plus haute antiquité[1], le plâtre est très rapidement utilisé pour des applications variées : enduits muraux (comme à Catal Hüyük), moulages et poteries (Jéricho), stucs (pyramide de Gizeh) et, plus récemment, supports de fresques (Rome) et sarcophages moulés (époque mérovingienne).
Théophraste, dans son *Traité de la pierre*, décrit dès le IVe siècle avant J.-C. les carrières, la cuisson et même la possibilité de réemploi du plâtre par une nouvelle cuisson.
Au Moyen Âge, les plâtriers y sont réunis avec les tailleurs de pierre et les maçons. Le plâtre est utilisé pour la réalisation d'enduits sur clayonnage – murs constitués d'une couche de plâtre appliquée sur un treillage en bois – et pour de nombreux éléments décoratifs.
Louis XIV décrète en 1667 que, pour protéger Paris contre les incendies, les maisons seront dorénavant enduites de plâtre « tant dedans que dehors ». Cette décision a notamment permis de sauver le dôme des Invalides lors de l'incendie de 1938, soit deux siècles et demi plus tard !

---

[1]. Dès le IXe millénaire en Turquie et en Syrie.

Paradoxalement, les premières études scientifiques ne datent que de la fin du XVIIIe siècle. Réalisées par Lavoisier, elles portent sur les phénomènes d'hydratation. Les unités industrielles n'apparaissent qu'au début du XIXe siècle lorsque les carrières parisiennes sont abandonnées et que s'ouvrent les grandes carrières du nord-est et du nord-ouest parisien, encore exploitées de nos jours.

b/ *Composition chimique*

D'origine minérale, le plâtre est issu du gypse, roche cristalline sédimentaire de la famille des évaporites. Formé par dépôts au fond de bassins sédimentaires dès le précambrien, le gypse se présente sous des formes physiques très variées, mais toujours avec une cristallisation correspondant à un système monoclinique.

Chimiquement, le gypse est un sulfate de calcium hydraté ($CaSO_4$, $2H_2O$). Sa déshydratation partielle ou totale, par cuisson, est le principe de base de la fabrication des plâtres. Ainsi, on obtient principalement :

– le *semi-hydrate* ($CaSO_4$, $1/2H_2O$) à recristallisation rapide (2 heures), qui entre dans la composition de tous les plâtres, mais est surtout une matière première de tous les plâtres de moulage sous des formes ß (cristal poreux) et α (cristal compact à haute dureté) ;
– le *surcuit* ($CaSO_4$) à cristallisation très lente (7 jours) qui, mélangé au semi-hydrate, est utilisé dans les plâtres destinés à la construction ;
– l'*anhydre soluble* ($CaSO_4$, $2H_2O$), que les fabricants évitent de produire car sa cristallisation très rapide (quelques minutes) est la cause de l'extrême réactivité des plâtres frais : l'anhydre soluble se transforme spontanément en semi-hydrate en présence de vapeur d'eau atmosphérique, c'est pourquoi on utilise une « caisse à plâtre » dans les ateliers de staff.

En ajoutant l'eau de gâchage, l'utilisateur permet aux éléments déshydratés de se transformer à nouveau en « gypse », forme stable des plâtres pris.

c/ *Fabrication*

La cuisson du plâtre est restée très empirique jusqu'au début du XXe siècle. Les divers procédés consistaient à cuire au charbon de bois des blocs de gypse que l'on broyait ensuite. Les granulats obtenus étaient plus ou moins tamisés selon leur utilisation.

Aujourd'hui, les industriels obtiennent avec précision les phases d'hydratation décrites ci-dessus, puis réalisent des mélanges en fonction des applications, ce qui permet d'obtenir des plâtres de plus en plus adaptés à l'utilisation visée.

Les procédés de cuisson sont très divers. Ainsi, on distingue :
– la cuisson à feu direct dans des fours rotatifs : la flamme est dans le four au contact du gypse ;
– la cuisson à feu indirect dans des fours rotatifs (la source de chaleur est située à l'extérieur du four), mais aussi dans d'autres dispositifs tels que fours-marmites, broyeurs cuiseurs, lits fluidisés, vis holoflites ;

– la cuisson par voie humide pour la fabrication du semi-hydrate α en autoclave (sous pression de vapeur d'eau) ou en solution saline, procédé souvent appliqué aux gypses synthétiques.

Le plâtre étant employé pour de multiples applications, les fabricants proposent aujourd'hui des produits très diversifiés. Taux de gâchage, temps et cinétique de prise, granulométrie et propriétés mécaniques sont adaptés très précisément aux différentes utilisations.

Pour le staffeur, il convient de choisir un plâtre de moulage qui apporte à la pièce la finesse souhaitée (finition), les performances mécaniques désirées (dureté de surface), ainsi qu'une mise en œuvre adaptée au rendement visé. Les plâtres utilisés dans la composition du staff sont définis par la norme NF B 12-302, *Plâtres à mouler pour staff*, de juin 1982, qui décrit précisément les différentes propriétés requises des plâtres utilisés dans la fabrication du staff.

■ Les autres matériaux

Le staffeur utilise également les produits suivants :
– l'alun de potassium, sulfate d'aluminium et de potassium hydraté que l'on trouve à l'état naturel ; il est utilisé comme durcisseur des plâtres ;
– les élastomères thermodurcissables, qui vulcanisent à température ambiante sous l'action d'un catalyseur ; à usage unique, on les utilise lorsque l'on souhaite obtenir une grande quantité de moulages ;
– les élastomères thermoplastiques, qui allient les propriétés élastiques des élastomères et la facilité de mise en œuvre des matières plastiques.
– la gomme-laque, produit de sécrétion fourni par une petite cochenille d'Inde ou d'Indochine. La gomme-laque est utilisée en préparation (5 cm^3 de gomme-laque pour un litre d'alcool environ) servant de bouche-pores aux modèles en plâtre à reproduire ;
– l'huile de démoulage, toujours choisie parmi les huiles végétales, en particulier l'huile de colza ;
– le jute, espèce végétale indienne, et le sisal, fibre textile du Mexique et du Soudan, avec lesquels est fabriquée la filasse ;
– le savon noir*, obtenu par empâtage d'huiles végétales (navette, colza, œillette) avec des lessives de potasses. Le savon noir sert à boucher les pores du plâtre avant le moulage.
– le staffeur utilise également des fibres de verre (100 g/m^2), des fils de verre coupés, des billes de polystyrène, des dispersants, des fluidifiants, des adjuvants acryliques, des hydrofuges, de la stéarine (graisse extraite du suif), du zinc en feuilles de 0,58 mm d'épaisseur, du talc, de la craie de Briançon, ou stéatite, etc.

2. Notions de géométrie

Le staffeur est souvent amené à utiliser les courbes usuelles qui sont des figures géométriques que l'on rencontre couramment en architecture et en décoration intérieure. Il convient donc d'en étudier les méthodes de construction.

Courbes usuelles

Certaines courbes semblent avoir une forme similaire ; il est cependant nécessaire de les étudier séparément afin de les distinguer.

■ Ove

L'ove est une courbe classique. Ornement en forme d'œuf déjà utilisé en architecture et en orfèvrerie par les Grecs et les Romains.

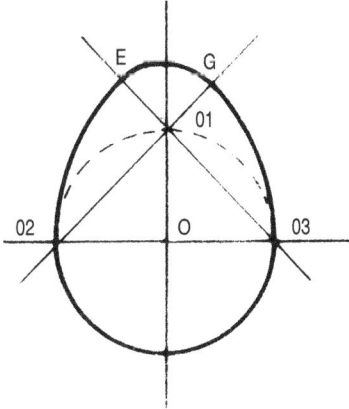

Fig. 2.1a : Ove dont le petit axe est connu :
Tracer une droite horizontale puis sa perpendiculaire passant par le point O. Tracer le cercle de rayon OO2 Recoupant la droite verticale passant par le point O en O1. Tracer la droite O3E passant par O1, faire de même pour la droite O2G. De O3 comme point de centre, tracer l'arc de cercle O2E de rayon O3 O2. De O2 comme point de centre, tracer l'arc de cercle O3G de rayon O2 O3. De O1 comme point de centre, tracer l'arc de cercle EG de rayon O1E.

Techniques et pratique du staff

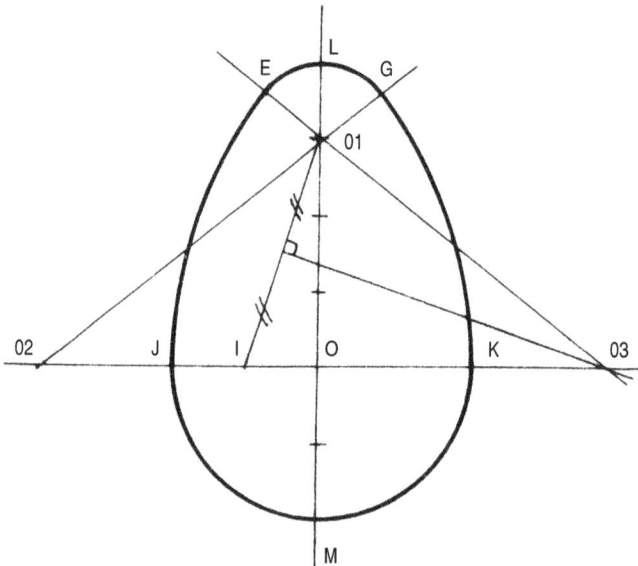

Fig. 2.1b : Ove dont les deux axes sont connus :
Tracer une droite horizontale puis sa perpendiculaire passant par le point O. Déterminer les points JKLM connus. Repérer le rayon O1L en sachant que sa longueur est égale à un sixième du segment de droite LM. Tracer le point I (O1L = JI). Tracer le segment de droite IO1. Tracer une droite perpendiculaire à IO1 en son milieu recoupant la droite horizontale passant par O en O3 (O3J = O2K). Tracer les droites O3E et O2G passant par O1. De O comme point de centre, tracer les demi-cercles de rayon OJ. De O3 puis O2 comme point de centre, tracer les arcs de cercles JE et GK. De O1 comme point de centre, tracer l'arc de cercle EG.

▪ Ovales au tiers et au quart

Ces figures se tracent au compas.

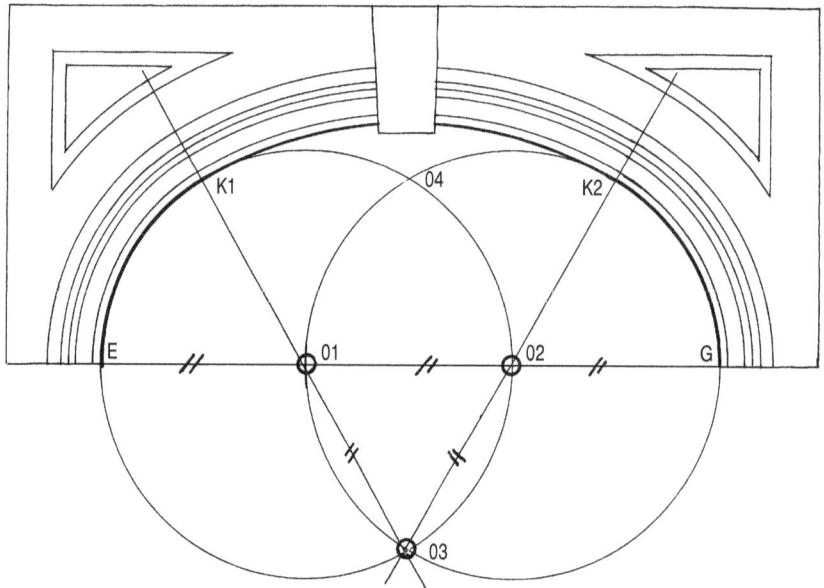

Fig. 2.2a : Traçage d'une courbe ovale au tiers

Diviser EG en trois parties égales, tracer ensuite les cercles de centres O_1 et O_2, de rayon EG/3. Ces deux cercles se coupent aux points O_3 et O_4. La droite (O_3O_1) coupe le cercle de centre O_1 en K_1 ; la droite (O_4O_2) coupe le cercle de centre O_2 en K_2. Tracer l'arc de cercle de rayon O_3K_1 entre K_1 et K_2.

Notions de géométrie

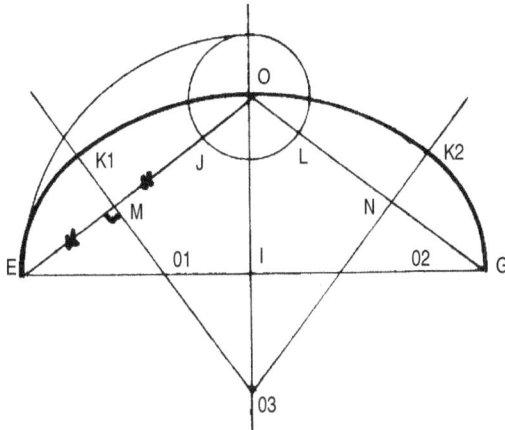

Fig. 2.2b : Traçage d'une anse de panier dont les deux axes sont connus
Une anse de panier est indifféremment un demi-ovale ou une demi-ellipse. Diviser EG en deux parties égales. EI et IG. Tracer le segment de droite OI que l'on prolonge perpendiculairement à EG. De O comme centre, tracer un cercle de rayon EI-IO. Tracer les segments de droite EO et OG. Tracer les droites perpendiculaires à M et N milieux de EJ et de LG qui recoupent le segment de droite EG en O1 et O2, points de centre des rayons O1E et O2G ainsi que la demi-droite Ox en O3 point de centre du rayon O3K1. Tracer les arcs de cercle EK1 et K2G en partant des points de centre O1 et O2 et l'arc de cercle K1 K2 en prenant pour centre O3.

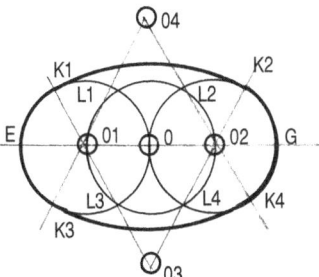

Fig. 2.2c : Traçage d'une courbe ovale au quart
Diviser EG en quatre parties égales, tracer ensuite les cercles de centres O, O_1 et O_2, et de rayon EG/4. Ces cercles se coupent aux points L_1, L_2, L_3 et L_4. Les droites (O_1L_1) et (O_2L_2) se coupent au point O_4 ; les droites (O_1L_3) et (O_2L_4) se coupent au point O_3. Tracer l'arc de cercle K_1K_2 de rayon O_3, K_1, et l'arc de cercle K_3K_4 de rayon O_4, K_3.

■ Ellipse

Plusieurs méthodes permettent de tracer une ellipse, à savoir :
– à l'aide d'un cordeau, par la méthode dite du jardinier (fig. 2.3a) ;
– à main levée, après l'établissement de points de repère (fig. 2.3b, 2.4 et 2.5) ;
– ou encore avec un ellipsographe (fig. 2.6).

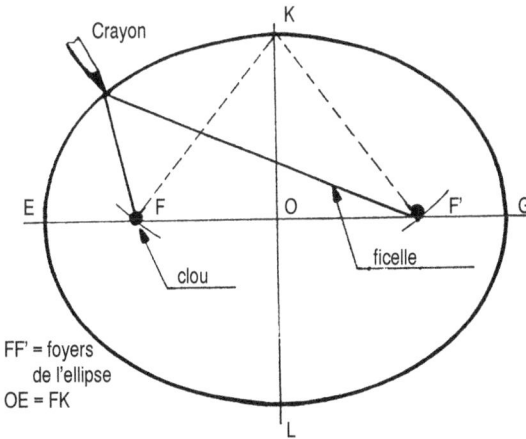

Fig. 2.3a : Traçage de l'ellipse par la méthode dite du jardinier
Prendre un compas d'ouverture OE. Placer la pointe du compas en K et tracer deux arcs de cercle qui coupent le segment (EG) aux points F et F' : ce seront les foyers de l'ellipse à venir.
Planter un clou en F et F', puis fixer une ficelle à la base de ces clous dont la longueur est le périmètre du triangle FKF'. Tendre la ficelle à l'aide d'un crayon en E et tracer la demi-ellipse EKG. Effectuer la même opération pour ELG, afin de tracer l'ellipse entière.

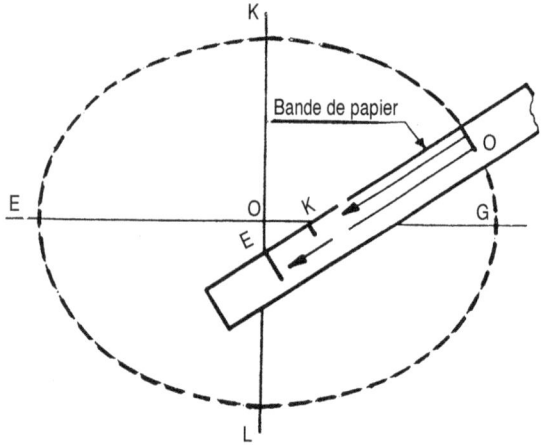

Fig. 2.3b : Traçage de l'ellipse par le procédé de la bande de papier
Tracer OK puis OE sur le papier, KE représente la différence entre OK et OE. Déplacer simultanément les points K sur le grand axe et E sur le petit axe afin d'établir une multitude de points à l'aide de O. Les relier entre eux pour obtenir l'ellipse.

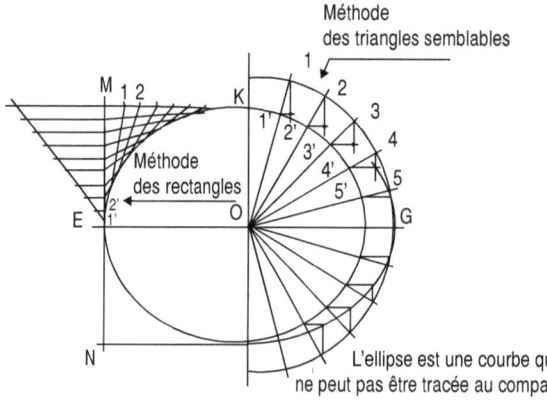

Fig. 2.4 : Traçage de l'ellipse par la méthode des rectangles
Diviser un même nombre de fois le petit côté ME et le grand côté MK du rectangle MKOE. Joindre ensuite les points E et 1, puis 1' et 2, 2' et 3, 3' et 4, 4' et 5, 5' et 6, 6' et 7, 7' et 8, 8' et K. Tracer le quart de l'ellipse. Répéter les mêmes opérations pour obtenir l'ellipse.

Fig. 2.5 : Traçage de l'ellipse par la méthode des triangles semblables
Tracer deux cercles concentriques de rayon OK et OG. Faire un même nombre de divisions sur chaque quart de cercle. Descendre les verticales 1, 2, etc. du grand cercle ; tracer les horizontales 1', 2', etc. du petit cercle. L'intersection des horizontales et des verticales donne les points qu'il suffit de prolonger pour obtenir l'ellipse.

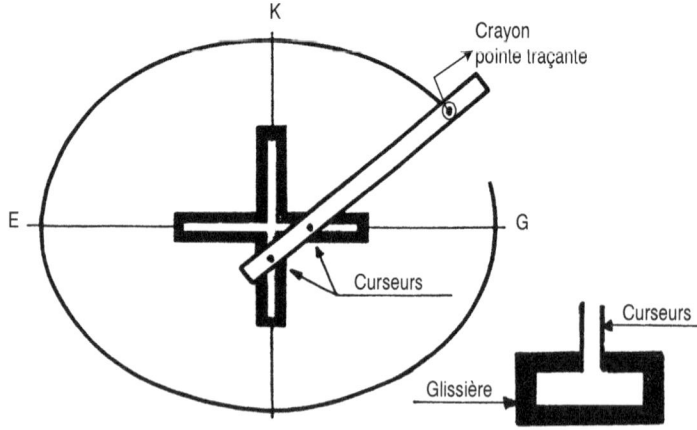

Fig. 2.6 : Traçage de l'ellipse avec un ellipsographe
La technique est identique au procédé de la bande de papier (fig. 2.3). K et E sont les curseurs coulissant dans deux glissières perpendiculaires, O est le crayon de l'ellipse à tracer.

Surfaces complexes

■ Cercle

Il est utile de savoir retrouver le centre d'un cercle pour réaliser la coupe d'une moulure par exemple. Plusieurs outils peuvent être utilisés, et notamment :
- le compas à crayon (fig. 2.7) ;
- deux cordes (fig. 2.8) ;
- un guide (fig. 2.9).

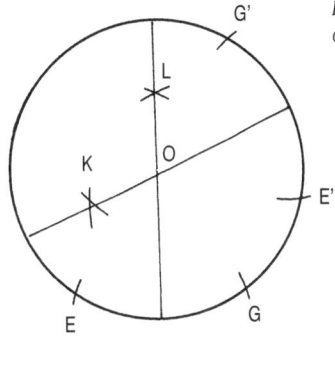

Fig. 2.7 : Retrouver le centre d'un cercle avec un compas à crayon

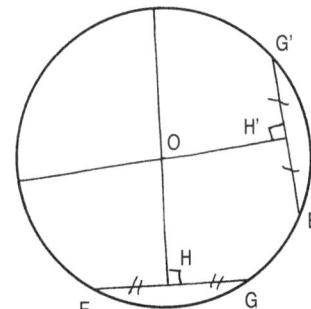

Fig. 2.8 : Retrouver le centre d'un cercle à l'aide de deux cordes
Tracer les cordes EG et E'G'. Remonter les perpendiculaires H au milieu de EG et H' au milieu de E'G'. Le recoupement de H et H' donne le centre du cercle O.

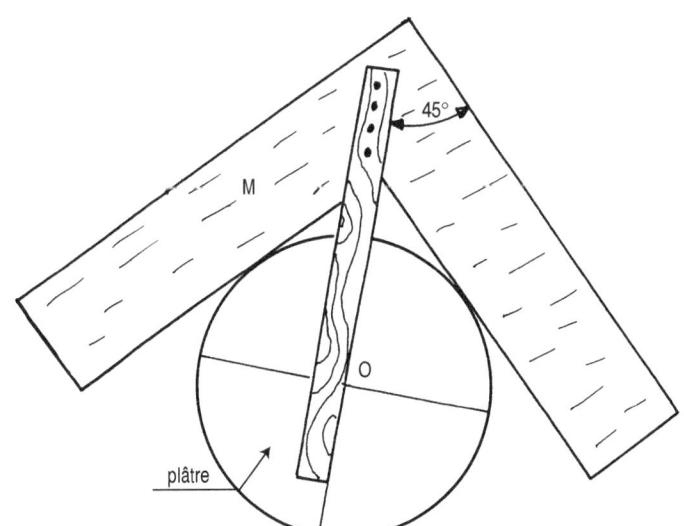

Fig. 2.9 : Retrouver le centre d'un cercle à l'aide du guide
Découper une équerre en bois M à l'angle de laquelle sera clouée une latte formant un angle de 45° par rapport à ses côtés. Positionner l'angle de l'équerre M sur le côté d'un plateau circulaire en plâtre (par exemple) et tracer une première, puis une deuxième droite. Le recoupement des deux droites détermine le centre du cercle O.

Polygone

On distingue le polygone irrégulier dont les côtés sont inégaux, le polygone régulier, inscriptible dans un cercle, dont les côtés sont égaux, à savoir : le triangle équilatéral, à trois côtés (fig. 2.10), le carré, à quatre côtés (fig. 2.11), le pentagone, à cinq côtés (fig. 2.12), l'hexagone, à six côtés (fig. 2.10), l'heptagone, à sept côtés (fig. 2.13), l'octogone, à huit côtés (fig. 2.11), l'ennéagone, à neuf côtés (fig. 2.14), et le décagone à dix côtés (fig. 2.12).

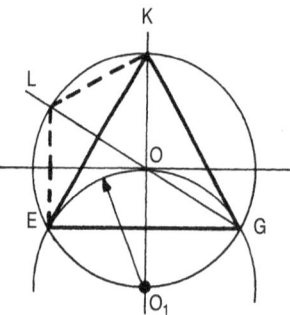

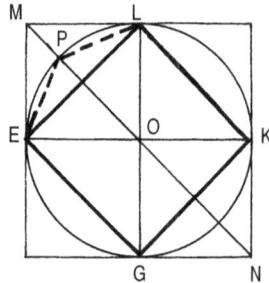

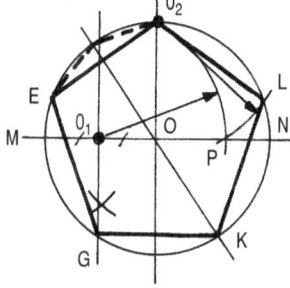

Fig. 2.10 : Triangle équilatéral - hexagone
Pour le triangle équilatéral : tracer un cercle de centre O. Élever les perpendiculaires passant par O. De O_1, tracer un arc de cercle de rayon O_1O qui recoupe le cercle en EG. Joindre les points EGK formant le triangle équilatéral.
Pour l'hexagone, tracer la droite GO coupant le cercle en L. KL représente l'un des côtés de l'hexagone.

Fig. 2.11 : Carré - octogone
Pour le carré : tracer un cercle de centre O. Élever les perpendiculaires EKLG passant par O. Joindre les points EKLG afin d'obtenir le carré.
Pour l'octogone : tracer la diagonale MON coupant le cercle en P. LP représente l'un des côtés de l'octogone.

Fig. 2.12 : Pentagone - décagone
Pour le pentagone : tracer un cercle de centre O. Élever les perpendiculaires passant par O. Diviser OM par deux pour obtenir O_1. Du point O_1, tracer un arc de cercle de rayon O_1O_2 coupant MN en P. Du point O_2, tracer un arc de cercle de rayon O_2P coupant le cercle en L. O_2L représente l'un des côtés du polygone.
Pour le décagone : tracer les diamètres à partir des points O_2, L, K, G et E jusqu'à ce qu'ils coupent le cercle en cinq points supplémentaires. Tracer les 10 côtés du décagone entre les points précités et les nouveaux points obtenus.

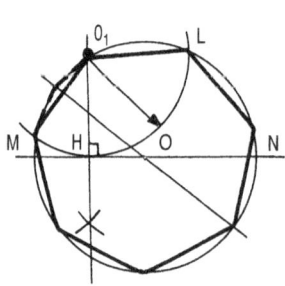

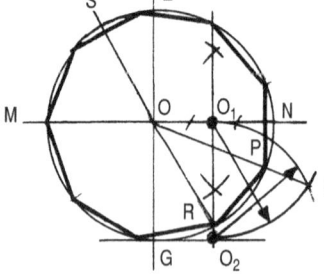

Fig. 2.13 : Polygones à sept et quatorze côtés
Tracer un cercle de centre O. Tracer la droite horizontale MN passant par O. Monter la perpendiculaire H = MO/2 coupant le cercle en O_1. O_1H représente l'un des côtés de l'heptagone.

Fig. 2.14 : Polygones à neuf et dix-huit côtés.
Tracer un cercle de centre O. Tracer les perpendiculaires MN et EG passant par O. Tracer une perpendiculaire à ON/2 coupant le cercle en R et la ligne horizontale passant par G en O_2. Tracer deux arcs de cercle de rayon O_1O_2 se coupant en L. Tracer la droite LO coupant le cercle en P. PR représente l'un des côtés de l'ennéagone.

Notions de géométrie

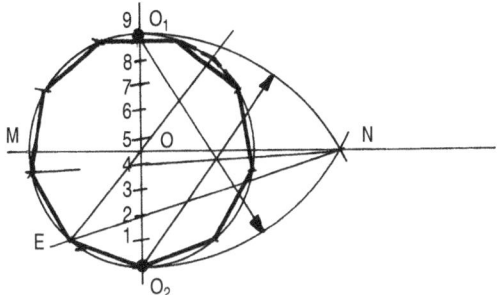

Fig. 2.15 : Polygone à n côtés - neuf divisions en exemple.
Tracer le cercle de centre O. Tracer les perpendiculaires MN et O_1O_2 passant par O. Diviser O_1O_2 en neuf parties égales. Tracer deux arcs de cercle de rayon O_1O_2 coupant le cercle en E. Répéter l'opération (N4, etc.) ou reporter huit fois le côté O_2E obtenu.

Voûtes en ogive

En architecture, les parties supérieures des ouvertures telles les portes et les fenêtres ont varié suivant les époques. Par exemple, nous pouvons citer :
- le plein cintre (fig. 2.16) et l'arc brisé à l'époque romane (fig. 2.17) ;
- les ogives parfaite (fig. 2.18) et aiguë à l'époque gothique (fig. 2.19), les ogives quinte-point (fig. 2.20) et à contre-courbure à la Renaissance (fig. 2.21).

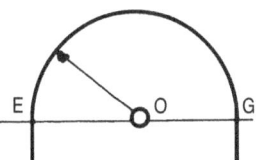

Fig. 2.16 : Plein cintre

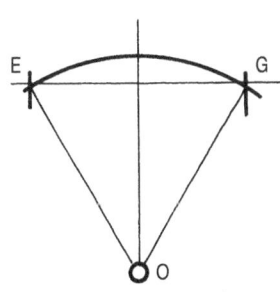

Fig. 2.17 : Arc brisé

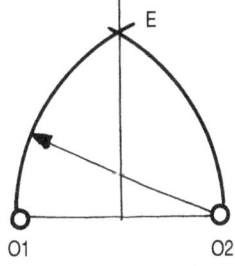

Fig. 2.18 : Ogive parfaite

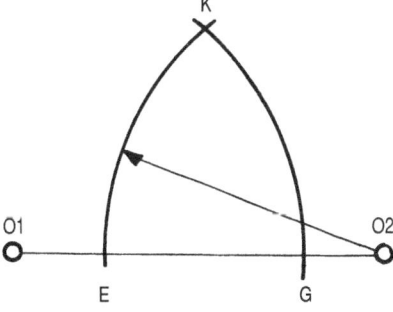

Fig. 2.19 : Ogive aiguë

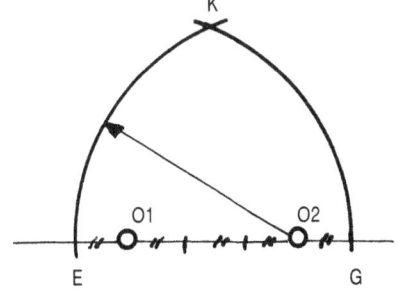

Fig. 2.20 : Ogive quinte-point

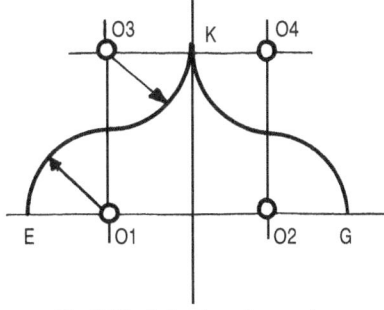

Fig. 2.21 : Ogive à contre-courbure

Techniques et pratique du staff

Moulures

Une moulure est une saillie à profils variés, une ornementation architecturale réalisée en staff ou menuiserie dans le but d'enrichir l'aspect d'une pièce, d'une porte, d'une serrure, d'un cadre, etc. (fig. 2.22).

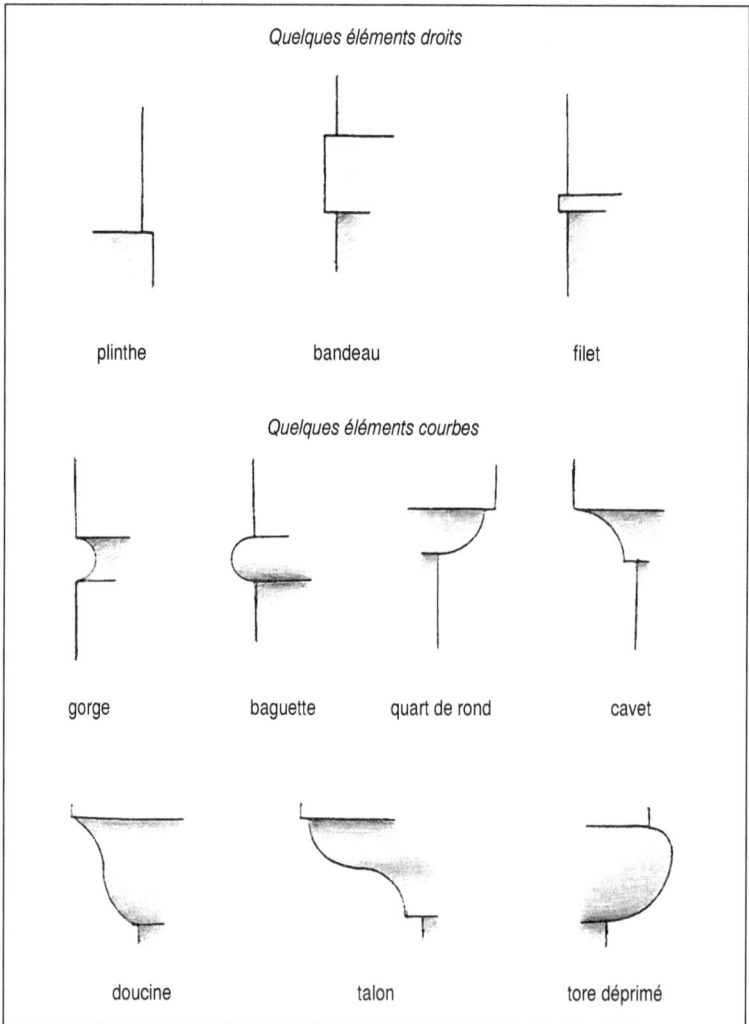

Fig. 2.22 : Différents types de moulure

Il existe différents modèles de moulure :
- en architecture : dans les temples grecs et les palais florentins ;
- en staff : les décors d'intérieur, les corniches, etc. ;

Notions de géométrie

- en menuiserie : les lambris, les portes moulurées, les panneaux décoratifs des intérieurs du XVIIe siècle ;
- en serrurerie : les serrures des grands hôtels des XVIIe et XVIIIe siècles, des façades de magasins du XXe siècle ;
- en céramique : les cadres pour photographies.

Réduction ou agrandissement d'une moulure

▪ Réduction ou agrandissement proportionnels

Une moulure peut être réduite ou agrandie selon sa hauteur et sa largeur au moyen de deux méthodes :
- la méthode des faisceaux convergents (fig. 2.23a et b) ;
- la méthode des rectangles (fig. 2.23c).

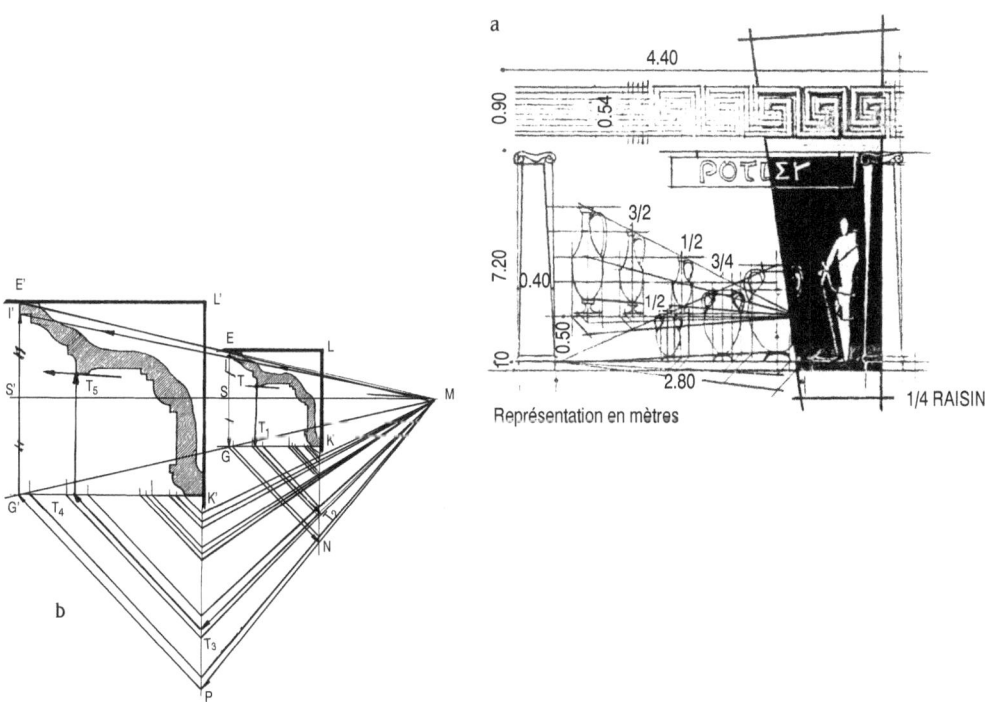

Fig. 2.23a et b : Méthode des faisceaux convergents

Descendre une verticale EG correspondant à la hauteur de la moulure (ici une corniche à reproduire à l'échelle 2/1). Tracer une horizontale GK égale à la largeur de la moulure. Tracer une parallèle à GK passant par le milieu de EG sur laquelle sera déterminé un point quelconque M (point de fuite de tous les faisceaux convergents). Tracer la droite KN perpendiculaire à GK (GK = KN). Tracer et prolonger les droites ME, MG et MN. Tracer le cadre E'G'K'L' en procédant comme pour EGKN (E'G' = 2 EG, etc.). Partant de T, prolonger la droite MT qui sera recoupée dans le cadre E'G'K'L' par le cheminement des flèches T1, T2, T3 et T4 pour obtenir T5.

17

Techniques et pratique du staff

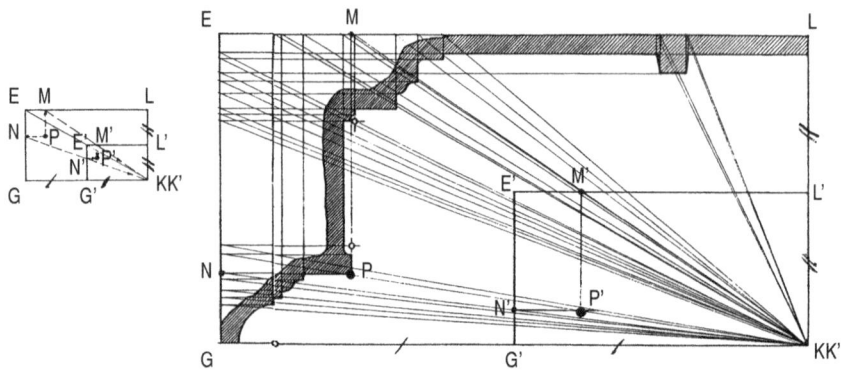

Fig. 2.23c : Méthode des rectangles

Inscrire la moulure dans un rectangle EGKL (ici une corniche à reproduire à l'échelle 1/2). Tracer le rectangle EGKL. Les points K et K' sont confondus (E'G'K'L' = EGKL/2). Prenons l'exemple d'un point P à reproduire dans le petit rectangle : tracer les perpendiculaires coupant EG en N et EL en M, joindre MKK' coupant E'L' en M' et NKK' coupant E'G' en N', tracer enfin les droites perpendiculaires partant de N' et de M' se coupant en P'. Opérer de même pour la recherche de tous les points permettant la reproduction de la section de la corniche à l'échelle demandée.

▓ Réduction ou agrandissement en largeur ou en hauteur

La moulure peut être réduite soit en largeur (fig. 2.24), soit en hauteur (fig. 2.25), c'est-à-dire qu'une seule dimension est réduite.

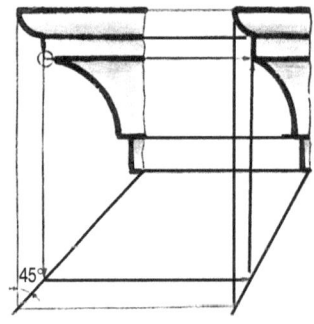

(les hauteurs ne changent pas)

Fig. 2.24 : Réduction en largeur

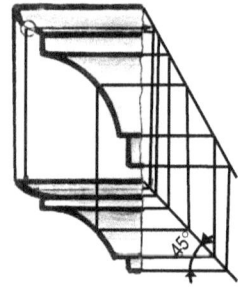

(les saillies ne bougent pas)

Fig. 2.25 : Réduction en hauteur

Réalisation d'un relevé de courbe, de plan, de détail d'élément

Pour effectuer le relevé d'une courbe concave ou convexe, on peut procéder comme suit :
- tracer une droite horizontale RS ;
- diviser cette droite en parties égales (les divisions seront très rapprochées lorsque la courbe est prononcée et plus espacées lorsque la courbe se rapproche de la ligne droite) ;

Notions de géométrie

- tracer ensuite des lignes verticales perpendiculaires à la droite horizontale jusqu'à leur intersection avec la courbe ; à chaque intersection, positionner sur la courbe les points A, B, C, D, etc. ;
- relever les cotes, par exemple : A4,8 = 0,3 cm ; N17,8 = 10,6 cm (fig. 2.26).

A $4^8 = 0^3$
B $5^8 = 0^5$
C $6^8 = 0^{76}$
D $7^8 = 1^8$
E $8^8 = 1^5$
F $9^8 = 20^8$
G $10^8 = 2^6$
H $11^8 = 3^9$
I $12^8 = 4^1$
J $13^8 = 5^1$
K $14^8 = 6^3$
L $15^8 = 7^9$
M $16^8 = 9^4$
N $17^8 = 10^6$
O $18^8 = 11^6$
P $19^8 = 12^3$

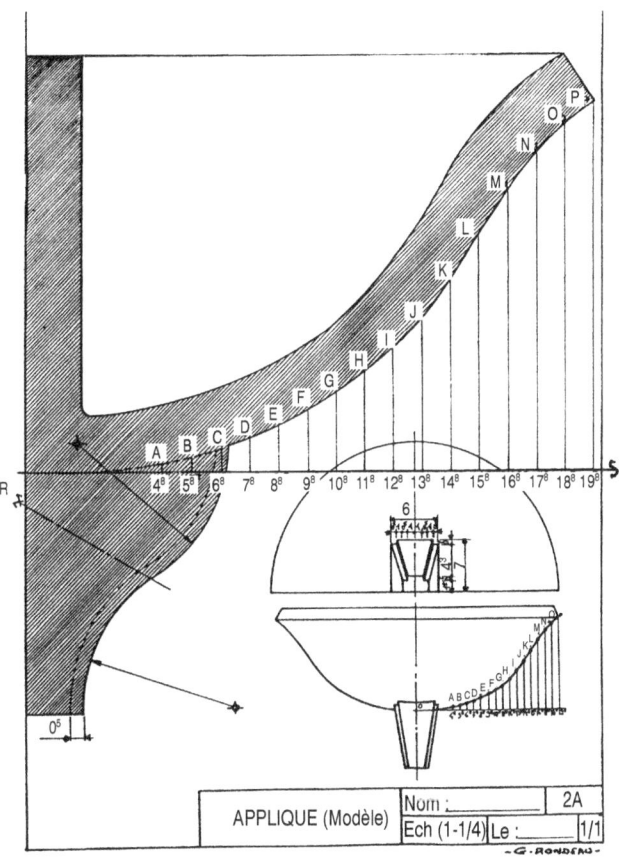

Fig. 2.26 : Le relevé d'une courbe

Pour réaliser un projet quelconque en décoration d'intérieur, il est nécessaire de mesurer avec une extrême précision les parties existantes. Il est recommandé de coter les parties solides : murs, conduits de cheminée, etc. sans tenir compte des surfaces de revêtements factices : cloison ou pile de staff, etc.

Un relevé peut comprendre des plans, des coupes, des élévations et des détails. Il permet :
- de déterminer les besoins en quantité de matériaux ;
- d'établir pour le client un devis estimatif ;
- de repérer les moyens d'accès au chantier ;
- de réaliser le plan définitif.

Techniques et pratique du staff

Pour mesurer correctement les dimensions d'une pièce, on peut procéder comme suit :
- prendre les mesures des murs, cloisons, etc. ;
- déterminer les angles ;
- si la pièce à mesurer n'est pas à l'équerre, il convient de trianguler, c'est-à-dire de mesurer la distance qui sépare un angle de celui qui lui est opposé (fig. 2.27a) ;
- comparer les cotes de détails aux cotes principales (fig. 2.27b) ;
- mesurer la hauteur moyenne sous plafond au centre de la pièce.

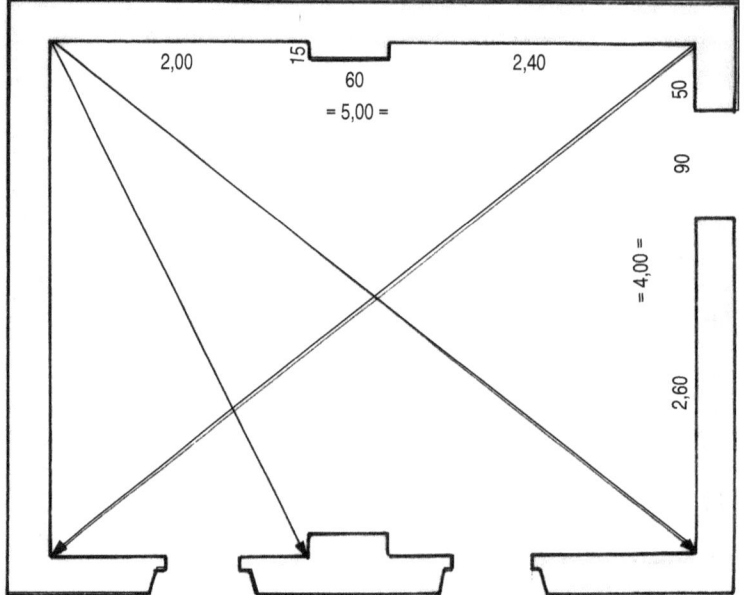

Fig. 2.27a : Le relevé d'un plan - triangulation d'une pièce

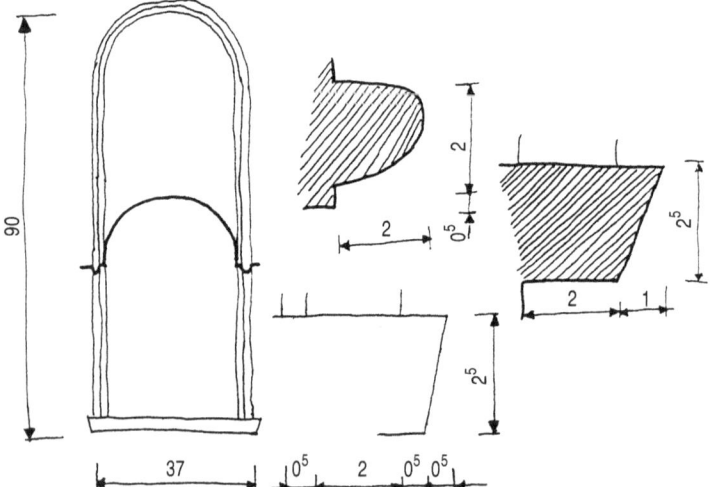

Fig. 2.27b : Comparaison des cotes de détail avec les cotes principales

Notions de géométrie

Échelles

▪ Échelles employées dans le gros œuvre et le second-œuvre

Le plan de situation localise l'emplacement d'un projet dans une zone assez large, à l'échelle de 1/2 000 ou 1/5 000.
Le plan de masse situe la construction projetée par rapport aux limites du terrain, à l'échelle de 1/200 ou 1/500.
Pour obtenir une première ébauche, sans trop de détails, de l'ouvrage à réaliser, l'avant-projet est exécuté avant le plan final à l'échelle de 1/50, 1/100 ou encore de 1/200.
Le plan d'exécution est le plan final qui sera fourni à l'appui de la demande de permis de construire à l'échelle de 1/50 ou 1/100.
Les détails sont représentés à l'échelle de 1/1, 1/2, 1/10 ou 1/20 ou encore à l'échelle de 1,5 etc.

▪ Échelles, représentation de 1,00 m

L'utilisation d'une échelle graphique permet d'obtenir directement une cote demandée à cette échelle sans avoir à faire de conversion. Exemple : pour 10 cm à l'échelle 1/5, je lis 10 et je vérifie (cette mesure représente bien 2 cm à l'échelle).

Fig. 2.28 : Échelles, représentation de 1,00 m

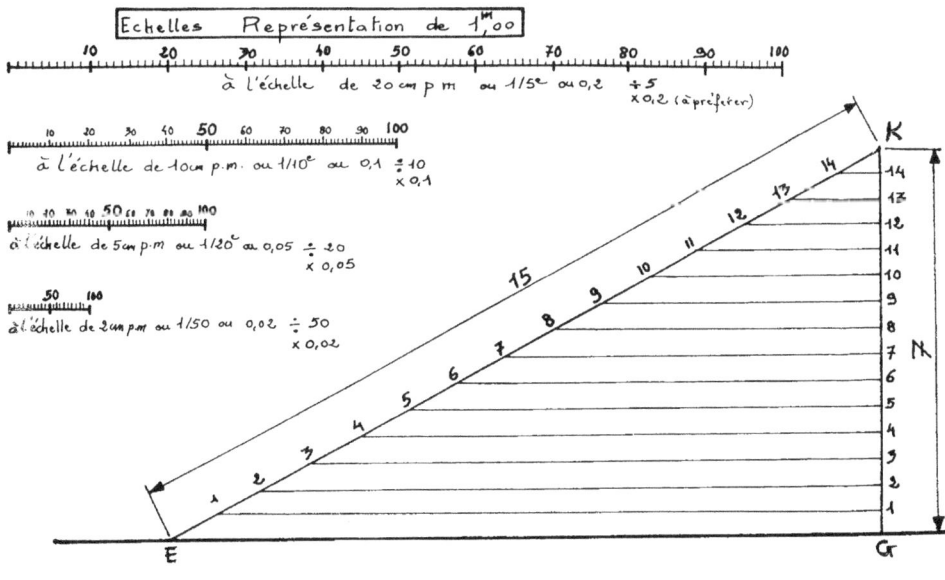

Fig. 2.29 a : Échelle des triangulations

Techniques et pratique du staff

■ Échelle des triangulations

Prenons pour exemple la réduction d'un dessin dans la proportion $7/15^e$. Tracer une ligne horizontale quelconque. De G, tracer la droite GK = 7 cm perpendiculairement à cette ligne. De K comme centre, ouverture 15 cm, couper la ligne horizontale en E. Diviser EK en 15 parties égales. Reporter chaque division parallèlement à EG en GK. Les $7/15^e$ de la cote E_2 seront G_2 (fig. 2.29 a).
Autre exemple : utiliser le même procédé pour réaliser une perspective axonométrique (fig. 2.29 b).

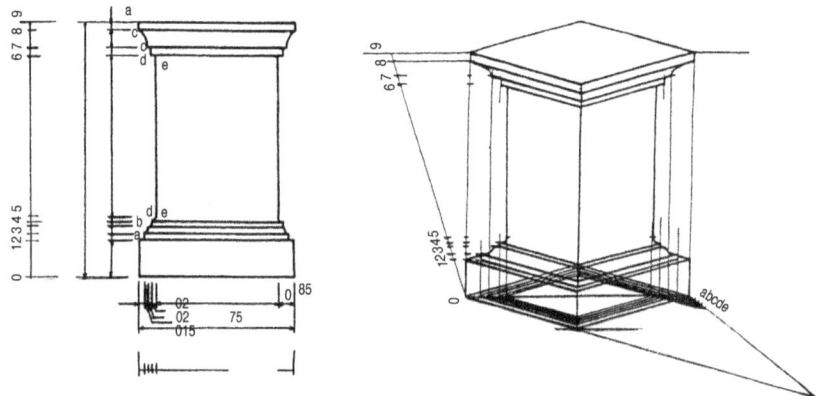

Fig. 2.29 b : Application de l'échelle des triangulations

Déformation descriptive

Géométral : se dit d'un dessin représentant un objet en plan, coupe et élévation, avec ses dimensions relatives exactes, sauf dans les cas particuliers où il y a une déformation descriptive, par exemple :
– pour un volume cylindrique courbe, à cannelures ou à facettes, comme le fût d'une colonne (fig. 2.30) : ses côtés EG seront en vraie grandeur, alors que les cannelures apparaîtront de plus en plus raccourcies dans leur largeur. Pour rétablir leur véritable taille, il faut recourir au plan (fig. 2.31) ;
– pour une surface inclinée (fig. 2.32), rabattre la vue de face (EK = E'L).

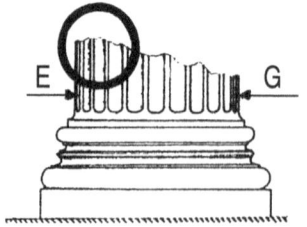

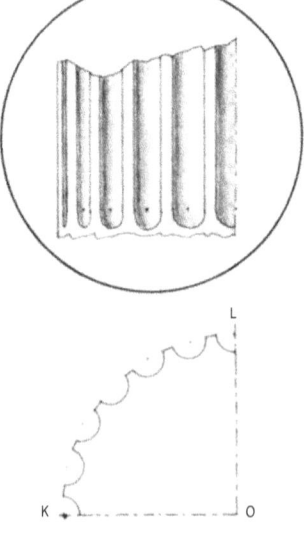

Fig. 2.30 et 2.31 : Plan du fût d'une colonne

22

Notions de géométrie

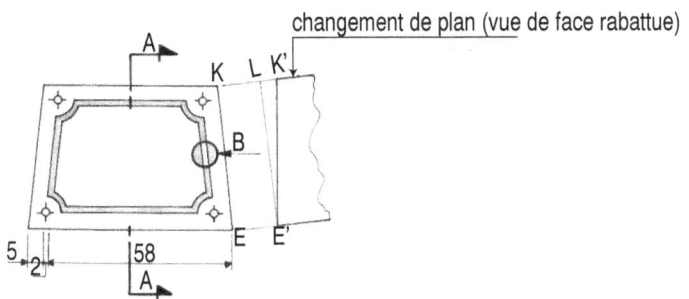
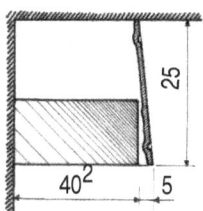

Fig. 2.32 : Changement de plan

Projet et mise au plan en architecture

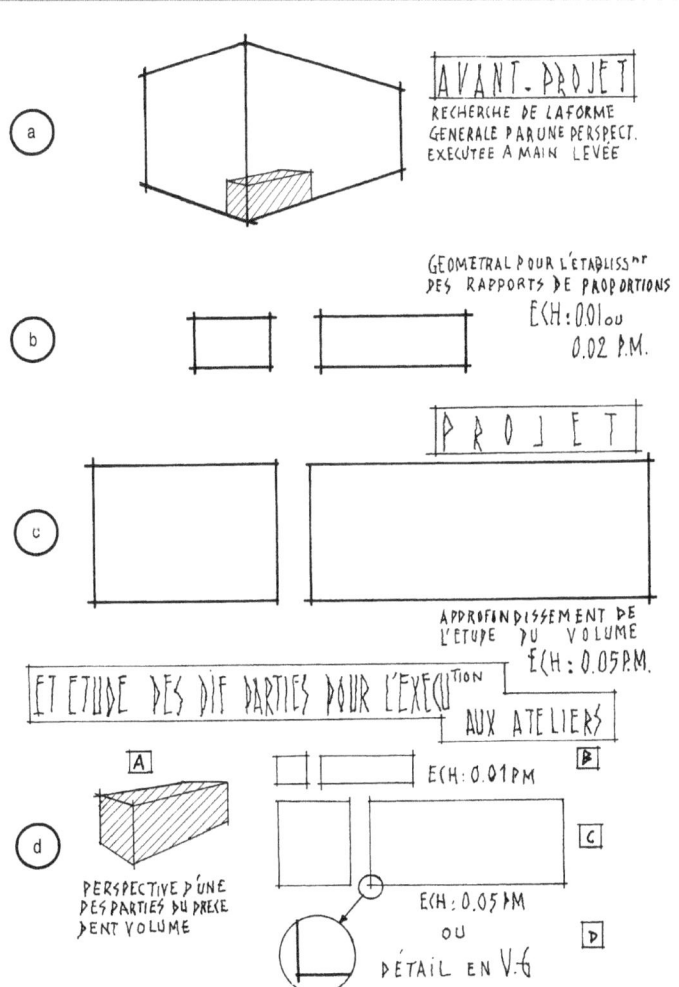

Fig. 2.33a, b, c et d : Projet et mise au plan en architecture. Copie d'un dessin de la progression par Jean-Claude Poiley, professeur de dessin au LP du Gué-à-Tresmes de 1957 à 1964.

Avant sa conception, un objet en volume d'une forme quelconque demande à être étudié suivant une certaine méthode. On doit tout d'abord considérer dans quel esprit il est conçu et à quel environnement il est destiné. Une ébauche traduisant une première idée est jetée sur le papier sous forme d'une perspective d'ensemble (fig. 2.33a). Celle-ci est ensuite transformée en un dessin géométral afin d'étudier les rapports exacts de ses proportions, à l'échelle choisie : 1/100 ou 1/50 (fig. 2.33b). Cette étude terminée, il est nécessaire de détailler l'épure pour avoir une vue correcte de ses différentes parties. Le dessin géométral est approfondi à l'échelle de 1/20 (fig. 2.33c).

Dans le cas d'un projet important, par exemple une pièce meublée dans un logement, les meubles composant le mobilier sont étudiés séparément du plan architectural. L'échelle choisie est de 1/100 ou 1/50 tandis que les détails sont représentés en grandeur réelle (fig. 2.33d).

Principaux tracés perspectifs

▣ Perspective cavalière

La perspective cavalière est employée dans la charpente et la mécanique. Les avantages de ce tracé sont que le côté frontal est en grandeur réelle (fig. 2.34a), que plusieurs orientations sont possibles (fig. 2.34b) et que l'angle des fuyantes est en général de 45°, et son coefficient de réduction de 0,5.

Remarque : la perspective cavalière permet de représenter de front la face circulaire d'un cylindre sur le plan (fig. 2.34c).

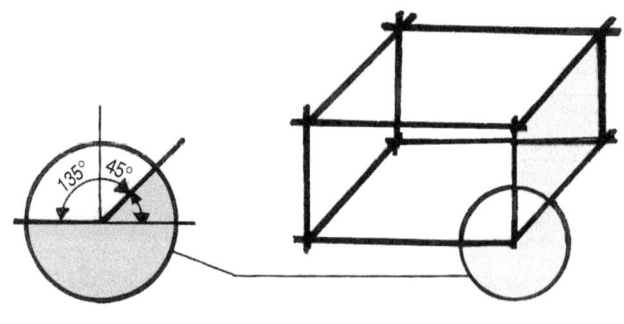

Fig. 2.34a : Perspective cavalière

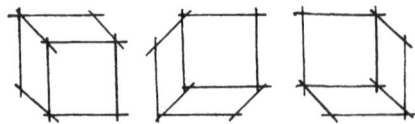

Fig. 2.34b : Différentes orientations possibles

Fig. 2.34c : Face circulaire représentée de front

Notions de géométrie

■ Perspective axonométrique

La perspective axonométrique est utilisée dans le dessin d'architecture. C'est une projection orthogonale représentée sur un plan oblique par rapport à ses faces principales. Aucune des arêtes de l'objet à reproduire ne sera en vraie grandeur ; il faudra alors leur appliquer un coefficient de réduction égal ou différent suivant la perspective à obtenir. De même, cette projection déterminera l'ouverture des angles :
- s'ils sont tous égaux (M = B = Y), elle est appelée perspective isométrique ;
- si ce n'est pas le cas, on parle de perspective « dimétrique » lorsque deux angles sont égaux, et de perspective « trimétrique » lorsqu'il n'y a aucun angle égal.

Les différentes perspectives axonométriques sont les suivantes :
- la perspective isométrique, pour représenter un élément simple (fig. 2.35a) :
  M = B = y = 120° ;   G = K = L : R(coefficient de réduction) = 0,82.
- la perspective « dimétrique » usuelle, qui sert à représenter l'une des faces les plus importantes d'un volume (fig. 235b) :
  M = B = 131° 30'   G = K : R = 0,94
  y = 97°   L : R = 0,47
- la perspective « dimétrique » redressée, qui permet de mettre en valeur un profil de forme allongée (fig. 2.35c) :
  M = B = 105°   G = K : R = 0,73
  y = 150°   L : R = 0,96
- la perspective « trimétrique », afin de séparer au maximum les arêtes verticales (fig. 2.35d) :
  M = 105°   G : R = 0,65
  B = 120°   K : R = 0,86
  y = 135°   L : R = 0,92

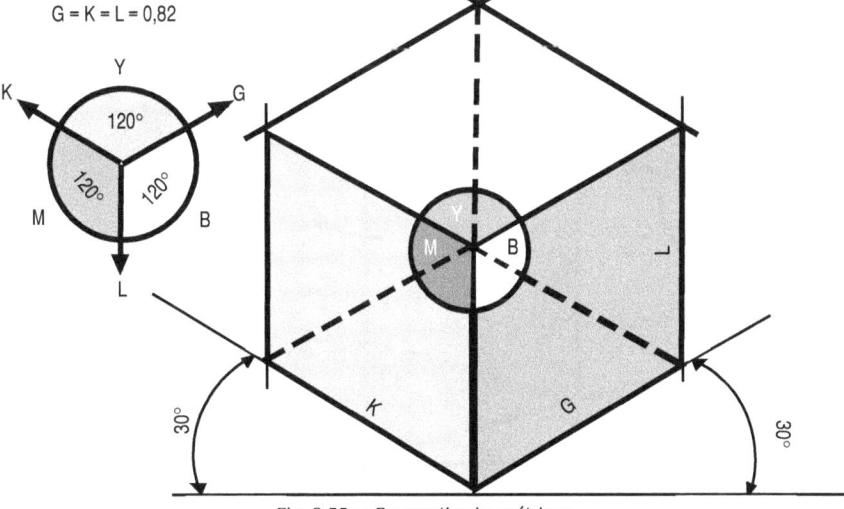

Fig. 2.35a : Perspective isométrique

Techniques et pratique du staff

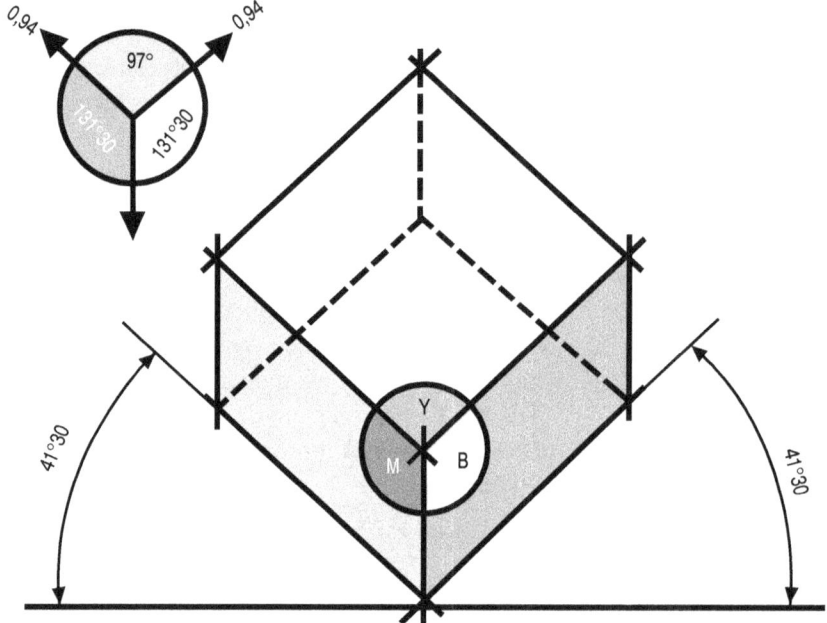

Fig. 2.35b : Perspective dimétrique usuelle

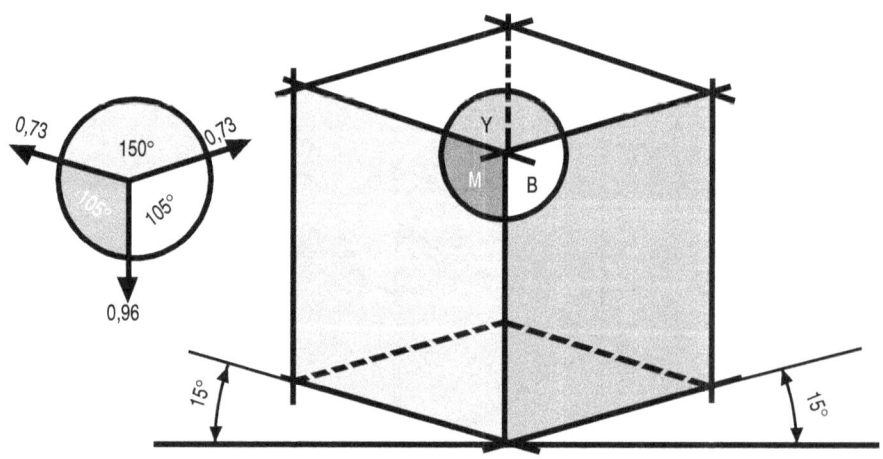

Fig. 2.35c : Perspective dimétrique redressée

Notions de géométrie

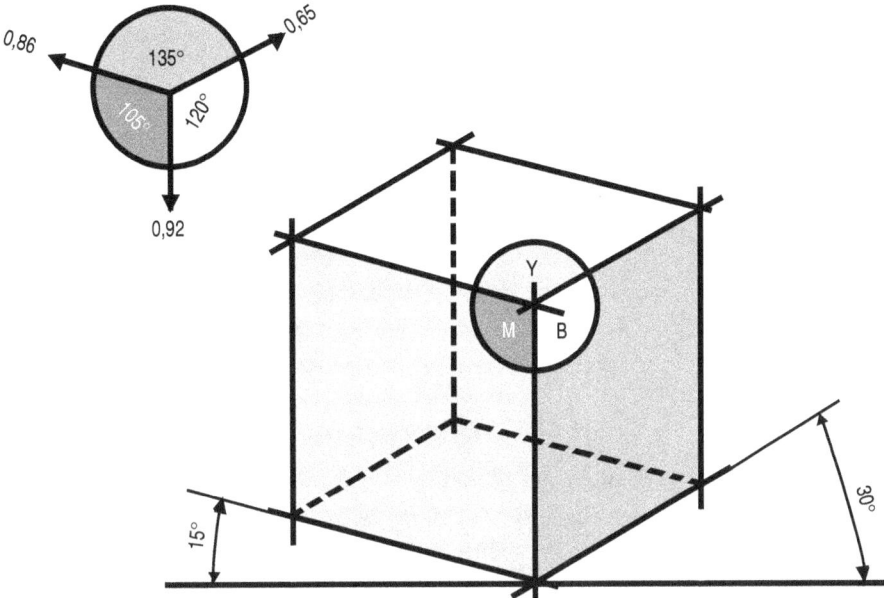

Fig. 2.35d : Perspective trimétrique

■ Perspective conique

Nous trouvons depuis les temps les plus reculés, une recherche de profondeur dans l'exécution des œuvres artistiques. Les Égyptiens et les Chaldéens ont traduit l'impression d'élargissement en situant les personnages sur des plans successifs. Au XIVe siècle, Giotto (1266-1337) donne à ses perspectives la rigueur actuelle sans obéir à aucune règle. Au XVe siècle, l'architecte Brunelleshi amène les bases de la perspective frontale que va perfectionner Léonard de Vinci en apportant le tableau, l'œil et le point de fuite principal (fig. 2.36a).

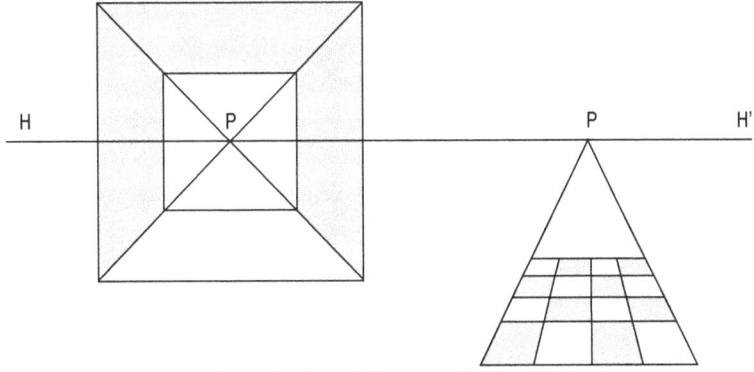

Fig. 2.36a : Base de la perspective frontale

27

Ce n'est qu'entre le XVIᵉ et XVIIᵉ siècles que la perspective linéaire, ou conique, nous apparaît telle que nous la connaissons aujourd'hui (fig. 2.36b : points de distance (DD') et points de fuite FF').

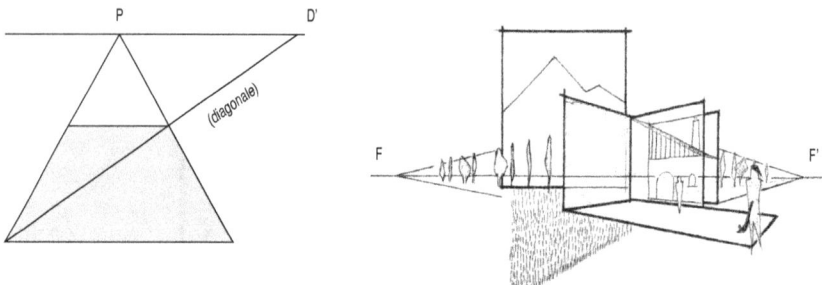

Fig. 2.36b : Perspective conique

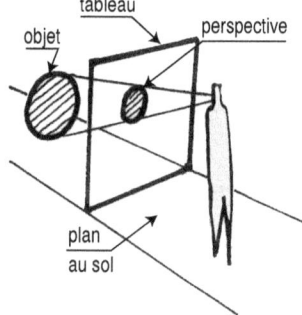

De nos jours, cette perspective s'est affinée par l'apport de la technique binoculaire (utilisation des deux yeux au lieu d'un seul auparavant). Cette innovation est due à B.S. Bonbon (annexe 5, bibliographie).

La perspective linéaire, ou conique, est employée dans le dessin d'architecture et de décoration. L'avantage de ce tracé est la représentation visuelle exacte dans les trois dimensions d'un objet sur le papier, que l'on nommera tableau (fig. 2.36c et 2.36d).

La perspective conique repose sur quelques bases qu'il convient de bien connaître :

Fig. 2.36c : Le tableau

– toutes les lignes verticales restent verticales, toutes les lignes horizontales parallèles au tableau restent horizontales ;
– la ligne d'horizon HH' (fig. 2.36d) a une hauteur située à 1,60 m du sol, elle correspond au champ visuel vertical de l'œil du spectateur.

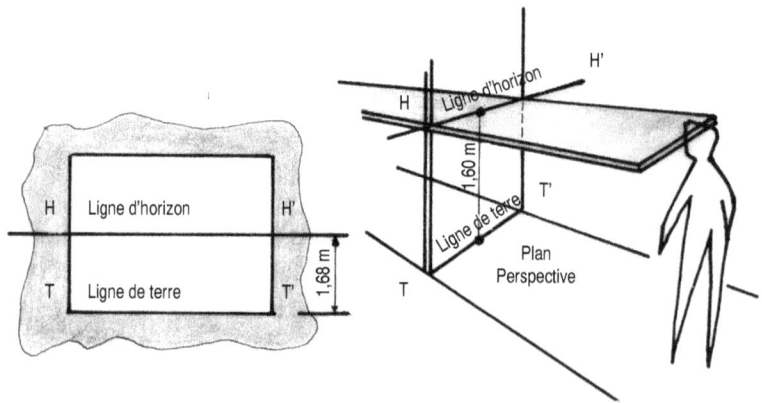

Fig. 2.36d : La ligne d'horizon est à 1,60 m du sol

Notions de géométrie

Suivant que l'on abaisse ou que l'on relève la ligne d'horizon, on obtient un plan perspectif prenant plus ou moins d'importance dans le tableau (fig. 2.36e).

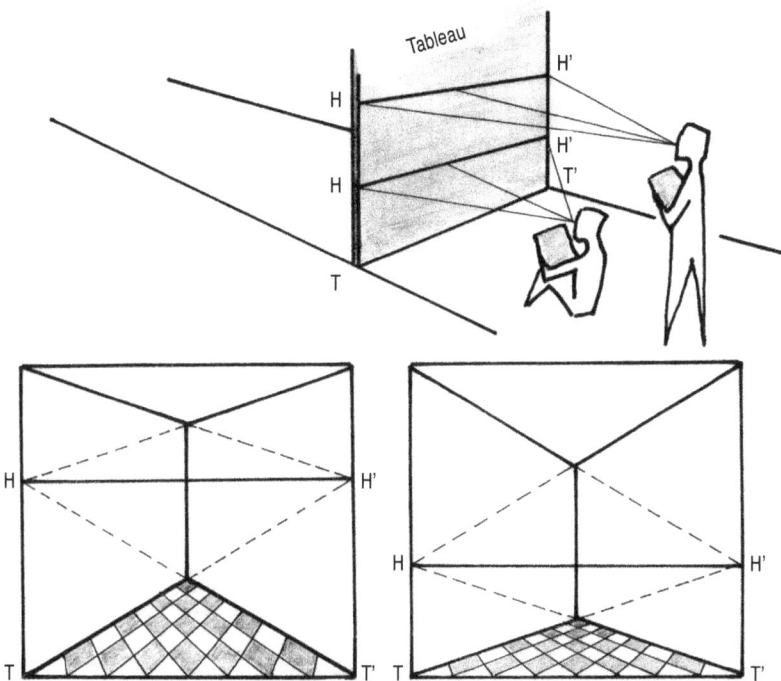

Fig. 2.36e : Abaissement ou élévation de la ligne d'horizon

– Le point P (point principal de vision) est obtenu par le prolongement de la droite perpendiculaire au tableau partant de l'œil jusqu'à la ligne d'horizon HH', c'est le point de fuite de toutes les lignes perpendiculaires au tableau (fig. 2.36f) ;

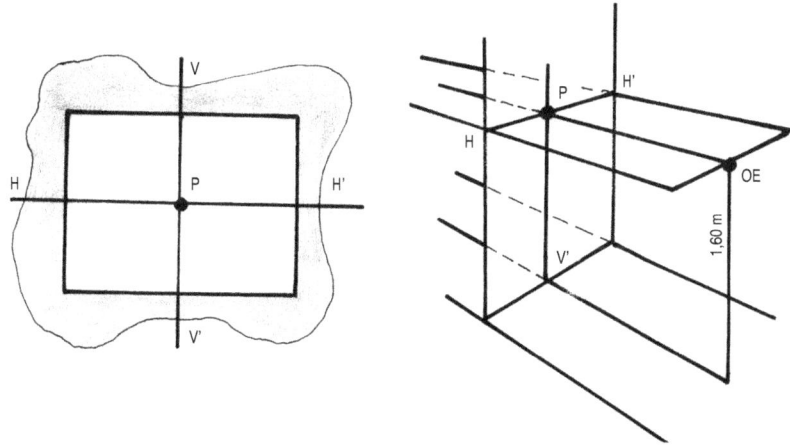

Fig. 2.36f : Situer le point P sur la ligne d'horizon

Techniques et pratique du staff

- les points de distance principale D et D' (fig. 2.36g), (points de fuite des lignes faisant un angle de 45° avec le tableau) sont obtenus en prenant pour base un angle optique horizontal de 37° (H-œil-H') et un angle vertical de 28° (V-œil-V') correspondant à une fois et demi la largeur du géométral (dessin en plan à exécuter en perspective) dans le cas où le volume à obtenir est plus large que haut, elle sera rapportée à deux fois la hauteur du géométral dans le cas où le volume à obtenir est plus haut que large ;

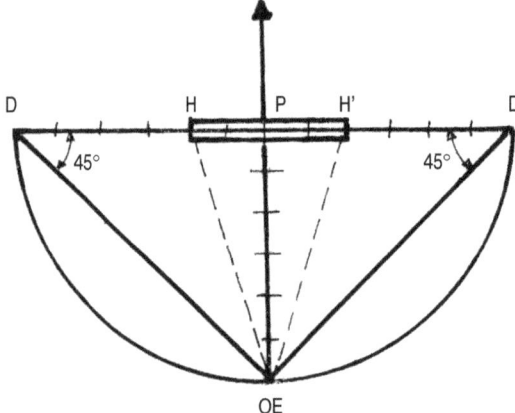

Fig. 2.36g : Situer les points D D' sur la ligne d'horizon

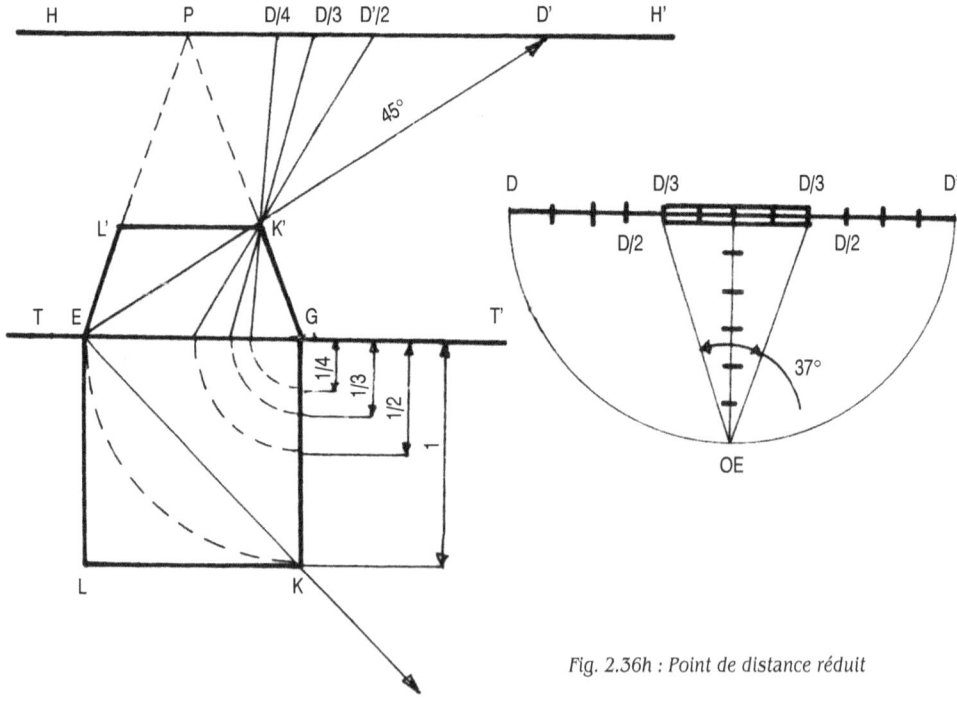

Fig. 2.36h : Point de distance réduit

Notions de géométrie

- le point de distance étant toujours situé en dehors du tableau (fig. 2.36h), il faudra alors le réduire en conséquence (D/2, D/3, D/4, etc.), les profondeurs seront également réduites selon les mêmes proportions. Le point de distance principal D3 se retrouve toujours en limite du tableau ;
- le point D ou D'(fig. 2.36i) étant le point de fuite de toutes les droites à 45°, il est par conséquent le point de fuite de la diagonale du carré, des diagonales d'un damier ;

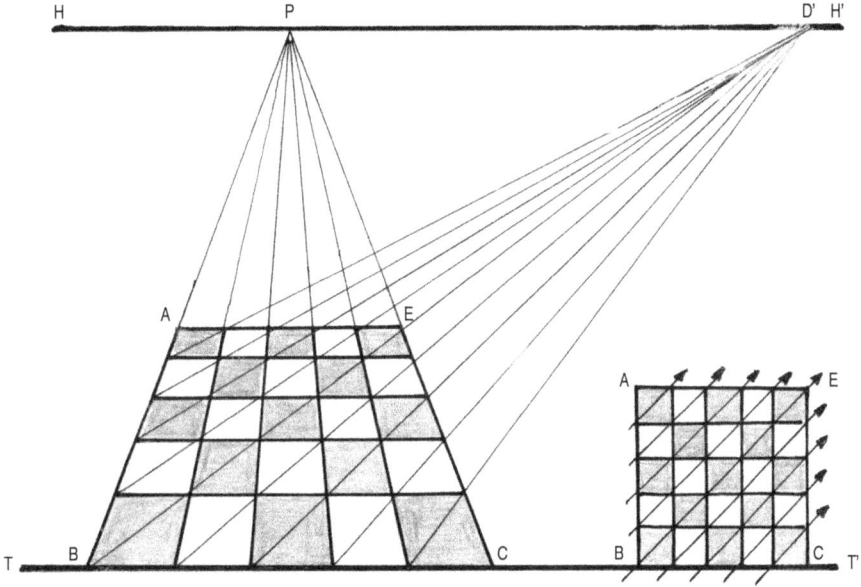

Fig. 2.36i : Le point D ou D' est le point de fuite de toutes les droites à 45°

- les points de fuite accidentels (fig. 2.36j) sont les fuyants qui ne vont ni à D ni à P. Ils représentent des points de fuite FF' de l'objet mis en perspective ;

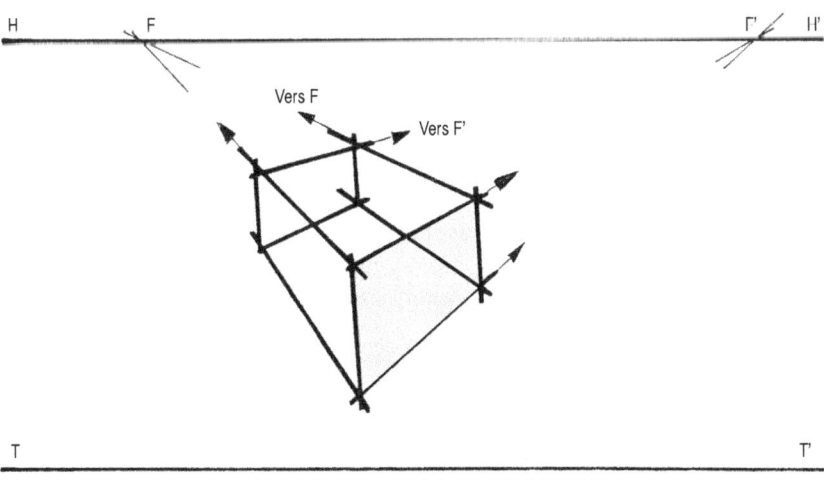

Fig. 2.36j : Points de fuite accidentels FF'

– la ligne de terre TT' (fig. 2.36k) est la ligne où tous les points sont leurs propres points perspectifs ; elle constitue l'échelle des largeurs ;

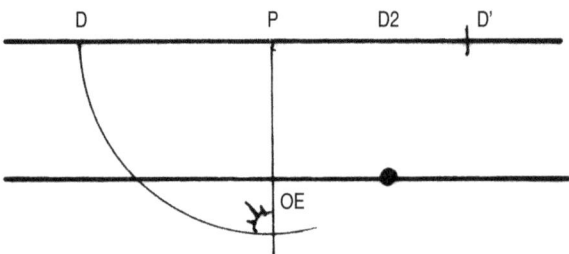

Fig. 2.36k : La ligne de terre TT' représente l'échelle des largeurs

– perspective d'un point situé derrière le tableau (fig. 2.36ℓ) : pour obtenir le point E donné en perspective, il faut tracer une droite verticale partant du point E jusqu'à ce qu'elle recoupe la ligne de terre TT' au point G. Du point G, tracer le segment de droite GP. De G comme centre, prendre l'écartement EG et tracer l'arc de cercle recoupant TT' en K. Du point K, tracer un segment de droite KD. L'intersection des segments de droites GP et KD nous donne le point E' qui est la perspective du point E ;

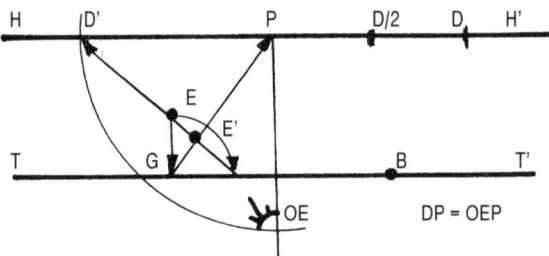

Fig. 2.36l : Perspective d'un point situé au-dessus de la ligne de terre

– perspective d'un point situé devant le tableau (fig. 2.36m) : pour obtenir le point E donné en perspective, il faut tracer une droite verticale partant du point E jusqu'à ce qu'elle recoupe la ligne de terre TT' au point G. Du point P, tracer la demi-droite PL passant par G. De G comme centre, prendre l'écartement EG et tracer l'arc de cercle recoupant TT' en K. Du point D, tracer une demi-droite DM passant par K. L'intersection des demi-droites PL et DM nous donne le point E' qui est la perspective du point E ;

Notions de géométrie

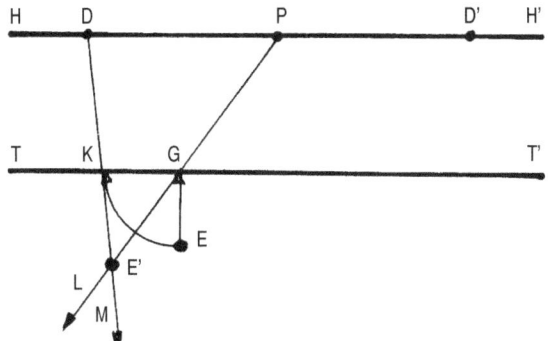

Fig. 2.36m : Perspective d'un point situé au-dessous de la ligne de terre

– la perspective d'une droite comme d'une surface peut être obtenue à partir d'un géométral situé soit au-dessus de la ligne de terre (rabattement), soit au-dessous de la ligne de terre (relevé). Le premier procédé permet de gagner de la place, le second de ne pas surcharger l'exécution de la perspective ;

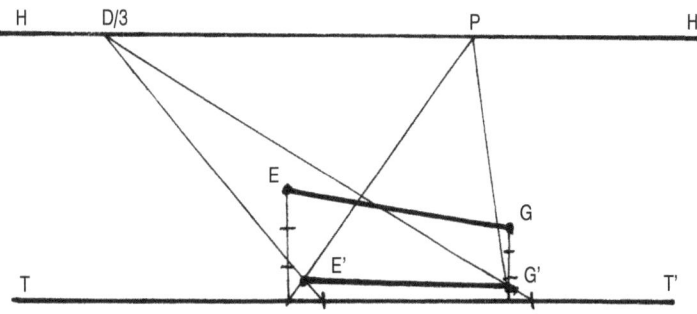

Fig. 2.36n1 : Géométral au-dessus de la ligne de terre

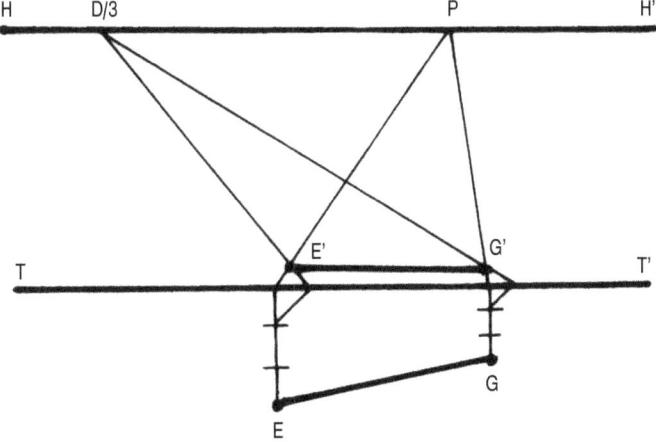

Fig. 2.36n2 : Géométral au-dessous de la ligne de terre

33

Techniques et pratique du staff

– pour mettre une surface en perspective, se reporter à la mise en perspective du point et de la droite (exemple de la figure 2.36o), l'un des sommets du géométral se trouve sur la ligne de terre TT', il est son propre point perspectif ;

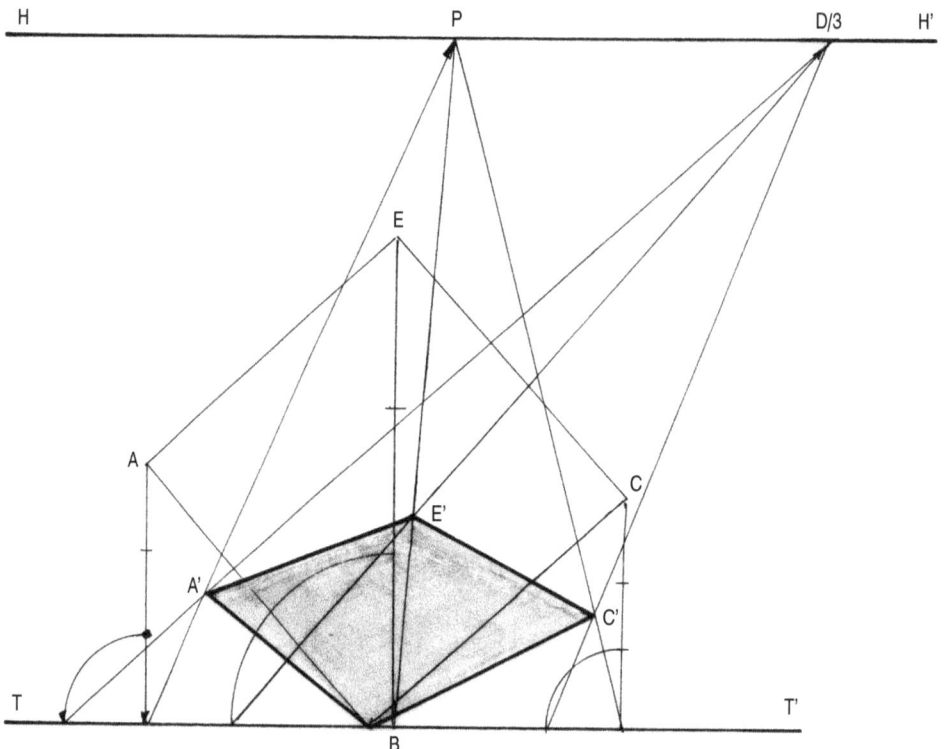

Fig. 2.36o : Mettre une surface en perspective

– le géométral d'un angle droit rentrant (intérieur), ou sortant (extérieur) est donné. Nous constatons que le point de fuite D n'est pas utilisé puisque l'angle droit s'inscrit dans un demi-cercle. Le principe de construction de l'angle droit rentrant (fig. 2.36p1) consiste à tracer la ligne de terre TT' coupant la perspective de l'angle droit en BC qui est le diamètre du cercle à tracer pour reconstituer le géométral. Du point P donné sur la ligne d'horizon HH', tracer une droite passant par le point A et recoupant la ligne de terre au point A'. Du point A', tracer une droite perpendiculaire à TT' recoupant le demi-cercle au point A'' (angle du géométral). Déterminer une échelle des profondeurs et la reporter le nombre de fois nécessaire sur les deux côtés de l'angle du géométral A''B et A''C. Relever les points 1, 2 etc. sur la ligne de terre TT', puis renvoyer les points obtenus à P. Le recoupement des points remontés à P avec l'angle perspectif donne l'échelle des profondeurs ;

Notions de géométrie

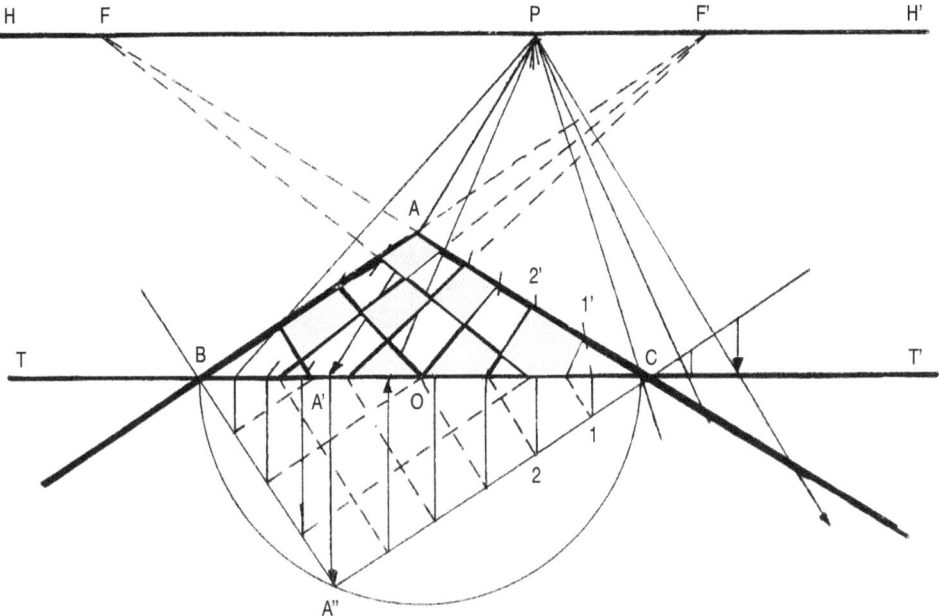

Fig. 2.36p1 : Construction d'un angle droit rentrant

– la méthode de construction d'un angle droit sortant (fig. 2.36p2) est la même que pour un angle droit rentrant ;

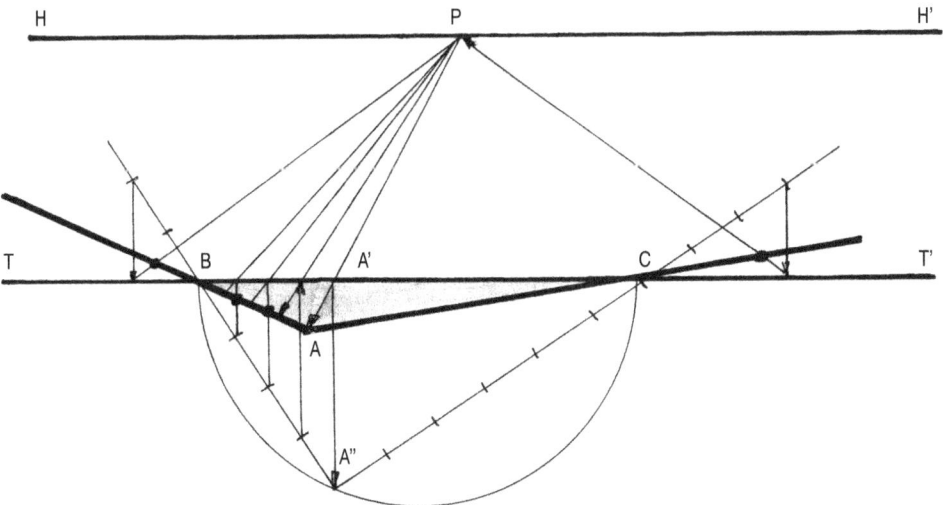

Fig. 2.36p2 : Construction d'un angle droit sortant

– le géométral du cercle s'inscrit dans un carré de front dont les différentes divisions nous donnent, selon les méthodes utilisées 1. 2 ou 3, les huit points de repères par

35

Techniques et pratique du staff

lesquels passe ce cercle en perspective. En joignant les huit points de la perspective du cercle, nous obtenons une courbe (fig. 2.36q) ;

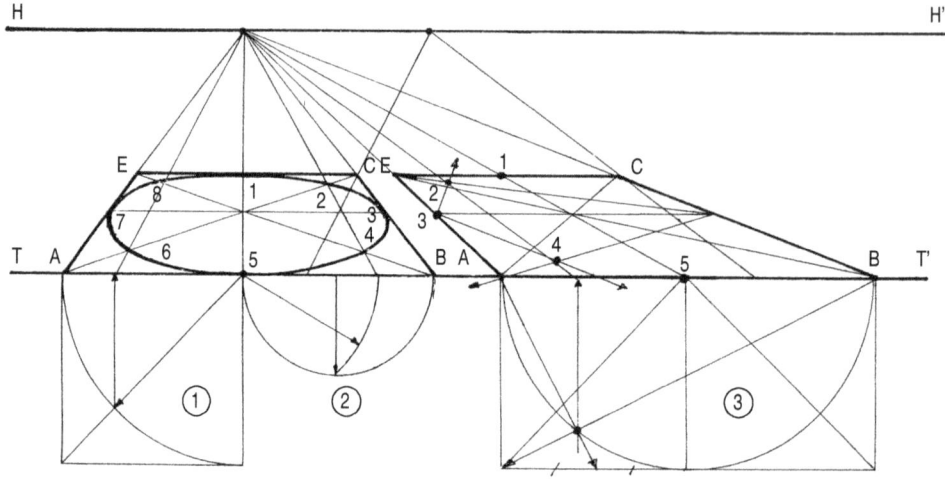

Fig. 2.36q : Perspective du cercle

– dans le cas ou l'on souhaite diviser une droite fuyante BC en n parties égales (2, 4, 8...), utiliser la technique des diagonales (fig. 2.36r1) ;

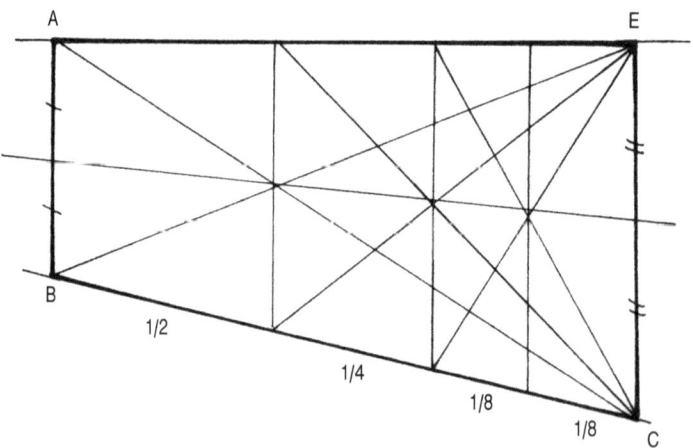

Fig. 2.36r1 : Division d'une droite fuyante en parties égales

– pour diviser la même droite fuyante BC en trois parties égales, utiliser le procédé identique (fig. 2.36r2) ;

36

Notions de géométrie

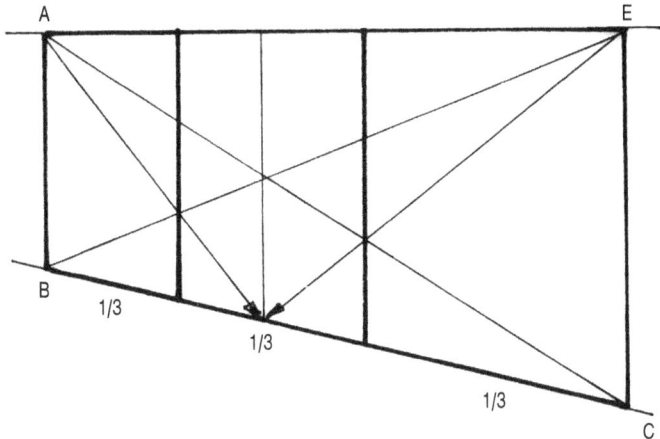

Fig. 2.36r2 : Division d'une droite fuyante en trois parties égales

- la même technique peut être utilisée (fig. 2.36r3) pour reporter un certain nombre de fois la distance AB sur le prolongement de la droite en perspective ;

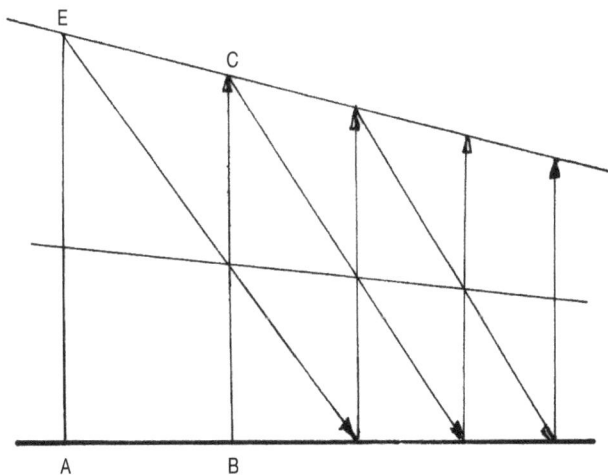

Fig. 2.36r3 : Report un certain nombre de fois d'une même distance en perspective

- la méthode des faisceaux convergents peut être également utilisée (fig. 2.36s) ;
- échelle de la perspective : lorsqu'une personne se déplace, sur le plan perspectif on constate que sa grandeur diminue à l'œil au fur et à mesure qu'elle s'éloigne. En réalité la hauteur de cette personne ne varie pas. En fait, le rapport qui existe entre la hauteur réelle de la personne et celle vue par l'œil (que l'on peut représenter sur une feuille de papier) s'appelle échelle de la perspective (fig. 2.36t) ;

37

Techniques et pratique du staff

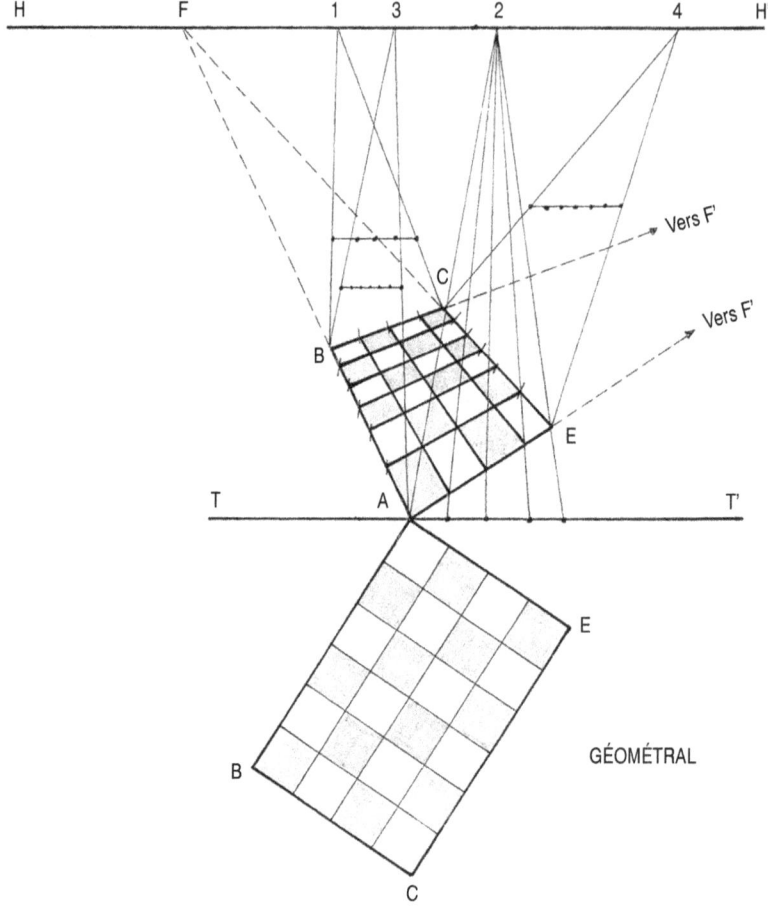

Fig. 2.36s : Division par la méthode des faisceaux convergents

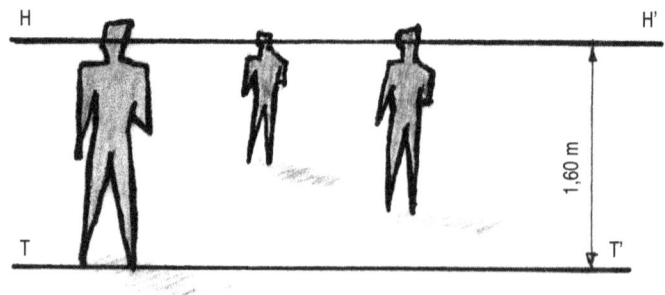

Fig. 2.36t : Échelle de la perspective

- la technique la plus pratique pour définir les hauteurs consiste à positionner un mur fuyant sur la ligne d'horizon (fig. 2.36u) ;

Notions de géométrie

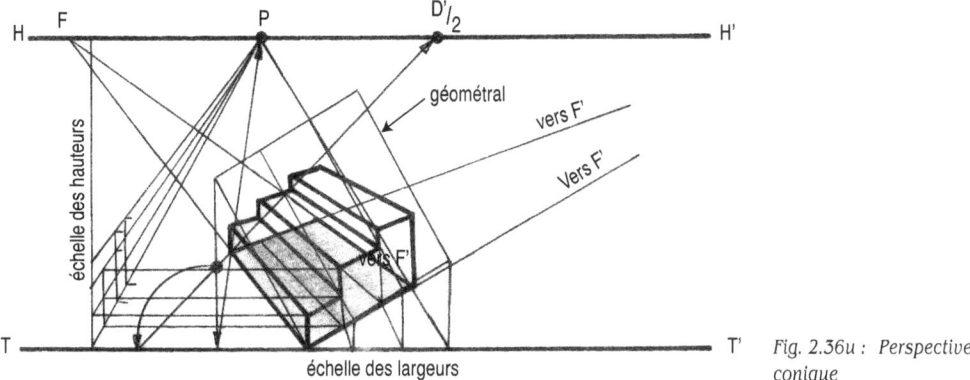

Fig. 2.36u : Perspective conique

- volumes : pour réaliser une forme en volume (par exemple une chaise), il faut en premier lieu déterminer les points principaux puis les formes générales donnant les dimensions principales du volume et, enfin, dessiner à main levée le croquis définitif représentant la dite chaise (fig. 2.36v) ;

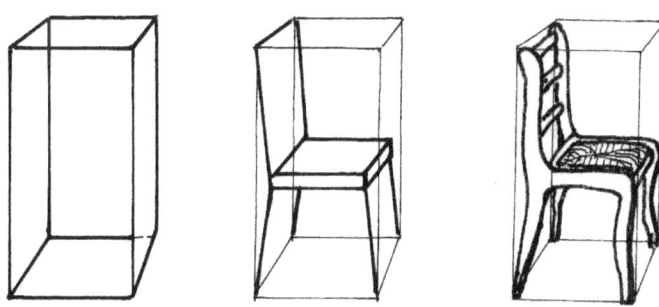

Fig. 2.36v : Technique permettant de dessiner rapidement un volume

- perspective frontale ; méthode de la craticulation (fig. 2.36w) ;

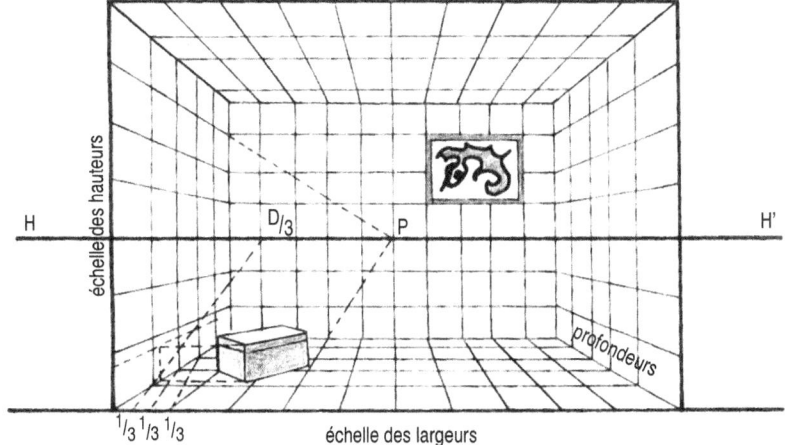

Fig. 2.36w : Perspective frontale (méthode de la craticulation).

39

Techniques et pratique du staff

- perspective d'angle : pour réaliser un volume en partant du géométral AKL d'un angle dont l'orientation est quelconque (fig. 2.36x1), il faut tracer :
  - la ligne de terre TT' dans le prolongement de KL ;
  - la ligne d'horizon HH' ;
  - le point principal de vision P ;
  - le point de fuite accidentel F' (au plus les points de fuite accidentels FF' sont rapprochés du point P, au plus le perspective a de la profondeur) ;
  - en partant du point A par la méthode de la fuyante au point P (descendre le point A en A' sur TT' et renvoyer A' en P recoupant le segment de droite KF' en A" (fig. 2.36x2) ;
  - le point de fuite accidentel F en prolongeant le segment de droite LA" jusqu'à recouper la ligne d'horizon MM' ;
  - en partant des points B, C, D, E... en perspective il suffit de suivre le principe de la méthode des fuyantes au point P donnant B", C", D", E"... ;
  - le mur qui permet la mise en perspective des volumes (par exemple pour la baie, prendre le point F" au sol, l'envoyer sur le mur F''', remonter en F1 puis en F2, enfin renvoyer F1 et F2 sur la perspective pour obtenir les points F1' et F2' par recoupement avec la droite verticale partant de F" (fig. 2.36x2) ;
  - toutes les lignes restant à construire en se servant de l'échelle des hauteurs (fig. 2.36x3) ;

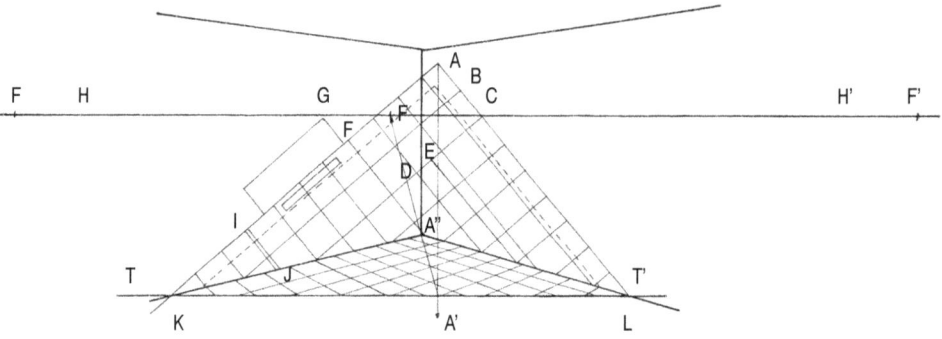

Fig. 2.36x1 : Géométral et mise en perspective du sol

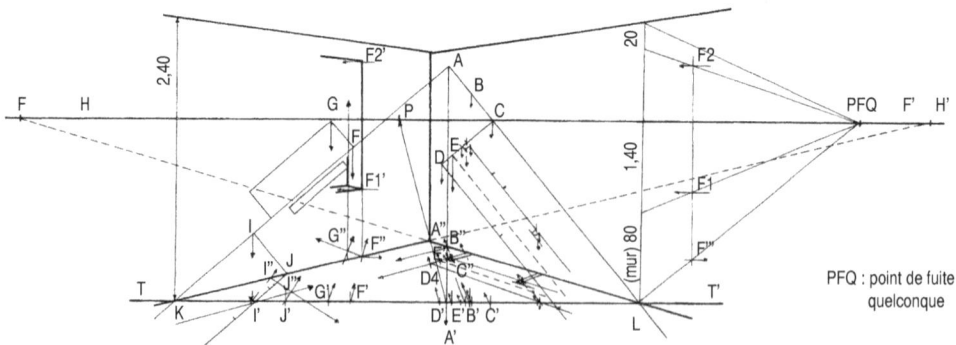

Fig. 2.36x2 : Utilisation de la méthode des fuyants au point P

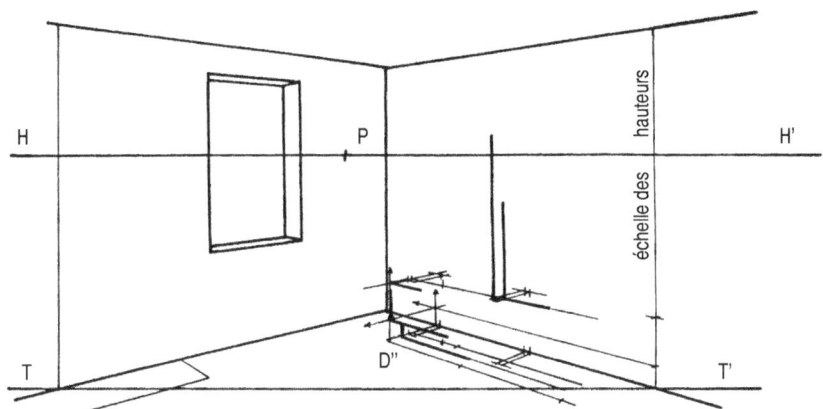

Fig. 2.36x3 : Mise en perspective des volumes à l'aide de l'échelle des hauteurs

- terminer la perspective conique (fig. 2.36x4) ;

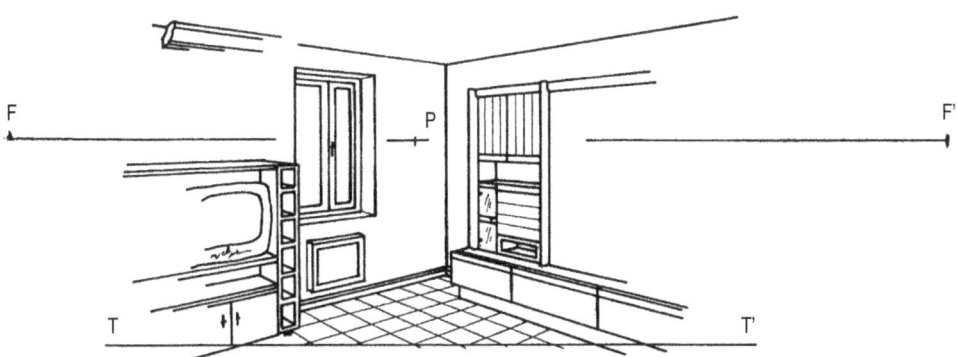

Fig. 2.36x4 : Perspective d'un angle dont l'orientation est quelconque

– pour réaliser la perspective d'un géométral dont l'un des côtés de l'angle est de 30° et l'autre côté de 60° par rapport au tableau (fig. 2.36y), il faut tracer :
  - le géométral ABCDE (l'angle BCTH est de 60°, l'angle ECT'H' est de 30° ;
  - la ligne de terre et l'horizon THT'H' ;
  - dessiner l'œil ŒF est parallèle au segment BC, ŒF' est parallèle au segment CE) ;
  - la vue de côté (à un endroit ne gênant pas la mise en perspective) ;
  - la ligne de terre TT' ;
  - la ligne d'horizon HH' sur laquelle sont positionnés les points F en F1 et F' en F1' (points de fuite de la perspective à obtenir) ;
  - la perspective (exemple : envoyer B à Œ recoupant TH TH' en G, du point G envoyer une droite perpendiculaire à TH T'H', prolonger C' à F1 pour obtenir par recoupement avec la droite verticale tracée précédemment le point B'. Faire de même avec le point C", joindre B" B', etc.) ;

Techniques et pratique du staff

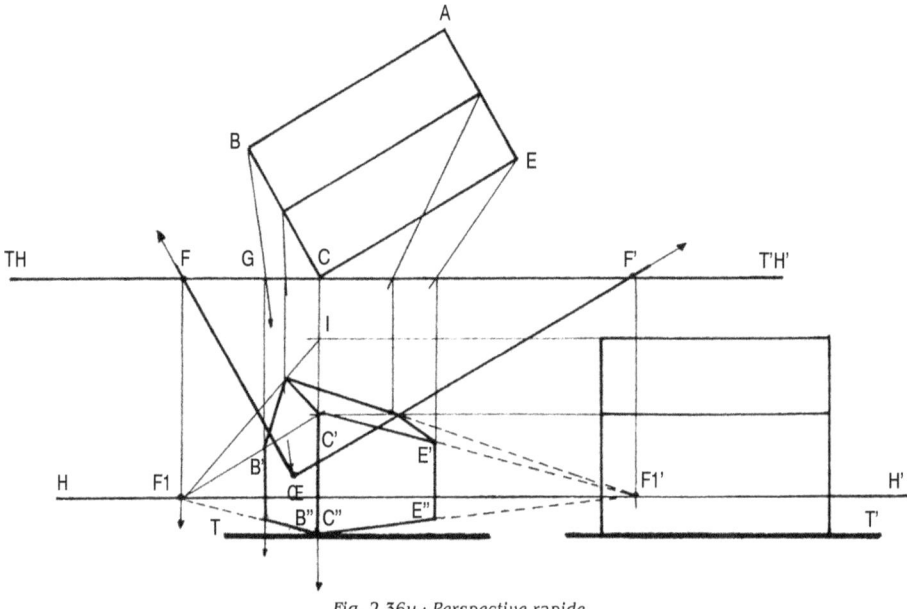

Fig. 2.36y : Perspective rapide

- pour réaliser la perspective d'un géométral dont les côtés sont à 45° par rapport au tableau (fig. 2.36z1), il faut tracer :
  • le géométral ABC à l'échelle ;
  • dessiner l'œil D1/D'1 et le point P du géométral ;
  • la ligne de terre TT' ;
  • la ligne d'horizon HH' sur laquelle sont positionnés les points D1 et D'1 en D2 et D'2 (points de fuite à 45° de la perspective à obtenir) ;
  • la perspective (exemple : envoyer A à Œ recoupant la ligne de terre/horizon confondus TH TH' en A, du point A' envoyer une droite perpendiculaire à TH T'H', prolonger F' à D'2 pour obtenir par recoupement avec la droite verticale tracée précédemment le point A". Joindre GA" qui se prolonge en D2, tracer les hauteurs FI et GK à l'échelle et joindre également K à D2 et I à D'2, etc.) ;
  • utiliser enfin la technique employée pour la construction de la figure 2.36x3 pour monter le volume de la perspective conique (fig 2.36z2).

Notions de géométrie

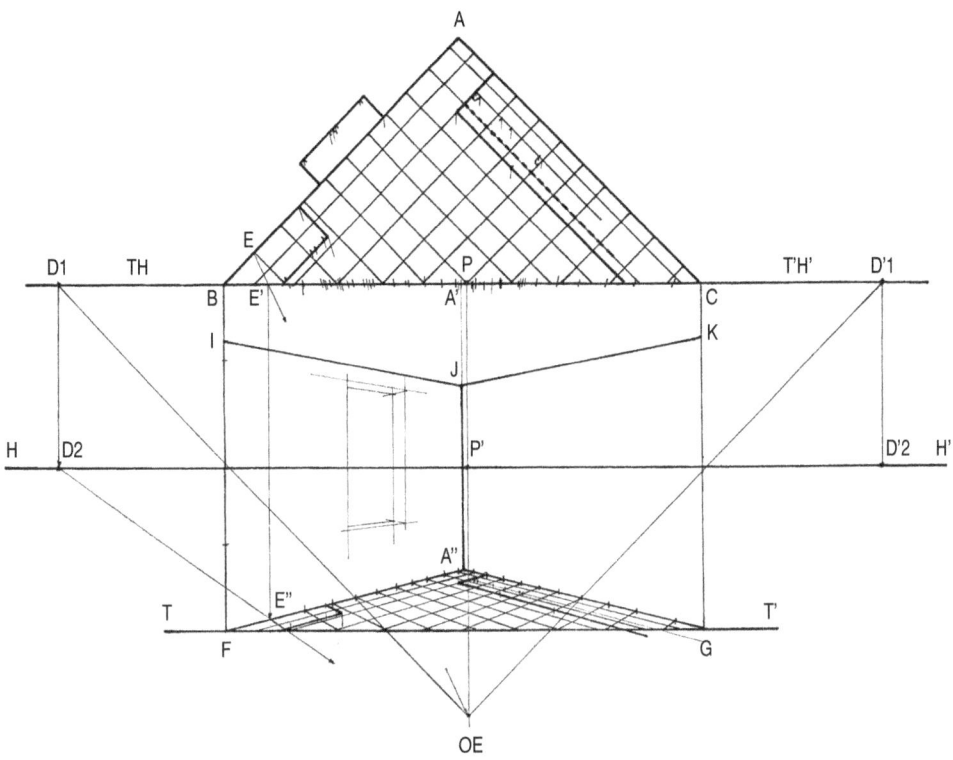

Fig. 2.36z1 : Perspective d'un géométral dont les côtés sont à 45° par rapport au tableau

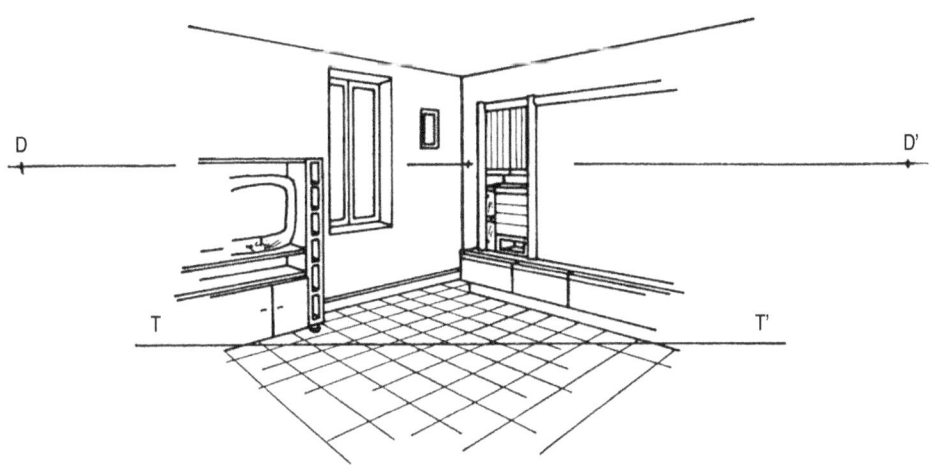

Fig. 2.36z2 : Volume en perspective

43

Bases de la descriptive

■ Formats du dessin

Afin de normaliser les plans, on utilise des formats dont les dimensions réglementaires sont les suivantes :
- A4 = 210 mm × 297 mm
- A3 = 297 mm × 420 mm
- A2 = 420 mm × 594 mm
- A1 = 594 mm × 840 mm
- A0 = 840 mm × 1 188 mm

■ Signes conventionnels

Les signes conventionnels utilisés seront plus ou moins épais, continus ou discontinus, suivant le symbole à représenter (fig. 2.37).

FORME	NATURE	EMPLOIS
▬▬▬▬	Continu fort	Contour des sections
 ───────	Continu moyen	Parties visibles de l'objet
 ───────	Continu fin	Constructions, lignes de cotes et lignes d'attaches, hachures, contours de sections rabattues
 ～～～	Continu fin	Limites de vues ou de coupes partielles à main levée
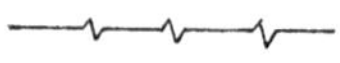 ─⋏─⋏─	Continu fin avec zigzag	Limites de vues ou de coupes partielles à l'aide de l'instrument
 ▬ ▬ ▬ ▬	Interrompu fort	Parties à supprimer, canalisations
 ─ ─ ─ ─	Interrompu moyen	Parties cachées
 ─ ─ ─ ─	Interrompu fin	Certaines hachures, parties cachées à une petite échelle
 ─ ─ · ─ ─	Mixte fin	Trait d'axe, limites de vues partielles
 ╁ ─ ─ ─		Tracé des plans de coupes et flèche indiquant le sens des vues

Fig. 2.37 : Signes conventionnels

Notions de géométrie

■ Représentation et disposition d'un volume sur le plan

Dans le cas représenté par la figure 2.38, en développant le cube de projection et en considérant que la partie A est vue de face, nous obtiendrons : la vue de droite B, à gauche, la vue de gauche C, à droite, la vue de dessous E, au-dessus, la vue de dessus D, au-dessous et la vue arrière F, à l'extrême droite.

Remarques : aux États-Unis, la représentation et la disposition des vues sont inversées par rapport à celle exposée ci-dessus.

Il est préférable de ne choisir que les vues nécessaires à définir la représentation complète de l'objet ou du volume. En général, trois suffisent (vue de face, droite ou gauche, dessus ou dessous).

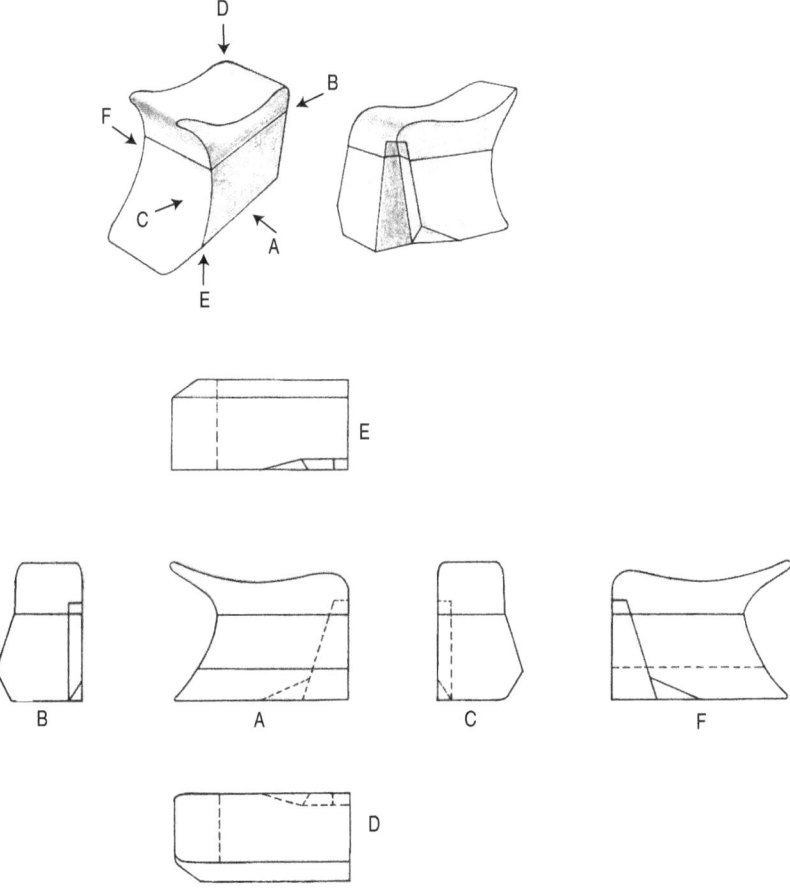

Fig. 2.38 : Représentation et disposition de chaque face d'un objet ou d'un volume sur le plan

Techniques et pratique du staff

■ Sections et coupes

a/ *Sections*

La section d'un volume est pratique si l'on souhaite obtenir des détails ou des particularités de ce volume. En utilisant une scie, on coupe, par exemple, une rosace dans le sens vertical A-A (fig. 2.39a). On obtient alors une tranche, ou section, qui représente la rosace dans le sens de l'épaisseur. On peut la dessiner d'un trait épais et hachurée (fig. 2.39b). Si l'on rabat la section qui représente le détail sur le plan, le contour de celle-ci est reproduit par un trait fin (fig. 2.40).

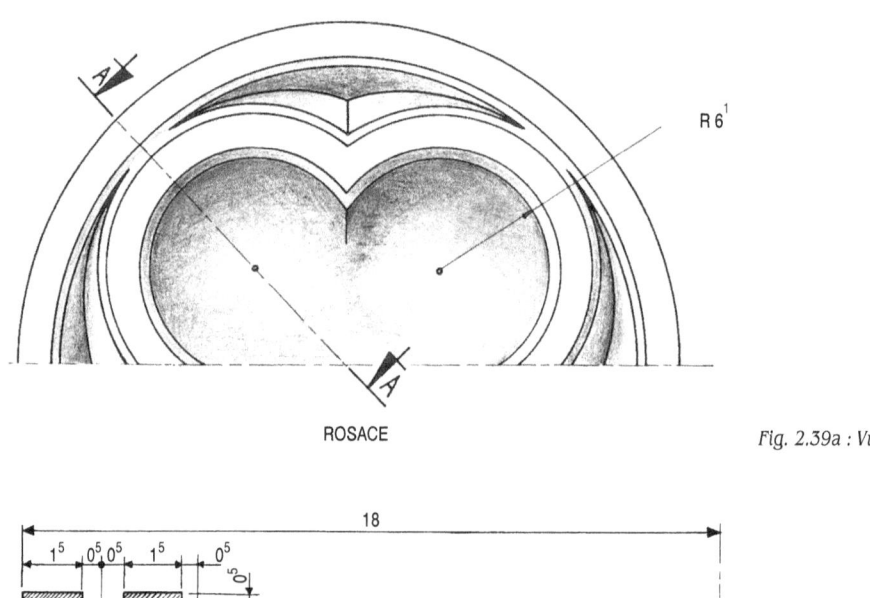

ROSACE

Fig. 2.39a : Vue de face

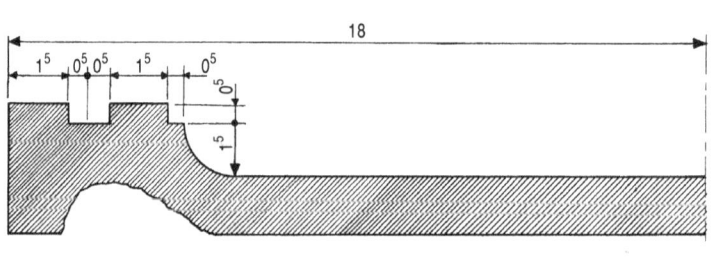

*Fig. 2.39b :
Représentation de la tranche ou section*

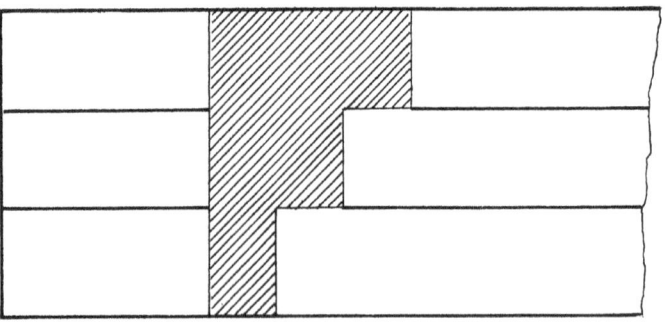

Fig. 2.40 : Section rabattue

Notions de géométrie

b/ *Coupes*

La coupe d'un volume permet non seulement d'obtenir sa section mais encore de visualiser les parties situées en arrière-plan (fig. 2.41a) sur le plan (fig. 2.41b). La section est donc dessinée d'un trait épais, puis hachurée, alors que les parties situées en arrière-plan sont dessinées d'un trait d'épaisseur moyenne pour les parties visibles, et d'un trait discontinu d'épaisseur moyenne ou fine pour les parties cachées.

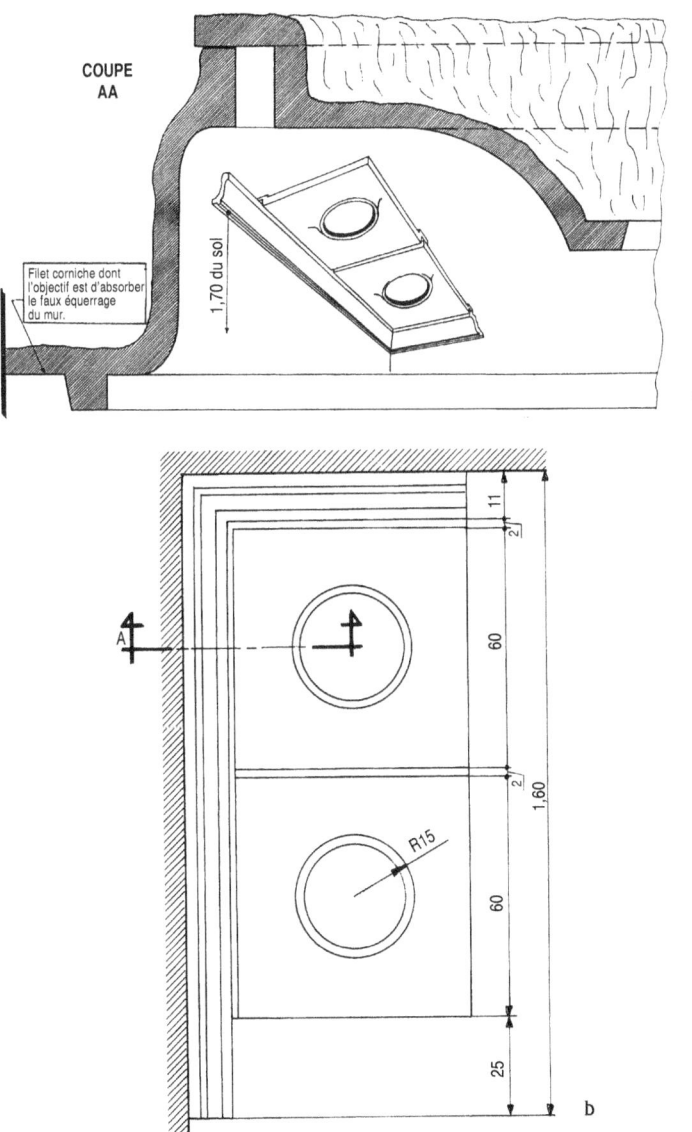

Fig. 2.41 : Visualisation des parties en arrière-plan (fig. 2.41a) sur la projection américaine (fig. 2.41b : système de projection qui permet de représenter chaque vue sur le plan se situant dans le prolongement de l'observateur et de l'objet)

Techniques et pratique du staff

■ Cotation

La cotation est utilisée pour numéroter, chiffrer, inscrire les valeurs indispensables à l'exécution d'un dessin à l'échelle :
- la ligne d'attache sert à définir la longueur à coter, cette ligne est perpendiculaire à la ligne de cote (fig. 2.42) ;
- la ligne de cote se situe parallèlement au segment à coter ; des flèches déterminant la longueur à coter sont positionnées à chaque extrémité de celle-ci (fig. 2.42) ;
- lorsque les distances des segments à coter sont très rapprochées, les flèches de la ligne de cote peuvent être remplacées par des points (fig. 2.43 et 2.44).

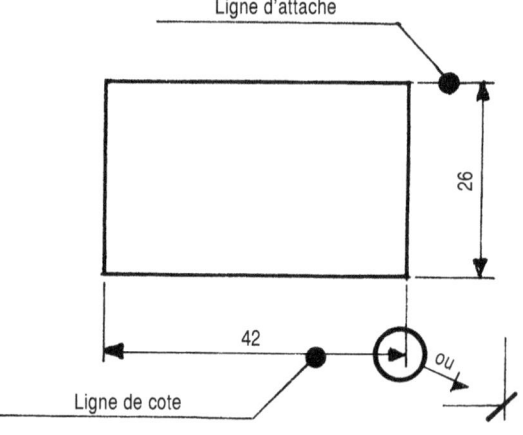

Fig. 2.42 : Ligne d'attache et ligne de cote

La cotation du diamètre d'un cercle peut s'effectuer de deux façons (fig. 2.45) :
- soit à l'aide de lignes horizontales parallèles prolongées de lignes obliques parallèles terminées par des flèches s'achevant sur les cercles à coter ;
- soit par la méthode des lignes d'attache et des lignes de cote successives partant du plus petit diamètre vers le plus grand.

En architecture et dans le bâtiment, l'unité de cotation est le centimètre pour les valeurs inférieures au mètre ; par exemple, 1^5 signifie 1 cm et 5 mm. Pour les valeurs supérieures au mètre, l'unité de cotation est le mètre ; par exemple : $1,60^2$ signifie 1 m, 60 cm et 2 mm.

■ Mise en page

Application
À partir de la perspective de la figure 2.46, effectuer, sur un format A3, et à l'échelle de 1/4, la mise en page des vues de face, de dessus et de la face gauche.
Calculer les cotes de chaque vue à l'échelle demandée.
Calculer la cote des intervalles horizontaux et verticaux après avoir retiré une marge de 5 mm.
- intervalles horizontaux : $\dfrac{41 - (15 + 12,5)}{3}$ 4,5 cm
- intervalles verticaux : $\dfrac{28,5 - (12,5 + 10)}{3}$ 2 cm

Notions de géométrie

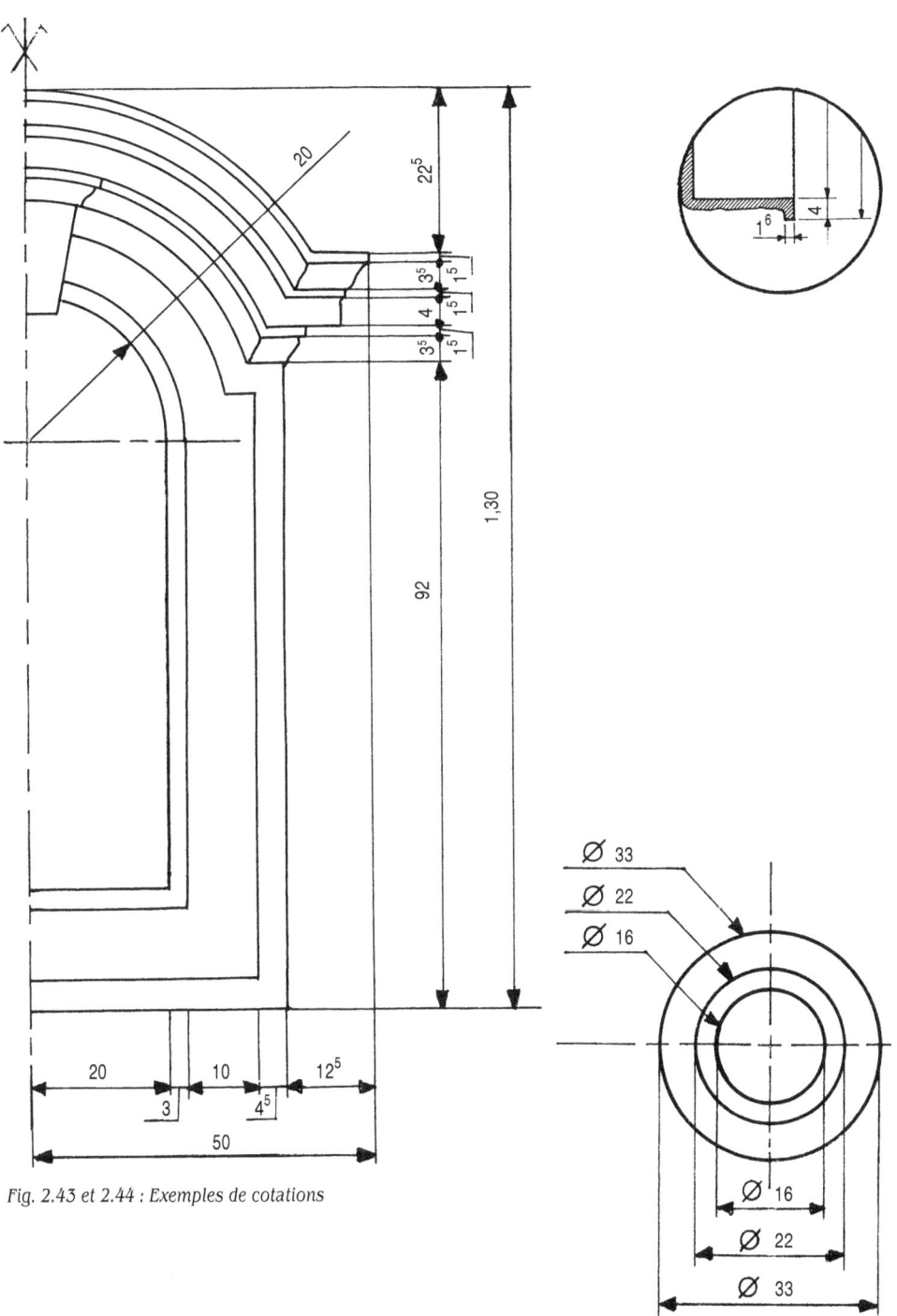

Fig. 2.43 et 2.44 : Exemples de cotations

Fig. 2.45 : Cotation du diamètre d'un cercle

Techniques et pratique du staff

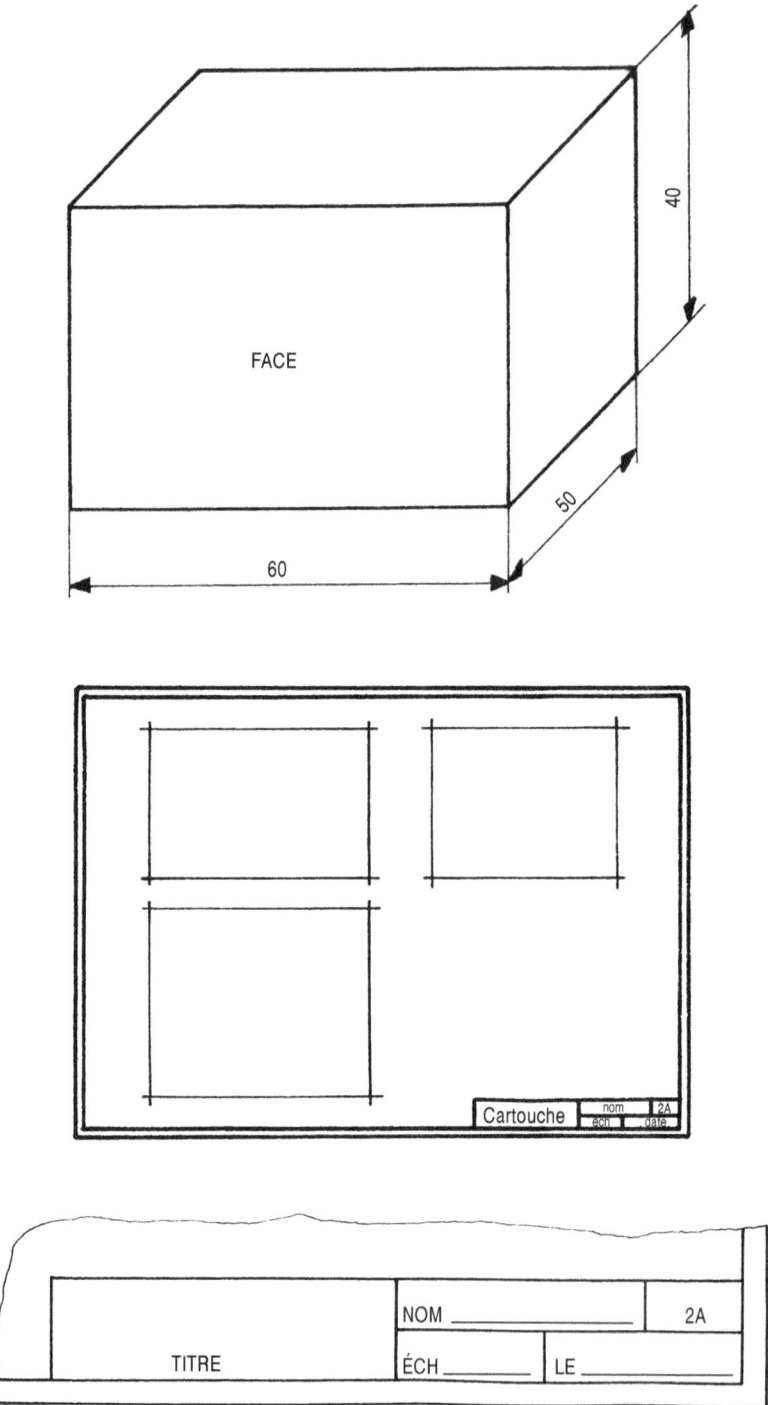

Fig; 2.46, 2.47 et 2.48 : Mise en page

Notions de géométrie

■ Hachures

Les hachures sont des traits fins parallèles ou entrecroisés qui, dans le dessin, marquent les ombres, les pentes, et mettent en valeur les sections ou les sections de coupe. Le sens d'inclinaison des hachures dépend de la forme du volume sectionné et de son orientation (fig. 2.49, 2.50 et 2.51). Leur inclinaison est en général de 45° (fig. 2.49 et 2.50) ; elle deviendra horizontale ou verticale dans le cas d'une section oblique (fig. 2.51).

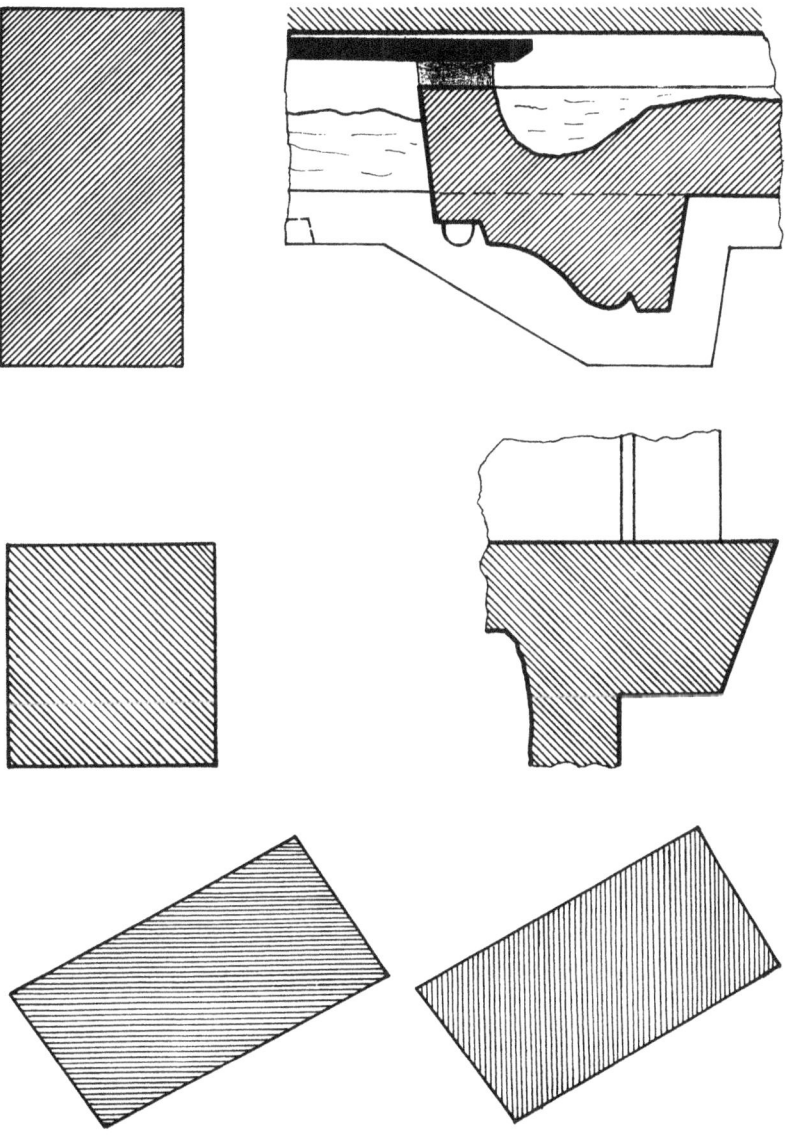

Fig. 2.49, 2.50 et 2.51 : Exemples d'utilisation des hachures

51

Techniques et pratique du staff

■ Ombres à 45°

On situe le soleil conventionnellement à 45° par rapport à la ligne de terre tant en projection frontale qu'horizontale. On distingue différentes ombres :
- les ombres propres (fig. 2.52 et 2.53a) : ce sont les ombres non éclairées du volume ;
- les ombres portées (fig. 2.53b) : ce sont les ombres qu'un volume projette sur un arrière-plan ou au sol.

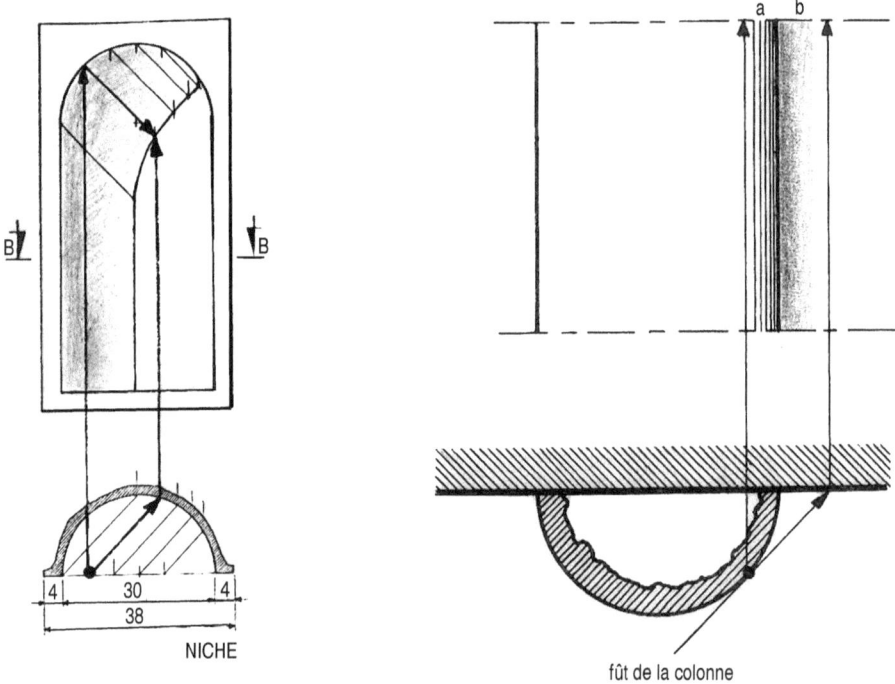

Fig. 2.52, 2.53a et b : Ombres propres et ombres portées

Réaliser un raccordement

Les raccordements sont des opérations élémentaires propres à la réalisation de figures plus complexes intervenant dans la construction d'un assemblage quelconque soit en moule, soit en positif, que cet assemblage soit décoratif ou architectural.

■ Raccordement d'une ligne droite et d'une ligne courbe

Dans le cas du raccordement d'une ligne droite et d'une ligne courbe, il est recommandé de tracer d'abord la ligne courbe, le traçage de la ligne droite étant alors plus facile qu'inversement (fig. 2.54a et 2.54b).

Notions de géométrie

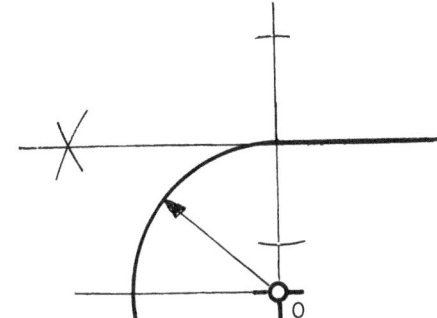

Fig. 2.54a : Raccordement d'un cercle à une droite horizontale

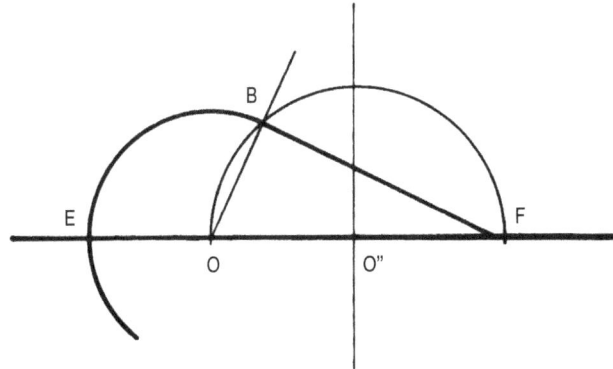

Fig. 2.54b : Dans le cas du raccordement d'un cercle à une droite oblique, il convient de tracer : la droite horizontale EF passant par le centre du cercle O de rayon OE donné. Par la médiatrice à OF on obtient O''. Le cercle de rayon O''O coupe le cercle de centre O en B. FB = tangente du cercle O.

▪ Raccordement d'une ligne droite à deux lignes courbes

Dans le cas du raccordement d'une ligne droite à deux lignes courbes (fig. 2.55a), il convient de tracer :
- la droite horizontale EF passant par le centre du grand cercle O de rayon OE et du petit cercle O' de rayon O'F donnés ;
- une médiatrice à OO' pour obtenir OO'' ;
- le cercle de centre O'' et de rayon O''O ;
- le cercle de rayon R-r (OE-OF) de centre O coupant le cercle de centre O'' en B ;
- la droite OB coupant le grand cercle en G ; joindre BO' ;
- la droite perpendiculaire à BO' passant par O' coupant le cercle O'F en K ; joindre la droite GK.

53

Techniques et pratique du staff

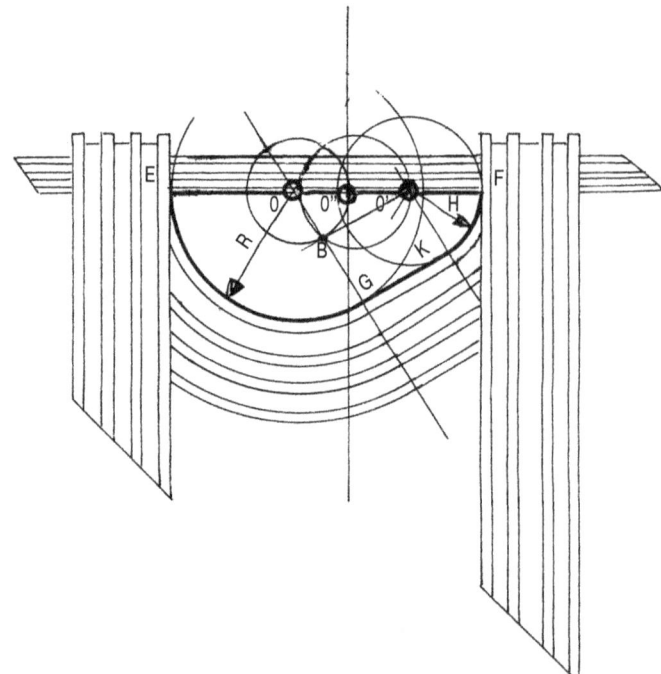

Fig. 2.55a : Raccordement d'une droite à deux cercles de rayons différents

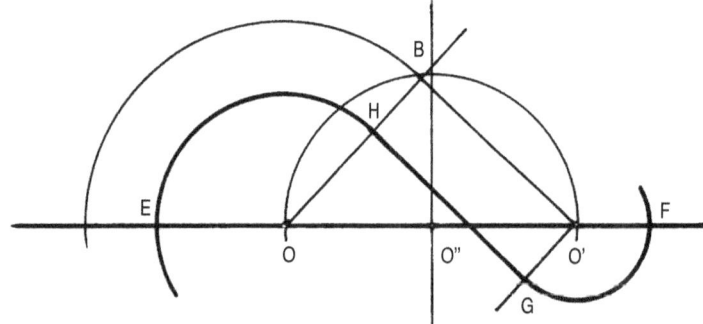

Fig. 2.55b : La droite horizontale EF passe par le centre du grand cercle O de rayon OE et du petit cercle de centre O' de rayon O'F donnés. Une médiatrice à OO', on obtient O''. Le cercle de rayon O''O de centre O''. Le cercle OB de centre (OB =OH + O'F) coupant le cercle de centre O en B. La droite OB coupant le grand cercle en H. La droite BO'. La droite perpendiculaire à BO' coupant le centre O'F en G ; joindre la droite HG.

■ Raccordement de deux courbes

Dans le cas du raccordement de deux courbes (fig. 2.56), il convient de tracer :
- les droites formant raccordement suivant un angle donné, des deux cercles à obtenir ;
- les points de centre des arcs de cercles ;
- les arcs de cercles ;

Notions de géométrie

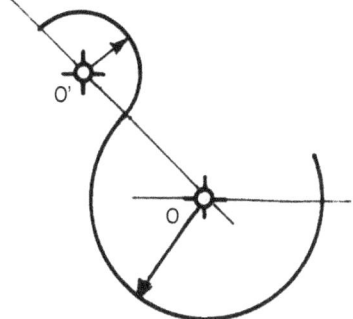

Fig. 2.56 : Raccordement de deux cercles suivant un angle donné

■ Raccordement de trois courbes

Dans le cas du raccordement de trois courbes, il convient de tracer :
Figure 2.57a :
– R donné ;
– la droite EF passant par le centre du petit cercle O et du grand cercle O' de rayon O'F ;
– l'arc de cercle de centre O et de rayon OO'' (R-OE) ;
– l'arc de cercle de centre O' et de rayon O'O'' (R-O'F) ;
– les droites O''O et O''O' coupant le petit cercle en B et le grand cercle en H ;
– l'arc de cercle BH de rayon O''B = R donné.
Figure 2.57b :
– R donné ;
– la droite horizontale EF passant par le centre du grand cercle O' de rayon O'F' et du petit cercle de centre O de rayon OE donnés ;
– l'arc de cercle de centre O et de rayon OO'' (R + OE) ;
– l'arc de cercle de centre O' et de rayon O'O'' (R + O'F) ;
– les droites O''O et O'O'' coupant le grand cercle en H et le petit cercle en B ;
– l'arc de cercle BH de rayon O''B = R donné.
Figure 2.57c :
– R donné ;
– la droite horizontale EF passant par le centre du grand cercle O de rayon OE et du petit cercle de centre O' de rayon O'F donnés ;
– l'arc de cercle de centre O et de rayon OO'' (R + OE) ;
– l'arc de cercle de centre O' et de rayon O'O'' (R-O'F) ;
– la droite O''O coupant le grand cercle en B ;
– la droite O''O' coupant le petit cercle en H ;
– l'arc de cercle BH de rayon O''B = R donné.

Techniques et pratique du staff

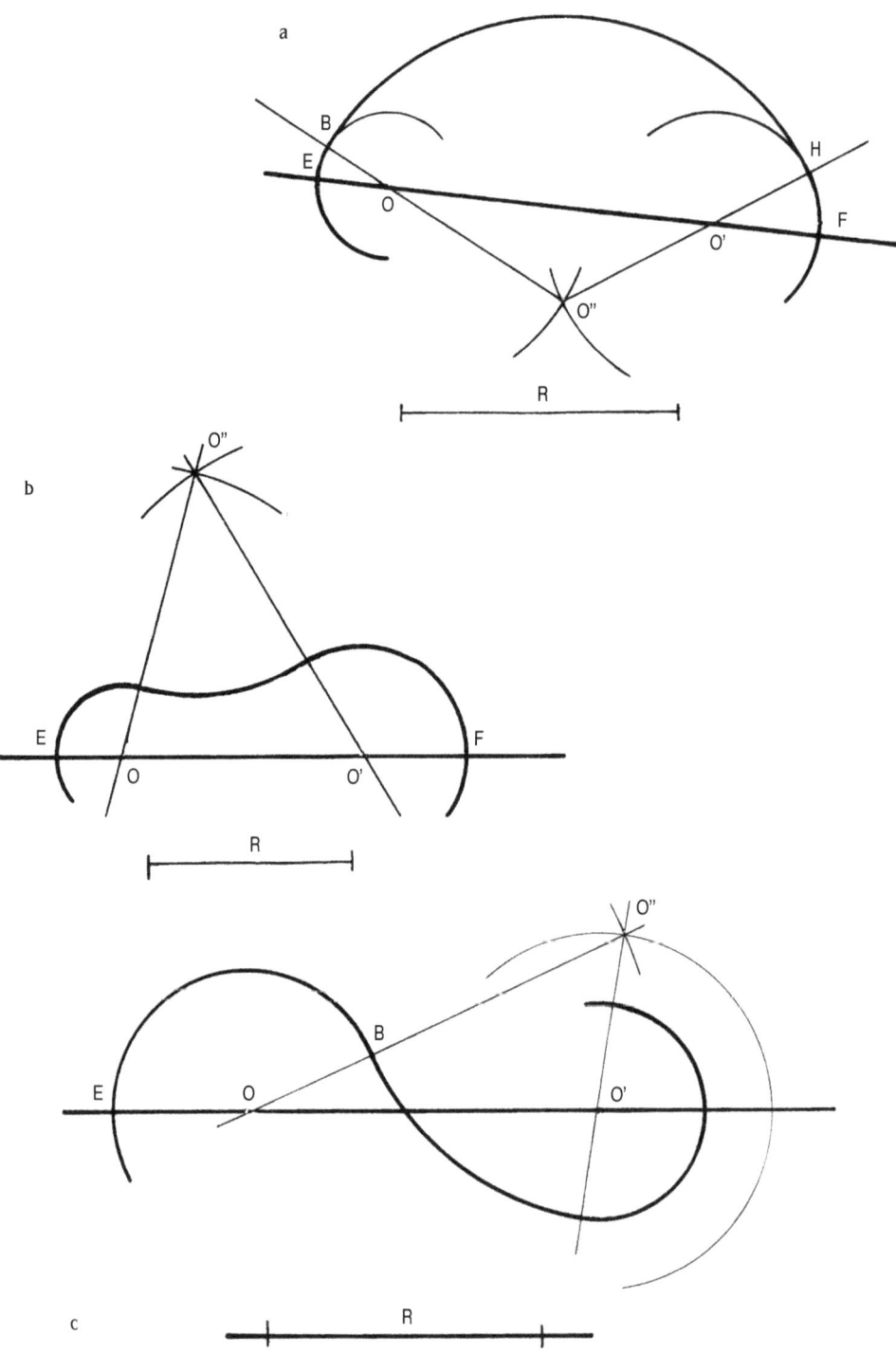

Fig. 2.57a, 2.57b, 2.57c : Raccordement de trois courbes

Notions de géométrie

Réaliser un raccordement mixtiligne ou curviligne

On retrouve souvent des raccordements mixtilignes sur les panneaux ou plafonds moulurés, corniches, etc. Il convient donc d'en connaître les procédés de construction.

▪ Raccordement mixtiligne

Pour réaliser un raccordement mixtiligne, il existe deux méthodes : la méthode des trois cercles et la méthode par division à l'aide de parallèles équidistantes.

a/ *Méthode des trois cercles*

Cette méthode est illustrée par la figure 2.58.

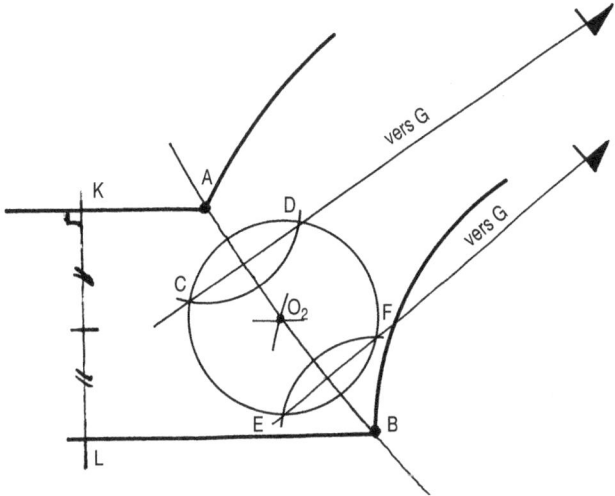

Fig. 2.58 : Méthode des trois cercles

Tracer l'épure de largeur KL formant raccordement mixtiligne en AB. Tracer un cercle de centre O_2, milieu du raccordement mixtiligne AB et de rayon inférieur à OA ou OB. Avec le même écartement de centre A, tracer un arc de cercle coupant le cercle de centre O_2 en CD. Procéder de même en B pour obtenir EF. Prolonger les droites CD et EF se coupant en G, point de centre de l'arc de cercle AB à obtenir. Tracer l'arc de cercle AB formant raccordement mixtiligne.

b/ *Méthode par division à l'aide de parallèles équidistantes*

Cette méthode est illustrée par la figure 2.59.

Techniques et pratique du staff

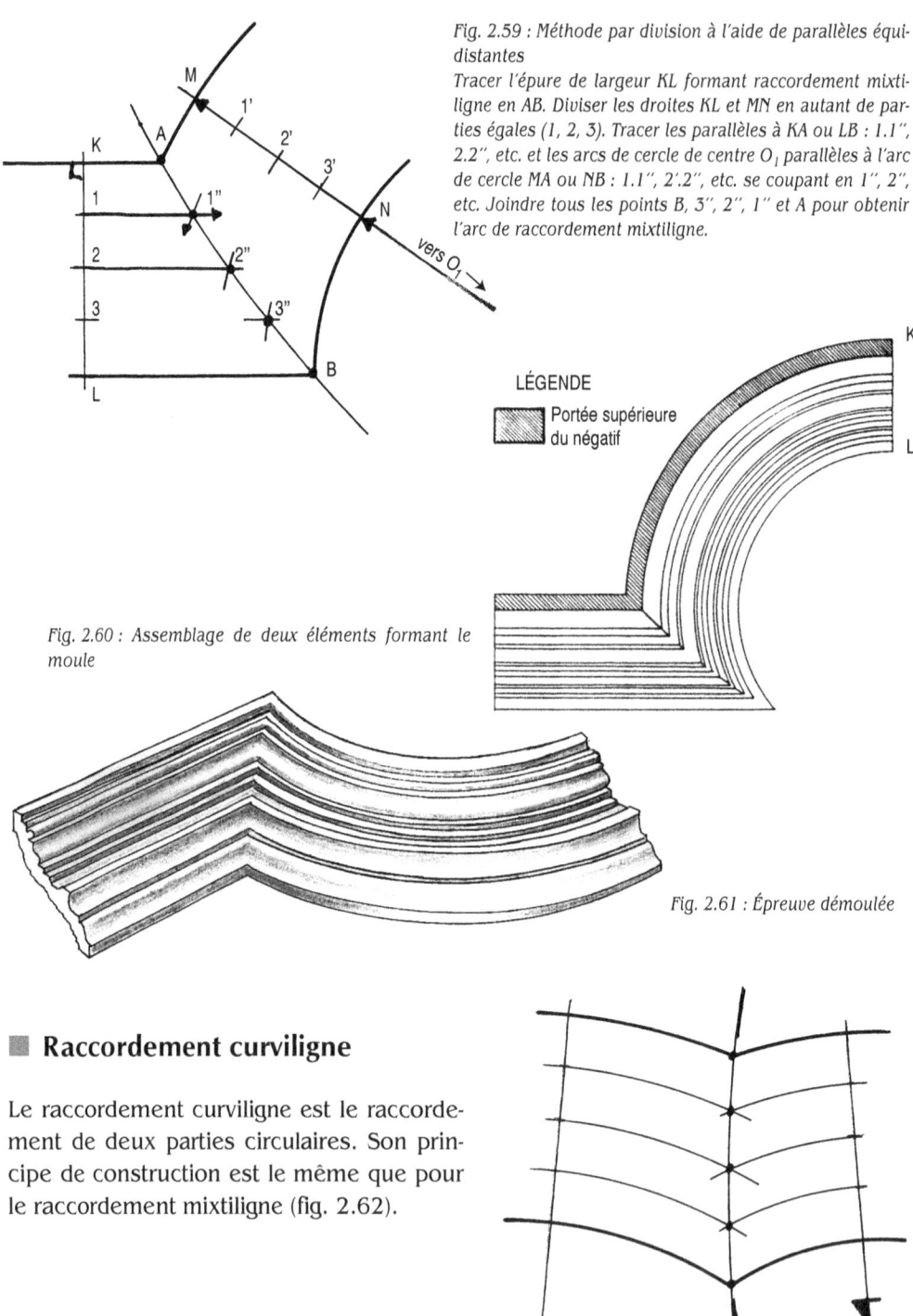

Fig. 2.59 : Méthode par division à l'aide de parallèles équidistantes

Tracer l'épure de largeur KL formant raccordement mixtiligne en AB. Diviser les droites KL et MN en autant de parties égales (1, 2, 3). Tracer les parallèles à KA ou LB : 1.1", 2.2", etc. et les arcs de cercle de centre O_1 parallèles à l'arc de cercle MA ou NB : 1.1", 2'.2", etc. se coupant en 1", 2", etc. Joindre tous les points B, 3", 2", 1" et A pour obtenir l'arc de raccordement mixtiligne.

Fig. 2.60 : Assemblage de deux éléments formant le moule

Fig. 2.61 : Épreuve démoulée

■ Raccordement curviligne

Le raccordement curviligne est le raccordement de deux parties circulaires. Son principe de construction est le même que pour le raccordement mixtiligne (fig. 2.62).

Fig. 2.62 : Raccordement curviligne

Notions de géométrie

Réaliser une spirale ou une volute

Les staffeurs seront amenés à créer, restaurer et reproduire tout ou partie d'éléments de décors architecturaux dans lesquels s'intègrent des spirales ou volute, il devient donc nécessaire d'étudier les principales méthodes de réalisation de celles-ci.

▪ Spirales

La spirale est une courbe plane qui décrit des révolutions autour d'un point fixe en s'en écartant de plus en plus. La spirale est formée d'arcs de cercles qui se déroulent à partir de points de centres placés soit aux extrémités du diamètre d'un cercle, soit sur un cercle divisé en parties égales ou enfin, au sommet de polygones.

a/ *À l'aide du demi-cercle (deux points de centre)*

Dans le cas de la spirale à deux points de centre (fig. 2.63), il convient de tracer :
– la droite XY ;
– le demi-cercle de centre O de rayon OO1 ou OO2 ;
– le demi-cercle de centre O2 de rayon O2, O1 ;
– le demi-cercle de centre O1 de rayon O1E, etc.

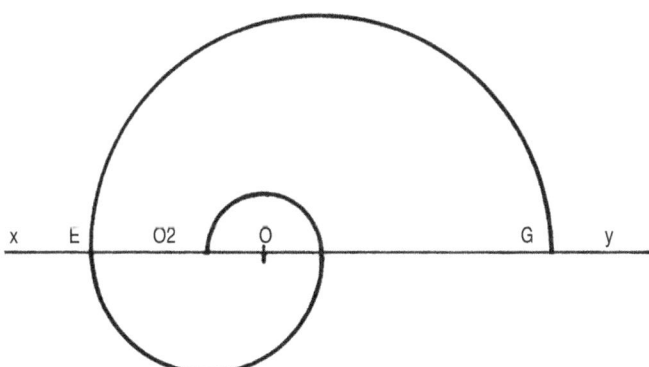

Fig. 2.63 : Spirale à deux points de centre

b/ *À l'aide du cercle (huit points de centre)*

Dans le cas de la spirale à huit points de centre (fig. 2.64), il convient de tracer :
– les demi-droites O8E, O1G, O2I, O3J, O4K, O5L, O6M, O7N ;
– l'arc de cercle de rayon OE ;
– l'arc de cercle de rayon O1G ;
– l'arc de cercle de rayon O2I ;
– l'arc de cercle de rayon O3J, etc.

Techniques et pratique du staff

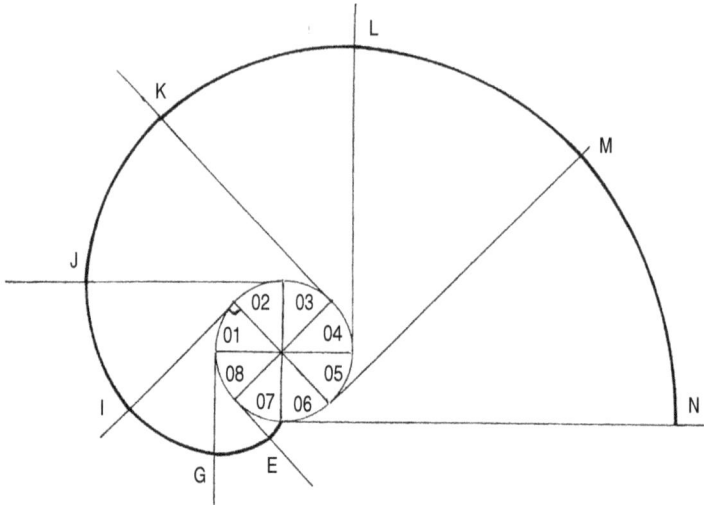

Fig. 2.64 : Spirale à réaliser à partir du cercle

c/ À l'aide du cercle pour construire la spirale par points

Dans le cas de la spirale obtenue par points (fig. 2.65), il convient de tracer :
- un nombre égal de divisions sur un cercle suffisamment grand (32 divisions par exemple) ;
- le même nombre de cercles concentriques que l'on a choisi (dans le cas présent 32), en partant du centre du grand cercle (ces cercles doivent diviser le rayon de celui-ci en 32 parties égales) ;
- la spirale en partant du centre du grand cercle jusqu'au point obtenu par recoupement de la division 1 du premier cercle concentrique ;
- la spirale complètement en opérant de la même manière.

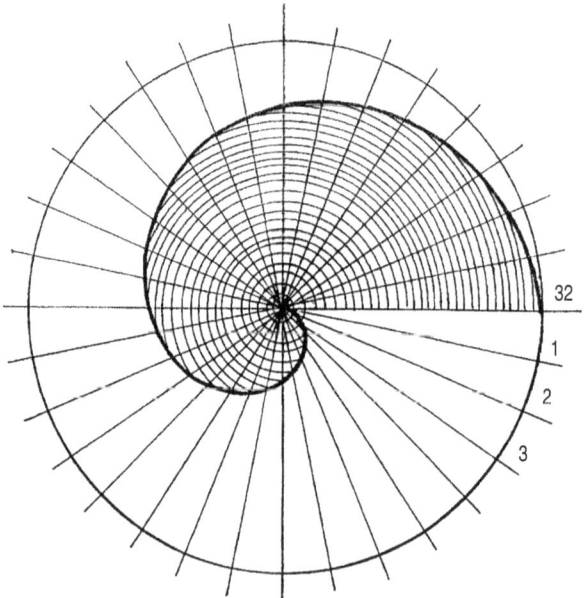

Fig. 2.65 : Spirale construite par points à partir d'un cercle

d/ À l'aide du triangle équilatéral

Dans le cas d'une spirale à trois centres (fig. 2.66), il convient de tracer :
- les droites OX, O1y, O2z, O2Z ;

Notions de géométrie

- l'arc de cercle de rayon OO2 ;
- l'arc de cercle de rayon O1E ;
- l'arc de cercle de rayon O2G, etc.

e/ À l'aide du carré

Dans le cas d'une spirale à quatre centres (fig. 2.67), il convient de tracer :
- les demi-droites OZ, O1W, O2X, O3Y ;
- l'arc de cercle de rayon OG ;
- l'arc de cercle de rayon O1G ;
- l'arc de cercle de rayon O2I ;
- l'arc de cercle de rayon O3J, etc.

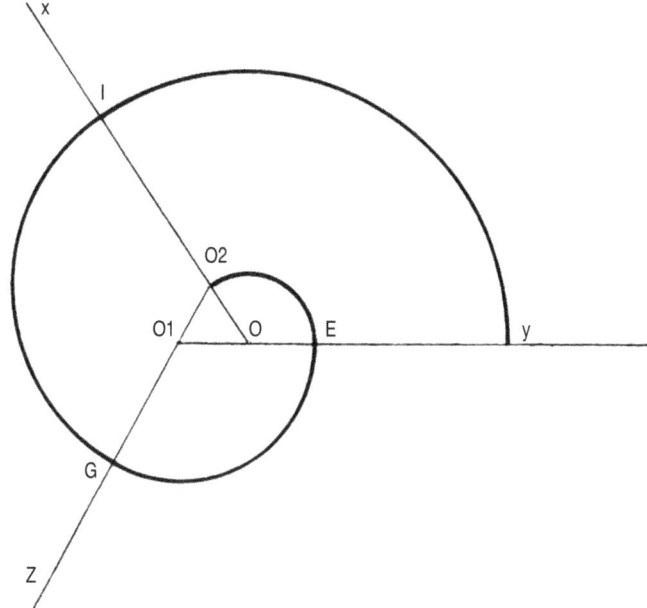

Fig. 2.66 : Spirale à trois centres

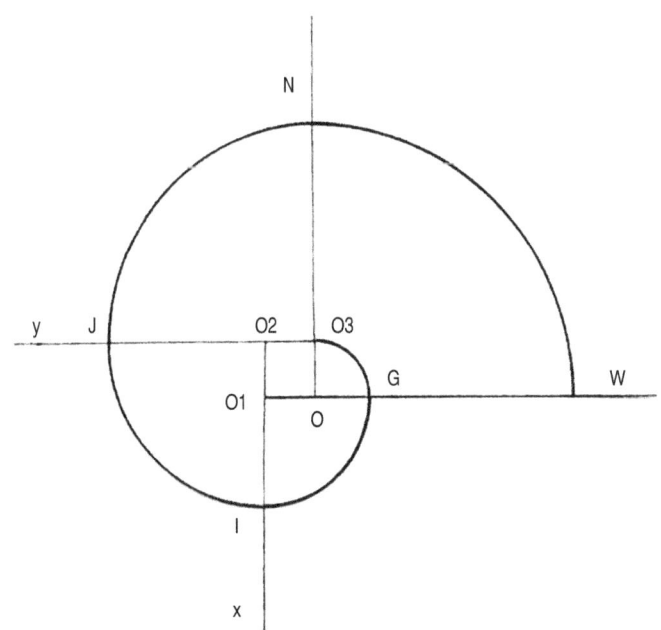

Fig. 2.67 : Spirale à quatre centres

f/ À l'aide de l'hexagone

Dans le cas d'une spirale à six centres dont la méthode de construction est identique à celle des précédentes (fig. 2.68), il convient de tracer :
- le demi-cercle de centre O et de rayon OO1 ;
- l'arc de cercle de rayon O1E ;
- les arcs de cercles de rayon GL et JO1 de centre O2, etc.

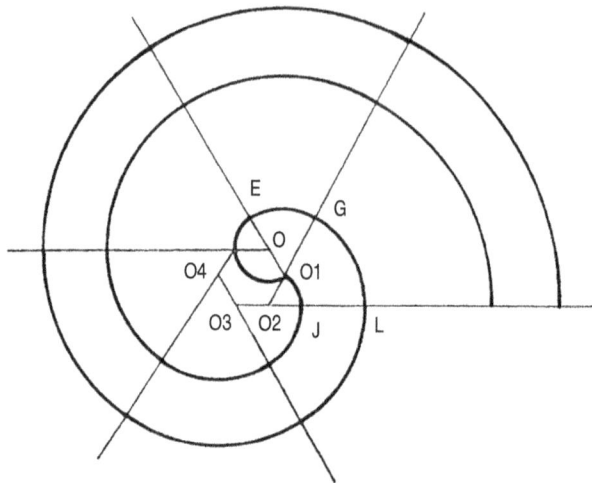

Fig. 2.68 : Spirale à six centres

■ Volute

La volute, ornement d'architecture, a, à la différence de la spirale, un point de centre qui ne sert qu'une fois.

a/ Volute ionique

Dans le cas de la volute ionique (fig. 2.69b), il convient de tracer :
L'œil de la volute (fig. 2.69a) composé :
- d'un cercle (2 parties[1]) situé entre la 9e et la 10e partie ;
- d'un carré ABCDE à l'intérieur du cercle dont les deux médiatrices perpendiculaires passant par son centre sont divisées chacune en 6 parties égales donnant 12 points qui serviront de centre à chaque arc de cercle à obtenir.

La volute :
- tracer toutes les lignes de construction partant de chaque point numéroté : 1 à 2, 2 à 3 etc. que l'on prolonge ;
- exécuter le premier arc de cercle du listel de la volute en prenant pour point de centre 1 et pour rayon 1A ;
- tracer le deuxième arc de cercle en prenant pour point de centre 2 et pour rayon 2G, etc. ;
- construire les lignes en traits interrompus en partant des points 1' et 2', etc. dont la largeur correspond au premier quart de chaque subdivision réalisée précédemment ;

---

1. Le système de mesure grec se composait de modules divisés en parties. Dans le cas de la volute ionique, un module est divisé en 16 parties.

– tracer la partie inférieure du listel (le principe de construction sera identique ; 1'E sera le premier rayon, 2'1 le deuxième rayon, etc.).

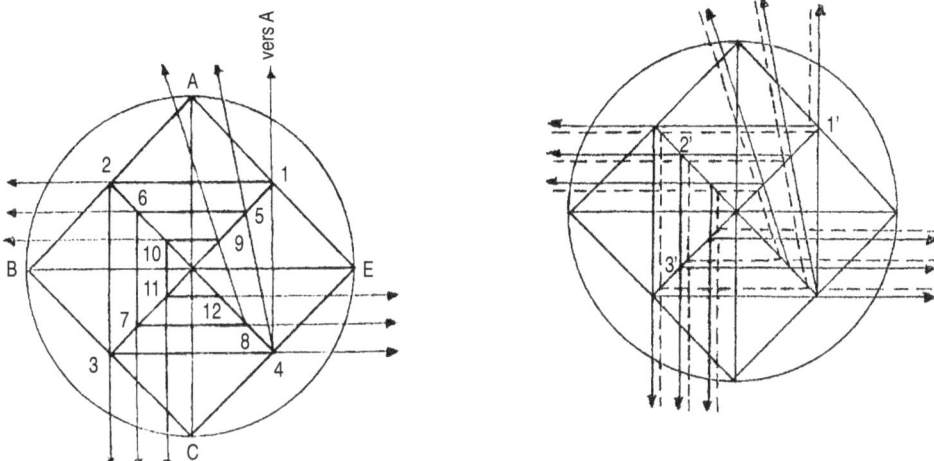

Fig. 2.69a : Œil de la volute

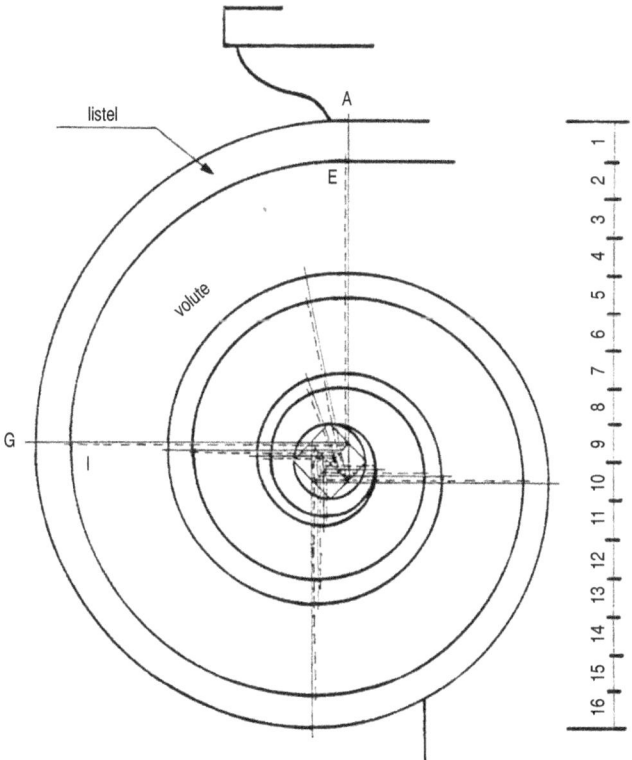

Fig. 2.69b : Volute

Techniques et pratique du staff

Réaliser une section biaise ou oblique

Dans un plan (exemple : ABCD, fig. 2.70), la section biaise d'un volume ne peut pas correspondre au plan du volume lui-même. Il est donc nécessaire de considérer cette section dans l'élévation de l'objet, en prenant pour repère deux de ses points extrêmes (A'B'). La comparaison de cette nouvelle mesure (A'B') avec le plan ou base de l'objet (AB) donne obligatoirement comme résultat une figure plane allongée (A'B'C'D') par rapport à cette base (ABCD). Il en sera de même pour tout autre volume (fig. 2.71 et 2.72).

Relever un profil de corniche

Le staffeur est amené à faire un relevé de corniche dans le cas de la restauration d'une partie manquante ou détériorée de celle-ci par exemple, mais aussi pour réaliser la copie conforme de corniches ornant différentes pièces d'un même appartement...

Le relevé d'une corniche implique le choix d'une technique qui dépend de la forme de son profil, de sa méthode de fabrication, de son ornementation (feuilles d'acanthe, oves, raies de cœur, modillons, etc.) :

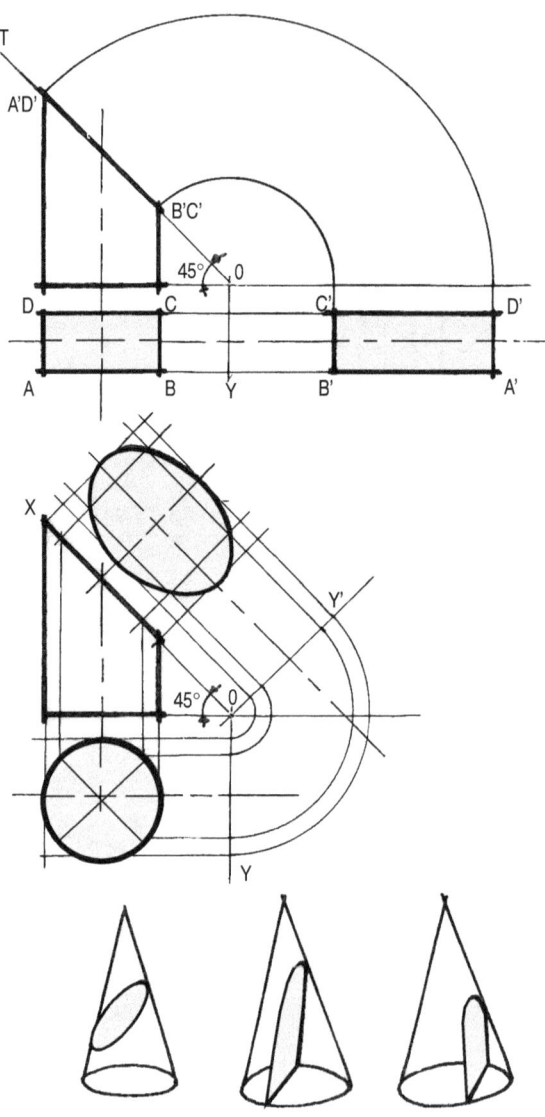

Fig. 2.70, 2.71 et 2.72 : Sections biaises (ou obliques)

– Première méthode sur une corniche en staff sans ornementation (fig. 2.73) :
  • couper la corniche à l'exacte verticale ;
  • introduire un carton dans la rainure obtenue par la coupe de la corniche ;

Notions de géométrie

- tracer sur le carton le profil de la corniche.
- Deuxième méthode sur une corniche en plein plâtre sans ornementation : à l'aide du conformateur, il suffit de pousser les lamelles qui prendront l'empreinte du profil de la corniche. Cette technique présente l'inconvénient de ne pas permettre le relevé du profil des parties en contre-dépouille* (fig. 2.74). Pour effectuer le relevé de la courbe concave, se reporter à la figure 2.26.

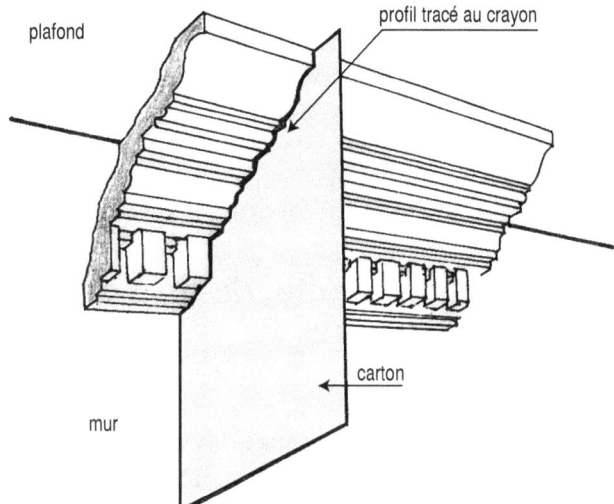

Fig. 2.73 : Relevé d'un profil de corniche : première méthode à l'aide d'un carton

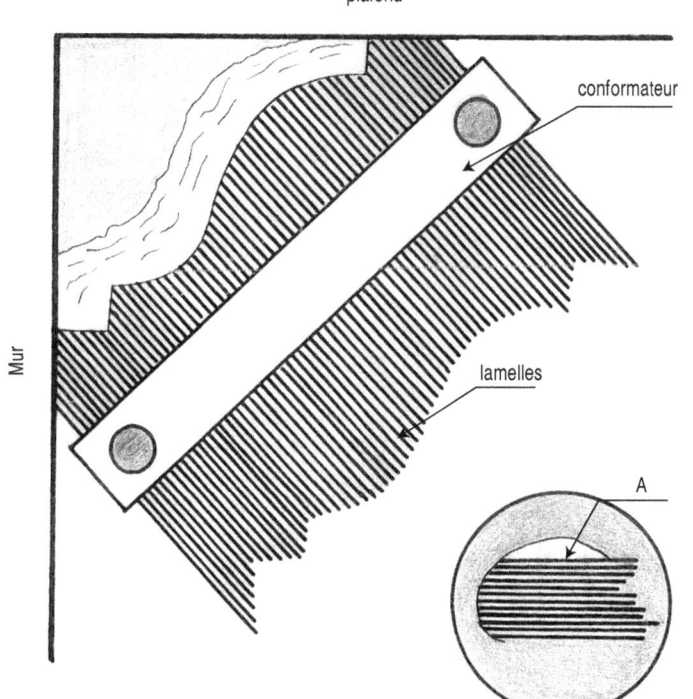

Fig. 2.74 : Relevé d'un profil de corniche : deuxième méthode à l'aide du conformateur

Techniques et pratique du staff

- Troisième méthode sur une corniche ornementée : elle consiste à confectionner un négatif sur une portion module[1] de la corniche soit avec de la terre (§ 5.3), soit à l'aide d'un élastomère thixotrope par estampage (§ 5.4).
- Quatrième méthode dans une pièce possédant déjà une corniche que l'on agrandit : il s'agit de couper un morceau de la corniche existante que l'on amène à l'atelier afin d'en reproduire des copies conformes.

Division d'une droite, de droites parallèles ou perpendiculaires

Lorsque l'on aborde l'étude du dessin technique ainsi que les tracés sur table, dans le but d'assembler à leur juste place les différents éléments formant un modèle ou un moule, on se trouve rapidement confronté à la division d'un segment de droite ainsi qu'à la construction de droites parallèles ou perpendiculaires. Il devient donc nécessaire de connaître les diverses méthodes de réalisation.

▪ Division d'une droite en n parties égales

Se reporter au paragraphe Échelle des triangulations, p. 22.

▪ Droites parallèles

a/ *Construction à l'aide d'un té (fig. 2.75)*

- tracer la droite xy à l'aide d'un té ;
- selon le même procédé, tracer la droite x' y'.

Fig. 2.75 : Droites parallèles obtenues à l'aide d'un té

b/ *Construction à l'aide de deux arcs de cercle de rayon R donné (fig. 2.76)*

- tracer la droite xy ;
- prendre deux points OO' quelconques sur la droite xy (suffisamment éloignés) ;

---

[1]. Partie d'une corniche qui, par assemblage, permet la continuité des différents ornements de cette corniche. Exemple : si j'assemble deux modules de grecque, je restitue la grecque ; cela peut être des feuilles d'acanthe, des raies de cœur, etc.

- à partir des deux points OO', tracer deux arcs de cercles de rayons R donné ;
- tracer la tangente x' y' à ces deux arcs de cercles ; x' y' est parallèle à x y.

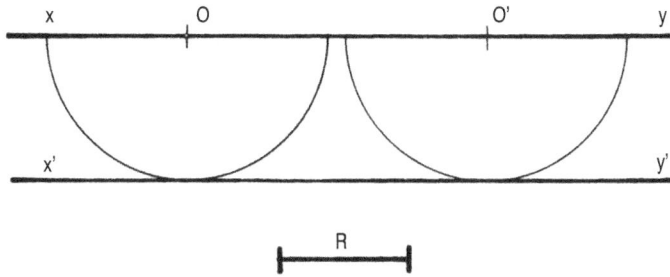

Fig. 2.76 : Droites parallèles obtenues à l'aide de deux arcs de cercles de rayon R donné

■ Droites perpendiculaires

a/ *Le point O sur la droite xy est donné (fig. 2.77)*

- à partir du point O comme centre, tracer deux arcs de cercles de même rayon coupant la droite xy en O' et O'' ;
- à partir des points O' puis O'', tracer deux arcs de cercles de même rayon se recoupant en E ;
- tracer la droite passant par OE perpendiculaire à xy.

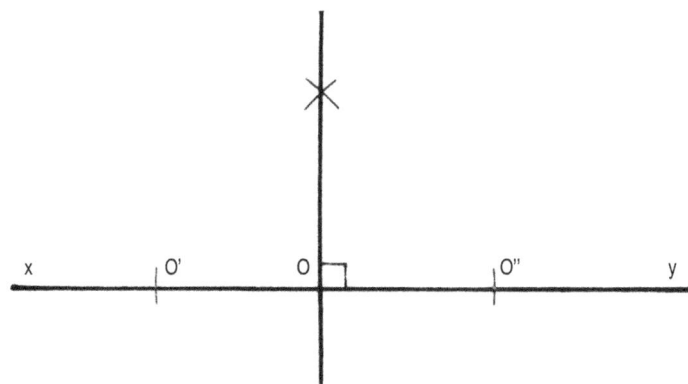

Fig. 2.77 : Droites perpendiculaires dont le point O sur la droite xy est donné

b/ *Le point E au-dessus de la droite xy est donné (fig. 2.78)*

- du point E comme centre, tracer un arc de cercle de rayon quelconque recoupant la droite xy en O et O' ;
- du point O puis du point O' comme points de centre, tracer deux arcs de cercles égaux se recoupant au point G ;
- tracer une droite perpendiculaire à xy passant par EG.

67

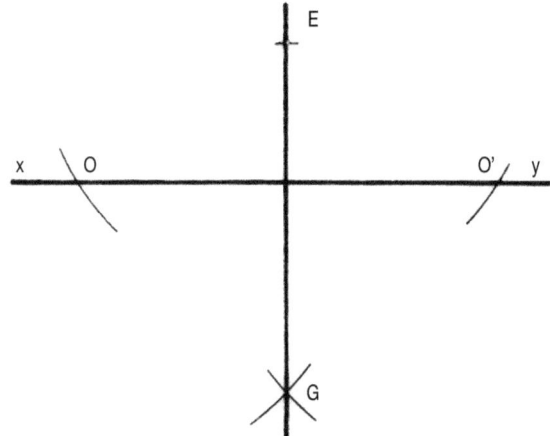

Fig. 2.78 : Droites perpendiculaires dont le point E au-dessus de la droite xy est donné

c/ Le point O sur l'extrémité de la demi-droite oy est donné (fig. 2.79)

– du point O comme centre, tracer un arc de cercle de rayon quelconque OE ;
– du point E comme centre, tracer un arc de cercle de même rayon que OE recoupant le premier arc de cercle en O' ;
– du point O' comme centre, tracer un arc de cercle de rayon O'E ;
– prolonger le segment de droite EO' jusqu'à recouper l'arc de cercle de rayon O'E au point G ;
– tracer la demi-droite ox perpendiculaire à oy passant par OG.

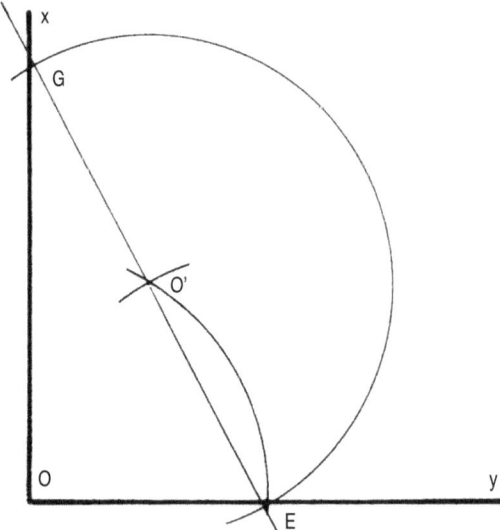

Fig. 2.79 : Droites perpendiculaires dont le point O sur l'extrémité de la demi-droite oy est donné

Notions de géométrie

Tracés d'angles, ajouts d'angles

Il est indispensable de savoir tracer et relever un angle, pour l'exécution du dessin technique, pour réaliser une épure sur table servant de guide parfait à l'assemblage d'un modèle ou d'un moule, mais également pour pouvoir réaliser une implantation sur un plafond avant la pose d'éléments de décors ou enfin, pour la vérification d'un angle sur un chantier. Il devient donc nécessaire d'en connaître les procédés d'exécution.

■ Tracés d'angles

a/ *Angle à 45°*

À L'AIDE DE LA BISSECTRICE DE L'ANGLE DROIT (**fig. 2.80**)

- du point O comme centre, tracer un arc de cercle de rayon OI quelconque (OI = OG = OE) ;
- du point I puis du point G, tracer deux arcs de cercles de même rayon se coupant en J ;
- JO est la bissectrice de l'angle droit IOG ;
- IOJ – JOG = 45°.

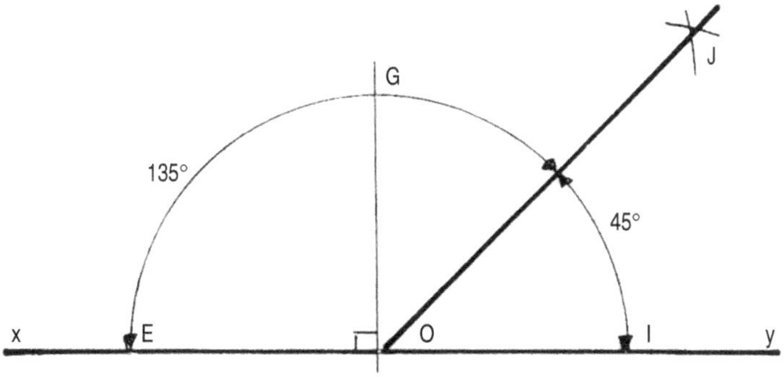

Fig. 2.80 : Angle à 45° obtenu à l'aide de la bissectrice de l'angle droit

À L'AIDE D'UN CERCLE DE RAYON QUELCONQUE (**fig. 2.81**)

- du point O comme centre, tracer un arc de cercle de rayon OE quelconque sur la droite xy ;
- élever la droite perpendiculaire à xy passant par le centre O du cercle ;
- joindre les points EG ;
- OE = OG, GEO = 45°.

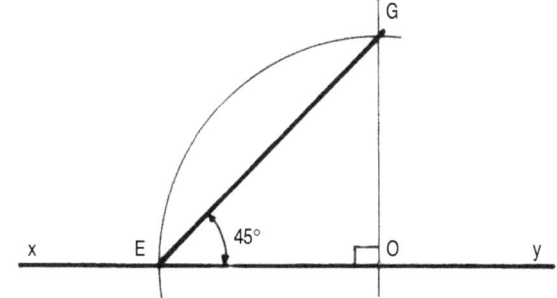

Fig. 2.81 : Angle à 45° obtenu à l'aide d'un cercle de rayon quelconque

Techniques et pratique du staff

b/ *Angle à 60°*

PRINCIPE DU TRIANGLE ÉQUILATÉRAL (**fig. 2.82**)

- tracer un demi-cercle de rayon OE quelconque et de centre O sur la droite xy ;
- du point E comme centre, tracer un arc de cercle de centre EG = OE recoupant le premier en G ;
- joindre OG, GOE = 60°, GOI = 30°, GOJ = 120° ;
- il suffit de tracer la bissectrice de l'angle IOG pour obtenir deux angles de 15°.

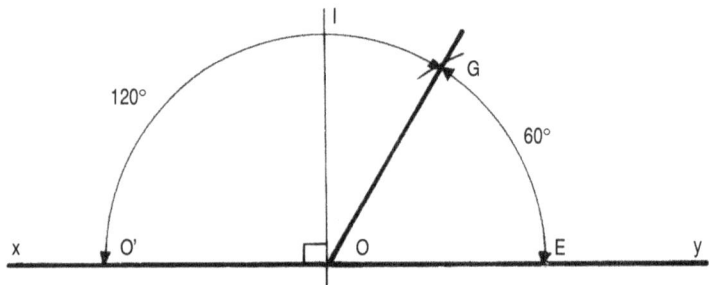

Fig. 2.82 : Angle à 60° obtenu par le principe du triangle équilatéral

À L'AIDE DE LA TANGENTE DE L'ANGLE À OBTENIR (**fig. 2.83**)

- choisir pour exemple un angle à 60° (tangente 60° 1.73) ;
- tracer le segment de droite EG = 10 cm et sa perpendiculaire EI = 17,3 cm ;
- joindre IG ;
- l'angle EG = 60° (par le même procédé, il est possible de construire un angle quelconque).

c/ *Angle à 90°*

PRINCIPE DU THÉORÈME DE PYTHAGORE (**fig. 2.84**)

- tracer le segment EI, placer un point G afin que EI = 4 EG, puis un segment IJ = 5 EG et un segment EJ = 3 EG ;
- l'angle IEG est égal à 90°. La mesure de référence du segment EG peut être le centimètre, le décimètre, le mètre ou une pige quelconque (par exemple sur un chantier : un morceau de bois coupé à la dimension d'EG) ;
- ce même procédé de construction peut permettre de vérifier si l'angle d'un mur est droit.

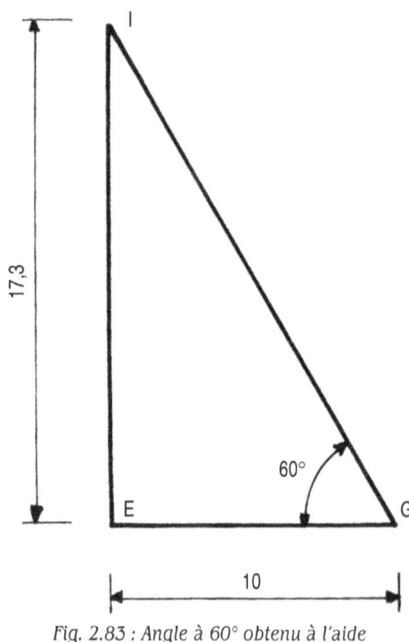

Fig. 2.83 : Angle à 60° obtenu à l'aide de sa tangente

Notions de géométrie

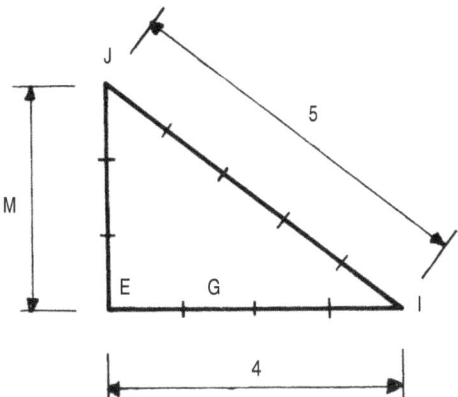

Fig. 2.84 : Angle à 90° en appliquant le principe du théorème de Pythagore (3, 4, 5)

■ Ajouts d'angles

Nous avons abordé plus haut la construction des angles de 90°, 60°, 45°, 30°, la façon d'obtenir un angle de 15° en traçant la bissectrice de l'angle de 30°. Pour obtenir d'autres angles, il est possible de les ajouter ou les retrancher entre eux comme ci-après :

150° = 90° + 60° ou 180° − 30° ;
135° = 90° + 45° ou 180° − 45° ;
120° = 90° + 30° ou 60° + 60 + ou 180° − 60° ;
105° = 90° + 15° ou 60° + 45° ;
75° = 60° + 15° ou 60° + 45° ;
75° = 60° + 15° ou 45° + 30°.

Réaliser une coupe à 45°

La majorité des assemblages de staff se faisant à onglet, il appartient de préparer correctement, tracer et réaliser les coupes, quelle que soit la forme des moulures.

■ Dans le sens de la largeur sur une moulure

Prenons l'exemple d'une moulure droite formant un panneau décoratif rectangulaire, nous constatons que l'angle de coupe se situe sur un même plan ; la coupe sera alors exécutée sur la largeur de cette moulure.

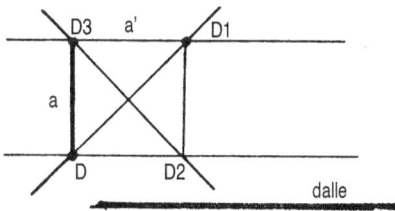

Fig. 2.85 : Vue en plan de l'épure

Techniques et pratique du staff

- réaliser l'épure de coupe sur la dalle (fig. 2.85) : a = a' = largeur de la moulure à couper (fig. 2.86) ;
- mettre la moulure sur l'épure de coupe (fig. 2.86) ;
- tracer sur la moulure les droites E et E^2 en remontant à la verticale depuis les points D et D_1. ;
- remonter les droites D et D_1 perpendiculairement à la dalle (fig. 2.86) ;
- scier la moulure 1 en vérifiant que l'on suit bien les droites E et E2 (fig. 2.86) ;
- opérer suivant les mêmes phases successives pour obtenir la coupe de la moulure 2 venant se raccorder à angle droit avec la coupe de la moulure 1. Seuls changeront le sens et l'extrémité où sera exécutée la coupe (fig. 2.87, vue en plan).

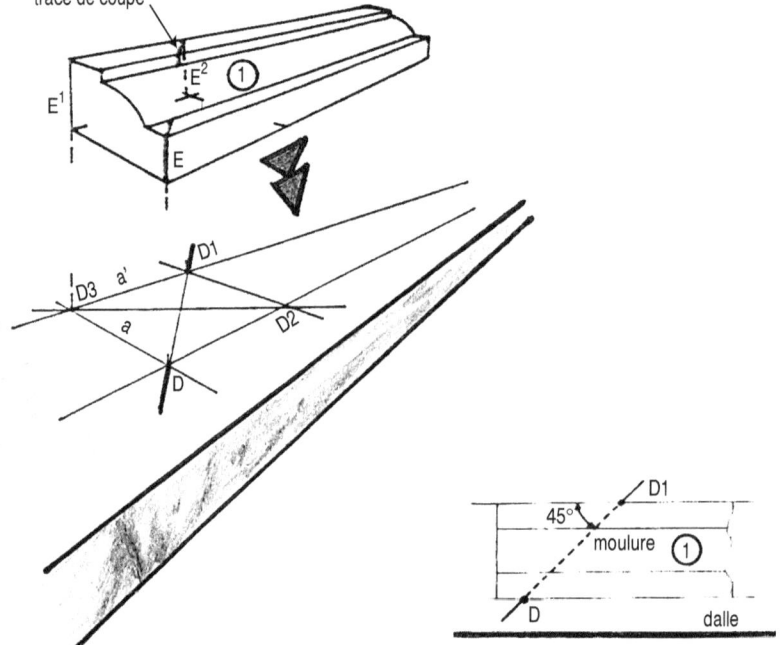

Fig. 2.86 : Vue en perspective de la moulure décalée de l'épreuve

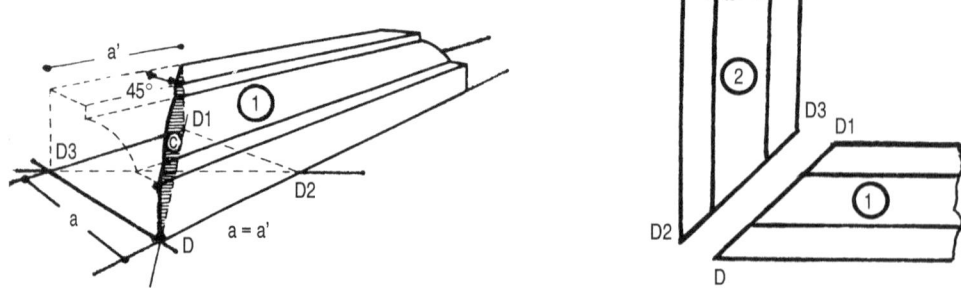

Fig. 2.87 : Coupe réalisée dans le bon sens

Notions de géométrie

■ Dans le sens de la hauteur sur une moulure

Prenons l'exemple de la moulure droite venant se raccorder sur deux plans verticaux formant un angle droit ; la coupe de cette moulure sera exécutée en hauteur et non plus en largeur.
- réaliser l'épure de coupe sur la dalle en prenant E_1 (devenant base, fig. 2.86) pour côté du carré (a = a') (fig. 2.88) ;
- tracer sur la moulure n° 1 les droites F et F_2 en remontant à la verticale depuis les points D et D_1 de l'épure de coupe (fig. 2.89). Scier la moulure 1 (opérer suivant les mêmes phases successives pour la moulure 2 : coupe à gauche en prenant pour repère la diagonale D_2D_3) ;
- scier la moulure ;
- la moulure n°1 a été remise sur sa base initiale F_2 = a sur les figures 2.85, 2.86 et 2.87, ce qui permet de mieux comprendre la différence entre une coupe à 45° dans

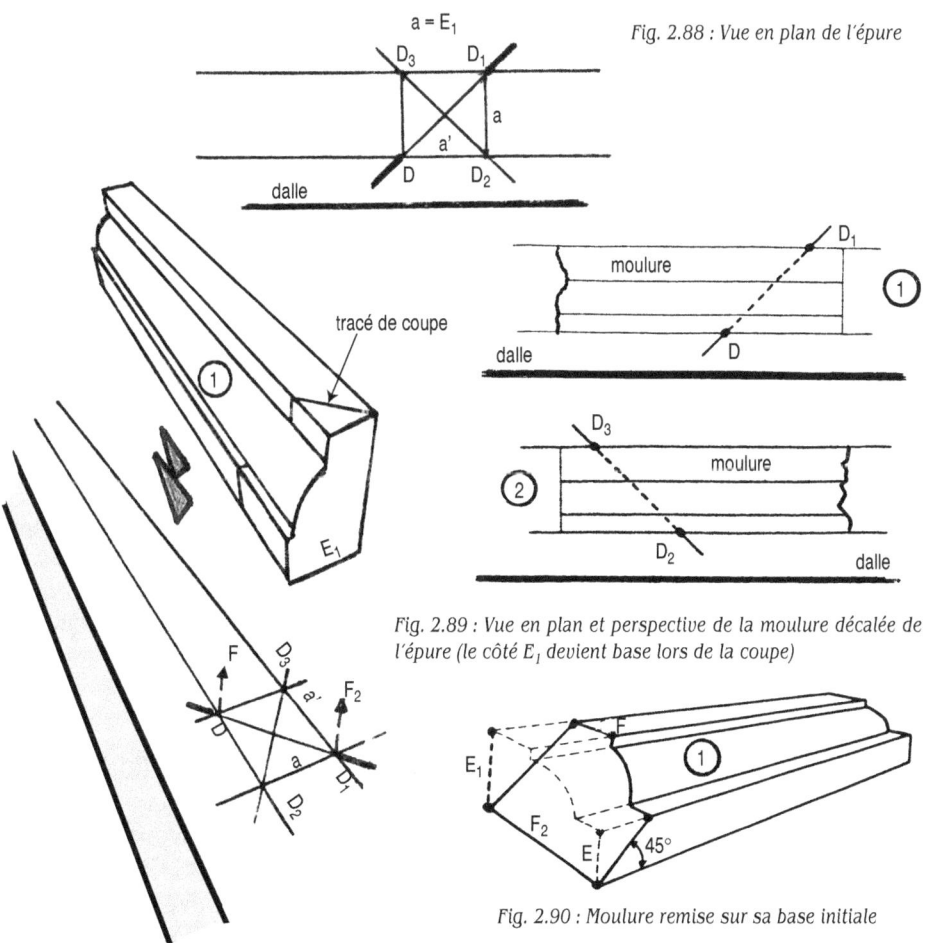

Fig. 2.88 : Vue en plan de l'épure

Fig. 2.89 : Vue en plan et perspective de la moulure décalée de l'épure (le côté E_1 devient base lors de la coupe)

Fig. 2.90 : Moulure remise sur sa base initiale

le sens de la largeur et une coupe à 45° dans le sens de la hauteur sur cette même moulure (fig. 2.87 et 2.90).

Remarque : pour une coupe dont l'angle est différent de 45°, le principe est le même : on doit toujours partir du tracé.

■ Dans le sens de la largeur sur une corniche

L'angle d'une corniche se situe sur trois plans : deux plans verticaux formant angle droit (murs) et un plan horizontal (plafond).

Pour réaliser la coupe, il faut retourner la corniche de sorte que la dalle (plan horizontal) tienne lieu de plafond, le talon T étant dirigé vers le haut et appuyé sur le plan vertical de la caisse à outils symbolisant le mur (fig. 2.91b).

La coupe de la corniche en position définitive étant à droite (exemple M1), elle se retrouve à gauche sur le plan de travail, c'est-à-dire la dalle (fig. 2.91a).

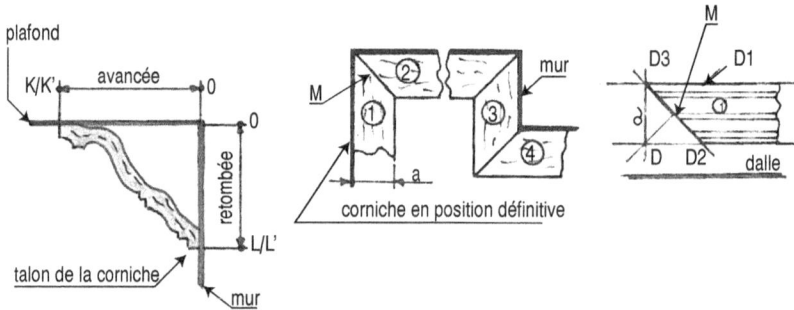

Fig. 2.91a : Corniche en position définitive au mur et plafond et en position de coupe rentrante à gauche sur la dalle

- tracer sur la dalle, considérée comme plafond, les quatre côtés et les diagonales de deux carrés (a = avancée OK, fig. 2.91a) ; prolonger ces diagonales DD1. D2D3 (fig. 2.91 b) ;
- mettre la corniche 1 en position avancée (a, sur la figure 2.91b = OK, de la figure 2.91a) et retombée (OL, sur la figure 2.91a = OL de la figure 2.91b) L étant le talon de la corniche aux cotes exactes ;
- scier la corniche ;
- afin de maintenir la corniche en position pour réaliser la coupe 1, on procède comme suit :
  • tracer une ligne horizontale LL' sur un plan vertical (caisse, etc.) dont la hauteur OL est égale à celle de la retombée de la corniche (fig. 2.91b). Un clou planté à chaque extrémité du tracé sert de blocage lors de la coupe (fig. 2.91b) ; ensuite, mettre une cale f (latte ou linteau) sur la droite KK' de l'épure de coupe réalisée

Notions de géométrie

sur la table et bloquer cette cale aux deux extrémités par des serre-joints (fig. 2.91b) ;
- pour tracer la coupe (rentrante à gauche, fig. 2.91a), on remonte à l'aide d'une équerre, sur les côtés de la corniche 1, les deux points D_2 et D_3 de la diagonale du carré tracé sur la dalle (fig. 2.91b et 2.92a). Tracer une droite à 45° à l'aide de l'équerre au point G (prolongement de D_3) vers D_2 sur le talon de la corniche : on obtient le point N. Descendre la verticale partant de N qui servira de repère de coupe (fig. 2.92a).

Si l'angle du mur est différent de 90°, il convient de le relever soit à l'aide d'une fausse équerre, le tracé de la coupe correspond alors à la moitié de cet angle, soit en mettant la corniche en position idéale sur le mur et le plafond : il suffit alors de relever sur la corniche l'angle de coupe avant de la retirer (fig. 2.93). Scier la corniche.

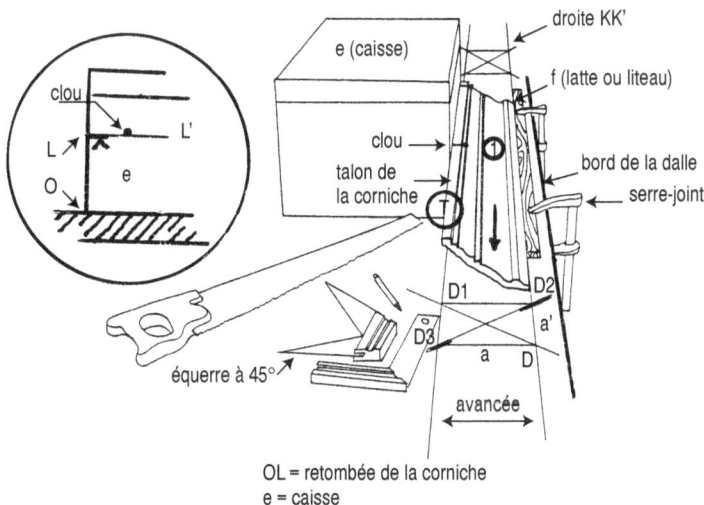

Fig. 2.91b : Plan et supports provisoires de coupe

Techniques et pratique du staff

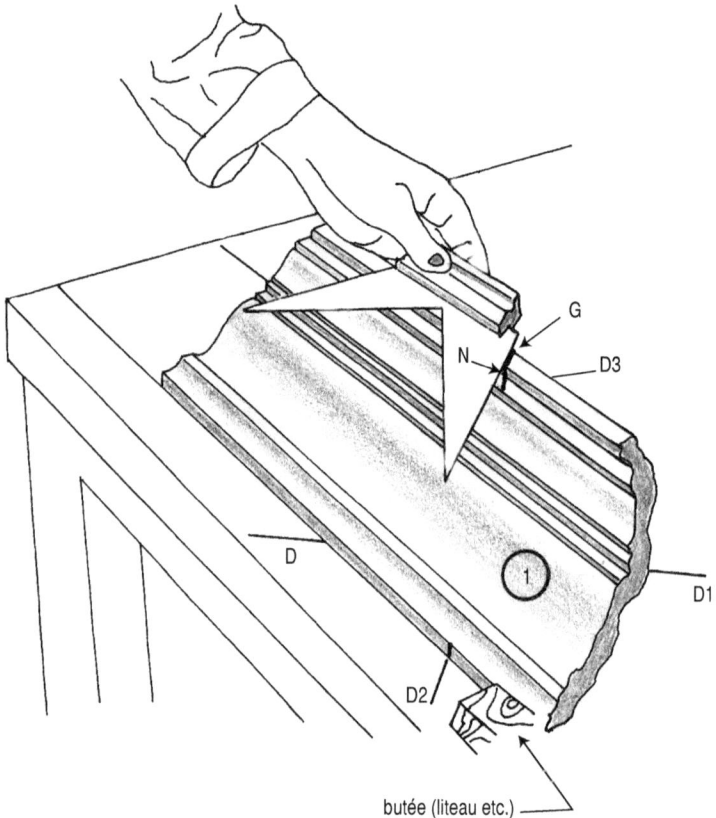

Fig. 2.92a : Corniche en position de coupe

Notions de géométrie

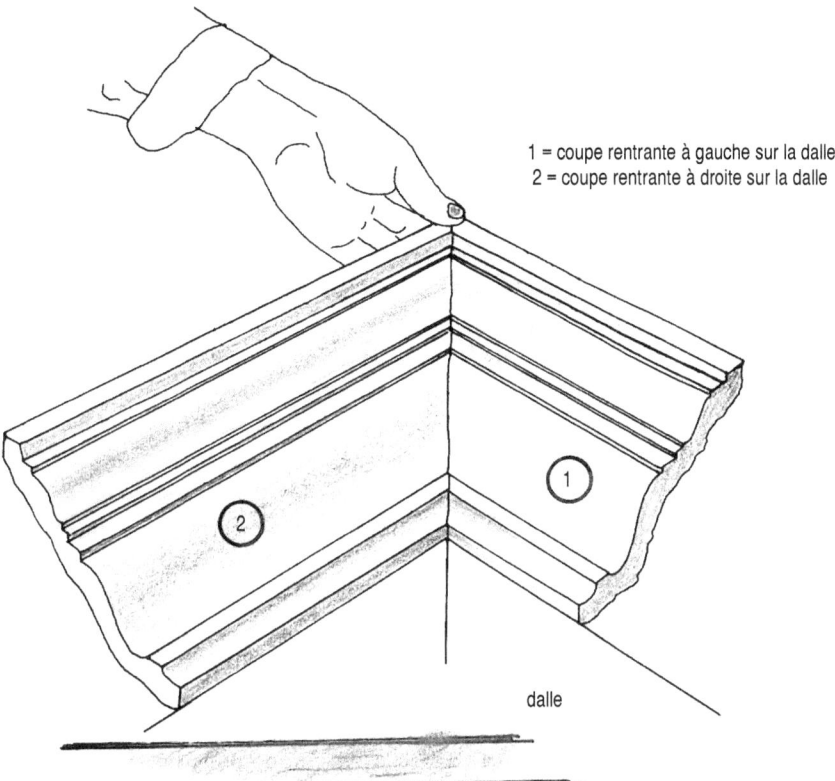

Fig. 2.92b : Corniche en position de coupe : angle rentrant

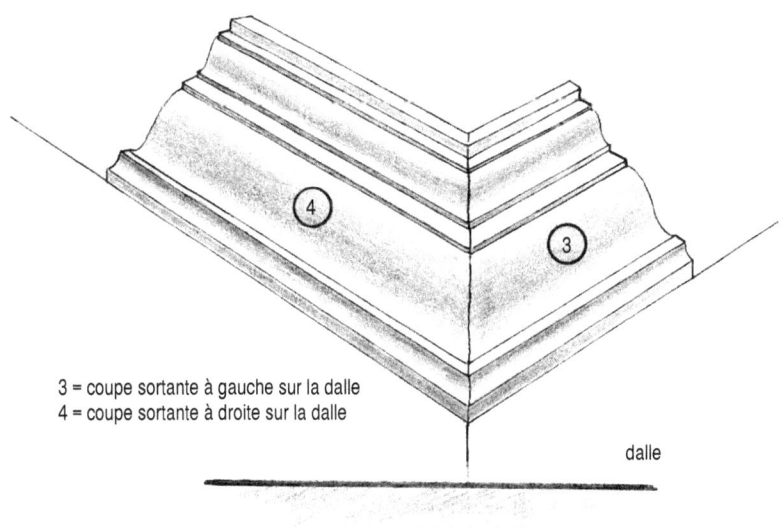

Fig. 2.92c : Corniche en position de coupe : angle sortant

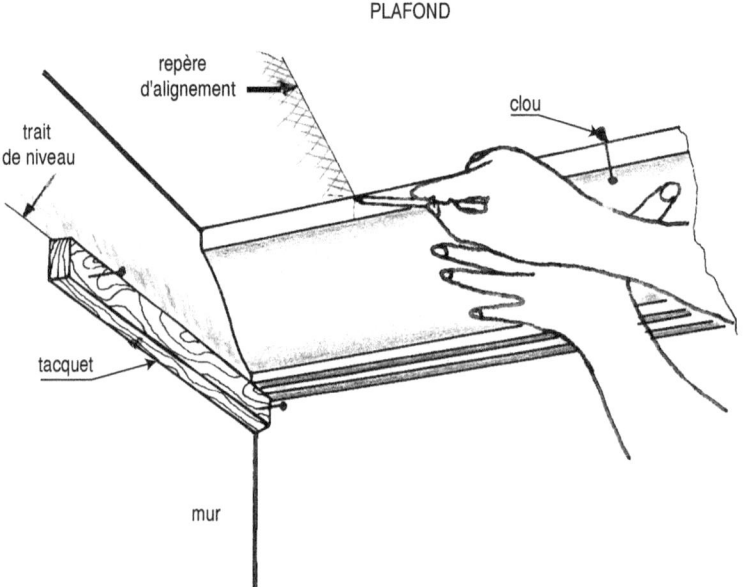

Fig. 2.93 : Relevé de l'angle de coupe

3 • Techniques de base

La recette d'un staffeur

Prenez de la poudre de plâtre à mouler. Jetez-la dans un récipient contenant de l'eau de telle façon que la poudre affleure le niveau de cette eau. Gâchez* jusqu'à ce que la pâte soit bien onctueuse. L'étaler en une motte oblongue sur une table. Prenez une clef plate ou toute autre forme présentant un profil en U que vous présentez sur la tranche et que vous faites glisser, parallèlement à la table, sur la motte de plâtre : vous obtenez un volume au profil de la clef qui pourra constituer, une fois séché, une demi-colonnette, par exemple.
Passez la demi-colonnette séchée au savon noir liquide puis à l'huile. Recouvrez-la de plâtre[1]. Dès que celui-ci a durci, démoulez : vous obtenez un moule en creux. Vous avez réalisé dès cet instant quelques-unes des opérations essentielles du staffeur.
On appelle :
– noyau : la motte de plâtre ;
– calibre : le profil intérieur de la clef ;
– manchon : le contour extérieur du profil de la clef ;
– traîneau : l'ensemble manchon-calibre et main ;
– traînage : l'opération de glissement de la clef sur la motte ;
– modèle : la demi-colonnette réalisée ;
– moule : la forme en creux.
Il suffit maintenant de passer le creux du moule au savon liquide afin de l'imperméabiliser, puis à l'huile pour faciliter le démoulage. On peut ainsi obtenir autant d'épreuves qu'on le désire. Dans le cas présent, le traînage a été fait linéairement et nous avons obtenu une forme droite. Mais il était possible de le faire circulairement ou sinusoïdalement, et d'obtenir un serpentin.

---

[1]. Se rappeler qu'à chaque fois que l'on emploiera le mot « plâtre », cela signifiera « plâtre gâché* », c'est-à-dire que l'on mélange la poudre de plâtre et l'eau par brassage (p. 80), sauf pour le plâtre vif, qui est un plâtre à fleur d'eau non mélangé.

Techniques et pratique du staff

Préparation du plâtre à mouler

■ Divers dosages

Chaque opération entrant dans la préparation du plâtre nécessite de disposer d'un matériau ayant une consistance la plus proche possible de la consistance idéale.

a) Pour retoucher une forme ou pour enduire la filasse en jute, on utilise *du plâtre clair* ou *noyé* : la poudre de plâtre est dosée de telle façon qu'elle arrive en dessous du niveau de l'eau du récipient. Les retouches sont réalisées à l'aide du même plâtre crémeux (ou coudé), c'est-à-dire qu'il est en début de phase de prise.

b) Pour effectuer une ébauche, un traînage, la première couche d'un moulage ou pour enduire la filasse en sisal, on utilise *un plâtre à fleur d'eau*. Dans ce cas, la poudre de plâtre et l'eau utilisée pour sa fabrication sont au même niveau dans le récipient.

c) Pour confectionner les pièces d'un moule ou pour certains moulages nécessitant une bonne adhérence aux parois du moule, on utilise *du plâtre fort*. La poudre de plâtre dépasse alors le niveau de l'eau du récipient. Le plâtre n'est brassé que lorsqu'il s'est hydraté de lui-même.

d) Pour coller deux éléments en plâtre, on utilise, après un abondant mouillage des deux surfaces à réunir, *le plâtre vif*, c'est-à-dire non mélangé.

■ Gâchage et adjuvantation

a/ *Gâcher*

Dans un récipient propre de capacité adaptée, versez dans un premier temps l'eau, puis semez régulièrement, poignée par poignée, la poudre de plâtre à mouler que l'on mélangera parfaitement, avant utilisation, en la battant avec la main (fig. 3.1).

b/ *Accélérer la prise du plâtre*

Pour accélérer la prise, plusieurs solutions sont envisageables : gâcher énergiquement, utiliser de l'eau chaude, ajouter 1 à 5 % de sel marin, utiliser l'eau de rinçage du bac ou ajouter une quantité de poudre synthétique, proportionnellement au poids du plâtre, dont le pourcentage sera indiqué par le fournisseur.

c/ *Retarder la prise du plâtre*

Pour retarder la prise, il suffit d'employer de l'eau très froide ou d'ajouter 10 à 20 % de chaux grasse. On peut également utiliser de la colle à carreaux de plâtre ou de la colle de peau (extraits de peaux animales – bœufs – trempées dans l'eau bouillante), ou encore une poudre synthétique, quantifiée proportionnellement au poids du plâtre, dont le pourcentage est indiqué par le fournisseur.

Techniques de base

Fig. 3.1 : Mélange de la poudre de plâtre à mouler battu avec la main

Remarque : il est admis que le temps de prise habituel est de 7 minutes et que le temps de durcissement habituel est de 20 minutes pour le plâtre à mouler.

■ Plan de travail

Il est recommandé de travailler soit sur une dalle en comblanchien[1], soit sur une dalle en béton, etc. L'essentiel est que la surface soit lisse, plane, et que ses retours soient à angle droit.

Remarques : le plâtre mort, c'est-à-dire un plâtre qui a été rebattu (ou retouillé) pendant sa prise et qui, par conséquent, ne peut plus prendre, est à proscrire.

Il faut éviter tout contact du plâtre avec le bois. En effet, si le plâtre adhère bien au béton, à la brique et au fer – bien qu'il altère ce dernier –, en revanche, il adhère très mal au bois qu'il fait gonfler. Un traîneau en bois avec manchon en plâtre pourra donc être complètement déformé si le traînage ne s'effectue pas le jour même de sa fabrication. Si l'on ne peut éviter d'utiliser du bois avec du plâtre, il faut, par conséquent, se méfier de l'éventuel travail du bois dû à l'humidité.

Enfin, on se méfiera du plâtre flou : lorsqu'il reste des traces de barbotine sur les parois du moule, la surface de l'épreuve moulée risque en effet d'être striée. Aussi faut-il veiller à ne barbotiner le moule que très légèrement.

---

1. Calcaire dur qui porte le nom du village d'où il est extrait.

Techniques et pratique du staff

Confection des calibres

On appelle calibre une pièce de zinc découpée au profil désiré et que l'on a enchâssée dans un montage à base de plâtre, ou clouée sur du bois ; le bois et le plâtre constituent un ensemble appelé manchon.

■ Fabrication du support

Prendre une plaque de zinc de dimensions adéquates, débordant le profil du modèle à obtenir de 3 cm en plus de la moulure sur la hauteur et la largeur (fig. 3.2).
Pour découper le support, utiliser la cisaille ou, de préférence, la griffe ou la pointe à tracer : elles permettent de marquer la plaque de zinc d'un sillon suffisamment profond pour obtenir, par pression, une cassure suivant le tracé effectué (fig. 3.2).

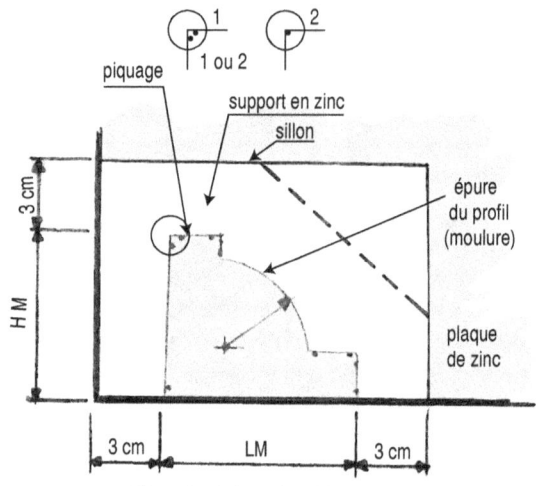

Fig. 3.2 : Fabrication d'un support

■ Épure du profil

Pour réaliser sur la plaquette de zinc (support) le contour du profil à découper, trois techniques sont possibles : le calquage pour des formes compliquées ; le piquage pour des profils plus simples et le traçage pour des contours très simples.
Le calquage. Il s'agit de décalquer le contour de la moulure sur le support en plaçant une feuille de carbone entre le dessin de la moulure et le zinc.
Le piquage. Il s'agit de placer le dessin de la moulure sur le support de zinc et de le piquer légèrement avec une pointe à tracer, au contour de la moulure.
Remarque : pour les parties courbes, faire des points rapprochés et joindre ensuite tous les points au crayon.
Le traçage. Il s'agit de reporter les cotes de la moulure sur le support afin de réaliser le dessin du profil.
Autre possibilité : le transfert. Il s'agit de transférer le dessin photocopié sur le support en zinc en appliquant un fer à repasser chaud (méthode Secaduras).

■ Fabrication du calibre

Le profil étant tracé sur le support de zinc, il convient maintenant de le découper.

Techniques de base

Pour les verticales, on utilise la cisaille. Quant aux horizontales, on les marque en premier lieu d'un sillon profond à la pointe à tracer (procéder avec un compas à pointe sèche sur les parties circulaires), puis l'on dégage le calibre, lamelle après lamelle, avec une pince, par simple cassure (fig. 3.3).

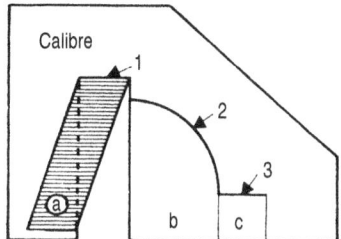

Fig. 3.3 : *Découpe d'un calibre*
1 et 3 sont creusés à l'aide de la pointe à tracer ;
2 : le sillon est creusé à l'aide du compas à pointes sèches. Couper ensuite les tracés verticaux à l'aide de la cisaille et faire sauter la lamelle (a) au niveau 1 puis (b) et (c) aux niveaux 2 et 3.

Le profil étant découpé, il convient de le limer jusqu'à obtenir l'exacte réplique du profil déterminé (fig. 3.4), puis de le poncer soigneusement à l'aide d'un papier abrasif fin. Il ne faut pas omettre d'enlever tous les copeaux de zinc (fig. 3.5).

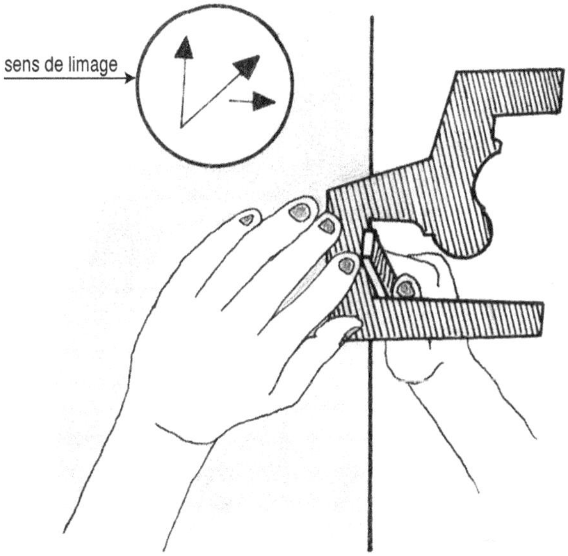

Fig. 3.4 : *Limage du profil*

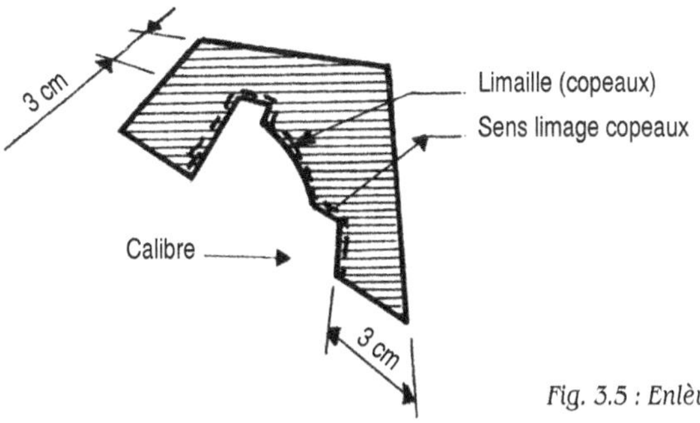

Fig. 3.5 : *Enlèvement des copeaux de zinc*

83

Techniques et pratique du staff

Cas particuliers :
- dans le cas où l'on voudrait obtenir deux plaques de plâtre de dimensions différentes avec un calibre unique, on pourrait réaliser un calibre de la largeur des deux plaques que l'on séparerait en deux profils par l'adjonction d'un clou de séparation (fig. 3.6) ;
- pour favoriser la rupture d'un moule d'une pièce en contre-dépouille on peut réaliser dans ce moule un point de rupture. Il suffit d'ajouter au calibre un clou rainureur qui laissera son empreinte lors du raînage (fig. 3.7a) ;
- pour renforcer les parties faibles du profil d'un calibre, coller un clou contre celles-ci : lors de l'enchâssement, le clou se trouvera du côté du talus rentrant ou du dégagement, à 2 mm du profil. Ce clou porte le nom de contrefort (fig. 3.7b) ;
- suivant les circonstances (lorsque l'on a plusieurs petites moulures à traîner en partie droite par exemple), on peut être amené à découper plusieurs profils de forme différente sur un même calibre (fig. 3.8) ou de forme module (voir le lexique à : *calibre module*) ;
- dans le cas d'une déchirure du profil, il est possible de le remodeler par martelage puis finition à la lime et au papier abrasif fin.

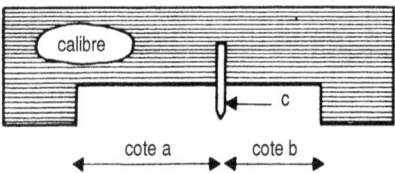

Fig. 3.6 : Clou de séparation
c représente le clou de séparation collé à l'endroit désiré avant l'enchâssement du calibre (côté talus sortant).

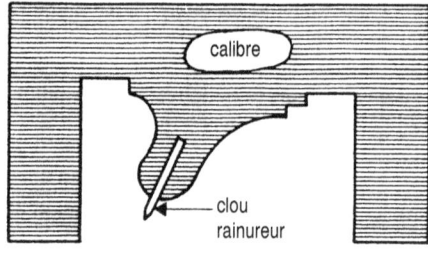

Fig. 3.7a : Clou rainureur
Le clou rainureur est collé sur le calibre (côté talus sortant).

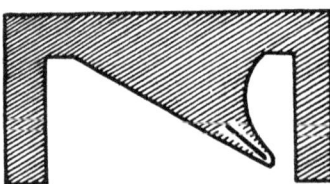

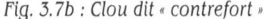

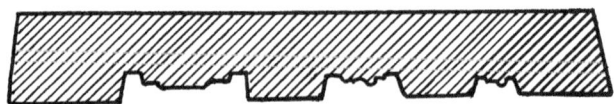

Fig. 3.7b : Clou dit « contrefort »   *Fig. 3.8 : Découpe de plusieurs profils sur un même calibre*

Enchâssement du calibre

■ Enchâssement du calibre pour traînage sans noyau

Après avoir tracé sur la dalle une forme débordant le calibre de 2 à 3 cm et barbotiné légèrement à l'intérieur de ce tracé, on applique une première couche d'un plâtre à fleur

Techniques de base

d'eau devenu crémeux que l'on régularise à la taloche sur une épaisseur de 2 cm (fig. 3.9).
Puis l'on pose le calibre sur cette première couche et l'on taloche, avec le même plâtre, une couche de 1,5 cm d'épaisseur. Le calibre est alors monté sur plâtre (fig. 3.10).
Avec une plaquette posée sur chant, on dégage la base du montage et le profil du calibre ; on dégage ensuite les côtés du montage en débordement 2 à 3 cm du support de zinc (fig. 3.11, 3.12 et 3.13).
Avec un ergot de zinc de forme adaptée (fig. 3.14), on dégage le profil de zinc sur une profondeur de 1,5 cm au-dessus en biseau, appelé talus sortant, et de 2 mm au-dessous en biseau, appelé talus rentrant (fig. 3.15, 3.16a et b).

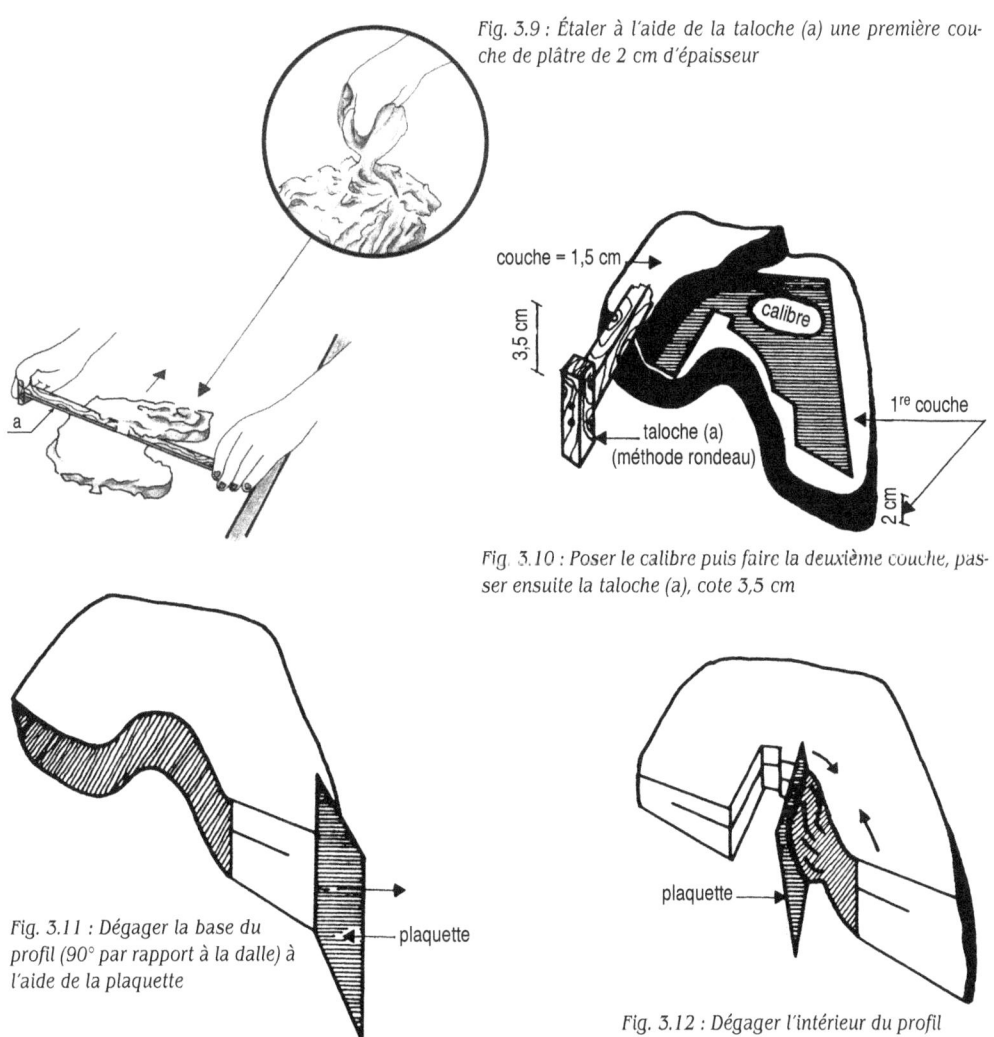

Fig. 3.9 : Étaler à l'aide de la taloche (a) une première couche de plâtre de 2 cm d'épaisseur

Fig. 3.10 : Poser le calibre puis faire la deuxième couche, passer ensuite la taloche (a), cote 3,5 cm

Fig. 3.11 : Dégager la base du profil (90° par rapport à la dalle) à l'aide de la plaquette

Fig. 3.12 : Dégager l'intérieur du profil

Techniques et pratique du staff

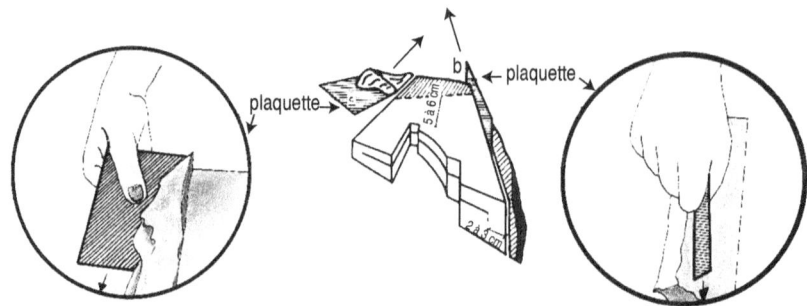

Fig. 3.13 : À l'aide de la plaquette mise de chant, couper le plâtre à 2 ou 3 cm des extrémités du calibre (côtés montage)

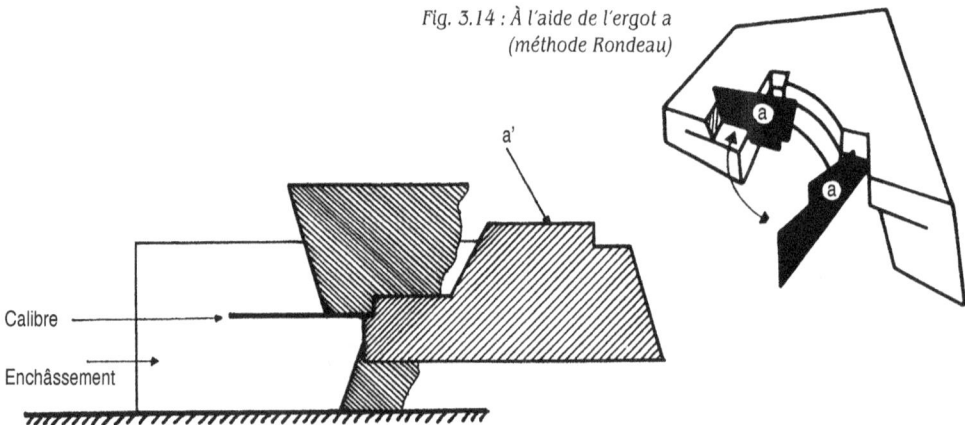

Fig. 3.14 : À l'aide de l'ergot a (méthode Rondeau)

Fig. 3.15 : À l'aide de l'ergot a, dégager en premier lieu le talus sortant

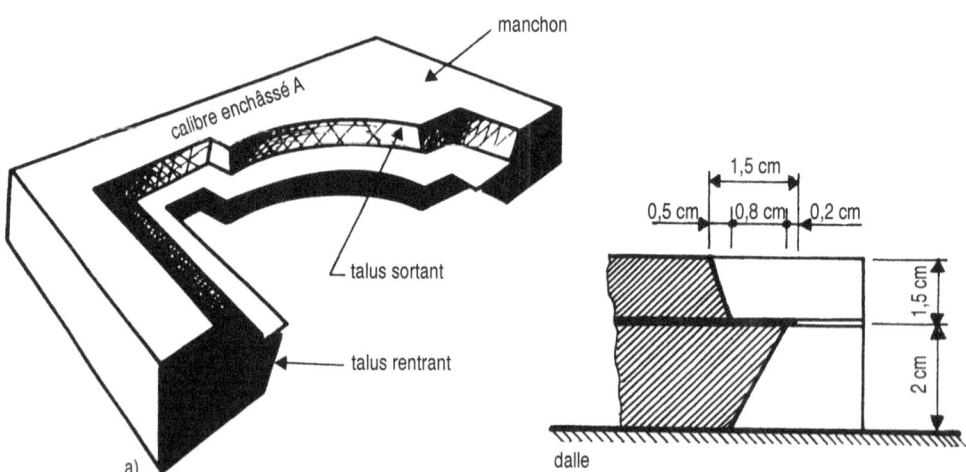

Fig. 3.16a : Calibre enchâssé : manchon en plâtre pour traînage sans noyau

Fig. 3.16b : Calibre enchâssé : coupe sur la perspective

Techniques de base

Remarque : l'enchâssement peut se faire sur un montage en bois. Le profil en zinc est alors cloué en débordement de 2 mm sur le profil en bois (talus rentrant* du bois en biseau). Dans ce cas, sur un même calibre, l'opérateur doit se donner une forme servant à dresser le noyau et une forme servant à obtenir le profil final.

■ Enchâssement du calibre pour traînage sur noyau d'approche du profil

Le talus en débordement nous permet d'obtenir une ébauche en plâtre plus petite (5 mm) que le volume définitif ; cette ébauche s'appelle noyau. Nous verrons dans le chapitre 4 « Traînage avec noyau » (p. 121) l'utilité de ce noyau d'approche du profil. Réaliser d'abord le montage en plâtre comme suit :
– procéder comme pour un traînage simple sans noyau[1], mais la couche inférieure de plâtre devra mesurer 1,5 cm d'épaisseur et la couche supérieure 2 cm. On évitera de talocher le plâtre à l'intérieur du profil ;
– après dégagement de la base et des côtés du montage, on fait apparaître le profil à l'aide d'un ergot de zinc découpé (fig. 3.17a et b). On traîne cet ergot latéralement en se servant du profil comme guide : cela donne le dégagement du profil avec talus de débordement. L'ergot doit permettre d'obtenir dans la partie supérieure un talus à 2 mm du profil définitif et, dans la partie inférieure, un talus en débordement de 0,5 cm (fig. 3.17a et b) ou plus, suivant la circonstance (voir remarques).

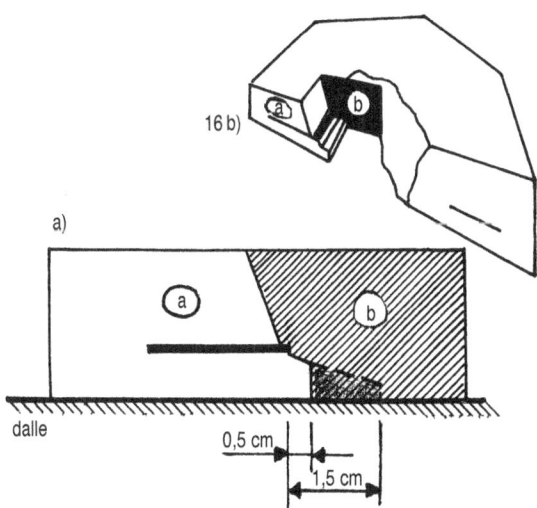

Fig. 3.17a : Dégagement du talus de débordement à l'aide de l'ergot b (méthode Rondeau) ou encore ergot b

---

1. Voir paragraphe « Enchâssement du calibre pour traînage sans noyau ».

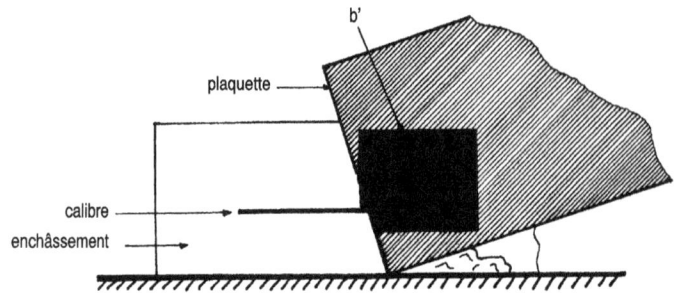

Fig. 3.17b : Dégagement du talus de débordement ergot b (vue en perspective)

Remarques : pour traîner une épreuve, le talus de débordement est de 1,5 cm (fig. 3.18b).
Si l'on désire conserver le noyau afin d'effectuer plusieurs traînages, on veillera à corriger le talus en débordement par un apport supplémentaire de plâtre afin d'éviter toute contre-dépouille.
Réaliser ensuite le grain d'orge : au verso du montage, après le durcissement du plâtre, tracer un sillon de 4 mm de profondeur à environ 2 cm de distance au maximum du bord du talus. Cette opération permettra, après la réalisation du noyau d'approche du profil, d'obtenir par cassure du talus en débordement le profil définitif, comme pour le traînage simple (fig. 3.18a). Ce sillon est porté à 3 cm de distance pour un talus en débordement de 1,5 cm (fig. 3.18b).

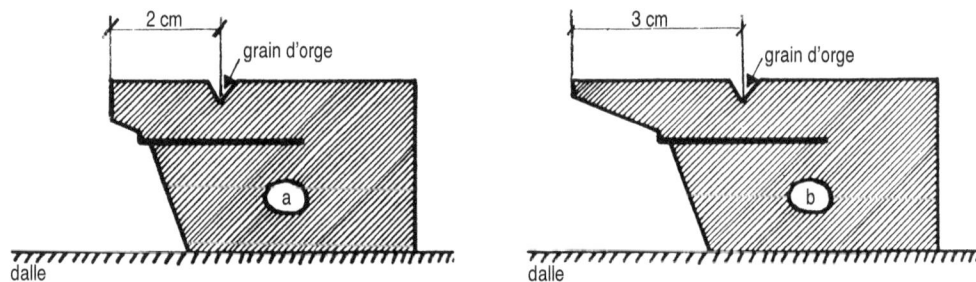

Fig. 3.18a et b : Retourner le calibre enchâssé et faire le grain d'orge

Cas particulier :
Dans certaines circonstances, le talus en débordement peut être constitué d'un morceau de zinc découpé au profil désiré scellé contre le calibre et débordant du profil final à la hauteur voulue. On peut utiliser aussi des petits filassons entourant le profil final (fig. 3.19a et b).

Techniques de base

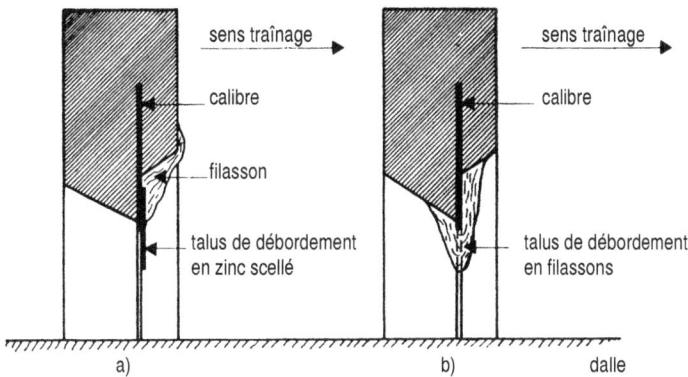

Fig. 3.19a et b : Talus de débordement : coupe ; a. en zinc scellé ; b. en filassons

■ Enchâssement d'un calibre à double ou triple profil pour traînage sur noyau

Cette technique est employée pour la réalisation d'un modèle comportant une forme à l'intérieur et une forme à l'extérieur, par exemple une applique murale circulaire.
– Procéder comme à la confection des calibres afin d'obtenir le calibre pour la réalisation du noyau et le calibre pour le premier profil définitif.
– Cependant, préalablement à l'enchâssement sur le support de zinc, on aura marqué le second profil à obtenir au moyen de la pointe à tracer et, éventuellement, du compas à pointe sèche (fig. 3.20). Lorsque le premier traînage est réalisé, on dégage le second profil (a) par cassure du plâtre puis du zinc.

La cassure du zinc prémarqué se fait avec une pince. La cassure du plâtre se fait à partir des sillons appelés grains d'orge au moyen d'un gabarit en carton ou autre matériau ayant la forme du deuxième profil.

Si l'on fabrique un moule avec des lignes verticales, ne pas oublier de donner aux verticales du calibre une légère inclinaison dans le sens du démoulage (fig. 3.21).

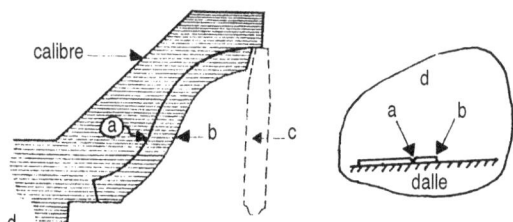

Fig. 3.20 : Fabrication du calibre à double profil
Calibre à double profil (applique murale circulaire). a = double profil tracé profondément, b = 1er profil découpé, c = le pivot lors du montage sera au niveau du double profil a.

Techniques et pratique du staff

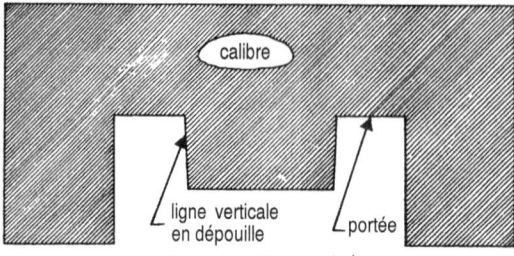

Fig. 3.21 : Moule traîné

Quelques assemblages

■ Astuces indispensables

Il est parfois nécessaire de tracer une épure sur le sol de manière à positionner les différents éléments en situation réelle et à pouvoir éventuellement rectifier (fig. 3.22 et 3.23).
Sur un modèle de trumeau, par exemple, ne pas oublier de prévoir le logement des moulures qui seront rapportées (fig. 3.24).
Creuser les faces du moule formant assemblage pour permettre une éventuelle rectification (fig. 3.25 et fig. 3.26). Rectifier si nécessaire à l'aide de la scie (fig. 3.27).
L'assemblage d'un moule asymétrique est inversé par rapport à l'épreuve que l'on souhaite obtenir (fig. 3.28 et fig. 3.29).

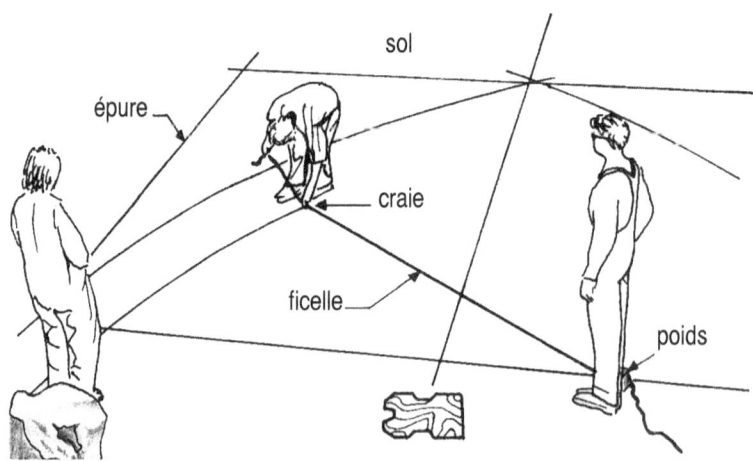

Fig. 3.22 : Traçage au sol d'une épure

Techniques de base

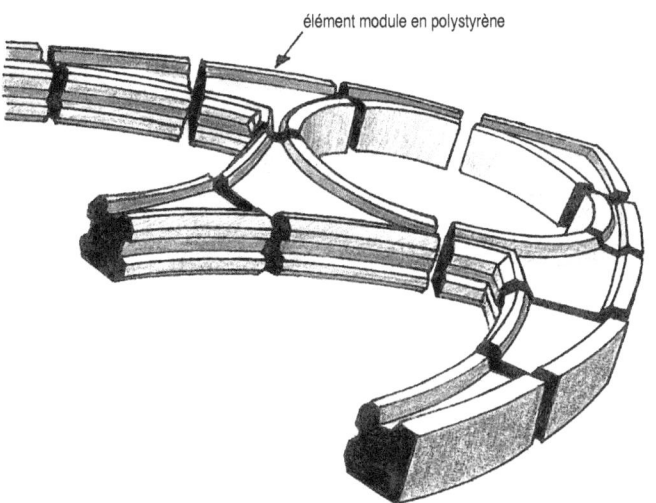

Fig. 3.23 : Éléments assemblés pour former une rosace gothique
Ces éléments ont été réalisés pour le spectacle historique de la ville de Meaux (Seine-et-Marne) par les élèves de la section staff du LP du Domaine de Gué-à-Tresmes.

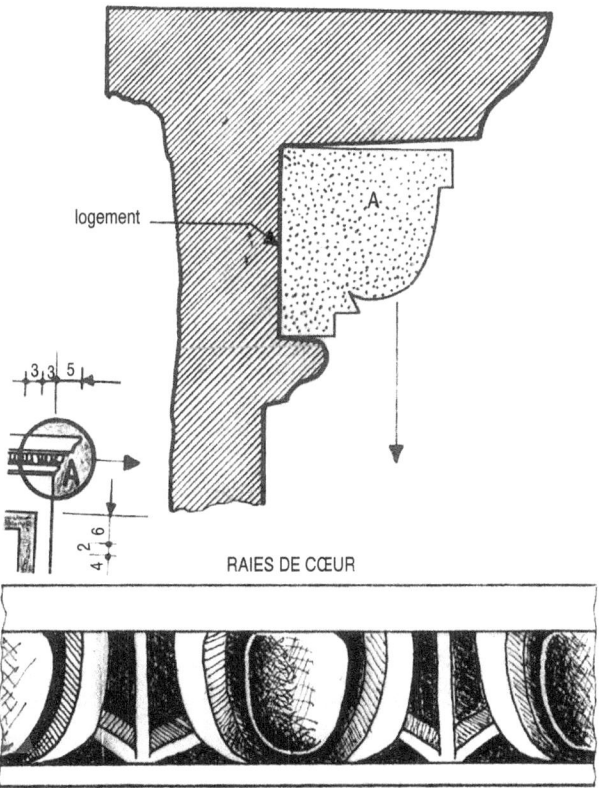

RAIES DE CŒUR

Fig. 3.24 : Exemple de logement prévu sur un trumeau

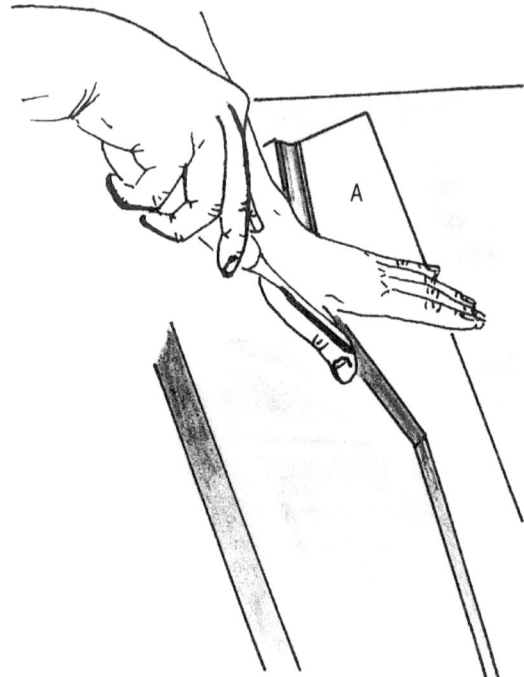

Fig. 3.25 : Taille du côté du moule avec un ciseau à bois

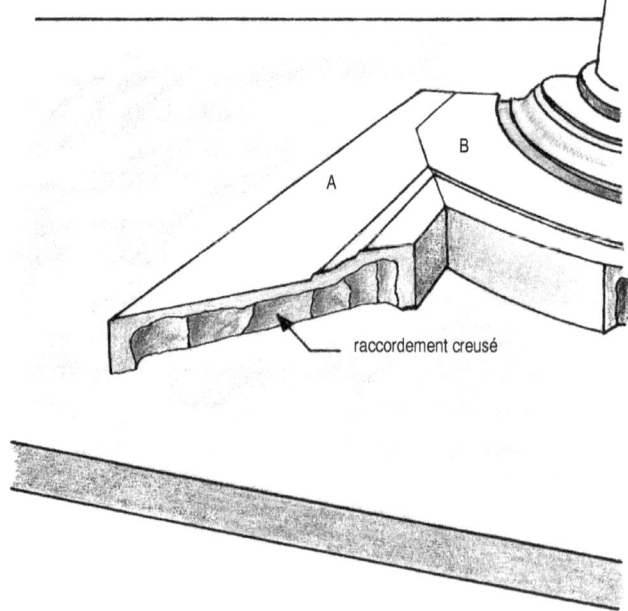

Fig. 3.26 : Assemblage de l'élément du moule (A) avec la partie (B)

Techniques de base

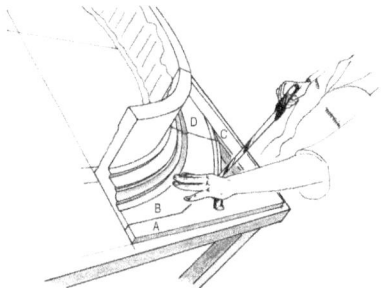

Fig. 3.27 : Rectification de la coupe avec la scie si nécessaire

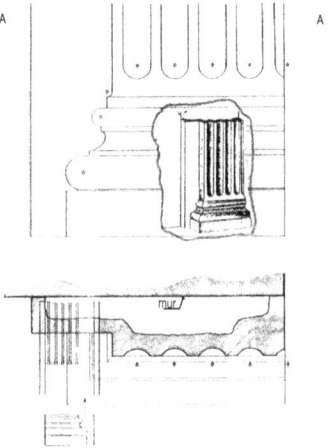

Fig. 3.28 : Plan d'un pilastre

Fig. 3.29 : L'assemblage du moule est inverse par rapport à l'épreuve à obtenir

■ Réaliser un modèle de base de colonne

La conception d'un modèle est indispensable soit en vue de réaliser un moule, soit pour obtenir un prototype à présenter au concepteur. Ce sont les deux cas de figures qui nécessitent la réalisation de ce modèle.

Chacun de ces modèles se compose de différents éléments assemblés, scellés et retouchés dont les techniques de traînage, moulage ou modelage se retrouvent aux chapitres indiqués.

La réalisation d'un modèle de base de colonne (fig. 3.30) se ramène aux deux opérations essentielles : traîner et mouler.

– Traîner le demi-fût de colonne C (fig. 3.31) : se reporter au traînage avec noyau (p. 121).
– Traîner les arrondis des cannelures (fig. 3.30) : se reporter au traînage à main levée (p. 137).
– Traîner la partie circulaire B (fig. 3.32a et b) : se reporter au traînage circulaire avec pivot (p. 128).
– Mouler le socle A (fig. 3.33) : se reporter au moulage classique (p. 216).

Techniques et pratique du staff

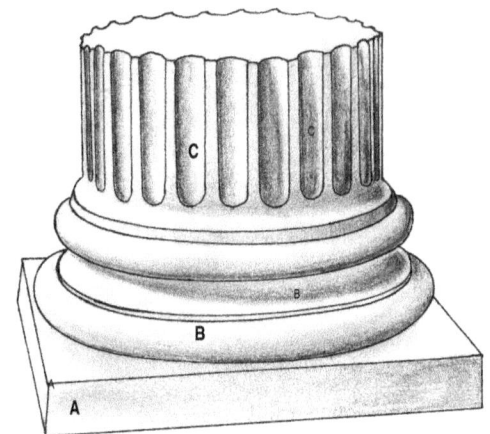

Fig. 3.30 : Base d'une colonne

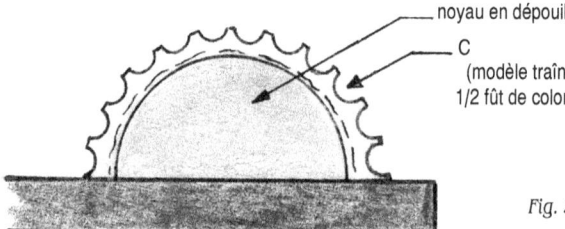

Fig. 3.31 : Le noyau en dépouille est isolé

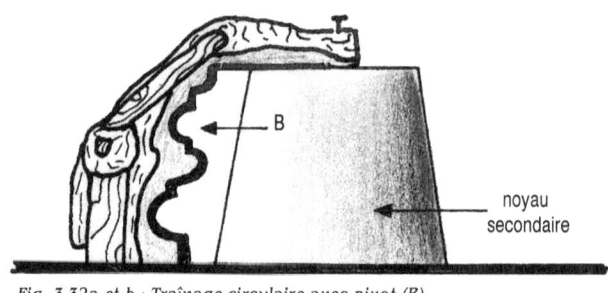

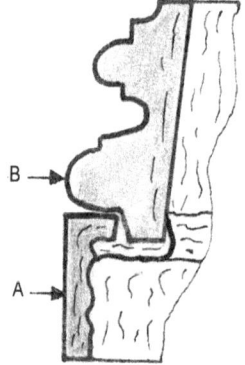

Fig. 3.32a et b : Traînage circulaire avec pivot (B)

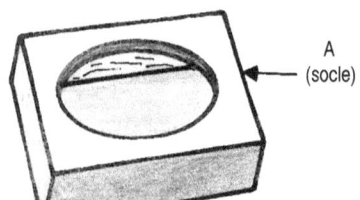

Fig. 3.33 : Moulage de la base

Techniques de base

■ Réaliser un modèle de socle à base carrée

La réalisation d'un modèle de socle à base carrée se ramène aux deux opérations essentielles : mouler et traîner.
- Mouler la partie a en plâtre plein (fig. 3.34).
- Traîner le moule de la partie b (fig. 3.35). Se reporter au traînage sans noyau (p. 119) :
  - le couper en deux parties, à la longueur voulue ;
  - tailler les arrondis de cannelures ;
  - poser les deux éléments (négatif) sur un support vertical ayant un angle de 90° (fig. 3.35) ;
  - mouler les deux épreuves.
- Traîner la moulure sur le socle qui aura été lui-même moulé auparavant (fig. 3.36) ; les parties verticales du socle serviront alors de guide à la base du sabot du traîneau droit pour l'exécution de cette moulure.

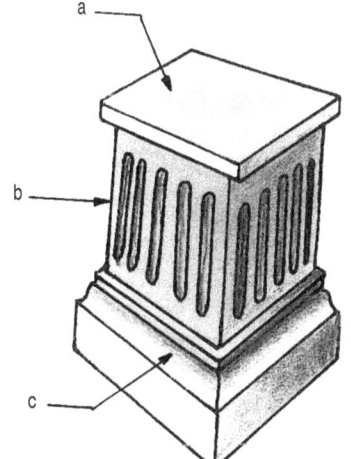

Fig. 3.34 : Socle à base carrée

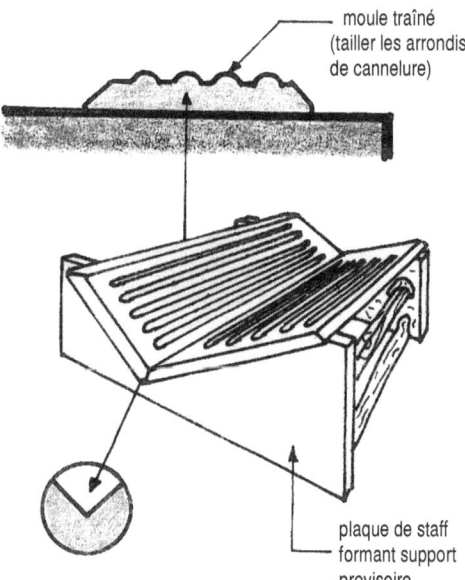

Fig. 3.35. Moule traîné et assemblé sur une plaque de staff formant support provisoire

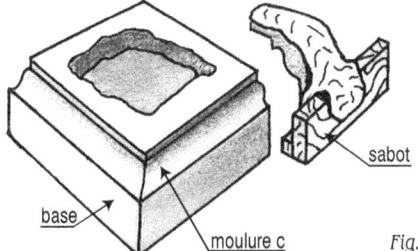

Fig. 3.36. Moulure traînée sur la base moulée C

Techniques et pratique du staff

■ Réaliser un modèle de chapiteau corinthien

La réalisation d'un modèle de chapiteau corinthien se ramène aux quatre opérations essentielles : traîner, assembler, modeler et mouler.
- Traîner le vase (fig. 3.37) : se reporter au traînage circulaire avec pivot (p. 128).
- Traîner le négatif du tailloir (fig. 3.38) : se reporter au traînage circulaire avec point de centre extérieur (p. 102) et au Traînage sans noyau, p. 119 pour exécuter le traînage circulaire et droit. Il suffit ensuite d'assembler et de sceller les éléments circulaires et droits pour constituer le moule du tailloir. Mouler l'épreuve.
- Assembler les deux éléments qui forment l'architecture du chapiteau (fig. 3.39).
- Modeler chacune des parties modules séparément (fig. 3.40a, b, c, d) : se reporter au chapitre 8, p. 275.
- Faire un creux perdu sur chacune des parties abcd et mouler une épreuve : se reporter au paragraphe Les moules à creux perdus sur bas-relief, p. 149.
- Prendre l'empreinte de chaque épreuve placée dans sa position prévue sur le vase du chapiteau à l'aide d'un élastomère thixotrope : se reporter aux élastomères silicones (p. 179).
- Mouler le nombre de positifs souhaités, les fixer avec de la colle à carreaux de plâtre et retoucher l'ensemble.
- Réaliser un moule souple sur le chapiteau corinthien, soit par estampage, soit par coulage sous chape (moule élastomère en deux parties) : se reporter aux modes souples à deux enveloppes (p. 216).

Fig. 3.37 : Traînage du modèle d'un vase : méthode du traînage circulaire avec pivot

Techniques de base

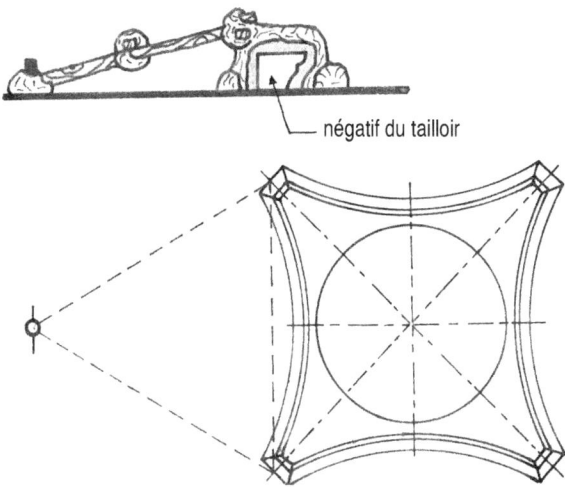

négatif du tailloir

Fig. 3.38 : Tracé pour obtenir le rayon du tailloir

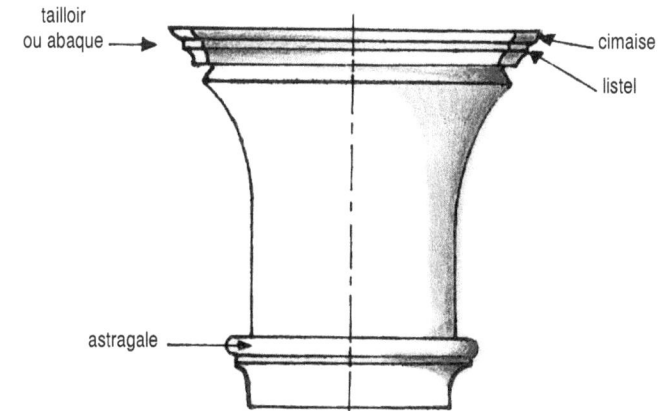

Fig. 3.39 : Architecture du chapiteau terminée

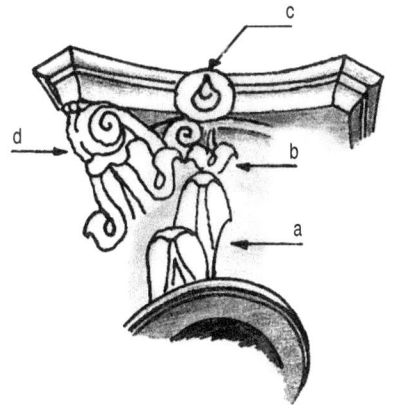

Fig. 3.40 : Modelage de chaque élément module séparément : a, b, c, d

4 • Techniques de traînage

Le staffeur, à l'inverse du menuisier qui part de bloc de bois à tailler, sera amené à monter ce volume par ajouts successifs de plâtre crémeux jusqu'à obtention du profil définitif, ce qui l'amènera à chaque fois à se fabriquer un outil spécifique suivant que la forme à obtenir sera droite, circulaire, hélicoïdale, etc.

Fabrication des traîneaux

Les traîneaux sont généralement en bois, sauf pour la réalisation de formes de petites dimensions. Dans ce cas, le sabot et le contre-sabot du traîneau seront en plâtre et filasse.

■ Fabrication du traîneau droit

Le traîneau droit est composé :
- d'un sabot, dont le but est de maintenir le calibre enchâssé à la même distance par rapport au bord de la dalle, ceci afin d'obtenir une moulure parfaitement droite lors de son déplacement ;
- d'un calibre enchâssé donnant la forme du profil à obtenir ;
- d'un contre-sabot qui sert de stabilisateur ;
- enfin, d'une armature qui bloque et maintient parfaitement l'ensemble (sabot, calibre enchâssé, contre-sabot).

Réaliser le sabot :
- clouer un liteau (ou une planche) sur une planche parfaitement dégauchie dont la dimension est égale à trois fois la longueur du calibre enchâssé ;
- découper dans le liteau, au tiers avant, une rainure correspondant à l'épaisseur du manchon (fig. 4.1). Dans le cas d'un traîneau droit permettant l'exécution d'un traînage croisé, la rainure sera réalisée au milieu du liteau (ou de la planche).

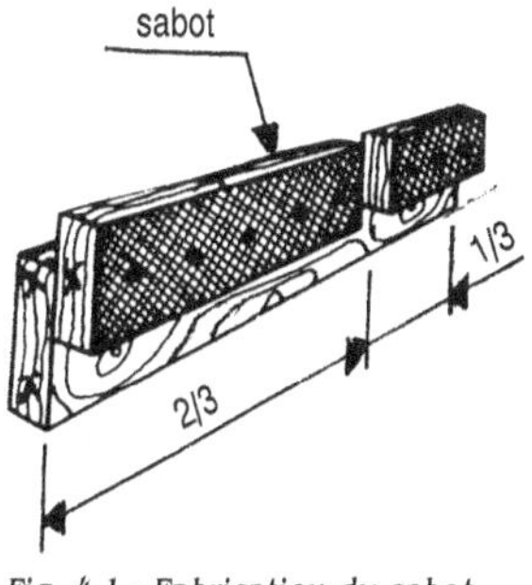

Fig. 4.1 : Fabrication du sabot

Réaliser le contre-sabot :
- prendre une planche plus petite dont la base est parfaitement plane. Le montage du calibre normal, avec talus de débordement ou à double profil sera maintenu contre cette planche par deux clous faisant serrage (fig. 4.2) ;
- bloquer l'ensemble du traîneau en surveillant soigneusement le parallélisme du sabot et du contre-sabot et la perpendicularité du calibre enchâssé par rapport à la dalle (fig. 4.3).

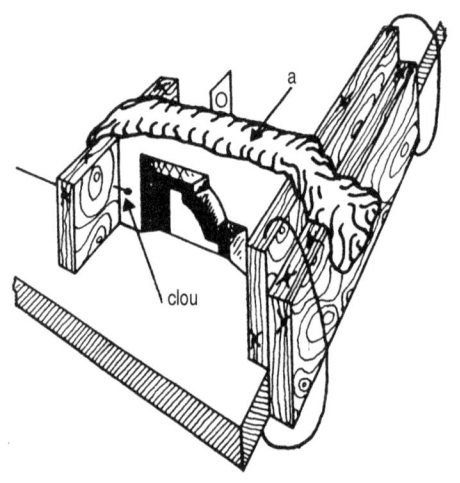

Fig. 4.2 : Polochon reliant calibre, sabot et contre-sabot (a)

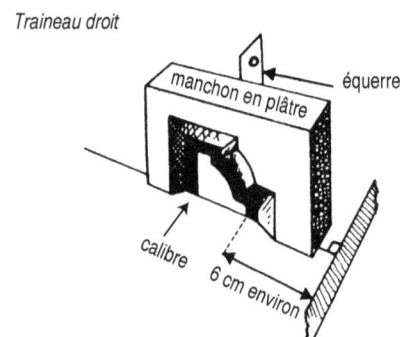

Fig. 4.3 : Calibre enchâssé en position de montage

Le blocage se fait en utilisant une armature de liteaux et de polochons de filasse fixés dans l'ordre a, b, c, d, e (fig. 4.4). Cette armature de bois ainsi constituée se nomme le « châssis » (fig. 4.5a1). Ce boisage est fonction de l'importance du traînage à obtenir (fig. 4.5a2, b, c1, c2).

Le traîneau peut être entièrement en bois ; tous les éléments qui le composent seront solidarisés par clouage (fig. 4.6). Si l'on désire obtenir une moulure réductrice dans le sens de la largeur, il faut que le manchon s'articule verticalement par fixation de charnières sur le côté et dans le sens de déplacement des sabots. Exemple : plier verticalement une bande de papier pour lui donner la forme d'une manivelle. Dessiner à sa base centrale un profil quelconque. En tirant en sens opposé sur chacune des extrémités de la bande de papier pliée, on s'aperçoit que la partie centrale s'articule en sens opposé à l'endroit des pliures et provoque le déplacement du profil suivant un angle de plus en plus aigu par rapport à sa position originale. C'est le principe utilisé pour le traîneau articulé dont les sabots seront guidés par deux règles fixées provisoirement à la dalle suivant un angle voulu.

Remarque : lorsque le calibre enchâssé est de petite dimension, réaliser soit un sabot et un contre-sabot en plâtre et filasse (fig. 4.7 et 4.8a), soit un sabot composé d'un linteau rainuré formant emboîtement avec le calibre à insérer. Le linteau formant sabot

Techniques de traînage

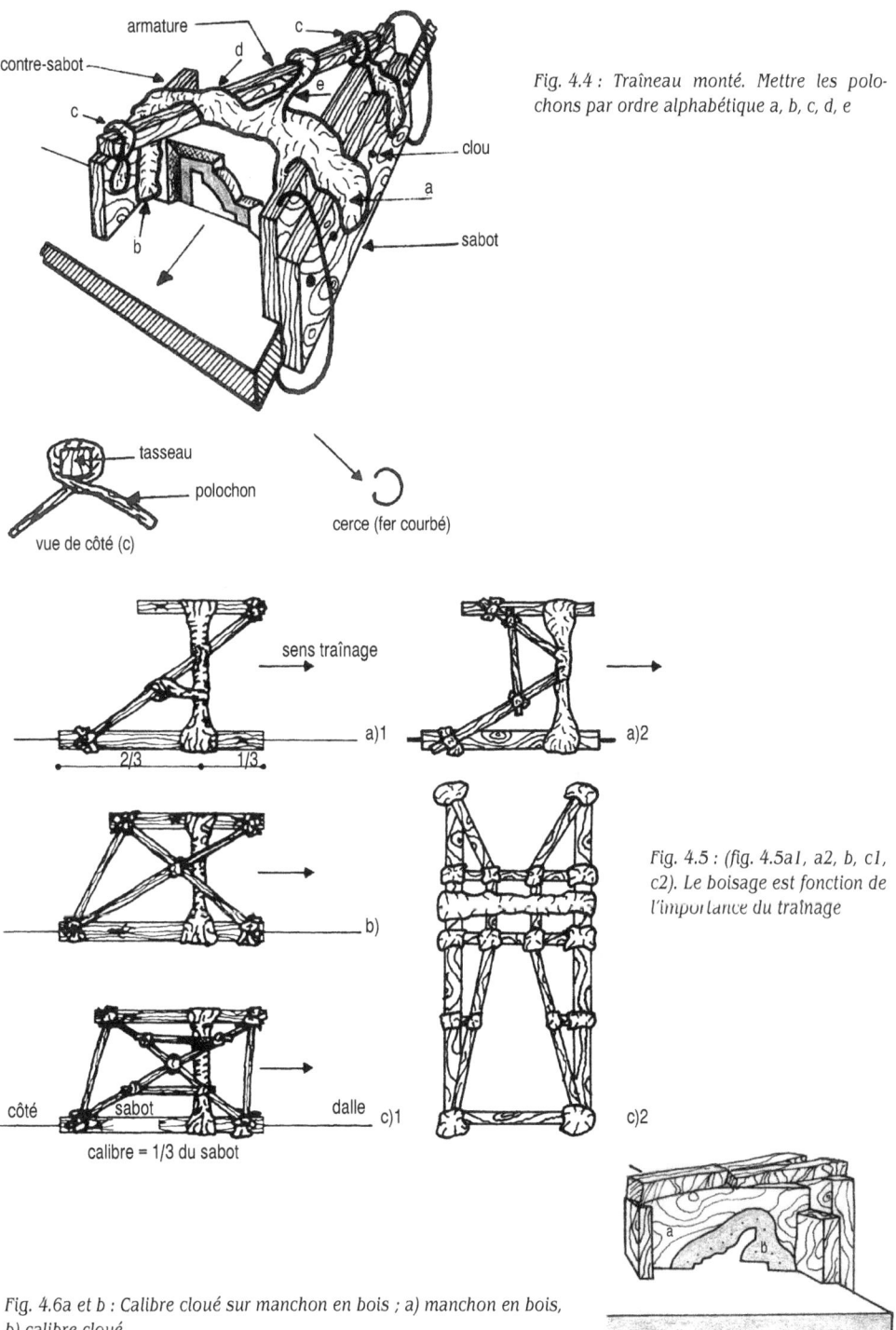

Fig. 4.4 : Traîneau monté. Mettre les polochons par ordre alphabétique a, b, c, d, e

Fig. 4.5 : (fig. 4.5a1, a2, b, c1, c2). Le boisage est fonction de l'importance du traînage

Fig. 4.6a et b : Calibre cloué sur manchon en bois ; a) manchon en bois, b) calibre cloué

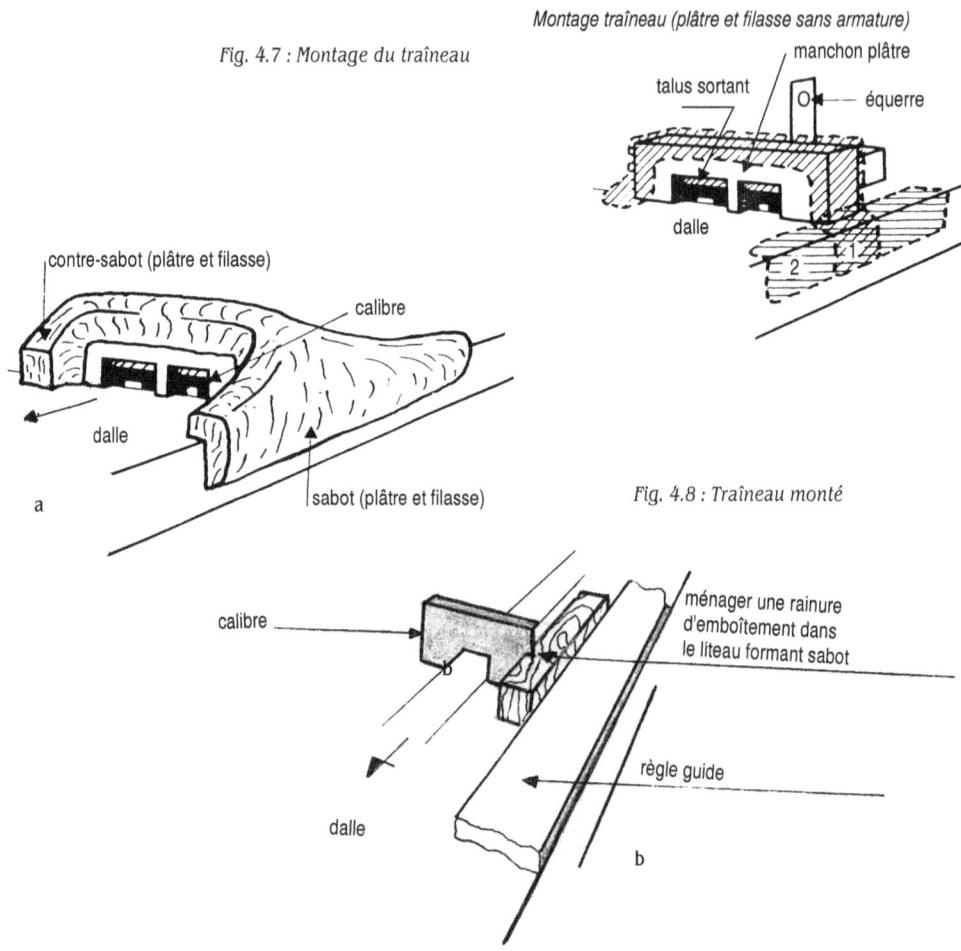

Fig. 4.7 : Montage du traîneau

Fig. 4.8 : Traîneau monté

glissera contre une règle guide ; cette technique est moins fiable que la précédente, mais plus rapide d'exécution (fig. 4.8b).

Avec l'habitude, il n'est plus nécessaire d'enchâsser le calibre. Il suffit de le maintenir à la base par deux ou plusieurs boulettes de terre avant de monter le traîneau en filasse.

■ Fabrication d'un traîneau circulaire avec point de centre extérieur au traînage

Nous avons vu que le sabot servait de guide au traîneau droit ; ce n'est pas le cas pour un traîneau circulaire : le sabot n'aura plus qu'une fonction stabilisatrice, comme le contre-sabot. C'est l'axe de rotation qui servira alors d'articulation au déplacement du traîneau circulaire. Le traîneau circulaire avec point de centre extérieur sera relié à cet axe par un bras horizontal, renforcé si nécessaire.

Techniques de traînage

Les méthodes A et B diffèrent seulement dans le choix de l'axe de rotation, qui sera une cheville forée au diamètre du clou pour la première méthode et un tube de cuivre pour la deuxième. La méthode C n'est employée que dans le cas où la dalle n'est pas forée.

a/ *Méthode A*

– Choisir un tasseau d'une longueur proportionnelle au rayon du traînage circulaire.
– fixer ce tasseau sur le côté adéquat du calibre en zinc. Prenons l'exemple de la figure 4.9a : le profil du calibre représente le traînage de l'enveloppe d'un plateau circulaire à mouler. La partie verticale K de ce calibre doit donc se trouver du côté du tasseau ;
– enfoncer dans la base du tasseau un clou dont l'axe O servira de pointe au compas du traîneau circulaire (ou compas-traîneau) de rayon OK (fig. 4.9b) ;

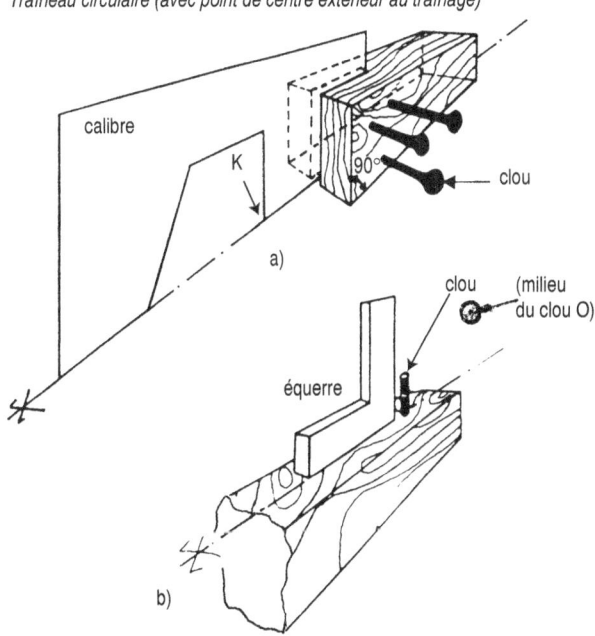

Fig. 4.9a et b : Montage du traîneau ; a) fixation du tasseau sur le calibre (méthode A), b) clou à pointe au compas

– enchâsser le calibre comme indiqué à la page 82 (fig. 4.10, 4.11a et b) ;
– fixer un sabot et un contre-sabot en filasse sur la dalle préalablement barbotinée. Lorsque le profil est important, le sabot est réalisé en bois (fig. 4.12a et b).

Dans le cas de montages volumineux, l'équilibre de l'ensemble est consolidé par une armature de liteaux (fig. 4.13a et b). Si le point de centre se trouve en dehors de la dalle, on monte un pivot dont la hauteur est égale à celle de la dalle au sol (fig. 4.14). S'il y a deux points de centre sur le même traîneau, le tasseau formant axe, pointe au compas, est consolidé par des jambes de force (fig. 4.15).

103

Techniques et pratique du staff

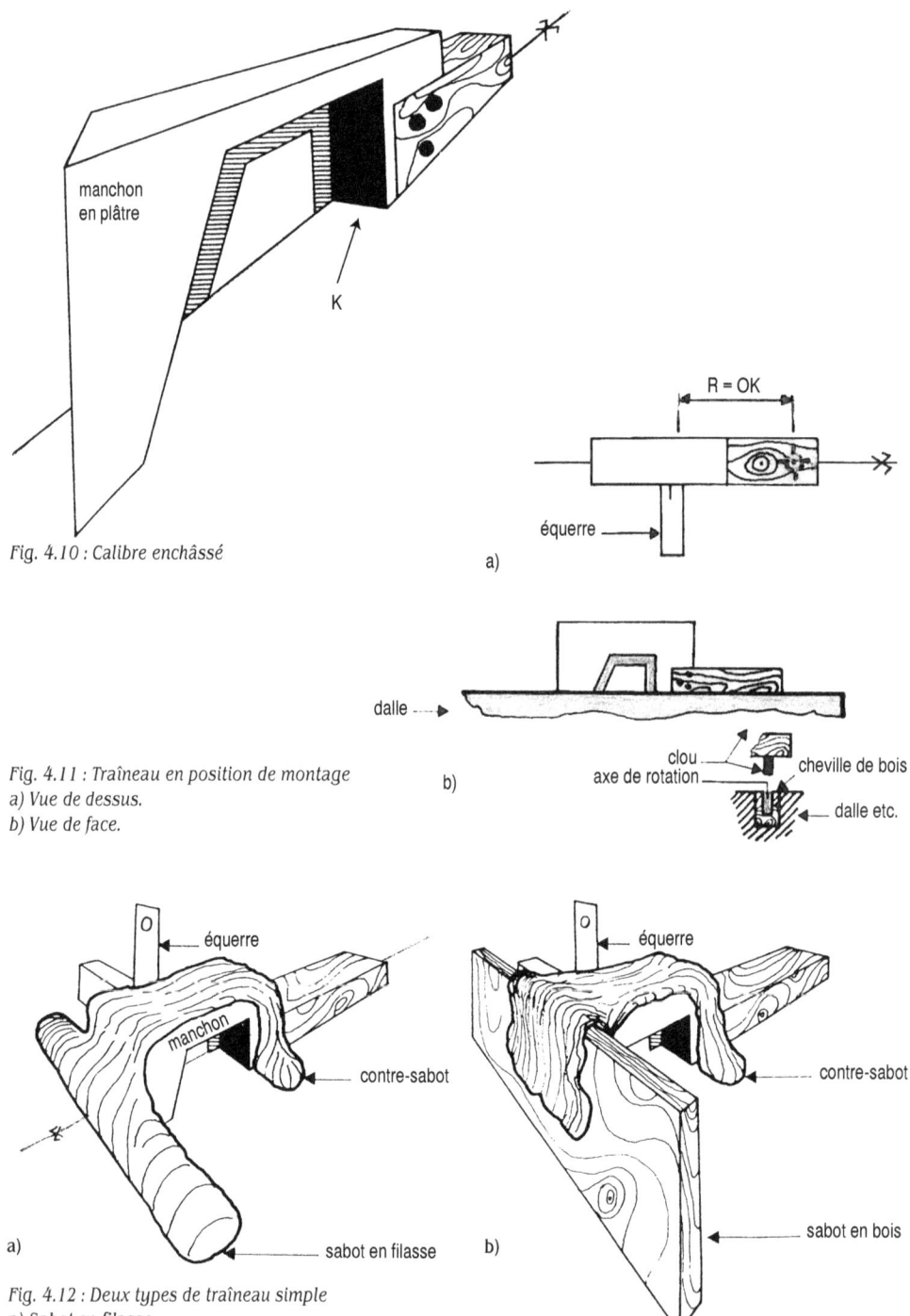

Fig. 4.10 : Calibre enchâssé

Fig. 4.11 : Traîneau en position de montage
a) Vue de dessus.
b) Vue de face.

Fig. 4.12 : Deux types de traîneau simple
a) Sabot en filasse.
b) Sabot en bois.

Techniques de traînage

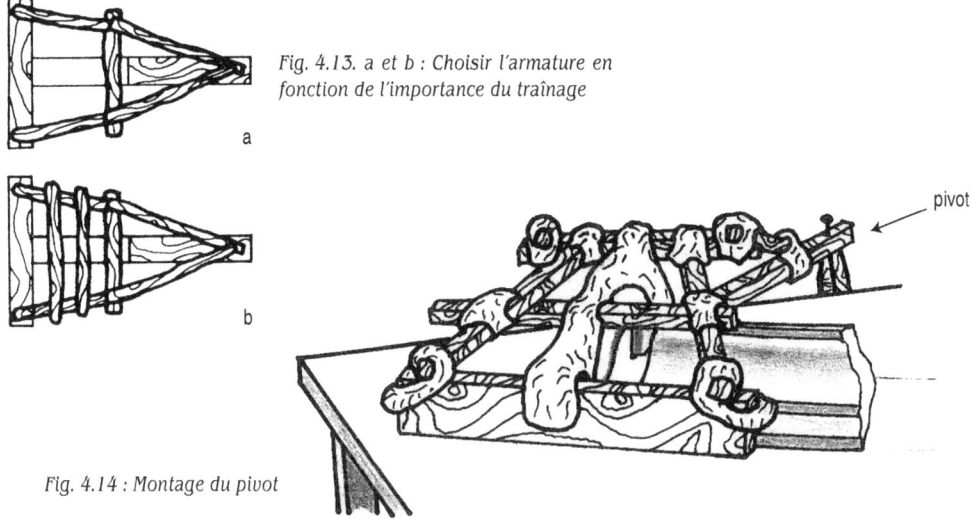

Fig. 4.13. a et b : Choisir l'armature en fonction de l'importance du traînage

Fig. 4.14 : Montage du pivot

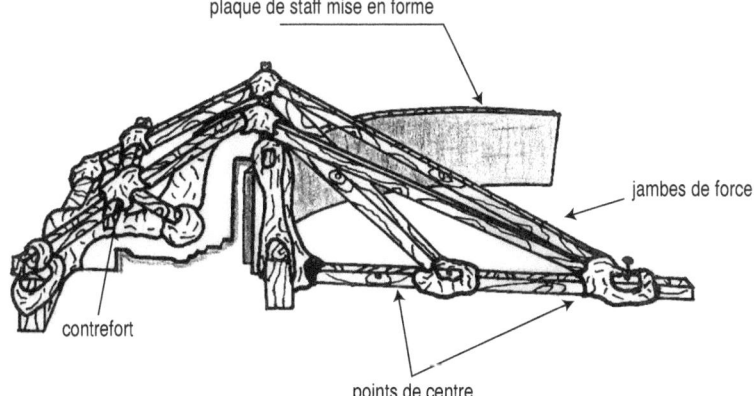

Fig. 4.15 : Consolidation par des jambes de force

b/ *Méthode B*

Cette méthode diffère de la précédente au seul niveau du montage au point de centre (fig. 4.16).
- Remplacer la cheville forée par un tube de cuivre dont l'axe devient un rond d'acier ou une tige filetée ;
- enrober l'axe d'une plaquette de zinc sur une hauteur correspondant à celle des liteaux formant blocage en A ;
- maintenir solidaires les liteaux et le zinc dans lequel coulisse l'axe à l'aide d'un polochon de filasse.

Techniques et pratique du staff

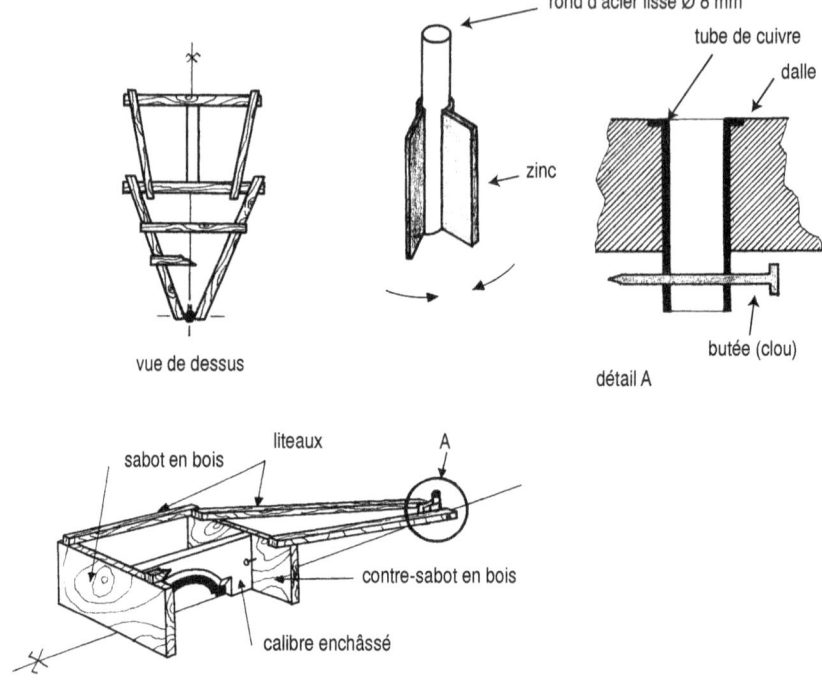

Fig. 4.16 : Montage d'un traîneau circulaire

c/ Méthode C

Dans le cas où la dalle ne comporte pas de trou axe pointe au compas, se reporter au paragraphe suivant concernant le montage du traîneau circulaire avec pivot (fig. 4.17).

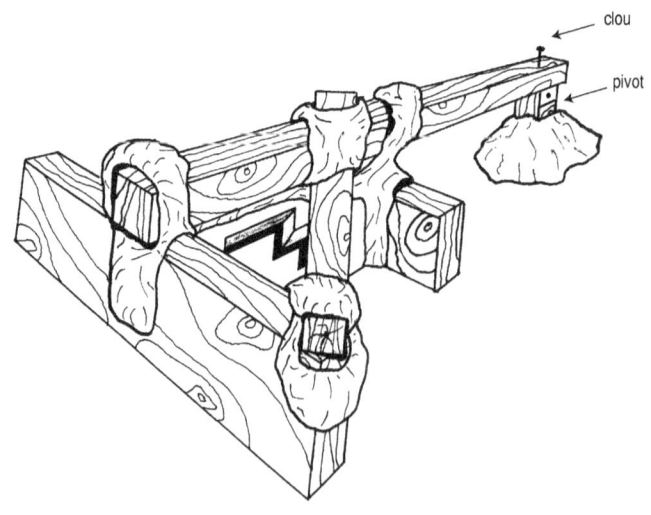

Fig. 4.17 : Montage d'un traîneau circulaire

Fabrication d'un traîneau circulaire avec pivot

Prenons l'exemple de l'exécution d'une forme hémisphérique : l'axe de rotation se situera au sommet d'un bras vertical fixe, nommé pivot, dont la hauteur sera celle de la forme à obtenir au centre de traînage.

Fixation du calibre : engager le haut du calibre dans une rainure de 2 cm de profondeur sciée dans un tasseau. Veiller au parallélisme du tasseau par rapport à la dalle. Maintenir en clouant le tasseau sur le zinc.

Position du point de centre : lorsqu'il n'y a pas de contre-dépouille, placer la pointe du compas-traîneau en utilisant un clou (fig. 4.18).

Quand il y a une contre-dépouille, quatre méthodes sont possibles :

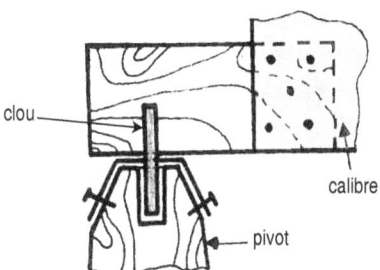

Fig. 4.18 : Clou enfoncé dans le tasseau à l'endroit déterminé

- on peut ménager dans le bout du tasseau coupé à la longueur adéquate le passage d'un axe que l'on maintient avec une feuille de zinc enveloppante, l'axe servant de point de centre et de guide (fig. 4.19) ;
- on peut également percer dans le tasseau, perpendiculairement à la dalle, un trou K dans lequel coulissera l'axe de rotation. Pour cela, on recourt à la perceuse électrique sur support vertical (fig. 4.20) ;

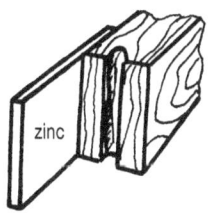

Fig. 4.19 : Trou réalisé à l'aide de la scie et d'une lime ronde. Clouer ensuite sur le zinc

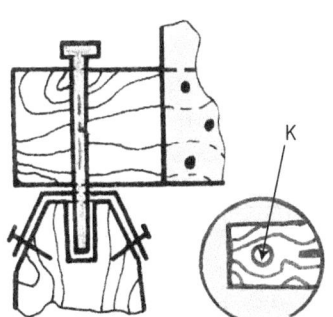

Fig. 4.20 : Trou réalisé à l'aide de la perceuse électrique sur un support vertical

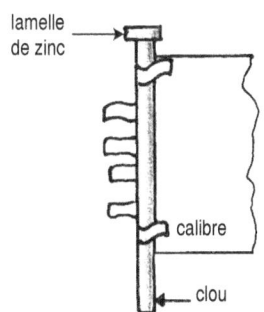

Fig. 4.21 : Clou maintenu dans sa position idéale par des lamelles

- on peut encore fixer directement le calibre sur l'axe de rotation au moyen de lamelles prédécoupées (fig. 4.21) ;
- enfin, on peut mettre en forme dans l'étau une petite plaquette de zinc autour du clou formant axe de rotation (fig. 4.22a), le maintien de la plaquette de zinc et du calibre se réalisant alors par emboîtement (fig. 4.22b).

Enchâsser le calibre comme prévu au chapitre « Enchassement du calibre » (p. 84).

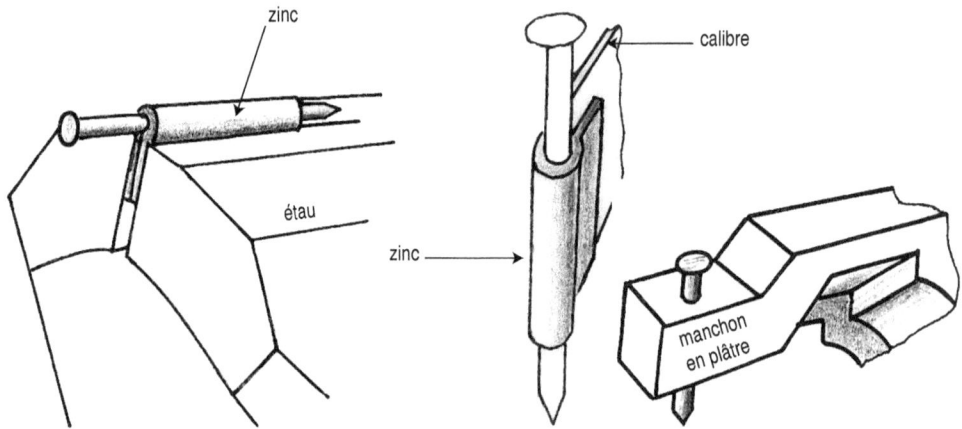

Fig. 4.22a et b : Clou maintenu dans sa position idéale, grâce à une petite plaquette de zinc mise en forme dans l'étau

Réaliser le pivot dans une pièce de bois dont la hauteur correspond à la hauteur de la pièce à traîner.

Après avoir consolidé la tête du pivot en la coiffant à son sommet d'une calotte en zinc, percer le trou dans lequel coulissera l'axe de rotation (fig. 4.23).

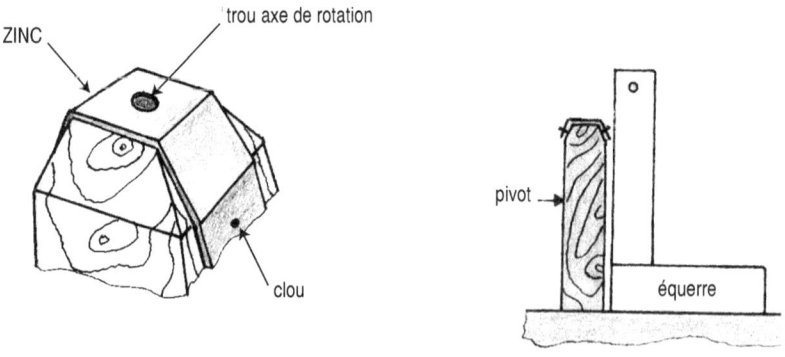

Fig. 4.23 : Détail du pivot

Dans le cas où le rayon de l'élément à traîner est grand, le pivot sera positionné en dehors de la dalle (fig. 4.24).

Techniques de traînage

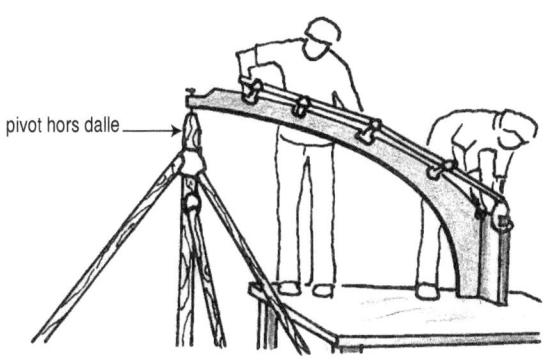

Fig. 4.24 : *Positionnement du pivot en dehors de la dalle*

Maintenir le pivot en position verticale en le scellant dans un noyau de plâtre et de filasse (fig. 4.25a et b).
Fixer le sabot de bois qui servira de stabilisateur durant le traînage. S'il est important, l'ensemble est consolidé par une armature de liteaux et de filasse (fig. 4.26a et b).

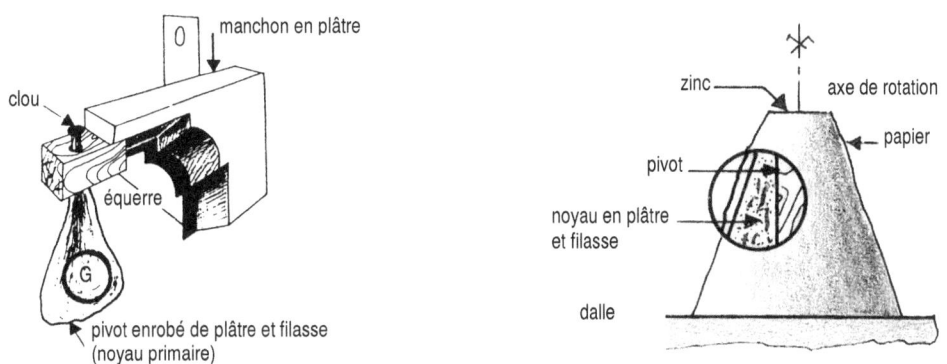

Fig. 4.25a et b : *Scellement du pivot*

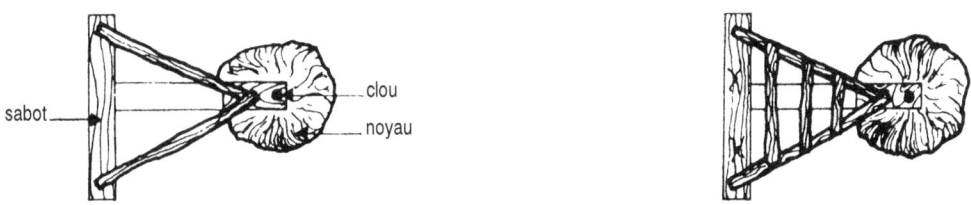

Fig. 4.26a et b : *Consolidation par une armature de liteaux*

Remarques : le traîneau peut être entièrement fabriqué en bois (fig. 4.27) ; cette technique est utilisée dans le Sud de la France.
La technique de montage peut être totalement différente (fig. 4.28). Le calibre monté sur bois s'articule autour d'un axe horizontal et non plus vertical, ce qui ne permet d'obtenir qu'une moitié de traînage circulaire.

109

Techniques et pratique du staff

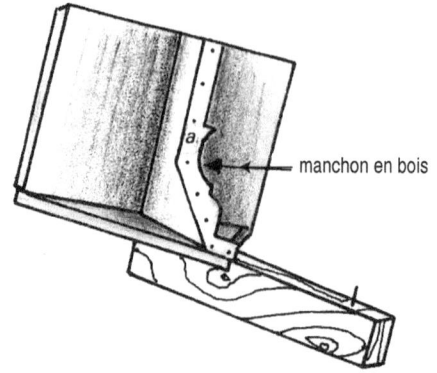

Fig. 4.27 : Traîneau fabriqué en bois
a : calibre cloué

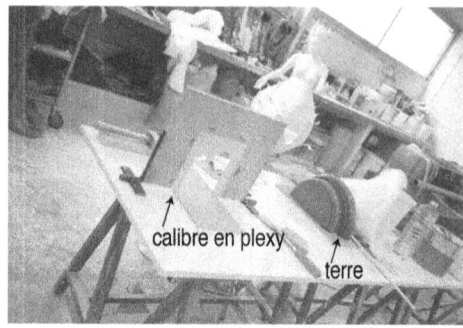

Fig. 4.28 : Modèle traîné en terre
Photo réalisée aux Ateliers de décors de la Comédie française.

■ Fabrication d'un traîneau circulaire sur tour de potier

Pour réaliser un vase en staff, par exemple :
- utiliser un tour de potier que l'on peut, éventuellement, fabriquer soi-même puisqu'il est essentiellement constitué d'un plateau circulaire tournant autour d'un axe ;
- sceller le tour sur une paroi verticale, un mur par exemple. Sceller en même temps, et définitivement, le support ferré du manchon enchâssant le calibre à la hauteur du plateau du tour. Des tasseaux en bois, fixés provisoirement au mur par des patins, maintiendront l'ensemble rigide pendant le traînage (fig. 4.29).

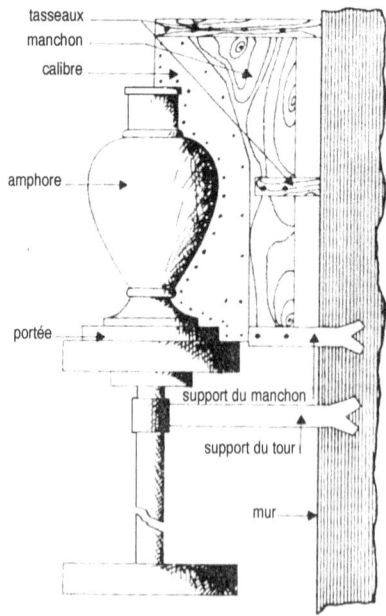

Fig. 4.29 : Tour de potier

Techniques de traînage

▇ Fabrication d'un traîneau dans un moule hémisphérique

Pour réaliser un baffle sphérique, par exemple : la portée du moule sert de guide pour le déplacement du traîneau qui pivote autour d'un axe de rotation placé au centre du moule. Cet axe est consolidé en scellant une plaquette de zinc au bord du moule (fig. 4.30).

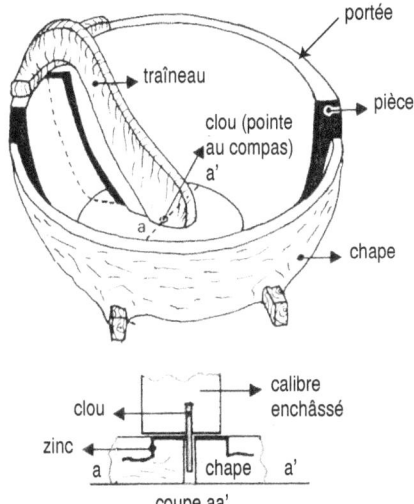

Fig. 4.30 : Traînage circulaire dans un moule hémisphérique

Remarque : pour une gouttière (dos lisse d'une corniche obtenue) traînée, par exemple, le principe est le même. Cependant, le guide est obtenu par deux portées de moule au lieu d'une (fig. 4.31).

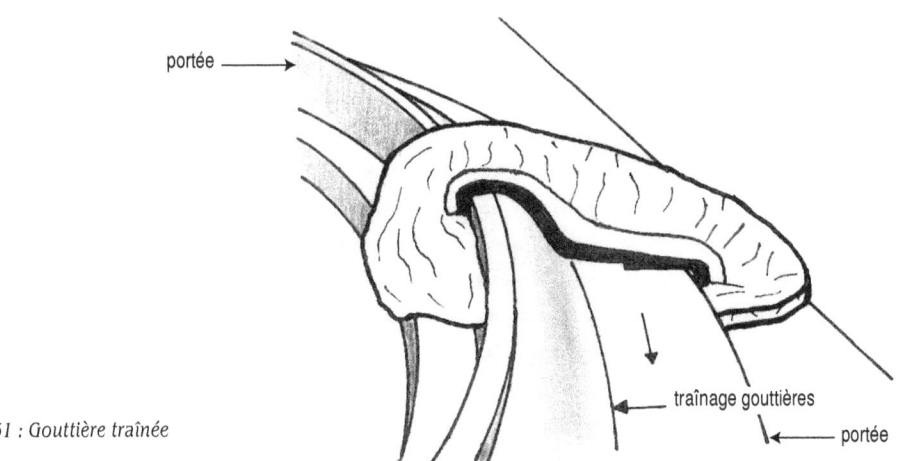

Fig. 4.31 : Gouttière traînée

Techniques et pratique du staff

■ Fabrication d'un traîneau d'angle ou traîneau de cornière

Pour réaliser, par exemple, un cache de tuyau dans un appartement :
- savonner et barbotiner une cornière préfabriquée ;
- placer le calibre enchâssé à cheval sur la cornière préfabriquée qui sert de noyau et de guide (fig. 4.32 et 4.33) ;
- la difficulté consiste à maintenir le calibre enchâssé dans sa bonne position durant le montage. Utiliser pour ce faire un colombin de terre et un enchâssement de filasse terminé par deux sabots formant patins (fig. 4.34) ;
- traîner le profil e (fig. 4.35 et 4.36).

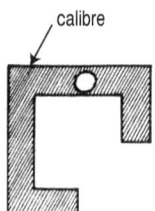

Fig. 4.32 : Calibre tracé, découpé, limé au profil donné

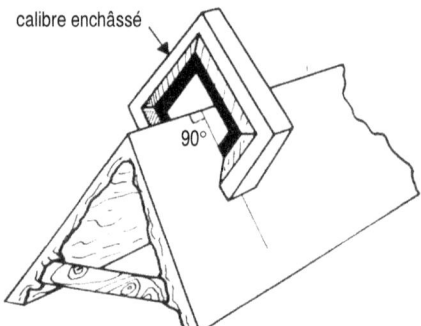

Fig. 4.33 : Savonner, barbotiner puis mettre le calibre enchâssé en position de montage

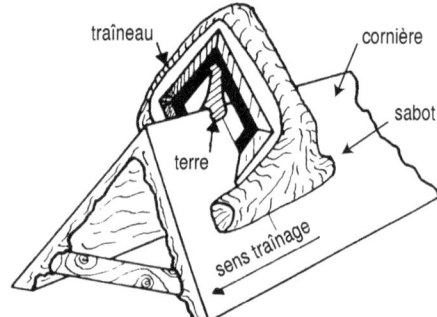

Fig. 4.34 : Montage du traîneau sur cornière

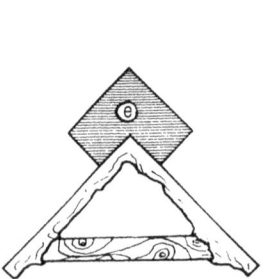

Fig. 4.35 : Vue de côté du profil e traîné sur cornière

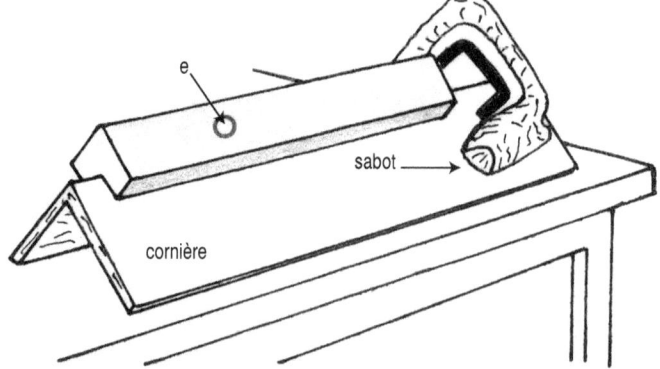

Fig. 4.36 : Vue en perspective du traînage e
e = profil traîné

Techniques de traînage

■ Fabrication de traîneau sur plaque et sur forme

Pour réaliser une moulure autour d'une tablette de cheminée par exemple.

a/ *Traîneau sur plaque*

– Sur une plaque de courbe quelconque autour de laquelle on veut traîner une moulure, fabriquer un traîneau. Le sabot servant de guide se compose d'une lamelle de zinc retournée aux extrémités venant en contact avec le côté le plus courbe de la plaque (fig. 4.37a) ou de deux tubes en plastique (fig. 4.37c) que l'on recouvre de plâtre et filasse sans toucher le bord de cette plaque (fig. 4.37d) ;
Remarque : dans certaines circonstances, on est amené à supprimer le contre-sabot, il suffit de maintenir ce côté à l'aide d'une cale lors du montage du traîneau (fig. 4.37c) ;
– pour une plaque comportant des courbes rentrantes et sortantes, réaliser le traîneau sur la partie la plus rentrante. Pour une plaque convexe, réaliser le traîneau sur la courbe la plus prononcée ;
– pour une plaque elliptique, on peut utiliser une autre méthode qui, bien que plus précise, sera beaucoup plus longue à mettre en œuvre. Ce procédé consiste à utiliser le principe du traçage de l'ellipse avec un ellipsographe (se reporter au chapitre « Notions de géométrie » (p. 9), fig. 2.6, où le crayon sera remplacé par le calibre).

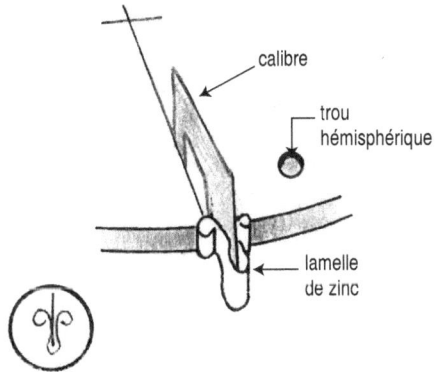

Fig. 4.37a : *Calibre maintenu par une lamelle de zinc*

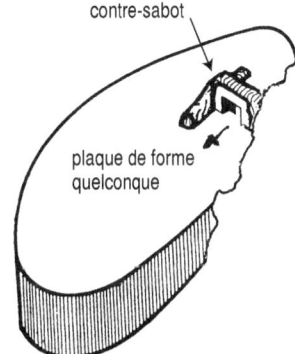

Fig. 4.37b : *Traîneau moulé sur une plaque convexe avec contre-sabot*

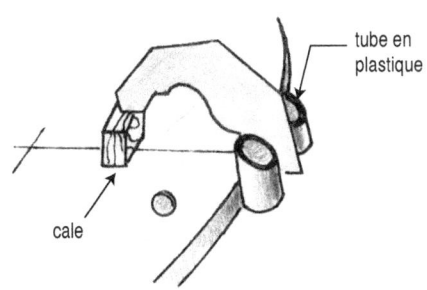

Fig. 4.37c : *Calibre maintenu par une cale*

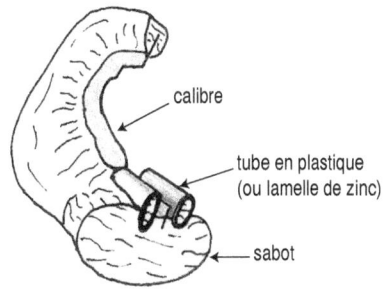

Fig. 4.37d : *Traîneau monté sans contre-sabot*

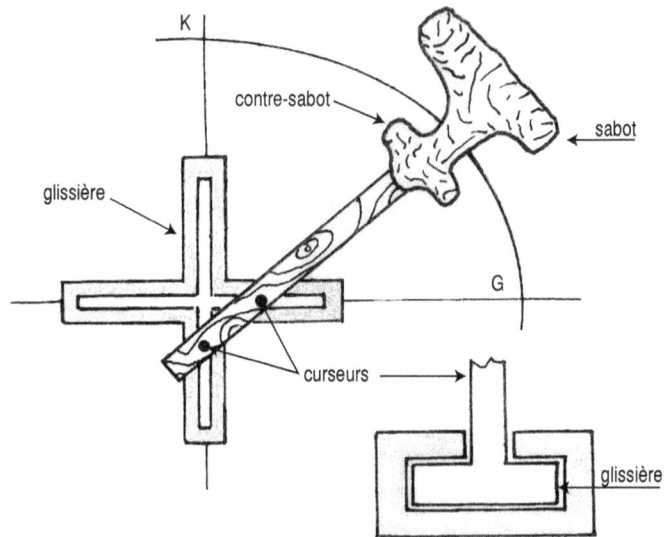

Fig. 4.37e : Traînage elliptique à l'aide de l'ellipsographe

b/ Traîneau sur forme

Sur une forme de bombage quelconque, le sabot du traîneau sera mouté sur l'angle formé par le bombage et le plan vertical (fig. 4.38).

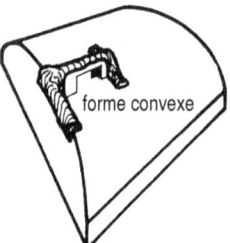

Fig. 4.38 : Traîneau sur forme convexe

▪ Fabrication d'un traîneau articulé circulaire

Pour fabriquer une moulure sur une calotte irrégulière, un dessus de porte galbée, par exemple :
– procéder comme pour la fabrication d'un traîneau sur pivot, mais le calibre et le tasseau doivent rester articulés. Le traînage se fait en suivant la forme du support (fig. 4.39) ;

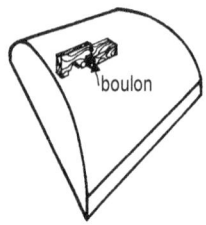
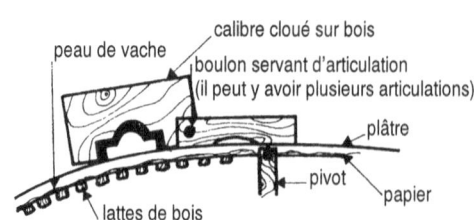

Fig. 4.39 : Traîneau articulé

Techniques de traînage

– dans l'exercice illustré sur la figure 4.40 représentant un modèle de dessus de porte galbé, nous retrouvons :
  • la technique du traîneau sur forme ;
  • la technique du traîneau articulé.

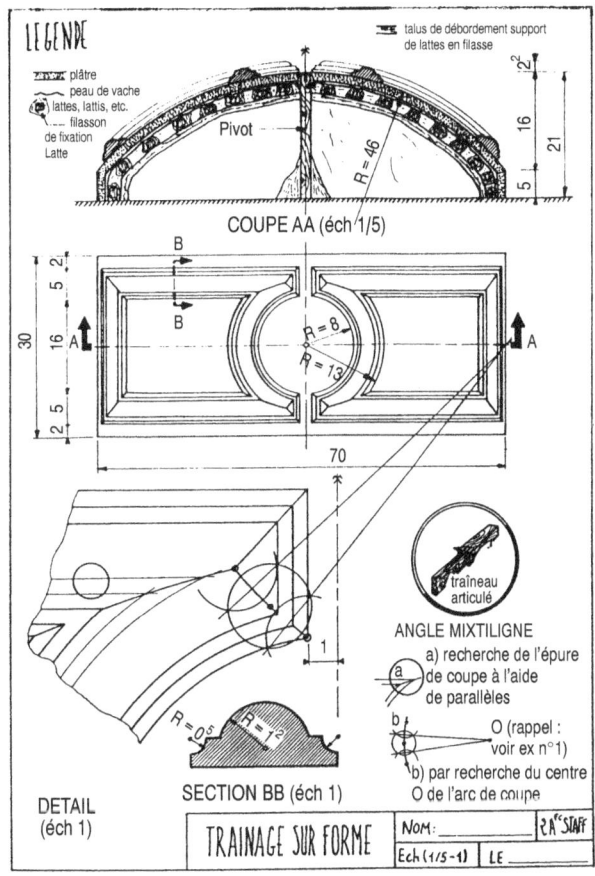

Fig. 4.40 : Dessus de porte galbé
Cet exercice regroupe les méthodes de traîneau sur forme convexe (fig. 4.38) et articulé (fig. 4.39)

▓ Fabrication d'un traîneau à la broche

Afin de réaliser un balustre, par exemple :
– fabriquer un châssis composé de deux supports trapézoïdaux fixés verticalement sur un plan de bois. Clouer le calibre sur un montage de bois reposant sur les deux supports ;
– fixer sur les supports, parallèlement au montage du calibre enchâssé une manivelle maintenue latéralement par une goupille. Veiller à ce que l'axe de la manivelle (qui sert à respecter la cote et à éviter une légère déformation du profil) soit à la même hauteur que le calibre (fig. 4.41).

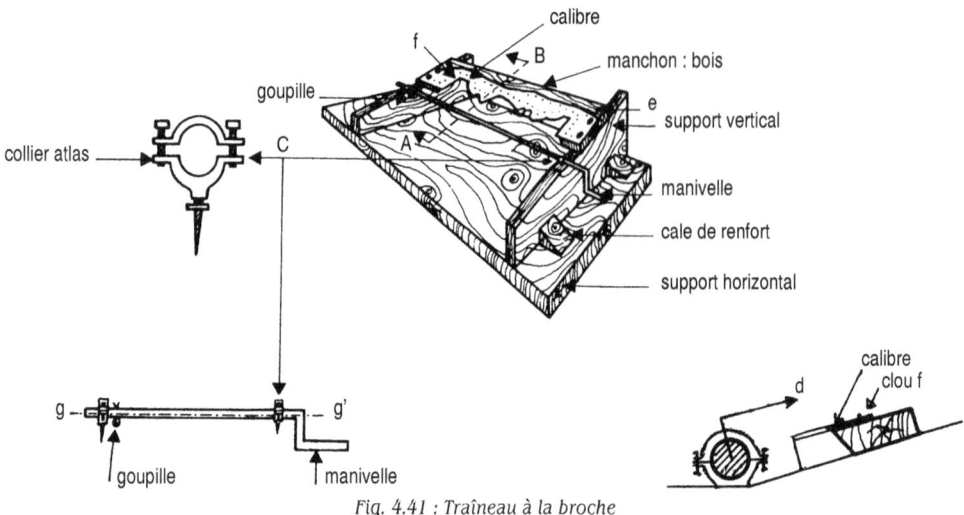

Fig. 4.41 : Traîneau à la broche

a/ Cas particulier (méthode Rondeau)

TRAÎNEAU À LA BROCHE À GLISSIÈRES PARALLÈLES À LA MANIVELLE

Pour réaliser par exemple un balustre à pente d'une rampe escalier :
- le montage est identique à celui du traîneau à la broche. Pour la glissière on procède comme pour le traîneau pour colonne torsadée (fig. 4.44, p. 118) ;
- la différence avec le précédent vient du fait que la manivelle porte à son extrémité un guide incliné par rapport à l'axe du degré d'inclinaison du balustre. Ce guide circulaire peut être réalisé en plâtre ou tout autre matériau rigide (méthode qui nécessitera par la suite de rectifier les bases). Le calibre cloué sur bois appuie sur le guide par l'intermédiaire d'un patin-bille ou d'une roulette à coquille pivotante. Un ressort fixé sur le montage permet de maintenir un contact parfait entre le guide et le calibre enchâssé (fig. 4.42a) ;
- un procédé plus simple consiste à sceller, côté intérieur, deux guides représentant les extrémités du balustre dont la portée servira à diriger le calibre (fig. 4.42b).

TRAÎNEAU À LA BROCHE À GLISSIÈRES PERPENDICULAIRES À LA MANIVELLE

Réalisation de forme cylindrique moderne à section irrégulière, au profil de vase par exemple.
- le calibre enchâssé se déplace dans ce cas transversalement sur deux glissières parallèles ;
- le déplacement s'effectue grâce à une manivelle portant aux extrémités des cames ayant la forme de la section désirée. Le contact du calibre avec la came est assuré par deux ressorts pousseurs (fig. 4.42c).

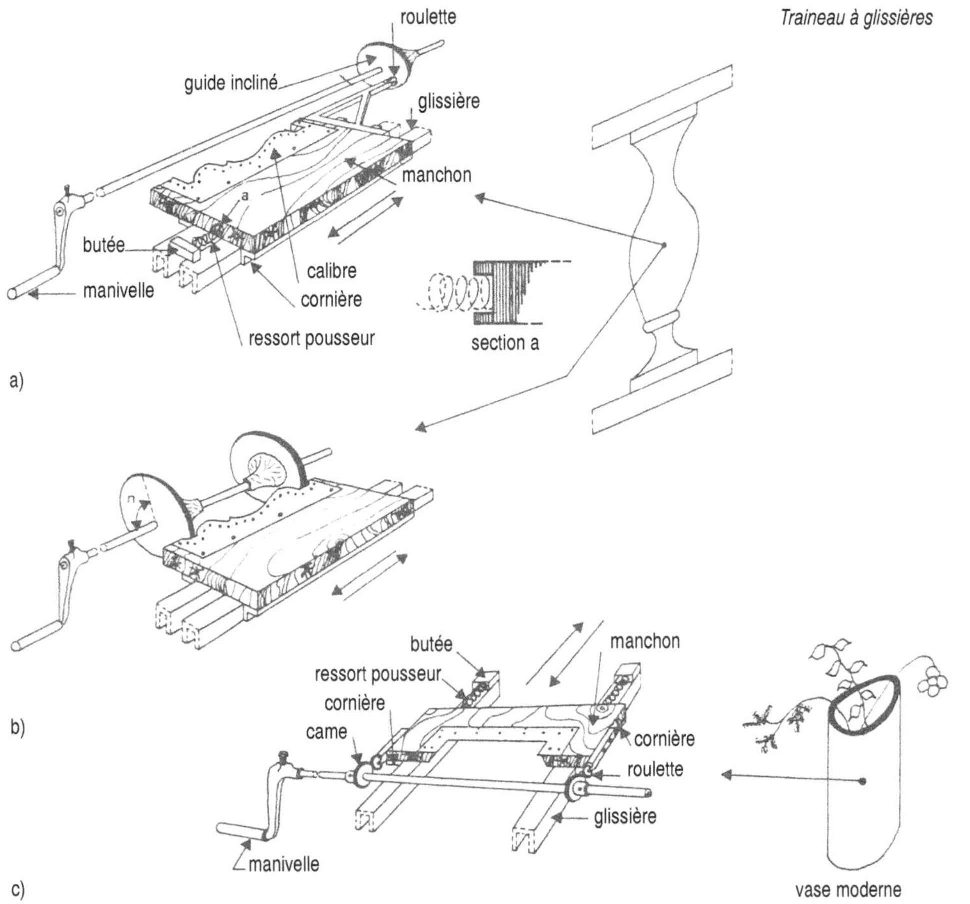

Techniques de traînage

Fig. 4.42a, b, c : Traîneau à glissières

■ Fabrication d'un traîneau en balançoire

Pour réaliser le fût d'une colonne galbée, par exemple : le calibre est obligatoirement cloué sur un montage en bois. Le montage pivote autour d'un axe de rotation qui repose sur deux supports verticaux (fig. 4.43). Le traînage se fait par balancement du traîneau sur le plâtre.

Pour le balancement, on utilise une poignée, deux lorsque la forme est de grandes dimensions.

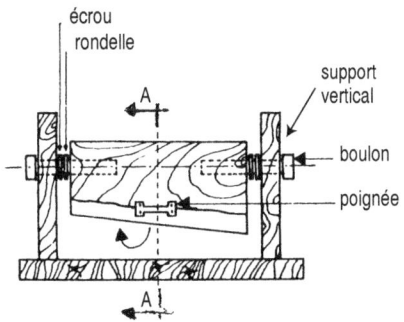

Fig. 4.43 : Vue de face du traîneau en balançoire

117

▪ Traîneau pour colonne torsadée

La torsade est un motif d'ornement imitant un câble tordu régulièrement. Il s'apparente à la vis sans fin.

Pour réaliser une colonne torsadée, il est donc nécessaire que le calibre puisse dérouler la spirale régulièrement sur le noyau tournant.
- On procède comme pour le traîneau à la broche en ce qui concerne les supports, le montage et la manivelle ;
- le montage diffère cependant de ce procédé en ce que le calibre doit être mobile latéralement. Cette mobilité latérale est obtenue par la fixation du calibre soit sur une vis sans fin, soit sur une glissière : on parle alors de calibre-curseur (fig. 4.44).

Deux procédés peuvent être utilisés :
- le procédé Balbien : un fil de laiton F (fig. 4.80) est placé hélicoïdalement sur le noyau, ce qui permet le déplacement du calibre-curseur (fig. 4.80, détail d) ;
- le procédé Chauvet : le calibre-curseur est déplacé grâce à un câble qui s'enroule autour d'une bobine placée au bout de l'axe de la manivelle. Le diamètre de la bobine détermine la vitesse de déplacement.

À noter la présence d'une zone à gorge afin de guider le mouvement latéral de la glissière, et la possibilité, pour une nouvelle passe éventuelle, de replacer à la main le calibre dans la glissière au départ de la torsade.

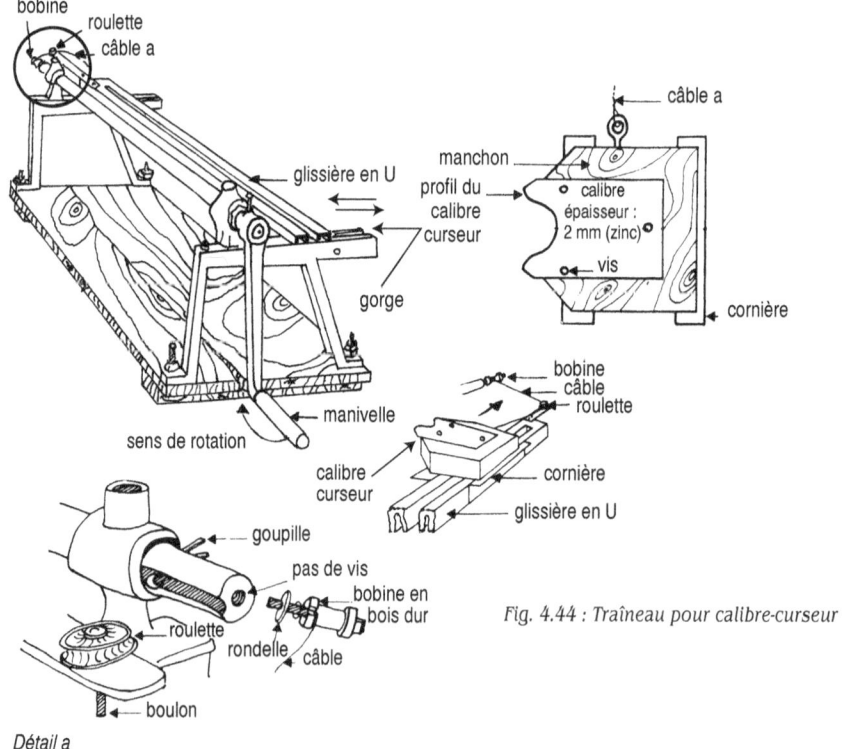

Fig. 4.44 : Traîneau pour calibre-curseur

Techniques de traînage

Nous allons considérer les différentes méthodes employées selon les pièces à réaliser, le principe étant identique pour toutes ces méthodes en ce qui concerne la réalisation d'un noyau préalable, l'approche du profil définitif en plâtre à fleur d'eau et la finition au plâtre clair.

▨ Traînage sans noyau

Pour réaliser une moulure formant panneau décoratif, par exemple.

a/ *Traînage d'approche*

– Déterminer la longueur du modèle à obtenir, donc la longueur du traînage ;
– placer le traîneau sur la dalle et indiquer au crayon la surface à recouvrir de plâtre ;
– barbotiner en couleuvre (fig. 4.45) la surface intérieure à la couverture de plâtre et barbotiner les glissières du sabot et du contre-sabot ainsi que le chemin de parcours de ces glissières, barbotiner enfin ou gomme-laquer les talus du manchon ;

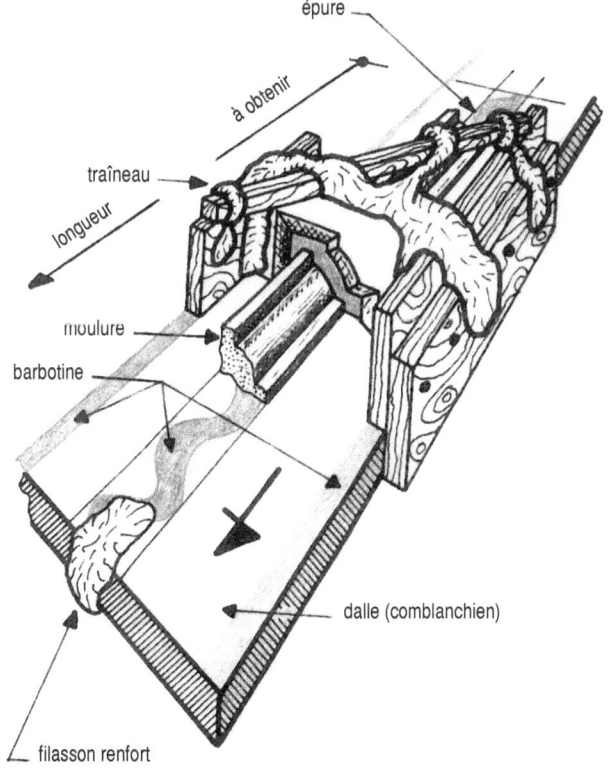

Fig. 4.45 : Traînage d'approche

Techniques et pratique du staff

- utiliser un premier plâtre à fleur d'eau (consistance crémeuse) et le placer à l'intérieur du tracé en commençant par la partie du modèle qui est la plus haute (fig. 4.45).

Dans certaines circonstances, si l'on traîne un moule de demi-cylindre, on scellera des plaques de chaque côté pour maintenir le premier plâtre (fig. 4.46).

- Faire trois à quatre passes en remettant du plâtre à chaque fois et sans nettoyer le traîneau ;
- nettoyer ensuite soigneusement, à l'aide de la plaquette, la glissière du sabot et du contre-sabot ainsi que les parties de la dalle extérieures au traînage ;
- nettoyer les parties apparentes du profil enchâssé à l'aide de la spatule en évitant de détériorer le manchon ;
- rebarbotiner et reproduire les passes et le nettoyage jusqu'à l'obtention d'un profil approché exactement au calibre.

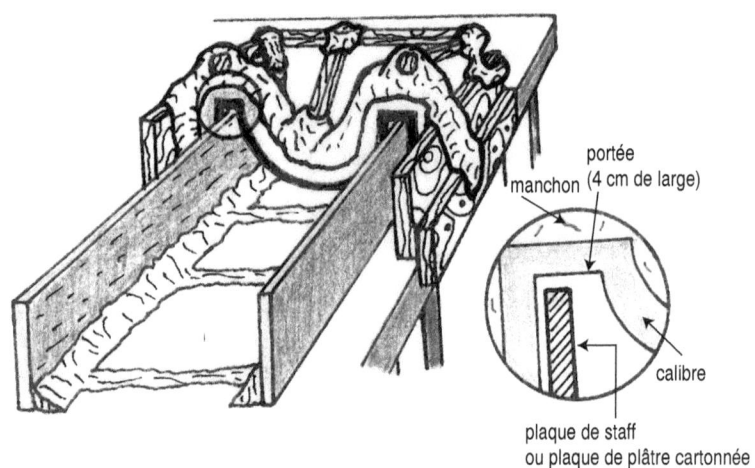

Fig. 4.46 : Maintien du premier plâtre par scellement de plaques de chaque côté

Avec un premier plâtre, un ouvrier exercé doit pouvoir terminer les huit opérations.

b/ *Traînage de finition*

- Préparer un plâtre clair (cf. « Préparation du plâtre à mouler », p. 80) ;
- raboter, quand il prend, le premier profil qui gonfle, par deux ou trois passes de traînage sans plâtre. À noter que le rabotage est difficile. Il doit se faire au bon moment. Si le plâtre accroche, il faut attendre un peu et raboter à nouveau ;
  Si le plâtre ne se rabote plus c'est qu'il a gonflé, il est en phase de durcissement et il n'est plus possible de passer le calibre sans tout casser ; les phases précédentes n'ont donc pas été maîtrisées, alors l'épreuve est à rejeter ;
- lisser en traînant le plâtre clair, de consistance crémeuse, jusqu'à l'obtention d'un profil parfaitement soyeux.

Techniques de traînage

■ Traînage avec noyau

Pour réaliser la partie demi-cylindrique d'un moule de niche, par exemple.

a/ *Technique pour noyau plein*

– Construire le noyau en gravats de plâtre sur lequel on fait un premier traînage de plâtre gros de construction en se basant sur le talus de débordement du manchon. À noter que le débordement du manchon est de 0,5 cm dans le cas où le noyau est solidaire du traînage définitif, et de 1,5 cm lorsque le noyau et le traînage définitif sont indépendants (fig. 4.47) ;

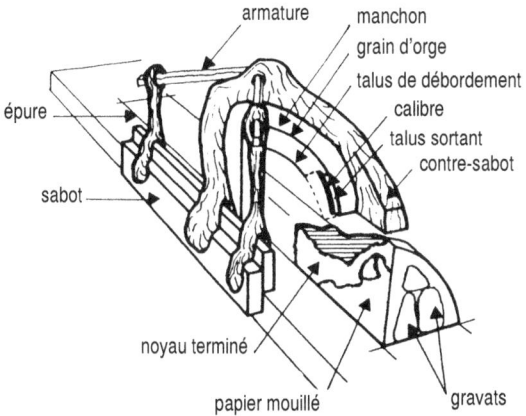

Fig. 4.47 : Portion du noyau obtenu par traînage

– faire sauter le talus au niveau du grain d'orge ;
– si le talus de débordement est de 1,5 cm, armer le traînage définitif en mettant de la filasse en neige sur le papier mouillé, et l'imprégner de plâtre par projection à la brosse ;
– faire les opérations prévues pour un traînage simple (fig. 4.48 et 4.49).

Remarques : lorsqu'on veut utiliser un même profil successivement pour un traînage droit puis pour un traînage circulaire, faire en sorte que le contre-sabot du traînage droit devienne le sabot du traînage circulaire, ce qui évite de démouter le premier traîneau et d'avoir les traînages droit et circulaire de même hauteur (comparer les figures 4.49 et 4.50).

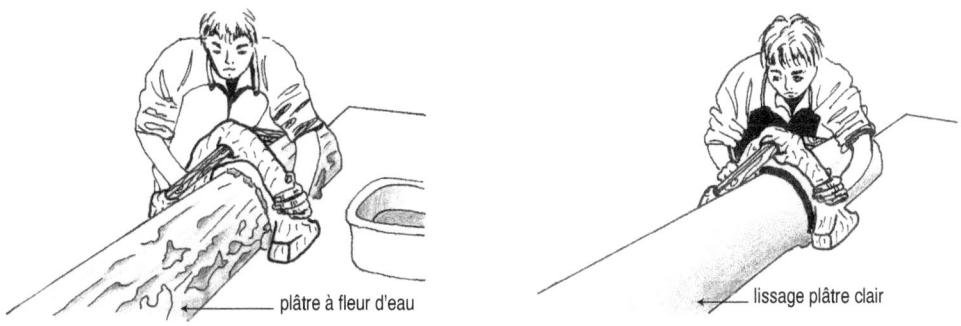

Fig. 4.48 et 4.49 : Opérations de traînage simple

121

Techniques et pratique du staff

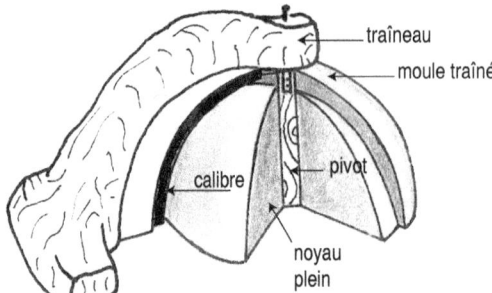

Fig. 4.50 : Technique pour noyau plein

b/ *Technique pour noyau creux*

Dans le cadre de gros traînage, le support du noyau peut être constitué de plaques de staff ou de plâtre cartonné (fig. 4.54b), de rebus de corniches (fig. 4.57) ou de cerces scellées verticalement à la dalle et reliées par des lattis ou des liteaux eux-mêmes scellés aux cerces (fig. 4.67).

■ Traînage avec noyau et double profil lisse

Pour réaliser, par exemple, une applique murale :
- pour obtenir le noyau b, procéder comme pour un traînage avec noyau, plein ou creux (fig. 4.51) ;
- dégager le premier profil (voir les explications concernant l'enchâssement du calibre à double profil) ;
- traîner le premier profil c jusqu'à son lissage (fig. 4.52) ;
- savonner et barbotiner la surface lisse du premier profil pour permettre le décollage de l'épreuve ;
- dégager le deuxième profil en a (fig. 4.52) ;
- commencer le traînage sur le premier profil par une ébauche de plâtre au pinceau. Cette technique permet de donner une surface intérieure soyeuse ;
- aussitôt après, traîner normalement, jusqu'à obtenir la forme du deuxième profil lissé d (fig. 4.53). Se référer aux travaux de finition du traînage simple.

Remarque : on peut substituer à cette méthode celle consistant, après avoir traîné le premier profil lisse, à enchâsser et monter un second calibre sur la portée du moule du premier profil. Il suffit de mouler et de traîner avec le second traîneau pour obtenir deux profils lisses (fig. 4.31).

■ Traînage feuilleté

Pour obtenir une seule épreuve de corniche avec contre-dépouille afin de restaurer une partie détériorée de cette corniche dans la pièce d'un appartement, par exemple.

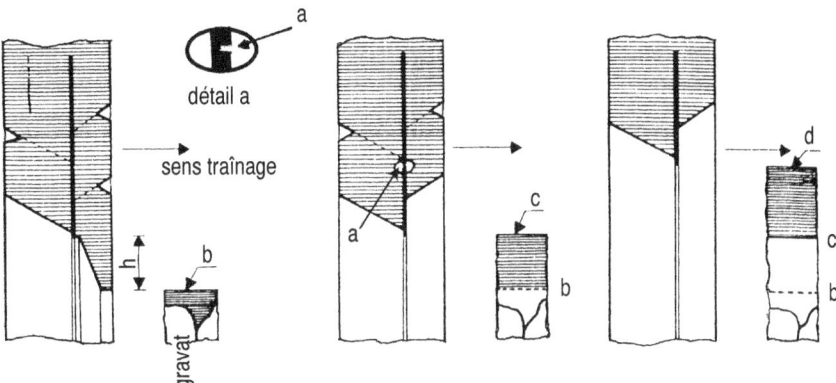

Fig. 4.51, 4.52 et 4.53 : Traînage à double profil
a : *double profil tracé profondément sur le calibre.*
b : *profil du noyau.*
c : *premier profil du modèle ou de l'épreuve.*
d : *deuxième profil.*
h : *hauteur fonction de l'importance du traînage.*

Le but est de traîner une contre-dépouille pour une seule épreuve.
– Se reporter au paragraphe sur la méthode du talus de débordement en plâtre ou au cas particulier du talus de débordement en zinc scellé, en prenant en considération que le premier profil représente le noyau en dépouille et qu'il approche le deuxième profil (calibre) à 2 ou 3 mm aux endroits en contre-dépouille ;
– faire un traînage avec noyau plein ou creux, comme précédemment (fig. 4.54a et b).
Remarque : se rappeler qu'il est impératif de monter le calibre en position (c'est-à-dire qu'il n'est pas incliné, fig. 4.54a) lorsque nous avons un raccordement droit circulaire à exécuter, en négatif par exemple (fig. 2.60) ; en revanche, il est nécessaire d'incliner le calibre afin de gagner de la matière d'œuvre, mais aussi du temps, tout en travaillant plus facilement lorsque nous avons à faire seulement à un traînage droit (fig. 4.54b).
– Pour faciliter le décollage de la pelure, lisser correctement le noyau et le savonner ;
– dégager le deuxième profil et faire un traînage simple, jusqu'au lissage de ce deuxième profil (fig. 4.55) ;
– savonner et barbotiner le deuxième profil ;
– mouler une épreuve ;
– enlever l'épreuve et, ensuite, dégager progressivement la pelure en utilisant alors la pointe à tracer, etc., jusqu'à obtenir l'épreuve libérée du moule (fig. 4.56).

Techniques et pratique du staff

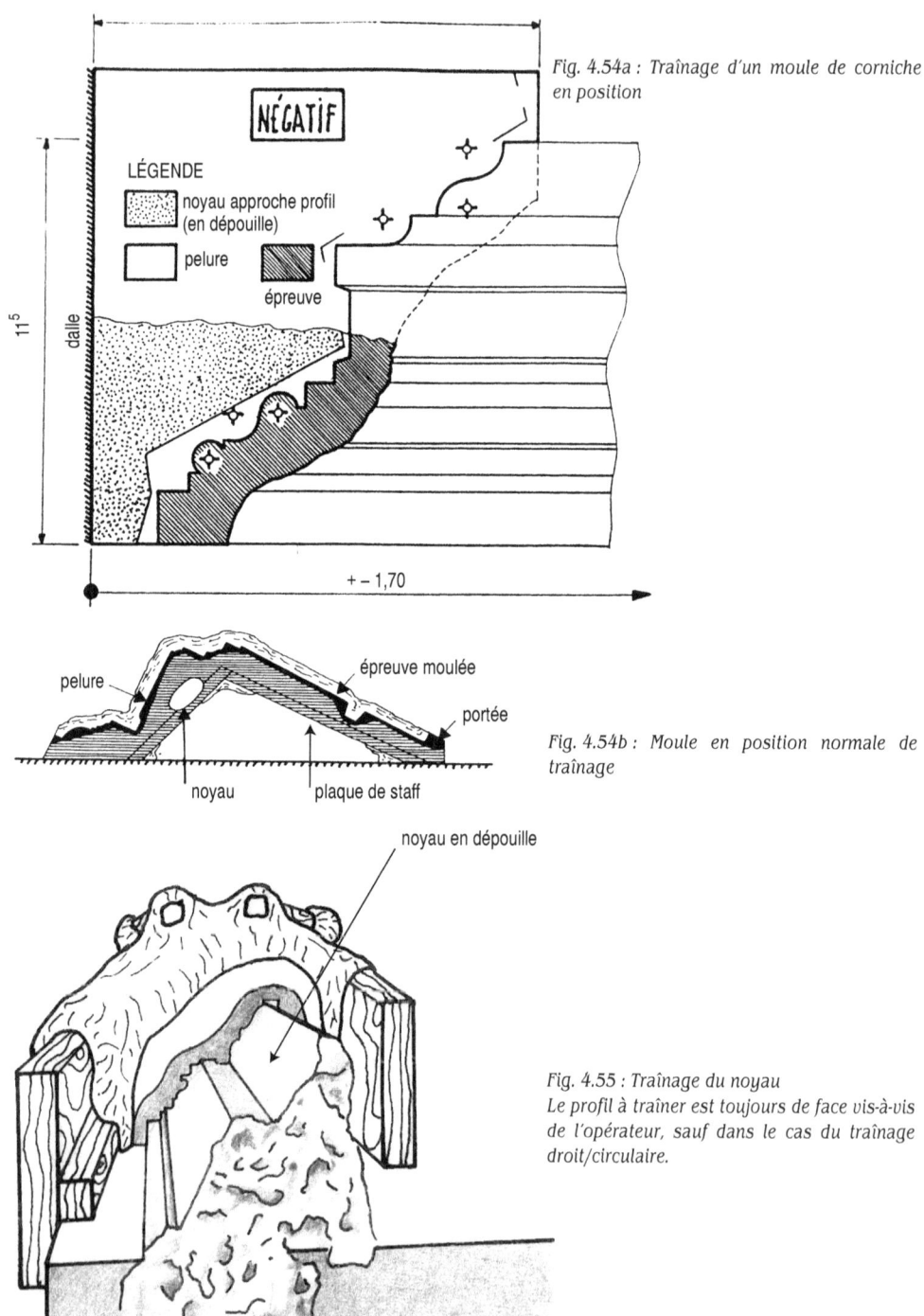

Fig. 4.54a : Traînage d'un moule de corniche en position

Fig. 4.54b : Moule en position normale de traînage

Fig. 4.55 : Traînage du noyau
Le profil à traîner est toujours de face vis-à-vis de l'opérateur, sauf dans le cas du traînage droit/circulaire.

Techniques de traînage

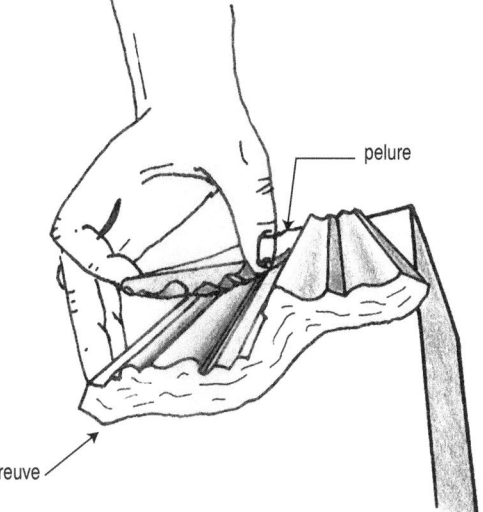

Fig. 4.56 : Épreuve partiellement libérée de la pelure

▓ Traînage d'un moule à pièce traînée

Exemple de réalisation : une série de pièces constituant une corniche formant entablement dorique.

Le but est d'obtenir un moule servant à plusieurs épreuves en contre-dépouille. Le traînage feuilleté, en effet, ne permet d'obtenir qu'une seule épreuve après destruction du moule.

Principe : pouvoir démouler chaque épreuve sans avoir à casser le moule et, pour ce faire, préparer un moule qui permettra un démoulage par phases successives.

Problème : voyons l'exemple d'un réglet métallique que nous prenons entre le pouce et l'index de chaque main et le disposons verticalement dans le sens de la largeur. Nous constatons que plus le réglet est grand, plus il s'incurve. Lorsque nous démoulons une corniche nous obtenons le même phénomène qui, suivant sa largeur et la forme de son profil pourra nécessiter la confection d'une pièce supplémentaire pour favoriser son démoulage.

Moyens : procéder comme pour un traînage ordinaire à double profil, le deuxième profil étant celui de l'intérieur du moule en contre-dépouille (cf. Traînage feuilleté, p. 122).
– Réaliser un premier profil approximatif, sauf de chaque côté du logement L de la pièce où le profil P sera définitif sur 2 à 3 cm (fig. 4.57) ;
– savonner et barbotiner la surface du premier profil à l'endroit qui servira de logement à la pièce ;
– traîner le deuxième profil (fig. 4.57). Ne pas oublier d'armer la pièce en cours de fabrication par l'incorporation d'un fer à béton enrobé de filasse ou d'un tube métallique en fonction de l'importance de l'élément ;

Techniques et pratique du staff

- décoller la pièce ;
- pour le moulage, remettre la pièce en place, savonner, barbotiner le tout et réaliser l'épreuve ;
- au démoulage, la pièce viendra peut-être avec l'épreuve : il faudra alors l'enlever avec précaution pour la remettre dans son logement avant de réaliser une deuxième épreuve.

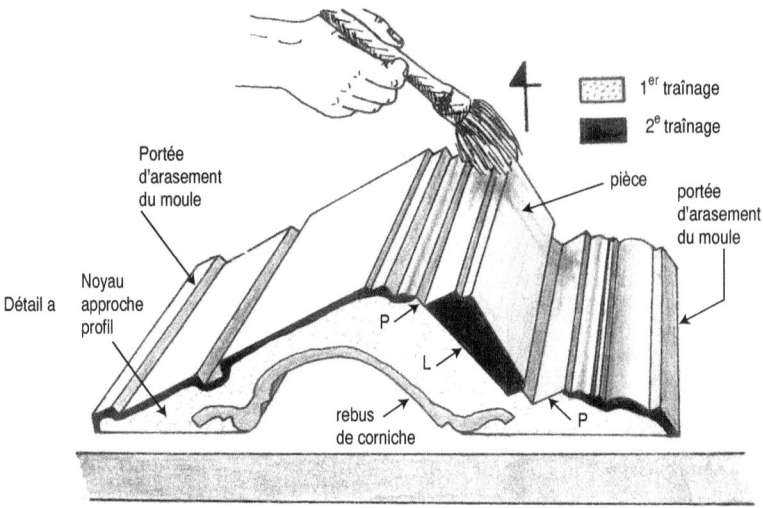

Fig. 4.57 : Traînage d'un moule à pièces traînées

Remarques :
1. Un bon savonnage permet d'obtenir 3 ou 4 moulages. En revanche, il faut barbotiner à chaque fois.
2. La difficulté consiste à concevoir le logement des pièces de telle façon qu'elles soient aisément démontables.
3 Les pièces importantes sont armées au moyen d'un rond d'acier, d'un tube, etc.

■ Traînage sur un premier profil

Exemple de réalisation : ajouter au sommet d'une niche à bord mouluré une clef décorative de forme déterminée.
Le but est de réaliser un modèle quelconque qui viendra s'adapter sur un profil donné.
Principe : obtenir à la partie intérieure de la clef un profil exactement semblable à celui de la moulure.
Technique :
- ébaucher au plâtre sur la moulure qu'on a fixée à la dalle, puis isolée à l'aide de savon et de barbotine (fig. 4.58) ;
- sur ce premier plâtre, traîner le profil définitif de la clef (fig. 4.59) ;

Techniques de traînage

– couper la clef aux dimensions voulues et enlever la portion de moulure qui a servi de matrice (fig. 4.60) ;
– coller la clef sur la niche et raccorder (fig. 4.61).

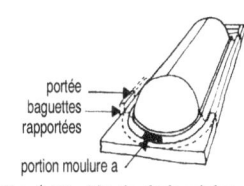

Fig. 4.58 : Moule de la niche

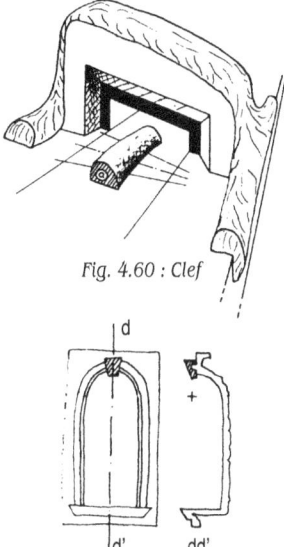

Fig. 4.60 : Clef

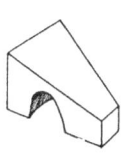

Fig. 4.59 : Traînage de la clef

Fig. 4.61 : Vue de face et section de la niche dd'

■ Traînage circulaire

a/ *Méthode du traînage circulaire avec point de centre extérieur*

Pour la réalisation d'un négatif de dessus de porte par exemple (fig. 3.27, p. 90). Pour l'exécution d'un traînage circulaire avec point de centre extérieur (fig. 4.62), mettre en place un noyau vertical d composé de plaques de staff ou de plaques de plâtre cartonnées, coupées, si besoin est, du côté de la face lisse, sur une profondeur d'environ 1 cm.

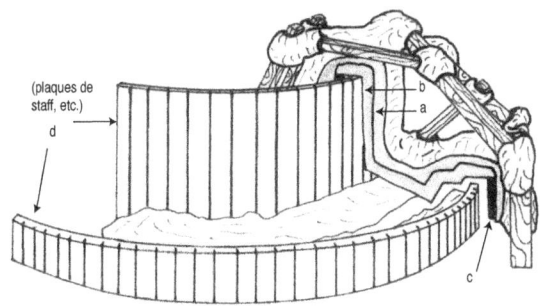

Fig. 4.62 : Traînage circulaire avec point de centre extérieur
a - grain d'orge.
b - talus de débordement en dépouille.
c - calibre.
d - plaque de staff mise en forme.

127

Il est possible de réaliser un traînage croisé circulaire à l'aide du même traîneau en se servant du point de centre 1, puis 2, etc. jusqu'à obtention de la forme désirée (fig. 4.63).

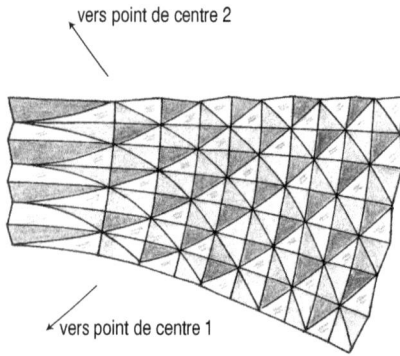

Fig. 4.63 : Traînage croisé circulaire

b/ Méthode du traînage circulaire avec pivot

- Traîner le noyau secondaire (fig. 4.64) ;
- recoller le noyau secondaire, si besoin est, soit avec de la gomme-laque que l'on chauffe jusqu'à ce qu'elle ait la consistance du caramel, soit à l'aide de la terre à modeler liquide ;
- isoler le noyau secondaire avec du savon et de la barbotine ou du papier mouillé ;
- exécuter le traînage définitif en tournant de préférence dans le sens des aiguilles d'une montre. Le principe consiste à traîner, en partant de b vers a, un demi-cercle en positionnant la main droite du côté du pivot et la main gauche sur le sabot : arrêter en a pour positionner la main gauche en appui du côté pivot et la main droite du côté sabot et reprendre aussitôt le traînage de a vers b, etc. jusqu'à ce que le plâtre ne roule plus sur le calibre ;
- enlever le traîneau, nettoyer le calibre et la base du sabot, barbotiner la base du sabot ainsi que la dalle, renouveler ces opérations jusqu'à la finition parfaite du traînage (fig. 4.65).

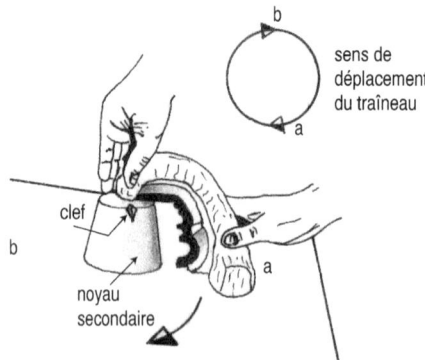

Fig. 4.64 : Traînage du noyau secondaire
La position des mains est bonne.

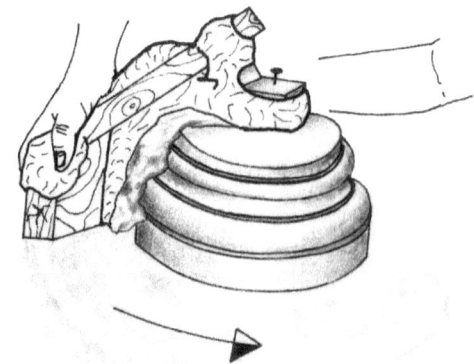

Fig. 4.65 : Traînage d'une base de colonne
La position des mains est mauvaise. Il est préférable de traîner dans l'autre sens.

Traînage d'un moule de coupole

- Mettre en place l'armature fixant le pivot (fig. 4.66) ;
- préparer une charpente composée de cerces au gabarit désiré, posées verticalement et au sommet desquelles seront scellés des liteaux ou des lattes tous les 10 ou 15 cm environ (fig. 4.67) ;
- combler les vides avec des gravats si nécessaire, puis recouvrir les lattes de papier (fig. 4.67) sur lequel on staffera une enveloppe appelée peau de vache (plâtre armé de filasse ou de toile de jute de faible épaisseur) (fig. 4.68) ;
- traîner l'approche du profil définitif à 7 ou 8 mm (fig. 4.69) ;
- traîner le profil définitif du moule représentant 1/6 de coupole de 3,40 m de diamètre (fig. 4.70) ; le premier plâtre est un plâtre à fleur d'eau, le second un plâtre clair, pour lisser.

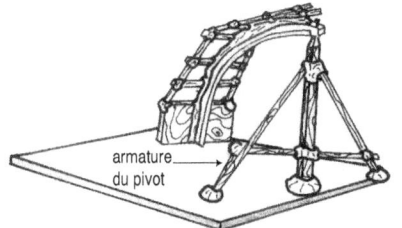

Fig. 4.66 : Charpente pour le traînage d'un moule de coupole

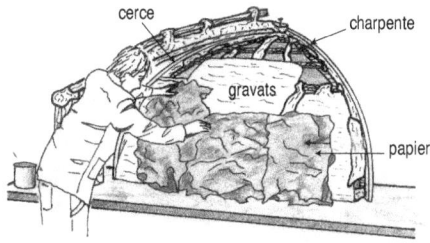

Fig. 4.67 : Mise en place du papier

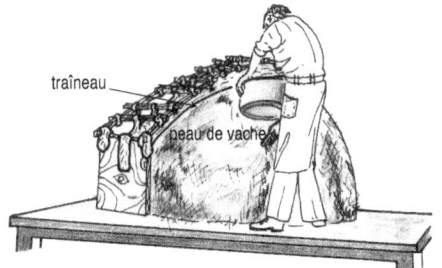

Fig. 4.68 : Réalisation de la peau de vache

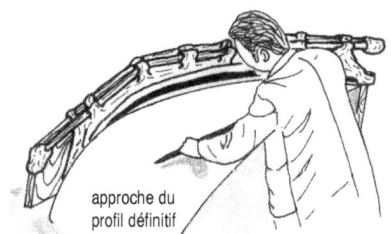

Fig. 4.69 : Approche du profil définitif

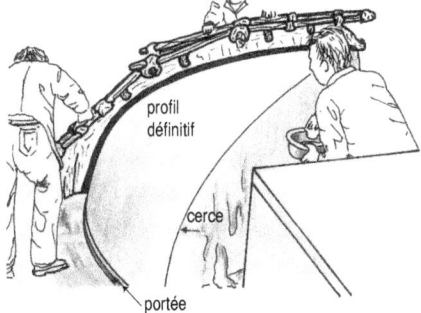

Fig. 4.70 : Finition du moule traîné (1/6 de coupole, de 3,40 m de diamètre)

Techniques et pratique du staff

■ Traînage sur tour de potier

Ce type de traînage est parfaitement indiqué pour réaliser une amphore en staff, par exemple.
Technique :
- Réaliser un noyau en coulant du plâtre sur le plateau du tour, dans un cylindre de terre ou de zinc ; retoucher éventuellement ce noyau au tournasin* dès que le plâtre est pris ;
- traîner en projetant le plâtre sur le noyau (fig. 4.29).

a/ *Traînage à la broche*

Pour réaliser un balustre, par exemple.
Matériel : un traîneau à la broche (fig. 4.42).
Technique :
- Traînage à la broche : réaliser un premier noyau qui soit en dépouille du côté de la goupille (fig. 4.71b) ;
- à l'aide du surform (fig. 4.71a), réaliser deux surfaces plates sur toute la longueur du noyau, toujours en dépouille du côté de la goupille (fig. 4.71a et b) ;
- savonner puis barbotiner le noyau ;

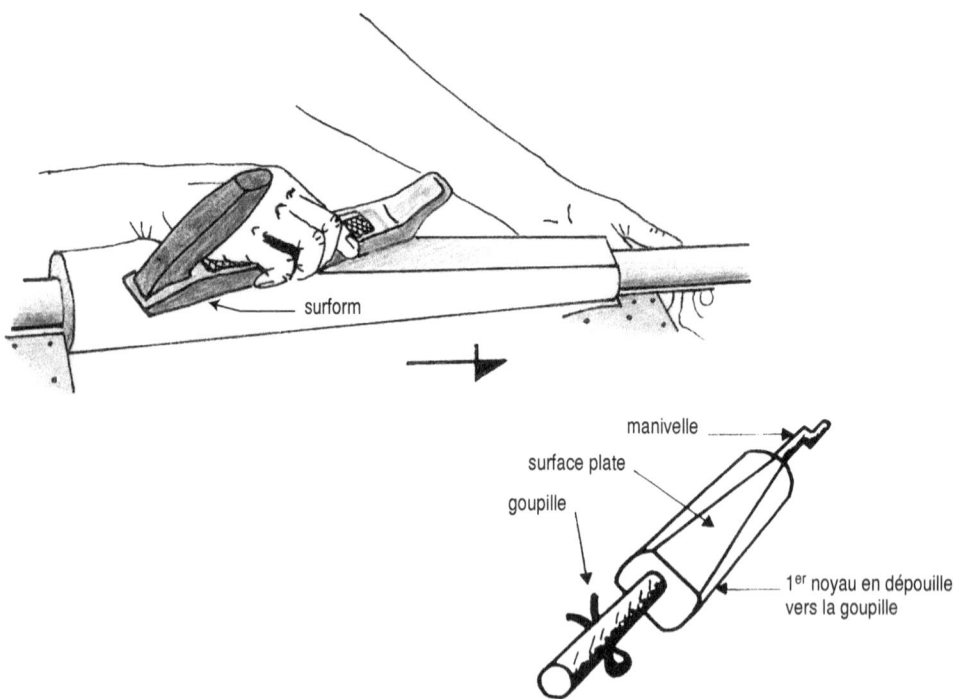

Fig. 4.71a et b : Réalisation des surfaces plates sur toute la longueur du noyau

- avec des polochons, approcher en tournant la manivelle à 5 mm du profil final (fig. 4.78a) ;
- faire quelques entailles sur le noyau d'approche pour permettre la bonne adhérence de la dernière couche de plâtre ;
- pratiquer la finition habituelle au plâtre clair sur lequel on projette du talc afin de faciliter le lissage et durcir la surface du plâtre (fig. 4.72).

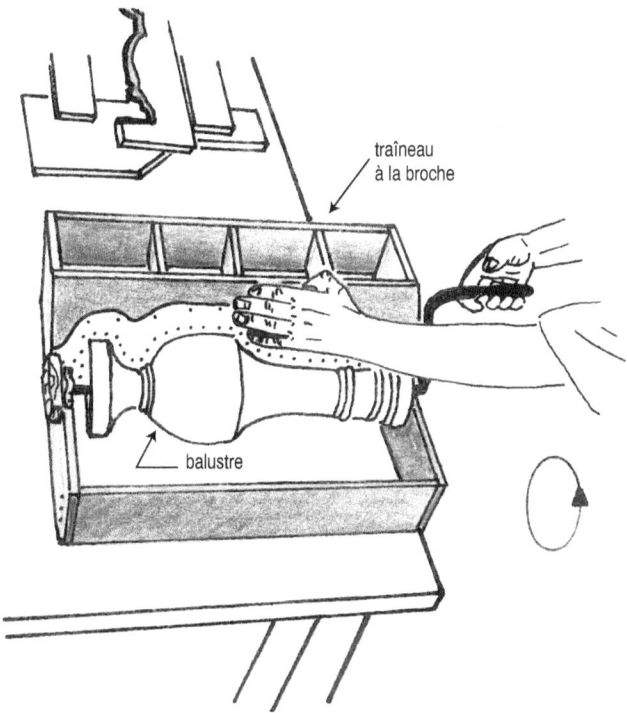

Fig. 4.72 : Traînage d'un balustre

Traînage par traîneau en balançoire

Il est à souligner que ce type de traînage s'applique lorsque le modèle est volumineux (le fût d'une colonne dorique par exemple).
- Au lieu de fixer le calibre sur une broche, on l'adapte sur les supports verticaux par deux boulons fixés aux deux extrémités de son axe de symétrie (fig. 4.43) ;
- on charpente le noyau sur la base du traîneau en balançoire (fig. 4.73) grâce à une série de cerces parallèles (fig. 4.74 : l'une des cerces représentées en exemple) ;
- on recouvre cette charpente de papier puis d'une peau de vache ;
- en balayant, c'est-à-dire en tournant horizontalement, le calibre sur le manchon duquel on a provisoirement vissé une planche en biseau, on obtient un noyau au profil régulier (fig. 4.75) ;

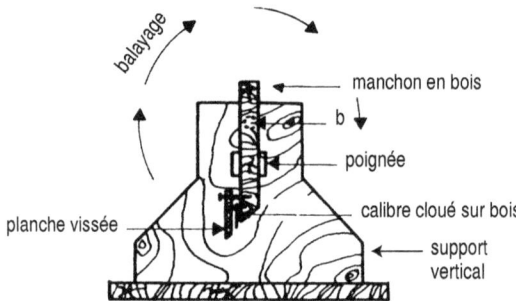

Fig. 4.73 : Représente la coupe AB sur la figure 4.43 (fabrication d'un traîneau en balançoire)

- ne pas lisser, mais au contraire griffer le noyau pour faciliter l'adhérence, et balayer ensuite pour terminer au profil définitif (fig. 4.75 et 4.76) ;
- mouler deux épreuves et les assembler pour obtenir le fût de colonne lisse. Tailler enfin les cannelures, à la gouge par exemple (fig. 4.77).

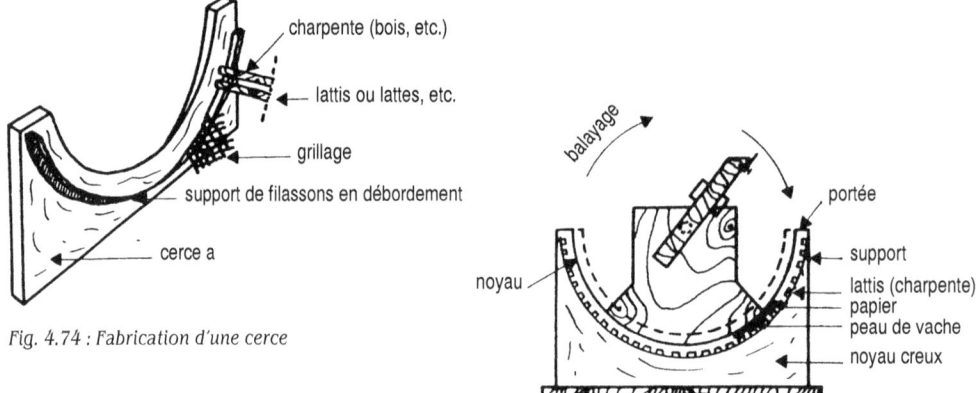

Fig. 4.74 : Fabrication d'une cerce

Fig. 4.75 : Coupe AB (traînage profil noyau 6 ou 7 mm du profil définitif, ne pas le lisser mais au contraire bien le griffer)

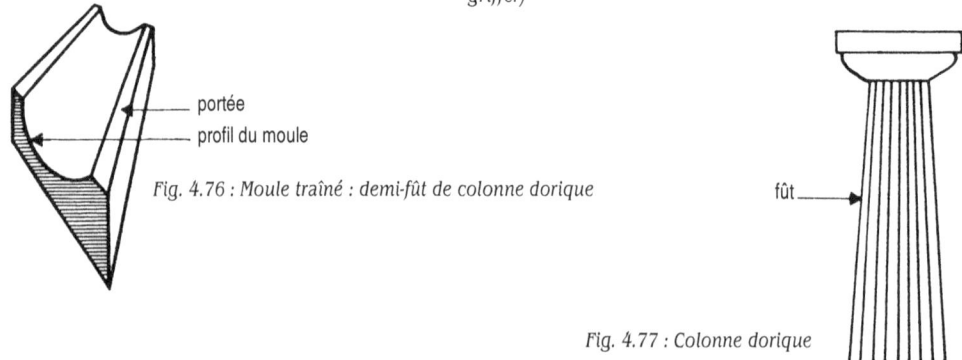

Fig. 4.76 : Moule traîné : demi-fût de colonne dorique

Fig. 4.77 : Colonne dorique

Techniques de traînage

■ Traînage avec traîneau à glissière

Cette technique permet de réaliser une colonne torsadée. L'exécution de cette colonne se résume à l'opération essentielle qui consiste à traîner une moulure hélicoïdale sur un noyau de plâtre cylindrique. La torsade est obtenue par la rotation du noyau et par le déplacement simultané du calibre curseur à chaque tour de manivelle nommé « le pas ». Le sens de la torsade peut être réalisé à droite comme à gauche en changeant le sens du traînage.

Si la méthode Balbien s'avère plus longue et difficile à mettre en œuvre que la méthode Chauvet pour l'exécution d'une colonne torsadée, elle est en revanche la seule utilisée pour traîner une torsade moulurée, sur une sphère par exemple.

a/ *La méthode Balbien*

- Réaliser un premier noyau cylindrique (fig. 4.78a) en dépouille du côté opposé à la manivelle. Pour ce faire, traîner circulairement sur un calibre de bois découpé au profil du noyau et fixé provisoirement aux extrémités de la glissière (fig. 4.78b) ;
- passer la gomme-laque et barbotiner ce premier noyau, dit également primaire (fig. 4.78a et b) ;
- réaliser le deuxième noyau, dit secondaire, selon le même procédé ;

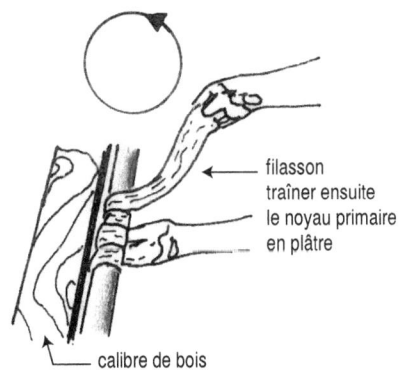

Fig. 4.78a : *Utilisation des filassons pour réaliser le traînage du noyau primaire*

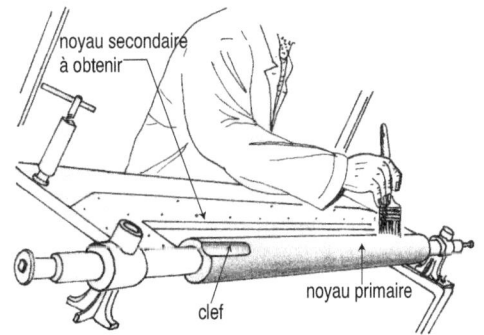

Fig. 4.78b : *Noyau primaire traîné*

- mettre, de chaque côté du noyau secondaire, un annelet a (fig. 4.78c) servant à fixer le fil de laiton ou de fer galvanisé qui se déroulera dans le sillon creusé au tracé hélicoïdal C de la torsade à traîner (fig. 4.79).
  Remarque : le fil de laiton peut aussi être directement fixé autour de la manivelle, de chaque côté du noyau, et bloqué à l'aide d'un filasson ;
- faire au crayon à main levée, sur le noyau secondaire, le tracé donnant tous les points par où passera la ligne hélicoïdale correspondant à la torsade (fig. 4.79) ;

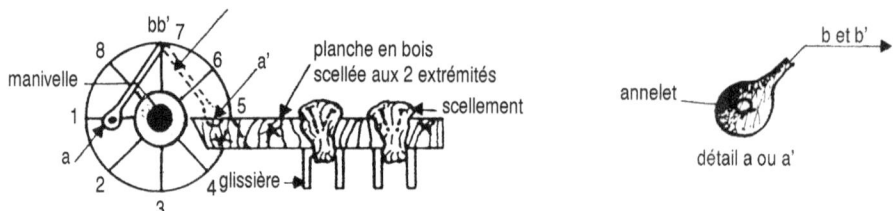

Fig. 4.78c : Vue de côté des noyaux primaire et secondaire

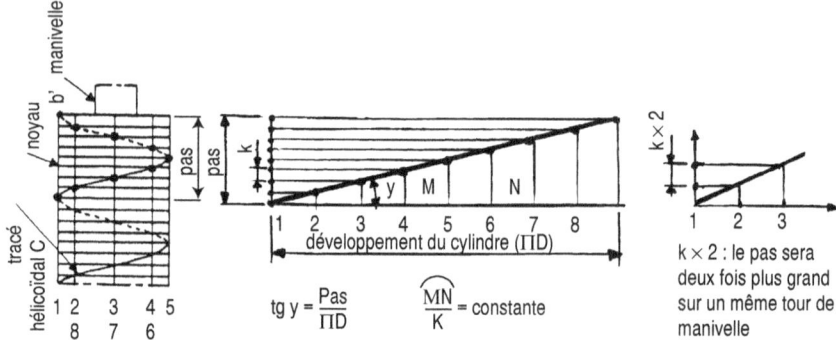

Fig. 4.79 : Vue de face du noyau secondaire (le pas du tracé hélicoïdal est à gauche)

- creuser, conformément au tracé de l'hélicoïdale, un sillon égal à la demi-circonférence du fil de laiton qui sert de guide ;
- fixer le fil de laiton aux annelets (fig. 4.78c, détail a) et le rendre solidaire du noyau en brossant avec un plâtre clair ;
- enduire les bordures en plâtre d'une couche de gomme-laque, de chaque côté du fil de laiton f. Cela permet de nettoyer ce rail f quand nécessaire (fig. 4.80) ;
- entre deux spirales du rail f, strier le plâtre pour faciliter l'adhérence. Fixer des filassons à des clous disposés sur une sinusoïde tracée à main levée parallèlement au rail (fig. 4.80) ;
- terminer le noyau d'approche par le traînage d'un calibre-curseur en bois vissé provisoirement sur le manchon ;
- détacher le calibre d'approche et fixer, à sa place, le calibre définitif. Strier à nouveau le noyau d'approche et traîner le profil définitif (fig. 4.81).
  Remarque : nettoyer le rail après chaque passe afin qu'il s'insère toujours bien dans le guide du curseur (fig. 4.81, c).

Pour effacer la rayure laissée par le rail, lisser avec une lamelle de zinc au profil de la partie concave de la torsade (fig. 4.81, h).

Ou bien, au contraire, on peut vouloir marquer en relief le parcours du rail : utiliser alors un calibre ayant le profil désiré (i) et le déplacer délicatement dans la concavité de la torsade (fig. 4.82).

Techniques de traînage

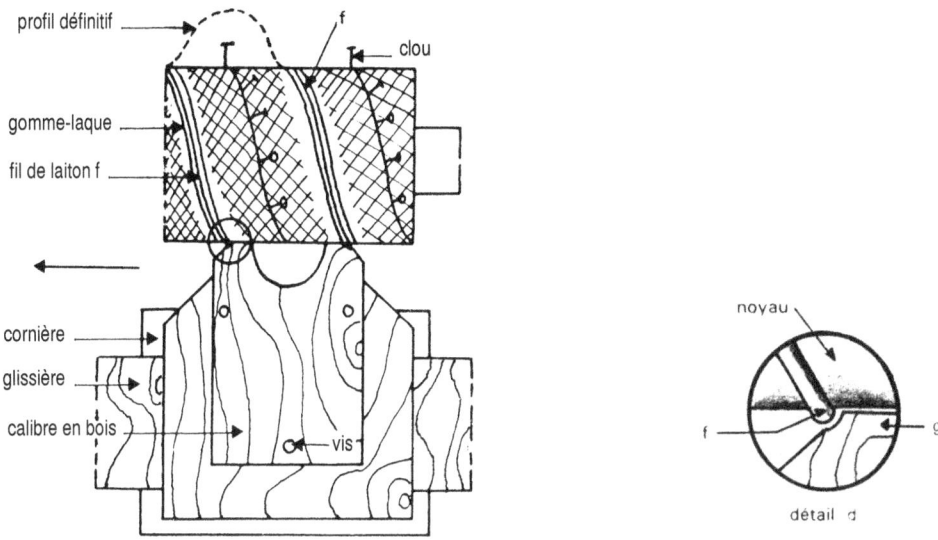

Fig. 4.80 : Traînage du noyau d'approche

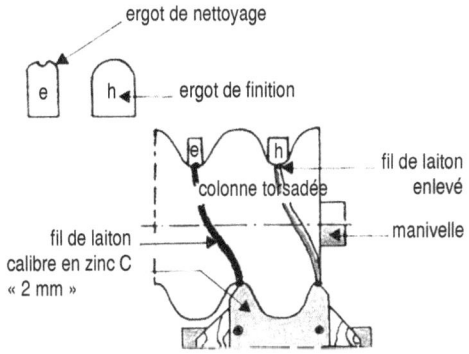

Fig. 4.81 : Traînage au profil définitif (moins i : sillon en relief à rapporter dans la concavité de la torsade)

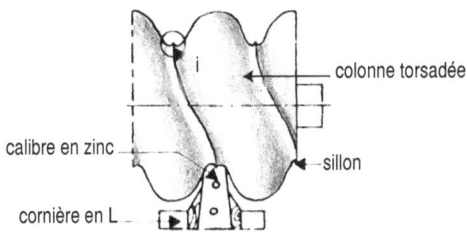

Fig. 4.82 : Traînage pour obtenir i

b/ La méthode Chauvet

Ce procédé est à conseiller parce qu'il est à la fois simple, rapide et précis.
– Traîner un premier noyau, dit primaire, puis un deuxième noyau, dit secondaire, comme indiqué dans la méthode Balbien (fig. 4.83) ;

Techniques et pratique du staff

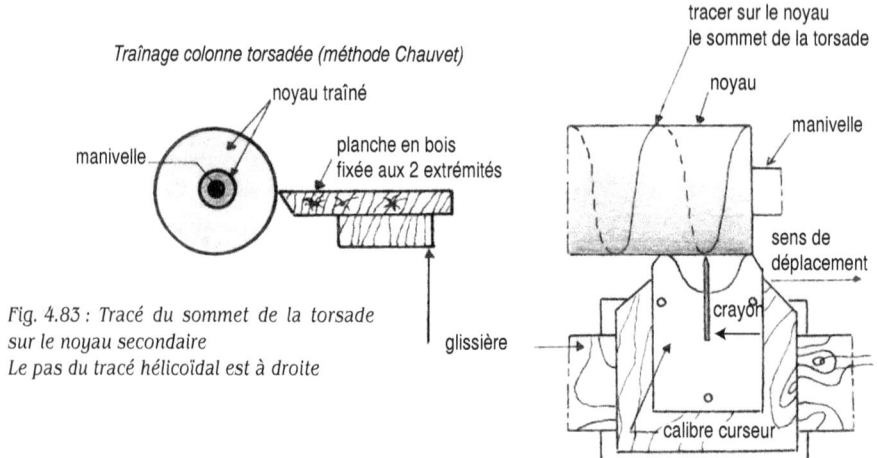

Fig. 4.83 : Tracé du sommet de la torsade sur le noyau secondaire
Le pas du tracé hélicoïdal est à droite

Fig. 4.83 et 4.84 : Traînage de la colonne torsadée (méthode Chauvet)

Remarque : se reporter à la figure 4.44 (détail a) pour le montage de la bobine, du câble et du calibre curseur. Se rappeler qu'un pas (K) représente le déplacement longitudinal du calibre lors d'un tour de manivelle. Pour connaître le diamètre de la bobine, il faut diviser le pas (K) par pi (3,1416) et soustraire à cette cote obtenue le diamètre du câble.
– Traîner la ligne convexe hélicoïdale de la torsade. Procéder avec un crayon marqueur comme la figure 4.84 l'indique ;
– sur cette ligne, planter les clous de fixation des filassons. Ne pas oublier le striage du plâtre du noyau secondaire afin de permettre une meilleure adhérence de la filasse (fig. 4.85 et 4.86) ;

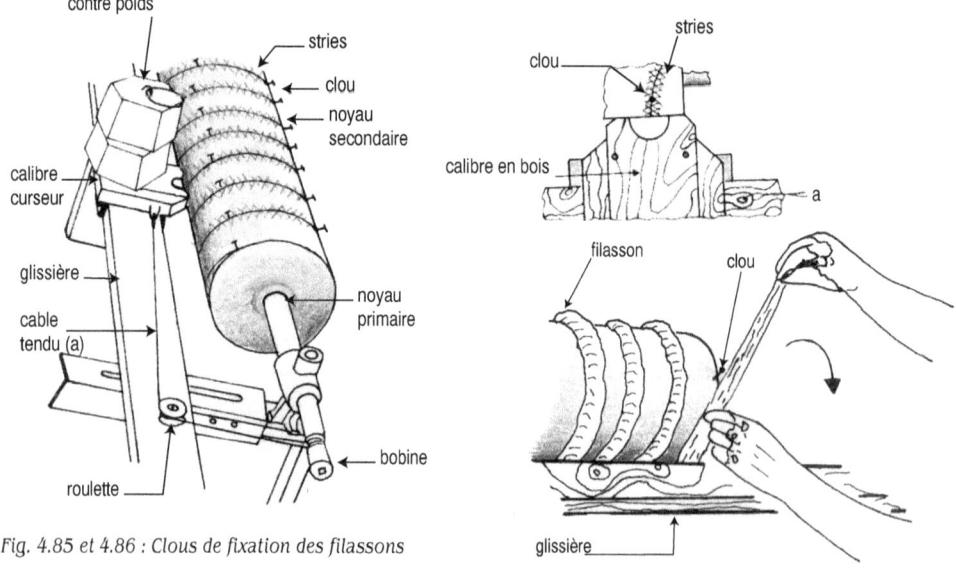

Fig. 4.85 et 4.86 : Clous de fixation des filassons

Techniques de traînage

- faire le traînage d'approche grâce au calibre provisoire en bois, puis le traînage définitif grâce au calibre définitif de la torsade en zinc de 2 mm d'épaisseur si possible (fig. 4.87).

Remarque : cette technique évite d'avoir à colmater le sillon du rail. De plus, si on le désire, elle permet d'obtenir directement un sillon en relief (i) dans la concavité de la torsade : il suffit de réaliser le calibre en conséquence (fig. 4.88).

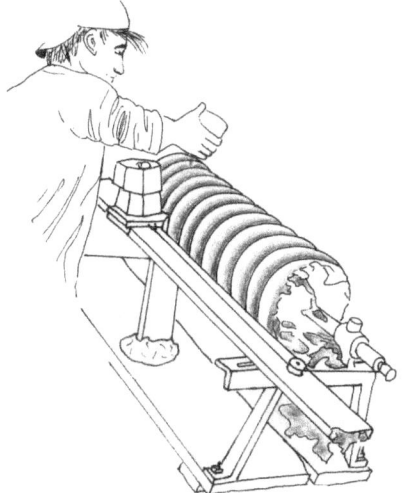

Fig. 4.87 : Traînage définitif   *Fig. 4.88 : Calibre-curseur en zinc*

■ Traînage à main levée

Dans certaines circonstances, pour réaliser la forme convexe/concave de la moulure d'un modillon ou les arrondis de cannelures, il deviendra difficile, voire impossible, de guider le calibre autrement qu'avec les mains : nous appelons cette méthode, traînage à main levée.

Exemples de réalisations :
- un modillon (ornement saillant répétitif se trouvant sous une corniche) :
  - pour la fabrication du support de traînage (acd), se reporter à la page 139 Réalisation de modèles par cercles ;
  - traîner le profil à l'aide du calibre maintenu par les mains servant de guide à chacune de ses extrémités (fig. 4.89) ;
  - poser le modillon de chaque côté de la corniche formant dessus de porte (fig. 4.90) ;
- un arrondi de cannelure :
  - fabriquer un ergot en zinc (fig. 4.91) ;
  - mettre du plâtre clair de consistance crémeuse dans la cannelure à l'endroit voulu ;
  - faire basculer l'ergot dans la cannelure en se servant des traits de repère (b) comme axe de rotation (fig. 4.91) ;

137

Techniques et pratique du staff

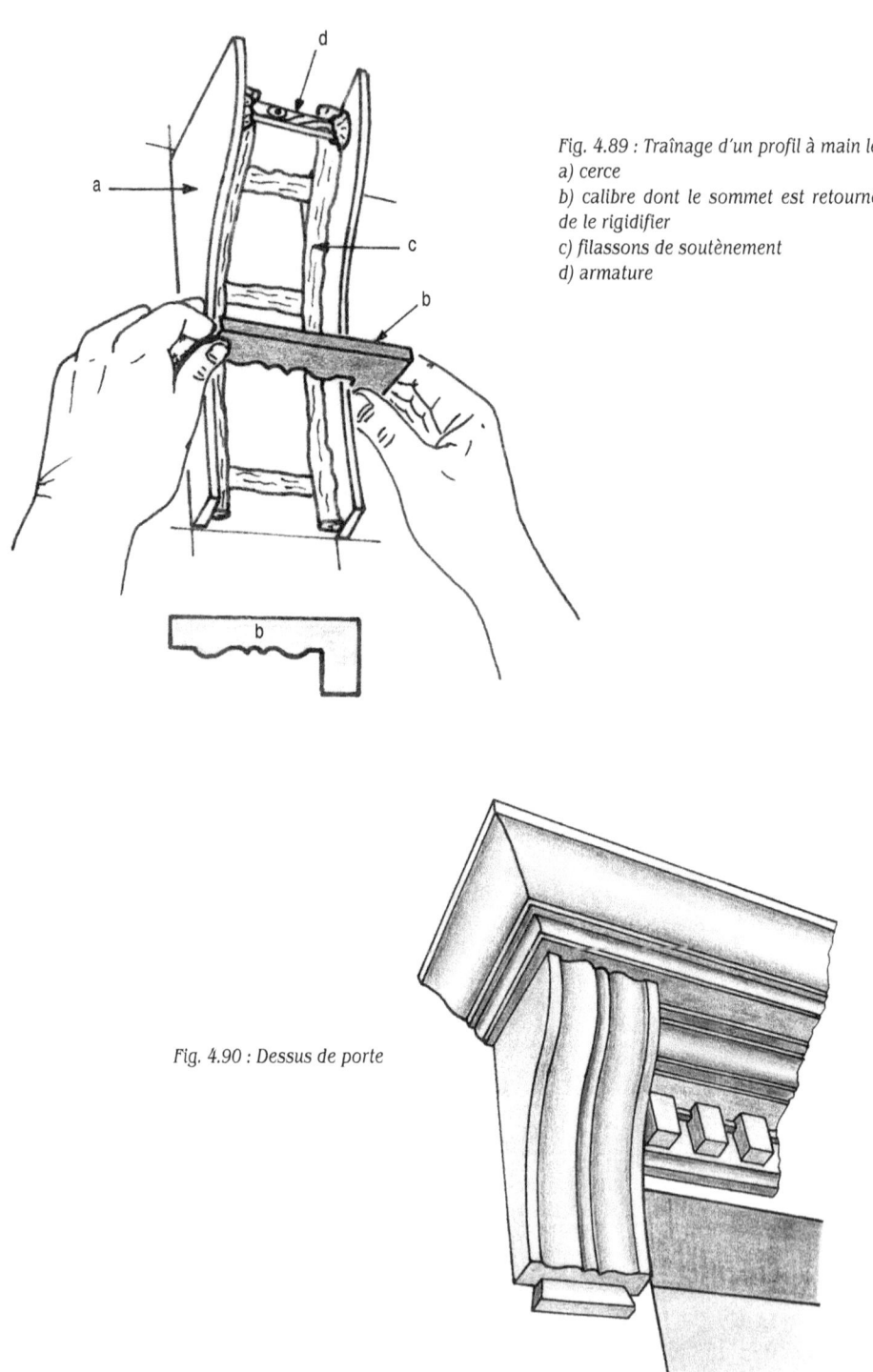

Fig. 4.89 : Traînage d'un profil à main levée
a) cerce
b) calibre dont le sommet est retourné afin de le rigidifier
c) filassons de soutènement
d) armature

Fig. 4.90 : Dessus de porte

Techniques de traînage

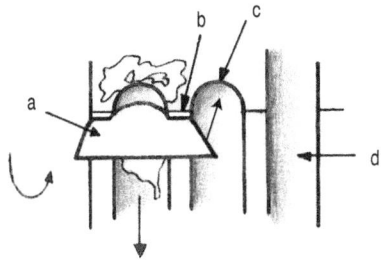

Fig. 4.91 : Traînage d'un arrondi de cannelure
a) ergot en zinc
b) trait repère d'articulation de l'ergot
c) arrondi de cannelure
d) cannelure

- enlever l'excédent de plâtre autour de l'arrondi de cannelure à l'aide d'une plaquette souple ;
- retoucher si nécessaire.

■ Cas particuliers

Ce chapitre est un complément aux techniques de fabrication de traînage présentées ci-avant.

a/ *Réalisation de modèles par cerces*

Une cerce est une forme en plâtre, ou en plâtre et filasse, d'une épaisseur donnée et ayant un profil donné.
Fabrication : dessiner sur la dalle le profil de la cerce. La cerner d'une bande de zinc, de Plexiglas ou de contreplaqué de marine d'une hauteur voulue, maintenue debout par des contreforts de terre à modeler (fig. 4.92). Remplir le couvercle ainsi réalisé de plâtre, pour les cerces superposées, de staff pour les cerces perpendiculaires à la dalle, en ménageant un débordement de filasse de 3 cm pour l'accrochage des armatures de jointuration en bois.
Utilisation : on peut utiliser les cerces en les superposant ou en les juxtaposant avec une jointure faite d'une armature en bois ou en grillage.
Pour la confection de maquettes de voitures ou d'avions, par exemple, les cerces sont utilisées par juxtaposition : soit sur une dalle (fig. 4.92) avec un moulage en une enveloppe ou plus (base plane) ou en deux enveloppes ou plus (base non plane) ; soit sur un axe central en fer ou en bois avec un moulage en deux enveloppes ou plus (fig. 4.93).

Les cerces peuvent également être superposées, par exemple pour la confection de maquettes de relief à une échelle donnée. Chaque cerce est fabriquée séparément au profil de la courbe de niveau désirée, et le nombre de cerces dépend de l'amplitude du relief (fig. 4.94a et b). Les maquettistes emploient aussi des cerces découpées dans des feuilles de liège collées à la colle de bois et rendues parfaitement planes par un repassage au fer chaud. La maquette se termine toujours par un enduit et un lissage de plâtre.

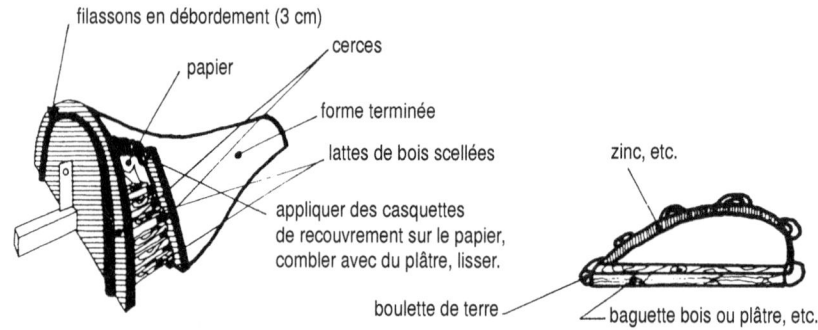

Fig. 4.92 : Réalisation de modèles par cerces

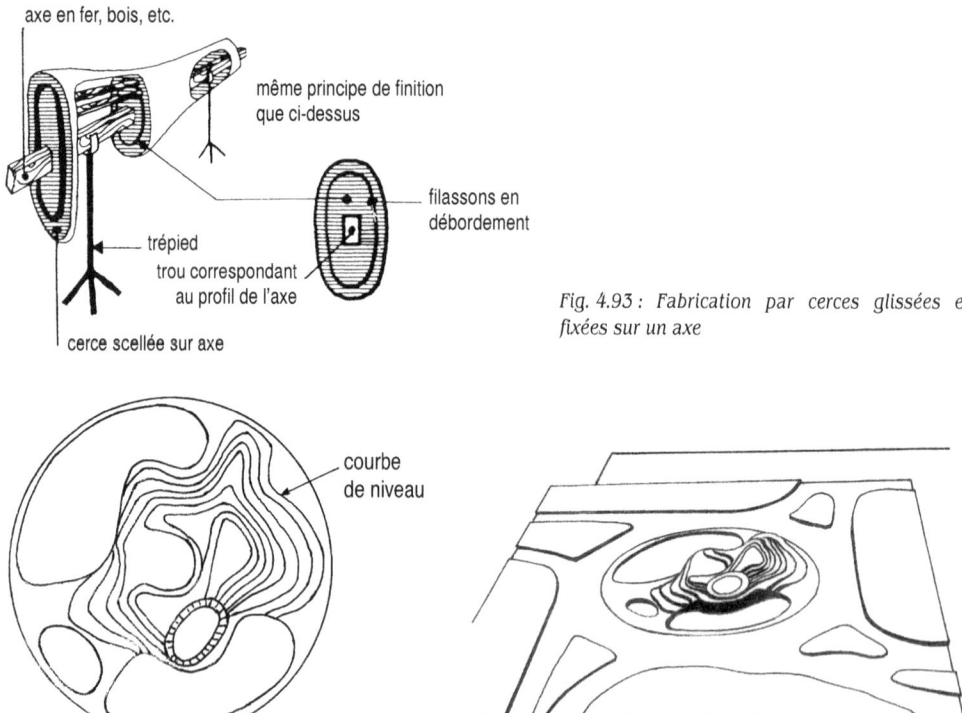

Fig. 4.93 : Fabrication par cerces glissées et fixées sur un axe

Fig. 4.94a : Plan représentant les courbes de niveau du relief à obtenir à une échelle donnée

Fig. 4.94b : Fabrication d'un modèle par courbes de niveau (maquette)

Techniques de traînage

b/ *Réalisation de modèles en polystyrène expansé blanc*

LE POLYSTYRÈNE EXPANSÉ BLANC

On utilise les mêmes méthodes pour travailler la mousse de polyuréthanne, à l'exception de la découpe qui est difficile à exécuter au fil chauffant.

Le polystyrène est employé dans l'industrie, pour la confection de maquettes ou de prototypes (automobiles, etc.), et dans le cinéma, pour la réalisation de décors, etc.

C'est un matériau qui se travaille très facilement et qui permet d'obtenir rapidement la forme souhaitée. Il présente en outre l'avantage d'être très léger.

Produit hautement inflammable, qui dégage une chaleur intense et une épaisse fumée, il exige que soient respectées certaines précautions : on doit éviter de respirer cette fumée ainsi que la poussière qui se dégage lorsqu'on le coupe à chaud. Il est donc indispensable de se protéger au moyen d'une paire de lunettes et d'un masque respiratoire.

LE MATÉRIEL

Pour couper le polystyrène, on a recours aux instruments suivants :
– le fil chauffant (filicoupeur) ;
– le fer chauffant à sculpter ;
– le fer chauffant plat[1] ;
– la scie à ruban ou égoïne ;
– la scie à métaux ;
– le couteau électrique de cuisine ;
– un grand couteau de cuisine ;
– un cutter ;
– des ciseaux (pour confectionner les modèles en carton), etc.

Pour dégrossir le polystyrène, on utilise une brosse métallique, une râpe à bois ou un surform. Pour le lisser, du papier de verre fixé sur une cale de bois.

LES SOLVANTS

Les solvants attaquent le polystyrène, cet inconvénient peut servir d'effet de recherche ou d'effet de matière (fig. 4.95). On peut également isoler les parties devant rester planes à l'aide d'un carton fixé provisoirement par des épingles (fig. 4.96).

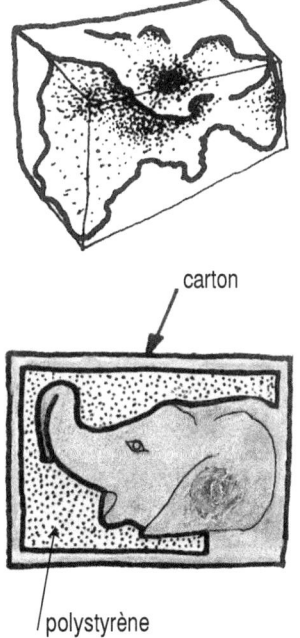

Fig. 4.95 et 4.96 : Effets de recherche et de matière

---

1. Il s'agit d'un fer plat, d'une épaisseur allant de 6 à 8/10, en 9 mm de large, avec un branchement de 20 ampères au minimum jusqu'à 60 ampères. Le fer plat est mis en forme au profil désiré. Être attentif aux déformations dues à la chaleur. Il suffit ensuite de pousser le bloc de polystyrène contre le fer plat profilé et chauffé.

Techniques et pratique du staff

Le collage du polystyrène expansé blanc

On utilise de la colle 3M en bombe, de la colle sader que l'on peut diluer avec de l'essence C, ou une résine époxy que l'on peut épaissir afin qu'elle soit moins fluide, ou bien de la mousse de polyuréthanne en bombe, ou encore de la bande collante double face, très efficace pour le maintien provisoire de deux blocs.

Quelques astuces

Si l'on souhaite découper le polystyrène au fil et obtenir le même profil sur les côtés d'un parallélépipède rectangle, on commence par découper les deux côtés opposés (fig. 4.97) que l'on remet ensuite en place provisoirement, puis on découpe les deux autres côtés avant d'enlever les parties inutiles pour obtenir, par exemple, la chaudière (fig. 4. 98) de la locomotive (fig. 4.107c, p. 145).

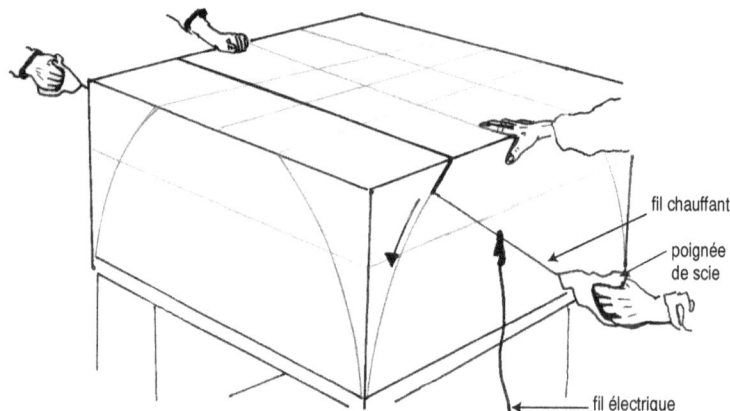

Fig. 4.97 : Découpage du polystyrène au fil chauffant

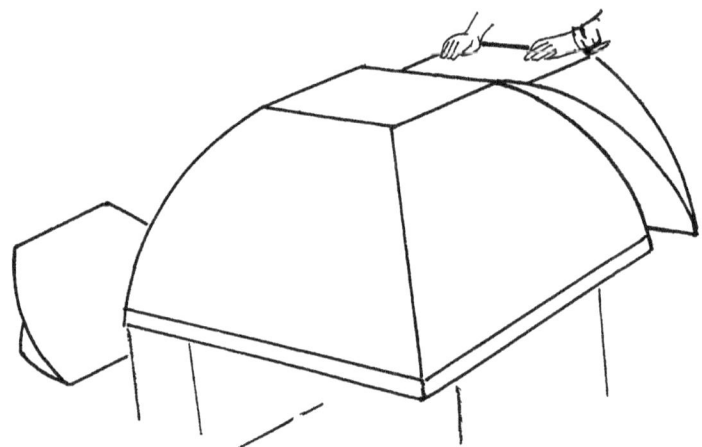

Fig. 4.98 : Chaudière de la locomotive
Réalisée pour le spectacle historique de la ville de Meaux (Seine-et-Marne) par les élèves de la section staff du LP du Domaine de Gué-à-Tresmes.

Techniques de traînage

Pour obtenir un élément module correct découpé dans un parallélépipède rectangle, on fixe provisoirement un contreplaqué à chacune des extrémités de coupe pour servir de guide (fig. 4.99). Assembler tous les éléments modules pour constituer l'axe boutant (fig. 4.100).
Par la méthode de l'épiscope*, on peut obtenir directement l'agrandissement d'un profil sur le bloc de polystyrène (fig. 4.101 et fig. 4.102).

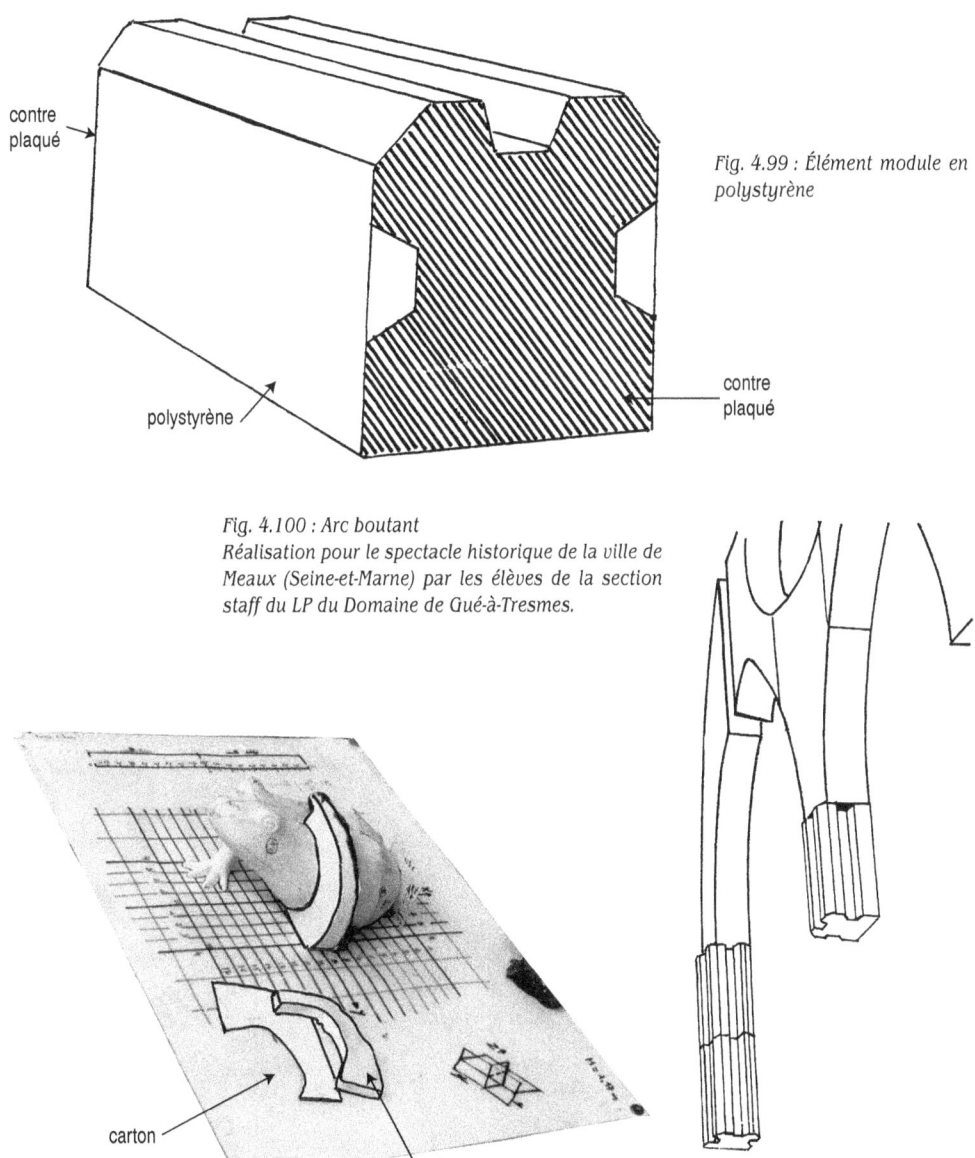

Fig. 4.99 : Élément module en polystyrène

Fig. 4.100 : Arc boutant
Réalisation pour le spectacle historique de la ville de Meaux (Seine-et-Marne) par les élèves de la section staff du LP du Domaine de Gué-à-Tresmes.

Fig. 4.101 : Empreinte du profil à agrandir sur un bloc de polystyrène

143

Techniques et pratique du staff

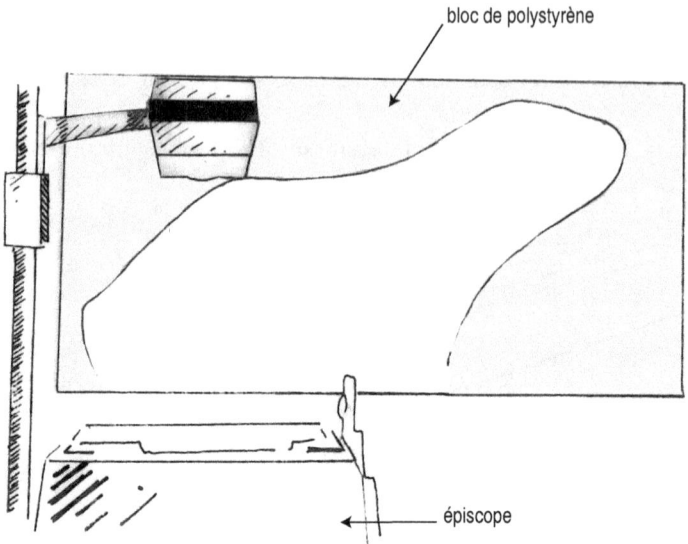

Fig. 4.102 : Méthode de l'épiscope

Pour obtenir une forme circulaire dans un bloc de polystyrène on utilise une tournette (plateau tournant) sur laquelle on le fixe provisoirement avec du ruban adhésif à double face (fig. 4.103). Le fil chauffant étant fixe, rigide et tendu, le principe consiste à le positionner sur le traçage préalablement effectué sur le bloc de polystyrène que l'on fait tourner.
On peut également obtenir des formes de base circulaire grâce à un gabarit en bois sur la tranche duquel on aura collé de l'abrasif à l'oxyde d'alumine (fig. 4.104).

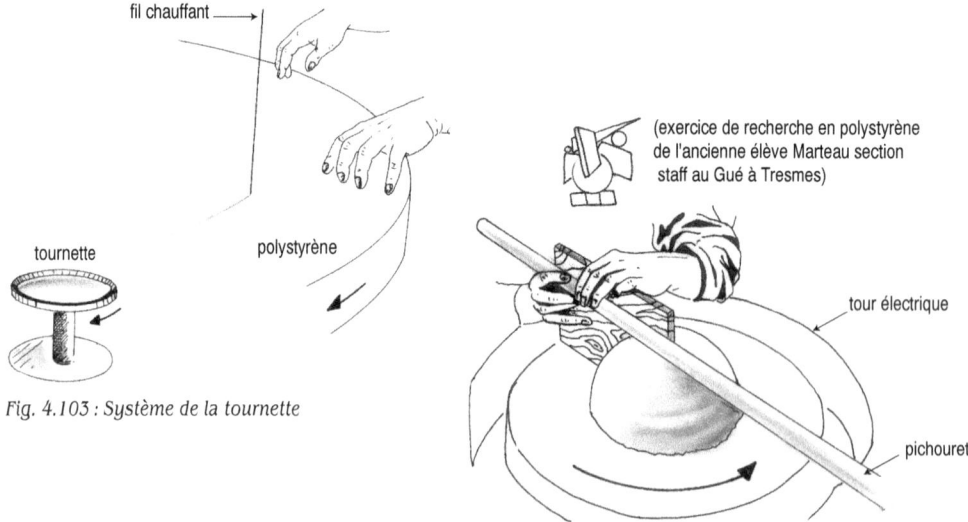

Fig. 4.103 : Système de la tournette

Fig. 4.104 : Gabarit en bois avec de l'abrasif sur la tranche

Enfin, on peut obtenir un profil circulaire en utilisant le fer chauffant à sculpter (fig. 4.105a et b).

Fig. 4.105b : Locomotive achevée
Les éléments du dessus de cette locomotive ont été réalisés pour le spectacle historique de la ville de Meaux (Seine-et-Marne) par les élèves de la section staff du LP du Domaine de Gué-à-Tresmes.

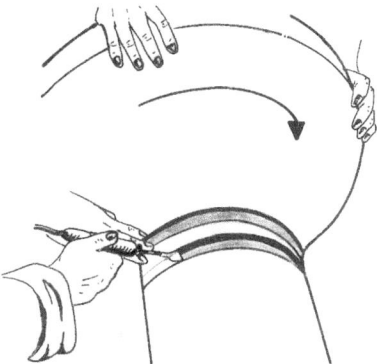

Fig. 4.105a : Utilisation du fer chauffant à sculpter (cheminée de la locomotive

On peut également lisser un profil à l'aide d'une cale de bois sur laquelle on a fixé du papier abrasif (fig. 4.106).
Remarque : il est possible de dégrossir un bloc de polystyrène en le brossant avec une brosse métallique maintenue par un bois cloué dans une planche verticale (fig. 4.107).

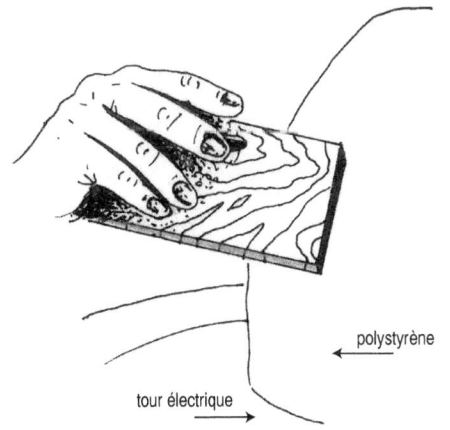

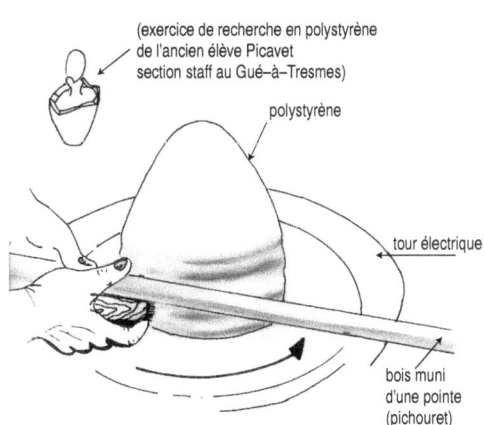

Fig. 4.106 : Lissage au papier abrasif

Fig. 4.107 : Dégrossissage à la brosse métallique

Le polystyrène peut également être utilisé pour réaliser le squelette d'approche d'un modelage lui-même en polystyrène. Le principe consiste à fixer verticalement les cerces en polystyrène sur la dalle (fig. 4.108a) et à remplir les vides entre deux cerces par des

145

blocs de polystyrène mais en forme (fig. 4.108b). Terminer par un modelage en terre pour obtenir la forme définitive du modèle de grenouille à obtenir par exemple.

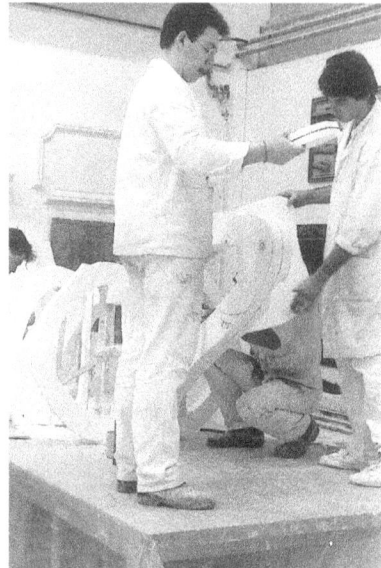

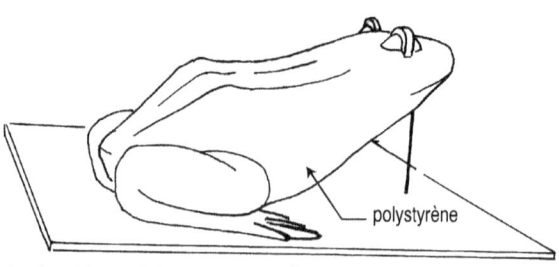

Fig. 4.108a : Squelette d'approche d'une grenouille

Fig. 4.108b : Modelage en polystyrène d'une grenouille

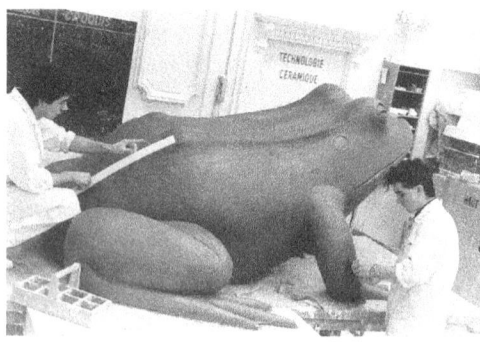

Fig. 4.109 : Grenouille
Réalisée pour la mairie de Congis-sur-Therouanne (Seine-et-Marne) par les élèves de la section staff du LP du Domaine de Gué-à-Tresmes.

FABRIQUER UN MODÈLE EN POLYSTYRÈNE

Prenons à titre d'exemple une sacoche de moto :
- coller les blocs de polystyrène suivant le volume parallélépipédique choisi. Rectifier si nécessaire ;
- déterminer l'axe de symétrie de la forme à obtenir sur le volume parallélépipédique et les volumes primaires (KK') à ébaucher en fixant un ruban adhésif de couleur sur les côtés de ce volume (fig. 4.110) ;
- couper le polystyrène en commençant par la base suivant le repère déterminé par le ruban adhésif de couleur ;
- dégager les formes les plus importantes sur les côtés (KK'), le dessus M, le devant N, ainsi que l'arrière N' (fig. 4.111) ;

Techniques de traînage

– ébaucher les courbes définitives à la brosse métallique, au surform, à la râpe, etc. ;
– terminer en ponçant à l'aide du papier abrasif (fig. 4.112).

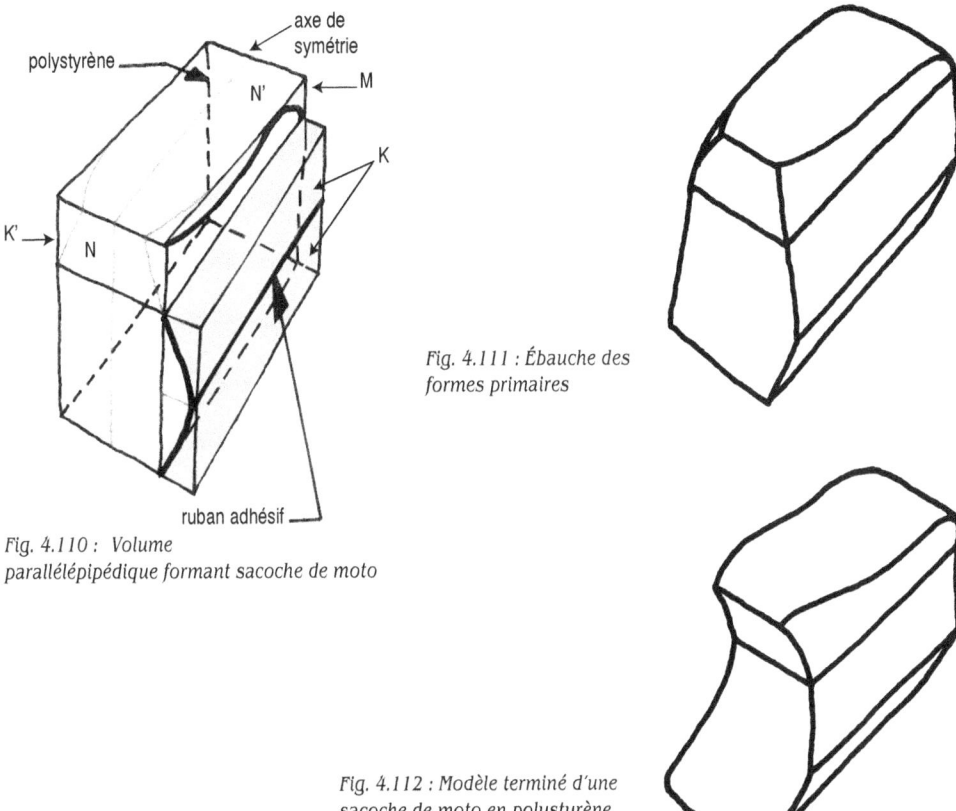

Fig. 4.111 : Ébauche des formes primaires

Fig. 4.110 : Volume parallélépipédique formant sacoche de moto

Fig. 4.112 : Modèle terminé d'une sacoche de moto en polystyrène

Renforcer le polystyrène

Nous serons obligés de renforcer une œuvre en polystyrène dans le cadre de son animation dans un lieu d'exposition afin d'éviter, par exemple, sa détérioration rapide ; cette coquille de recouvrement en stratifié peut elle-même devenir épreuve par suppression du polystyrène.
- Isoler le polystyrène soit par recouvrement d'une couche de résine époxy, soit avec du papier journal imprégné de colle à bois.
- Faire un recouvrement en stratifié polyester.

Remarque : si l'on souhaite ne conserver que le moulage en stratifié polyester, il suffit d'appliquer sur le polystyrène pour le dissoudre un solvant tel que de l'acétone ou du trichlore.

Techniques et pratique du staff

PEINDRE LE POLYSTYRÈNE

Appliquer deux couches minces de peinture vinylique avant de passer de la peinture glycérophtalique. On peut aussi utiliser une peinture acrylique (fig. 4.113).
Sur la résine époxy préalablement appliquée comme isolant sur du polystyrène, on peut recouvrir d'une peinture polyuréthanne.

Fig. 4.113 : Polystyrène peint à la peinture acrylique
Recherche de l'élève Bigoin du LP du Domaine de Gué-à-Tresmes.

5 · Les moules

Les moules à creux perdus

Qu'est-ce qu'un creux perdu ? C'est un moule qui sera brisé après le moulage de l'épreuve. Ainsi, on fait un premier moule sur un modèle en terre ou en plastiline (sorte de pâte à modeler qui a la même consistance et le même aspect). Ensuite, avec ce premier moule, on réalise un deuxième modèle en plâtre. Puis l'on casse ce premier moule, d'où le nom de creux perdu. Enfin, on réalise un second moule, en plâtre ou en élastomère, sur le modèle en plâtre qu'on aura retouché. Ce second moule est le moule définitif dont on tirera, à volonté, des épreuves.
Ce procédé du creux perdu est un moyen d'obtenir un moule définitif soit à pièces (encore appelé bon creux), soit souple (en gélatine ou élastomère) à partir d'un modèle de forme complexe.

■ Les moules à creux perdus sur bas-relief

Réalisation du moule d'un ours figurant sur un bas-relief, et que nous avons pris pour modèle (fig. 5.1).
– Recouvrir le modèle en terre ou plastiline d'une première couche de plâtre teinté à fleur d'eau, d'une épaisseur de 2 mm. Laisser déborder du modèle une portée de 1,5 cm ;
– terminer avec un plâtre blanc d'une épaisseur de 8 à 13 mm (fig. 5.2), sauf exception, par exemple le moulage d'une feuille, auquel cas l'épaisseur est ramenée à 5 mm environ ;
– consolider éventuellement le dos du moule à l'aide de fers ronds maintenus par des plots de plâtre, par exemple. Lors des premiers essais teinter la deuxième couche, mais d'une couleur différente ;
– après durcissement du plâtre, le remouiller en surface. La pénétration de l'eau permettra un décollage plus facile du modèle en terre. Débarrasser complètement l'intérieur du moule de toute trace de terre par brossage et lavage (fig. 5.3) ;
– tirer un modèle en plâtre ou en staff après savonnage et barbotinage ;
– détruire le creux perdu à l'aide d'un ciseau à bois peu coupant et d'un maillet en bois. La couche d'avertissement sert alors de point de repère pour une approche prudente du modèle, afin de ne pas donner des coups d'outil sur celui-ci (fig. 5.4).

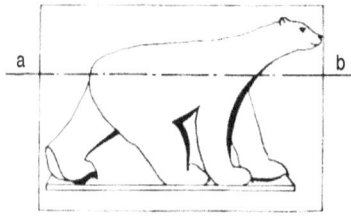
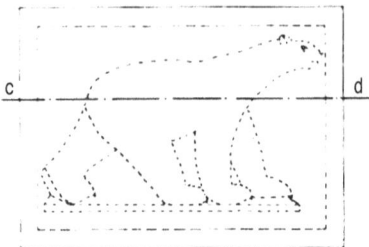

section ab du modelage
Fig. 5.1 : Modelage en terre ou cire à reproduire

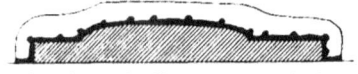

section cd : couche d'impression colorée (2 mm) + couche finale (13 mm environ)
Fig. 5.2 : Couche d'impression et couche finale

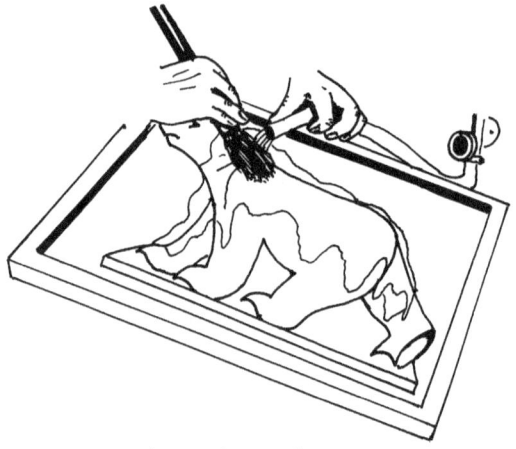

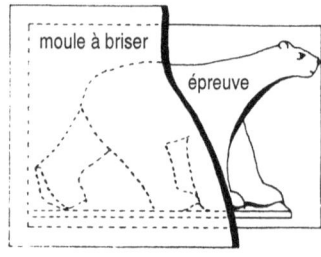

Fig. 5.3 : Moule débarrassé du modèle en terre

Fig. 5.4 : Brisage du moule (dépouillage)

■ Les moules à creux perdus sur ronde-bosse

Nous venons de voir que le creux perdu simple est utilisé dans le cas de bas ou hauts reliefs en terre. Pour un ronde-bosse de petites dimensions, nous emploierons la technique de la coupe au fil ; pour un ronde-bosse volumineux, nous mettrons en œuvre soit la technique du moulage à bague (bande de terre formant muret), soit le procédé par lamelles de cuivre.

a/ *Procédé par coupe au fil*

Réaliser le modèle en terre.
– Enfoncer légèrement un fil de lin sur le modèle selon le contour extérieur du profil.

Les moules

Pour une statuette, par exemple, le fil passe sur l'oreille. Maintenir les extrémités du fil avec des boulettes de terre (fig. 5.5a). Si un modèle nécessite la pose de plusieurs fils se croisant, les nouer à l'endroit du croisement et veiller à ce que la ou les lignes de coupe ne forment pas une contre-dépouille. On peut encore être amené à enfoncer le fil à l'aide d'un clou dans le cas d'une ligne de séparation fermée (fig. 5.5b : partie ombrée) ;

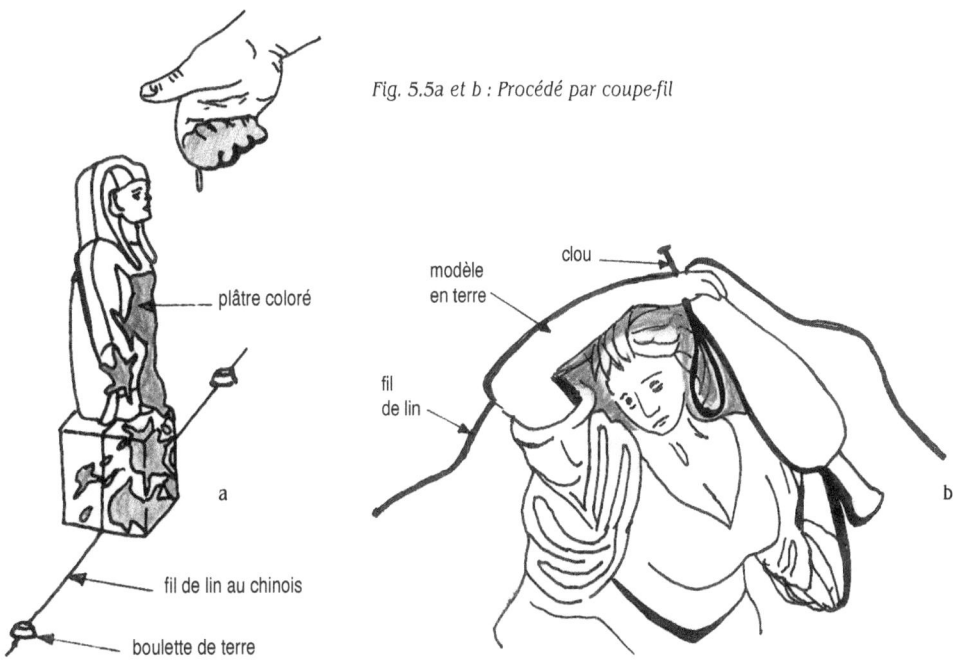

Fig. 5.5a et b : Procédé par coupe-fil

- faire une couche d'avertissement, sauf de part et d'autre du fil où l'épaisseur de la couche sera portée à 10 ou 15 mm et la largeur à 1,5 cm de chaque côté du fil (fig. 5.6) ;
- dès le début de la prise du plâtre, relever le fil en méandre, en séparant ainsi le moule en deux parties (fig. 5.6) ;
- recouvrir la couche d'avertissement de plâtre blanc, sur une épaisseur de 8 à 13 mm (fig. 5.7) ;
- démouler en mouillant l'extérieur du moule comme indiqué précédemment (p. 149) : utiliser la lame d'un couteau comme levier dans les lèvres laissées par le fil à la base du moule. On obtient alors les coquilles du creux perdu (fig. 5.7 et fig. 5.8).

Remarques : en raison de leur complexité, certaines pièces nécessitent l'utilisation de deux ou plusieurs fils, ce qui donne trois, quatre, etc. coquilles en creux perdu.
Dans d'autres cas, on peut être amené à faire des pièces complémentaires qui viendront s'imbriquer dans le moule initial.

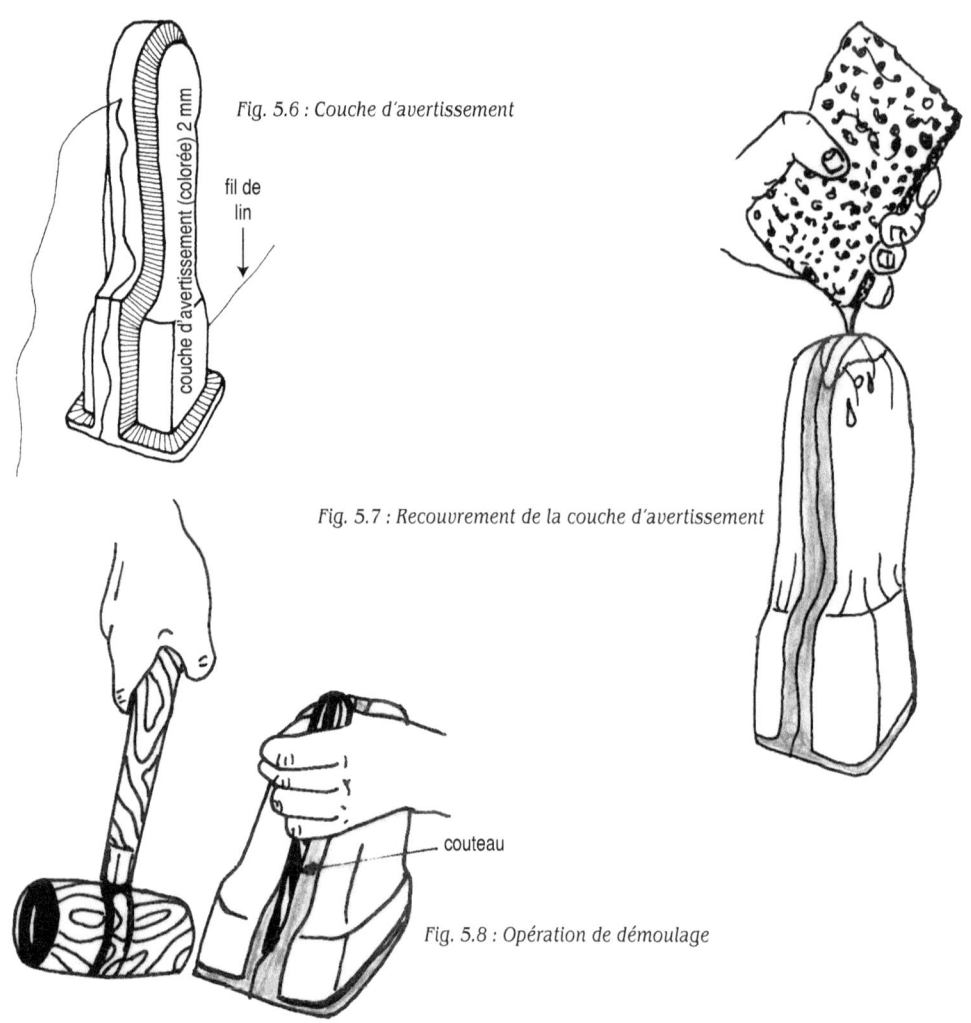

Fig. 5.6 : Couche d'avertissement

Fig. 5.7 : Recouvrement de la couche d'avertissement

Fig. 5.8 : Opération de démoulage

b/ *Procédé par bande de terre*

Le moulage à bague est utilisable lorsqu'on a à réaliser des creux perdus avec des grands modèles. Au lieu d'utiliser un fil, on emploie une bande de terre qu'on applique sur le modèle à la ligne de couture choisie (fig. 5.10).
- Staffer, côté face, la couche d'avertissement colorée, puis la couche définitive sur laquelle est maintenue une armature de fer rond par des plots de plâtre, si nécessaire. Protéger le côté pile avec une feuille de papier d'emballage ou autre ;
- après durcissement, enlever la bande de terre et le papier de protection ;
- réaliser le staffage d'avertissement et le staffage définitif sur le côté pile, après avoir gomme-laqué et barbotiné la première portée dans laquelle, de plus, on a préalablement dégagé des trous de repère ;

– démouler, comme précédemment, en commençant par dégager les fers ronds si nécessaire (fig. 5.9).

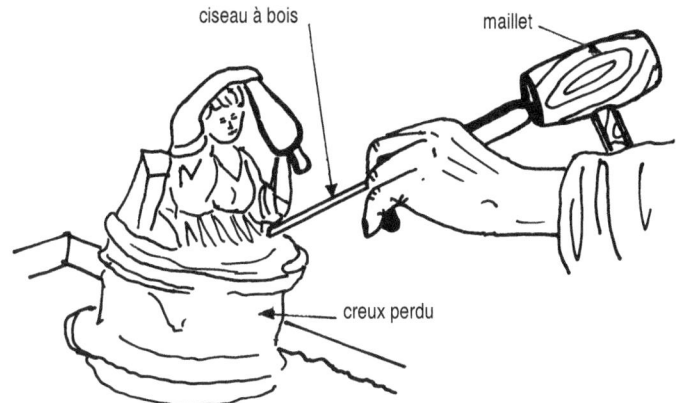

Fig. 5.9 : Opération de démoulage

c/ *Procédé par lamelle de cuivre ou autre*

Au lieu de la bande de terre, utiliser une feuille de cuivre qu'on enfonce, à la ligne de couture, sur le modèle en terre (fig. 5.10). Le cuivre permet de faire le moulage recto et verso en une seule opération. Le seul inconvénient est que l'épaisseur de la feuille empêche une reproduction absolument fidèle du modèle.

■ Creux perdus sur modèles naturels

Afin de réaliser des moules sur modèles vivants ou morts, il convient de procéder comme suit.

a/ *Moule sur le visage d'un modèle vivant*

Il s'agit de faire un creux perdu sans couche d'avertissement avec un plâtre légèrement coloré.

Fig. 5.10 : Procédé par lamelle de cuivre ou autre

Préparation du modèle : il est de préférence couché. Les cheveux, les poils, les cils sont plaqués grâce à une pommade du type graisse de vaseline, et le visage est graissé avec de la graisse de vaseline également.

La respiration du modèle est facilitée à l'aide d'une paille recourbée vers le haut et placée dans chaque narine. Le modèle se sera entraîné à respirer bouche fermée, et à garder les yeux clos. Le prévenir que le plâtre chauffe au moment de la prise.

Préparation du moule : découper une feuille de carton posée sur les oreilles en encadrement approximatif du visage, qui constitue la portée du moule.

Réalisation du moule : utiliser pour accélérer la prise et maintenir la température du modèle un plâtre à fleur d'eau gâché avec de l'eau tiède. Enduire de plâtre d'abord les contours, puis le visage et, finalement, la forme du nez.

b/ *Moule sur le visage d'un modèle récemment décédé*

La préparation et la réalisation sont absolument identiques à celles du modèle vivant, et les mêmes précautions sont à prendre au niveau des narines. S'abstenir d'effectuer tout moulage sur un modèle décédé depuis trop longtemps, dont le visage est déformé par la rigidité cadavérique.

c/ *Moule d'une main*

Il s'agit de faire un creux perdu à deux coquilles sans couche d'avertissement, avec un plâtre légèrement coloré.
- Réaliser la coquille du dessus de la main. Pour ce faire, placer le plat de la main sur une portée en terre. Graisser avec de la graisse de vaseline la partie supérieure à mouler en plaquant bien les poils, et l'enduire de plâtre à prise accélérée à raison de 1 cm à 1,3 cm d'épaisseur environ, puis retourner la main ainsi enveloppée ;
- laver le plat de la main, ainsi que la portée de la première coquille en plâtre ;
- faire des repères hémisphériques d'emboîtement sur la portée de la première coquille en plâtre ;
- graisser le plat de la main ainsi que la première coquille en plâtre ;
- enduire ensuite de plâtre l'intérieur de la main ;
- démouler.

Remarque : afin d'éviter que le modèle se fatigue et remue, maintenir le bras appuyé sur des coussinets de terre pendant toute l'opération.
- Enfin, réaliser l'épreuve : elle est exécutée en une seule pièce : on maintient les deux coquilles, portées adhérentes, soit par des filassons, soit par une ligature, et l'on moule à la volée (cf. Moulage à la volée, p. 214) par le trou de coulée.

Les bons creux

Les bons creux en plâtre (ou moules à pièces) sont toujours très utilisés dans notre profession, d'une part du fait de leur prix peu élevé, d'autre part grâce à leur fidélité de reproduction, sans risque de déformation. On les retrouve dans le moulage statuaire, dans la réalisation d'éléments complexes en staff, dans la confection de prototype de voitures et, dans le cinéma, pour réaliser des masques, des moulages de prothèses en latex et mousse de latex, etc.

■ Moule à pièces se déplaçant (cas particulier)

Traîner le moule de base, le savonner et le barbotiner (fig. 5.11).

Les moules

Dans ce moule, tirer une épreuve, y compris la portée moulée (notée b sur la figure 5.12).
Faire une coupe à 45° sur cette épreuve en prenant pour guide la largeur (notée a sur la figure 5.13).
Assembler et sceller la portion d'épreuve ainsi coupée exactement à l'équerre par rapport au négatif. La savonner et la barbotiner.
Staffer la pièce qui glissera sur le moule (fig. 5.14).
Réaliser la seconde pièce dans l'autre sens (fig. 5.15).

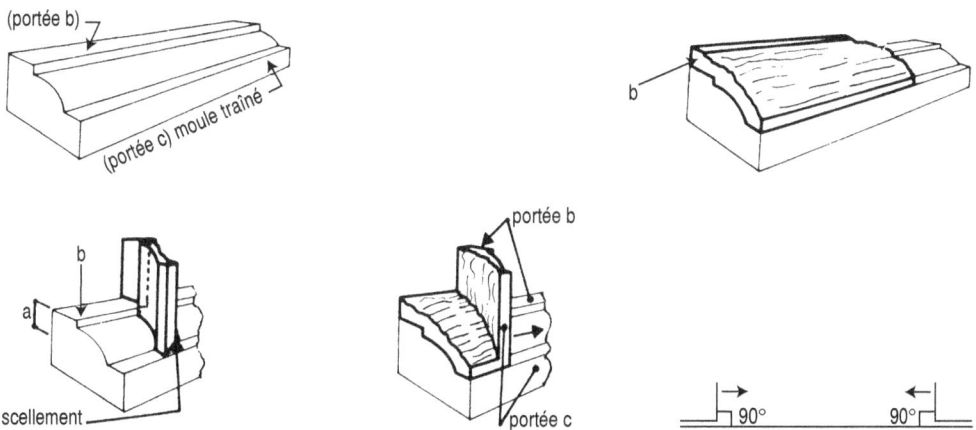

Figures 5.11, 5.12, 5.13, 5.14 et 5.15 : Moule à pièces se déplaçant

■ Bon creux de pièce avec portée

Nous avons pris ici l'exemple d'un moule à pièces avec portées réalisé sur un modèle de cube en plâtre préalablement savonné.
Réaliser la première pièce du moule : utiliser deux supports de plâtre ou de plaque de plâtre cartonnée c et c', découpés à la forme et aux dimensions du cube, comme indiqué sur la figure 5.16a. Ces supports c et c' sont placés et scellés perpendiculairement à la dalle dans la diagonale du cube. Placer et sceller, contre ces premiers supports, les supports latéraux d et d' et les supports supérieurs h et h'. On a réalisé ainsi le cadre même dans lequel on va couler la pièce. Il suffit de savonner et barbotiner les surfaces du support et du cube, puis d'ébaucher au pinceau avec un plâtre à fleur d'eau. Dès que le plâtre coude on le remonte avec une règle glissée sur les supports c et c'. On lisse enfin à la plaquette avant la prise complète (fig. 5.16b).
– Réaliser la deuxième pièce du moule :
  • enlever les supports de la première pièce ;
  • replacer les supports d et d' et h et h' dans l'autre sens ;
  • réaliser la deuxième pièce comme la première ;
  • réaliser la chape g (fig. 5.16b) :

155

Techniques et pratique du staff

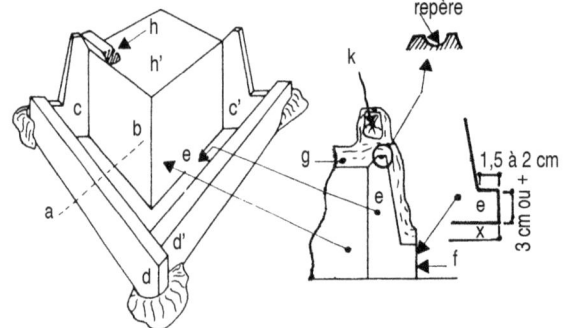

Figures 5.16a et b : Bon creux de pièce avec portée
cc' : supports de plâtre diagonaux.
dd' : supports latéraux.
e : pièce moulée.
f : portée d'arasement des pièces.
g : chape.
hh' : supports supérieurs.
k : armature.

- enlever tous les supports ;
- savonner et barbotiner l'ensemble ;
- mouler l'enveloppe en arasant sur les profils f des pièces e et e' obtenues, et en se donnant une armature k convenable.
– Démouler :
- enlever d'abord la chape ;
- enlever ensuite les deux pièces.

Pour le moulage d'une épreuve, savonner la pièce et la chape séparément avant de les remettre en position et barbotiner l'ensemble avant le staffage de l'épreuve.

La sixième face du cube est obtenue en renversant l'épreuve sur une couche de plâtre à fleur d'eau étalée sur la dalle.

■ Bon creux à deux enveloppes

On recourt à ce type de moulage quand le modèle est important, par exemple une sculpture d'une certaine grandeur. Il est alors nécessaire de mouler séparément certains éléments (ou abattis), par exemple les bras d'une statue, les pattes d'un animal, la trompe d'un éléphant, etc.

La position du modèle est toujours l'horizontale, sauf pour les statues lourdes sur socle qui, ne pouvant être déplacées, sont moulées dans la position qu'elles occupent.

La protection du modèle varie selon sa nature :
– sur du plâtre : savonner et barbotiner ;
– sur du marbre : étendre de l'eau de savon blanc mais, après le moulage de la pièce, veiller à lessiver le marbre pour éviter qu'il jaunisse ;
– sur du bronze : huiler.

Pour éviter des problèmes éventuels dus à la fragilité du marbre, prendre garde aux contraintes dues à l'action du poids et du gonflement du plâtre, et veiller à assurer la dépouille correcte des pièces.

Cas particulier : pour le moulage d'une statue, prévoir l'emboîtement des abattis constituant le modèle définitif. Par exemple, si l'on veut faire le moulage de la *Victoire de*

Les moules

Samothrace, réaliser une mortaise à l'attache de l'aile. Savonner, barbotiner et remplir la mortaise de plâtre à fleur d'eau, puis remettre l'aile en position. Après le moulage, cette pratique facilite l'emboîtement précis des abattis.

Fabrication de bon creux à deux coquilles sur un abattis :

Prenons à titre d'exemple le bras gauche d'un modèle en plâtre d'*Artémis agrafant son manteau*

a) Positionnement et fabrication de la portée moyenne

– Première solution : on place le modèle sur des coussinets de terre, la face comportant le moins de pièces étant dirigée vers soi. On applique contre la ligne de séparation une bande de terre dont la largeur est fonction de l'épaisseur des pièces et augmentée de l'épaisseur de la coquille coiffant ces pièces, soit au moins 7 cm au total, c'est-à-dire largeur des pièces + épaisseur de la coquille. On creuse ensuite sur la portée en terre deux ou plusieurs mortaises (on parle aussi de « clef en négatif ») de chaque côté.

On recouvre cette portée en terre d'une portée en plâtre de 7 à 8 mm d'épaisseur. Après avoir isolé le modèle à l'aide d'un film plastique ou de papier protecteur, on arme la partie en plâtre de filassons. On retourne le modèle en le posant sur des coussinets de terre, si besoin est. Enfin, on enlève la portée en terre et on nettoie le modèle et la portée en plâtre (fig. 5.17).

– Seconde solution : la face comportant le plus grand nombre de pièces étant dirigée vers soi, on peut mettre une portée en terre à 8 mm au-dessous de la portée en plâtre qui ainsi s'y superposera. Mais cette solution est plus délicate puisqu'elle demande une bonne maîtrise du plâtre pour obtenir la surface de la portée bien plane et au juste plan de joint (fig. 5.18).

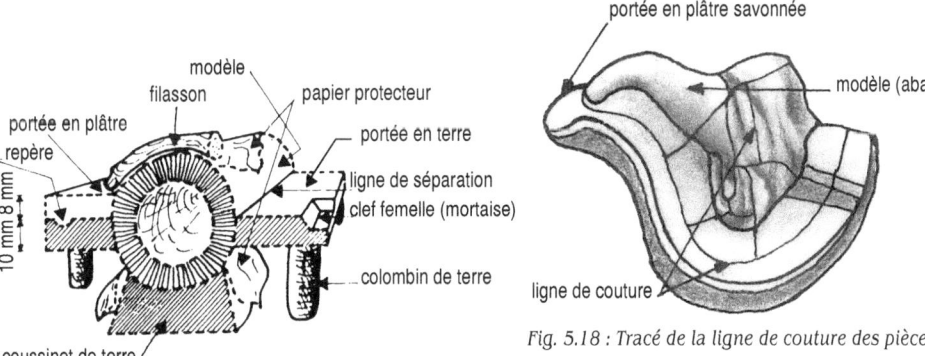

Fig. 5.17 : Fabrication de la portée en plâtre

Fig. 5.18 : Tracé de la ligne de couture des pièces

Traçage : on trace sur la portée et le modèle le profil des pièces en dépouille (fig. 5.18).

b) Réalisation des pièces de la première coquille

Il est conseillé de toujours commencer par le côté du moulage comportant le plus de pièces, le dessus d'un bras, par exemple. De même, commencer par les pièces les plus difficiles. Chaque pièce doit être peu épaisse mais d'une bonne résistance mécanique.

– Technique
La pièce est moulée à l'intérieur d'un schéma en terre à modeler disposé selon la ligne du dessin de la pièce préalablement établi. Veiller à toujours protéger avec du papier le reste du modèle (fig. 5.19).

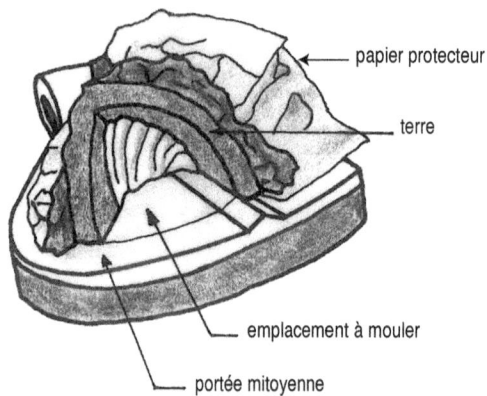

Fig. 5.19 : Fabrication du schéma en terre

Le moulage se fait par ébauchage d'abord, puis par projection à la main dès que le plâtre coude.
Le lissage se fait à la ripe sans dent ou à la plaquette souple (fig. 5.20).

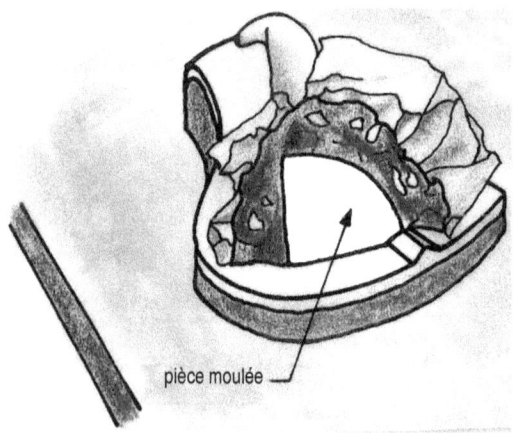

Fig. 5.20 : Moulage de la première pièce
E = extraction
R = retouches
S = savonnage
REP = remise en position

Quand la pièce semble devoir être difficile à tirer, on incorpore au plâtre un annelet par lequel on peut l'accrocher et l'extraire (fig. 5.25, détail e).
– Repérage
La pièce ayant été minutieusement exécutée, on creuse dans la portée des trous en coupole prévus en vue d'un assemblage en dépouille. Ces repères permettent le maintien des pièces dans la chape sans pour autant en empêcher l'extraction (fig. 5.21).

Les moules

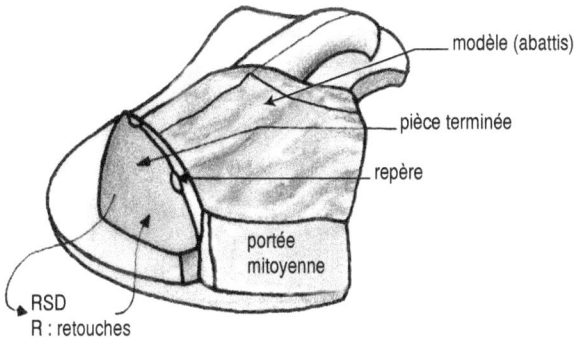

RSD
R : retouches
S : savonnage
D : démoulant (barbotine)

Fig. 5.21 : Pièce terminée

Pièces suivantes :
Selon le principe utilisé pour la première pièce et en s'appuyant sur celle-ci, on refait un cadre en terre, on moule la pièce, etc. jusqu'à obtenir le nombre de pièces définitif (fig. 5.22 et 5.23).

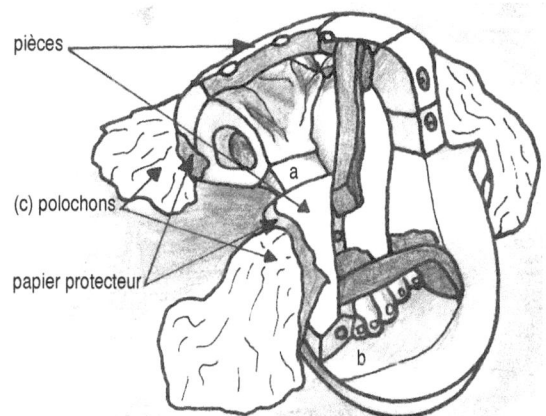

*Fig. 5.22 : Moulages successifs :
a et b : pièces à mouler*

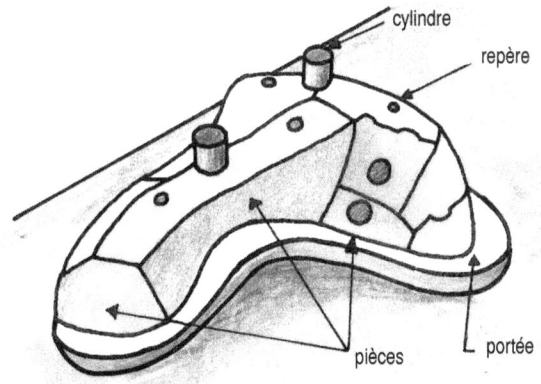

*Fig. 5.23 : Première coquille ;
préparation du moulage*

159

Techniques et pratique du staff

c) Fabrication de la première coquille
- on savonne et barbotine l'ensemble des pièces réalisées ;
- on dispose deux ou plusieurs petits cylindres de terre, plastique ou autre du diamètre d'un doigt environ et de 2 cm de hauteur : ils serviront à dégager les pièces de la coquille avec un poussoir après moulage de l'épreuve (fig. 5.23) ;
- on moule l'enveloppe en plâtre sur 2 cm d'épaisseur environ. Aux extrémités de cette enveloppe, dès que le plâtre coude, sont montés deux pieds stabilisateurs ou, si l'enveloppe est importante, un châssis en bois ou métallique servant en même temps à la rigidité de l'ensemble (fig. 5.24) ;
- on enlève ensuite les petits cylindres en terre.

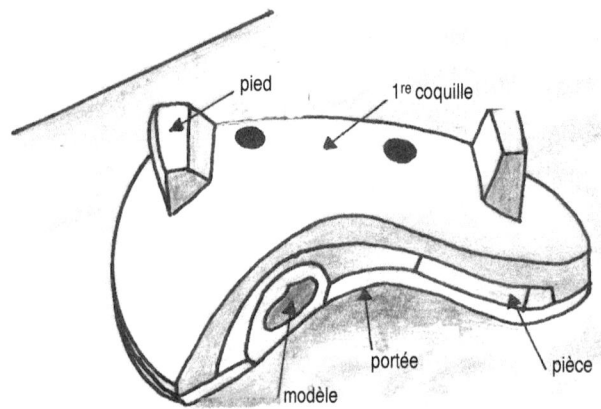

Fig. 5.24 : Moulage de la première coquille

d) Réalisation des pièces de la seconde coquille (chape)
- retourner le modèle, qu'on fait reposer dans son logement de la première coquille ;
- faire sauter la portée en plâtre ;
- tracer, sur le modèle, les pièces de la seconde coquille ;
  savonner la portée de la première coquille et la surface du modèle ;
- mouler les pièces successivement, en n'oubliant pas, si elles ne sont pas maintenues par d'autres, de les munir d'un annelet (fig. 5.25) ;
- savonner et barbotiner les pièces et réaliser la seconde enveloppe comme précédemment en ménageant des ouvertures pour le passage des cordons dans les annelets : les pièces seront ainsi maintenues de l'extérieur, solidaires de la chape lors du moulage ;
- on enlève ensuite la première coquille dans laquelle on repositionne les pièces (fig. 5.26). On fait de même pour la seconde. Lorsqu'une coquille se compose d'un grand nombre de pièces, ne pas omettre de les numéroter et de numéroter également leur emplacement dans la coquille.

e) Travaux indispensables avant tout moulage
Il faut éviter la déformation que pourrait provoquer un gonflement du plâtre entre les portées de séparation : pour ce faire, on ménage sur la portée des pièces de la première

Les moules

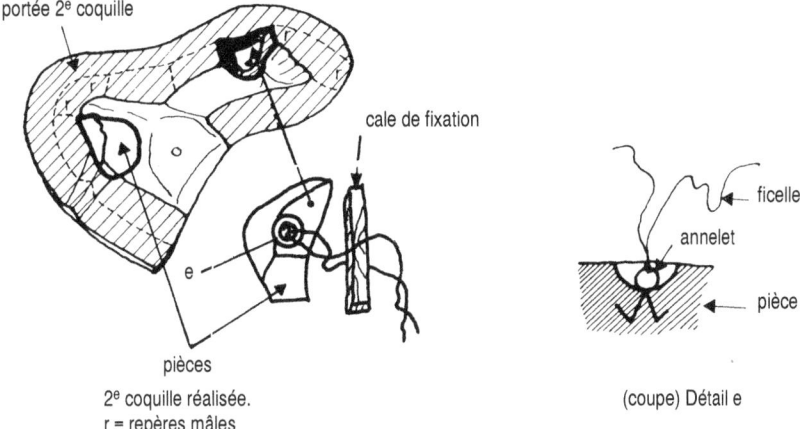

2ᵉ coquille réalisée.
r = repères mâles

(coupe) Détail e

Fig. 5.25 : Pièces munies d'un annelet

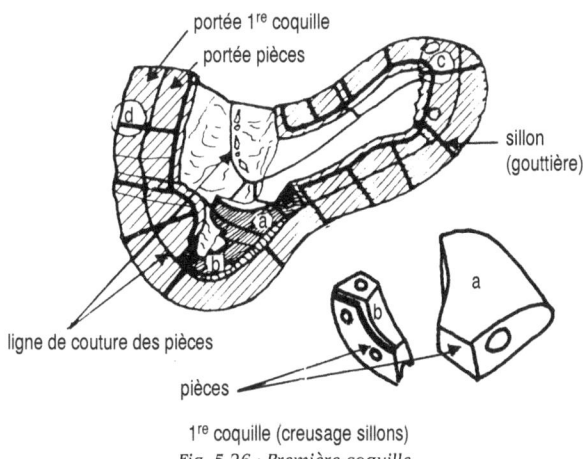

1ʳᵉ coquille (creusage sillons)
Fig. 5.26 : Première coquille

coquille des gouttières de 3 à 5 mm de diamètre environ, positionnées à 5 mm du profil des pièces d'une part, perpendiculairement à la portée de la coquille et jusqu'à son bord extrême d'autre part. Ces gouttières constituent des tuyaux d'échappement du plâtre superflu (fig. 5.26 en c).

Il faut éviter également les manques de plâtre résultant, à certains endroits, de la présence de poches d'air : on ménage donc, à ces endroits, des gouttières qui traversent entièrement les portées de la pièce et de la chape de façon que l'air s'échappe par ces issues lors du coulage du plâtre (fig. 5.26).

Il faut éviter enfin que les coquilles et les pièces bougent pendant le moulage. Le blocage des coquilles est assuré par des élastiques ou ficelles glissant dans des encoches ménagées à cet effet (fig. 5.27) ou par tout autre moyen mécanique.

Techniques et pratique du staff

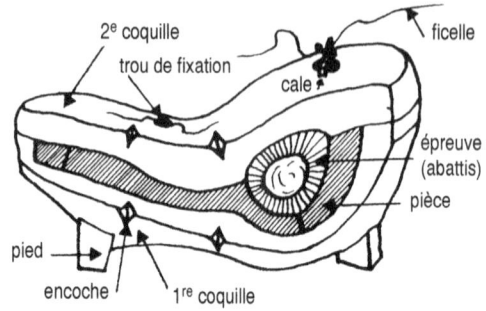

Fig. 5.27 : Moule terminé ; épreuve moulée

f) Moulage

Savonner chaque pièce et la coquille indépendamment.
Remettre toutes les pièces en position et barbotiner.
Après avoir moulé, ne pas oublier de dénouer les ficelles et d'enlever les chevilles en bois retenant les pièces solidaires de la seconde coquille. Enlever toujours, en premier lieu, la coquille comportant le plus grand nombre de pièces.
Lorsque certaines pièces forment une contre-dépouille avec la coquille, il devient indispensable de réaliser une chapette : c'est une petite chape en plâtre recouvrant toutes les pièces à l'endroit de leur contre-dépouille dont le moulage est réalisé en procédant comme pour la fabrication d'une pièce normale. On incorpore à cette chapette un ou plusieurs annelets afin de bien la maintenir en contact avec la coquille durant le moulage (fig. 5.28).

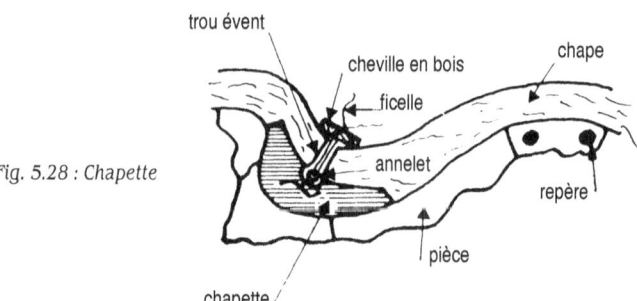

Fig. 5.28 : Chapette

g) Cas particulier important

Compte tenu de la fragilité de certaines pièces, il devient parfois impossible de les maintenir dans une coquille. On est alors amené à en faire des pièces perdues. Dans ce cas, après avoir moulé toutes les pièces et déterminé celles qui seront perdues, on réalise un support de terre en dépouille au contour extérieur de ces pièces perdues. On confectionne alors, sur ces pièces et ce support, une première coquille que l'on isole par savonnage et barbotinage avant de confectionner la seconde coquille autour de la première et sur la totalité des pièces non perdues.
On enlève alors la première et la seconde coquilles, puis on repositionne les pièces dans chaque coquille correspondante. On peut alors mouler sur les pièces perdues de la pre-

Les moules

mière coquille des pièces modèles (ou pièces mères) qui servent à la confection d'un creux perdu. Celui-ci vient s'adapter dans le creux laissé par la première coquille dans la seconde. Il reste alors à mouler l'épreuve. Lors du démoulage, on casse le creux perdu ce qui oblige, pour chaque épreuve, à faire un nouveau creux perdu.

■ Bon creux à une enveloppe

On recourt à ce type de moulage quand le modèle est de petite ou de moyenne importance et qu'il possède une base plane. Nous avons ici choisi l'exemple d'un chat à reproduire, mais cela pourrait tout aussi bien être un élément architectural, un bas-relief, etc. Il peut être utilisé, selon les besoins, avec ou sans couvercle. En effet, le couvercle n'est pas nécessaire lorsque la base du modèle ne présente pas un angle trop aigu. En revanche, il est nécessaire lorsque la base du modèle présente un angle très aigu (fig. 5.29), ce qui rend les pièces fragiles à la base (fig. 5.30).
Solution A : tailler une partie de l'angle aigu des pièces moulées venant à la base du modèle et fabriquer le couvercle en plâtre (fig. 5.31).
Solution B : tailler une plaque de plâtre évidée au centre à la forme du profil de base du modèle, les côtés étant légèrement en dépouille. Sceller la plaque au modèle à l'aide de filassons. Puis confectionner les pièces et enfin le couvercle (fig. 5.32).

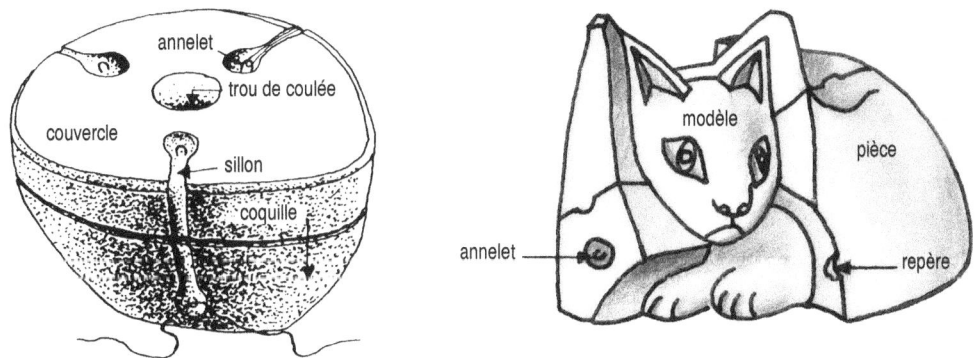

Fig. 5.29 : Bon creux à une coquille

Fig. 5.30 : Couvercle nécessaire

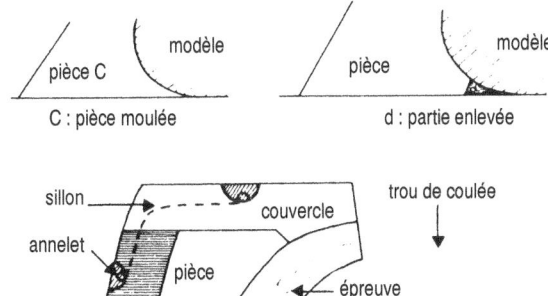

*Fig. 5.31 : Solution A
L'angle aigu des pièces est taillé.*

163

Techniques et pratique du staff

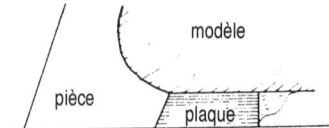

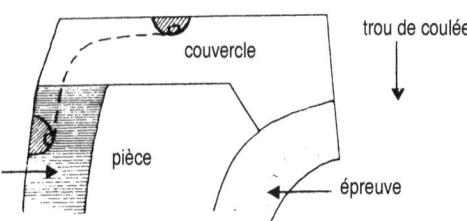

*Fig. 5.32 : Solution B
Ajouter une plaque en dépouille à la forme du profil de base du modèle.*

■ Plusieurs sortes de bons creux

Nous citons ici en exemple quelques bons creux qui ont chacun leur spécificité technique :
– un moule de demi-base de colonne où l'on retrouve la fabrication des premières pièces du paragraphe Bon creux de pièce avec portée (p. 155) et les pièces superposées aux premières du paragraphe Bon creux à une enveloppe (p. 163) (fig. 5.33) ;
– un moule de vase dont les particularités sont d'avoir à son sommet un collier ceinturant les pièces et à la base une chape à noyau lisse donnant la forme intérieure du vase à mouler (fig. 5.34) ;

Figures 5.33, 5.34, 5.35 : Plusieurs sortes de bons creux

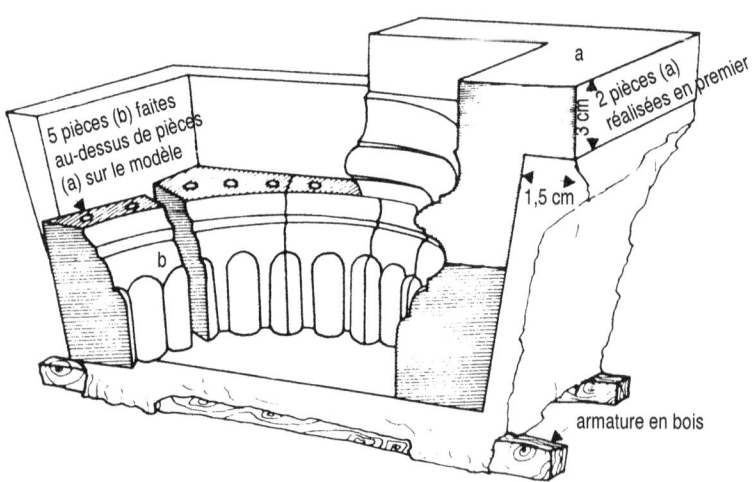

Fig. 5.33 : Moule demi-base de colonne

Les moules

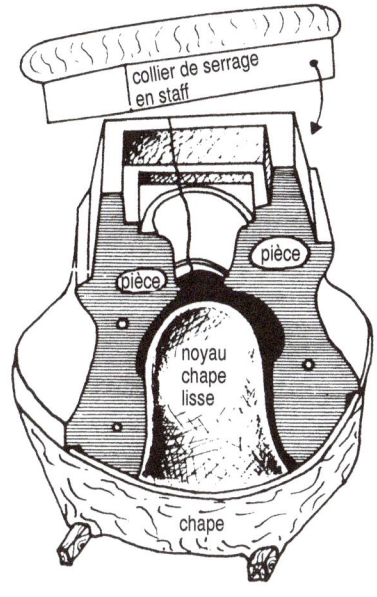

Fig. 5.34 : Moule de vase

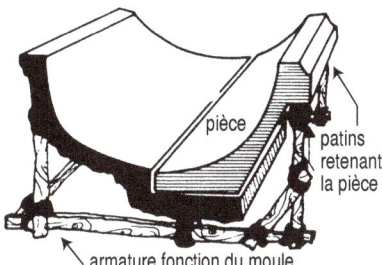

Fig. 5.35 : Moule à pièce (hotte)

– un moule de hotte de cheminée dont la pièce est maintenue par le logement de la chape, d'une part, et des patins de soutènement composant l'armature de cette chape, d'autre part (fig. 5.35).

■ Cas particuliers

a/ *Moule traîné brisé après moulage*

Il existe des situations où nous sommes obligés de casser le moule pour récupérer l'épreuve. Nous avons pris ici l'exemple du moulage en contre-dépouille. Dans ce cas, on n'obtiendra, bien entendu, qu'une seule épreuve.
– Traîner le profil désiré et faire les coupes des quatre éléments constituant le moule ;
– retourner chaque élément dans un plan horizontal parfait ;

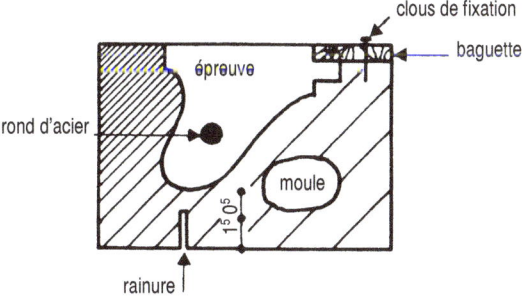

Fig. 5.36 : Moule traîné brisé après moulage

– scier la base de chaque élément sur une profondeur d'environ 1 cm si le profil est à 1,5 cm de la base du moule (fig. 5.36) ;
– après les avoir retournés, sceller les éléments formant le moule sur le tracé préalablement réalisé. Pour obtenir la feuillure, utiliser une baguette de bois clouée sur la portée du moule ;

165

Techniques et pratique du staff

– mouler puis briser le moule. Pour dégager progressivement l'épreuve, frapper sur la portée extérieure du moule reposant dans le vide jusqu'au niveau du sciage.

b/ *Moule réalisé sur un modèle en polystyrène*

Ce type de moule est particulier puisqu'il faut réaliser des pièces armées que l'on nomme pièces-chapes sur un modèle en polystyrène, tout en assurant une copie conforme du moulage par rapport à ce modèle. Nous citons ici l'exemple d'un prototype de voiture en polystyrène dont le projet et l'exécution sont l'œuvre de Gérard Welter, responsable de l'atelier style d'un constructeur français d'automobile. La réalisation du moule en staff et le moulage de l'épreuve en pâte époxy ont été réalisés par les élèves de la section staff du Gué-à-Tresmes.

– Recouvrir le modèle en polystyrène (fig. 5.37) de bande adhésive (fig. 5.38) ;

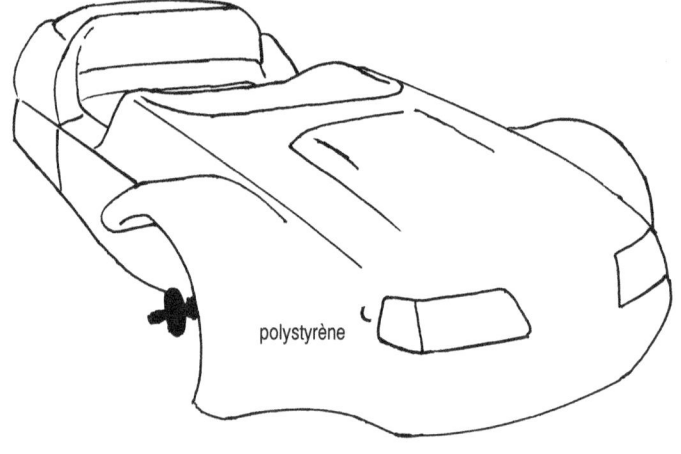

Fig. 5.37 : Modèle de voiture en polystyrène
Œuvre originale de Gérard Welter, responsable de l'atelier de style chez un constructeur français d'automobile.

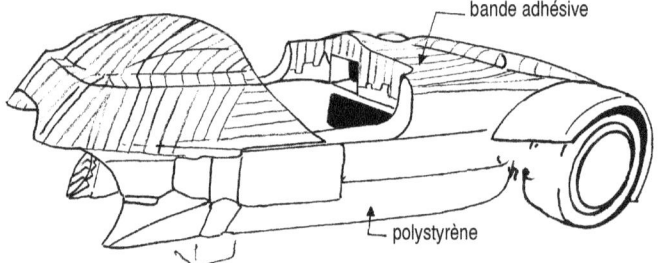

Fig. 5.38 : Recouvrir le modèle en polystyrène de bande adhésive

– déterminer les plans de séparation ;
– maintenir les portées en plastazote (terre ou plastiline) à l'aide de clous légèrement inclinés (fig. 5.39) ;
– barbotiner la surface à mouler avec une solution composée pour moitié d'huile végétale et de savon liquide ;
– isoler le reste du modèle avec un film de polyane ;

Les moules

- mouler la pièce à l'intérieur du schéma en plastazote (fig. 5.40) ;
- fixer l'armature à l'aide de filassons espacés tous les 40 cm ;
- enlever le muret en plastazote ainsi que la protection du modèle en polyane et tailler des clés d'emboîtement ;
- passer une couche de gomme-laque sur les portées et les barbotiner copieusement ainsi que le reste du modèle ;
- enlever l'excédent de barbotine et mouler les dernières pièces ;
- démouler et remettre aussitôt les pièces dans leur emboîtement (fig. 5.41a et b) ;
- isoler le moule avec du savon et de la barbotine pour le plâtre ;
- mouler une épreuve.

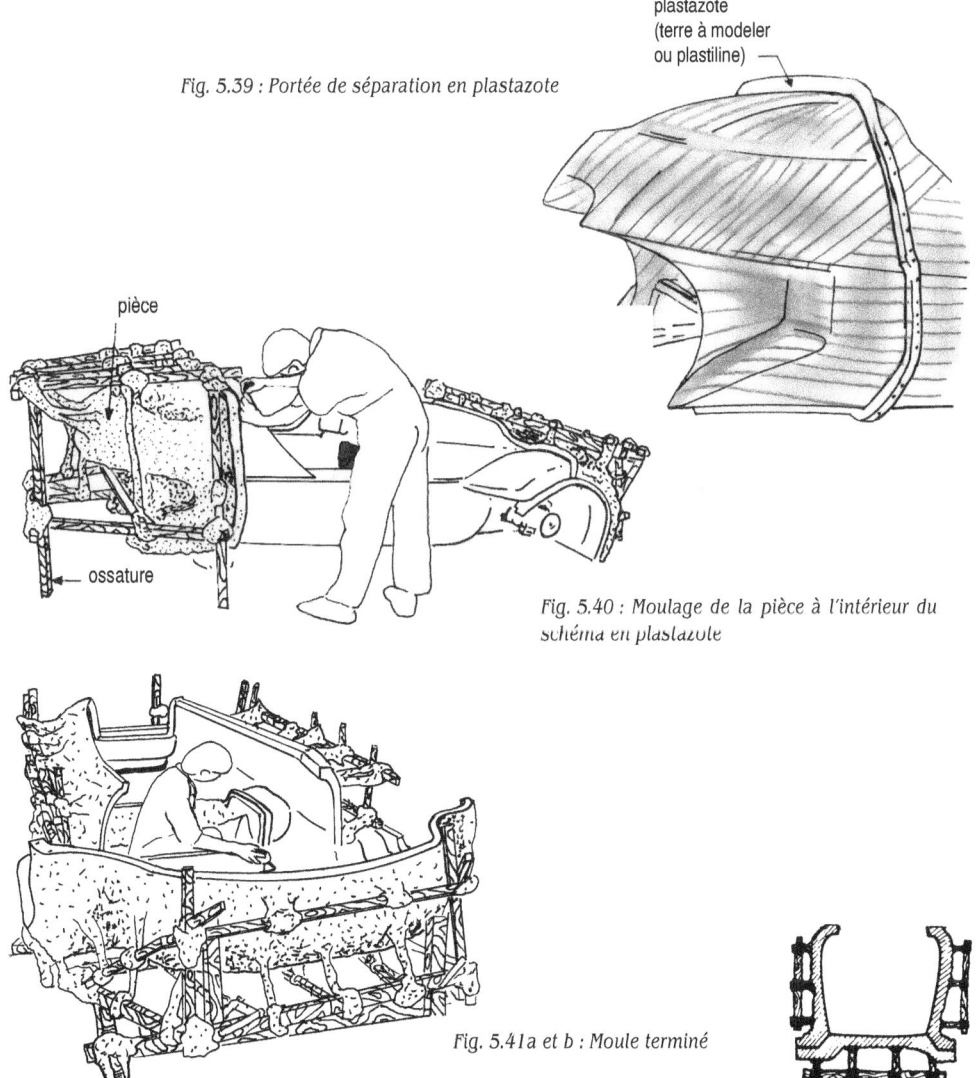

Fig. 5.39 : Portée de séparation en plastazote

Fig. 5.40 : Moulage de la pièce à l'intérieur du schéma en plastazote

Fig. 5.41a et b : Moule terminé

167

Techniques et pratique du staff

c/ *Bon creux sur un moulage de tête d'une personne*

Dans le domaine du cinéma, le staffeur est amené à réaliser des décors, mais aussi des moulages de masques ou de prothèses en latex et mousse de latex, ce qui l'amène à recourir à chaque fois à un type de moule adapté. Ce sera le moule en alginat sur la tête de l'acteur (cf. Mouler en algirat la tête d'une personne ou le visage d'un enfant, p. 200), puis le bon creux sur une partie du moulage précédent en exemple ici.
– Isoler le modèle avec du savon ;
– déterminer les lignes de séparation (fig. 5.42) ;
– positionner le muret de terre (fig. 5.43) ;
– protéger le reste du modèle avec du papier ou du film plastique ;
– opérer ensuite comme pour un bon creux à deux enveloppes (fig. 5.44, 5.45, 5.46, 5.47).

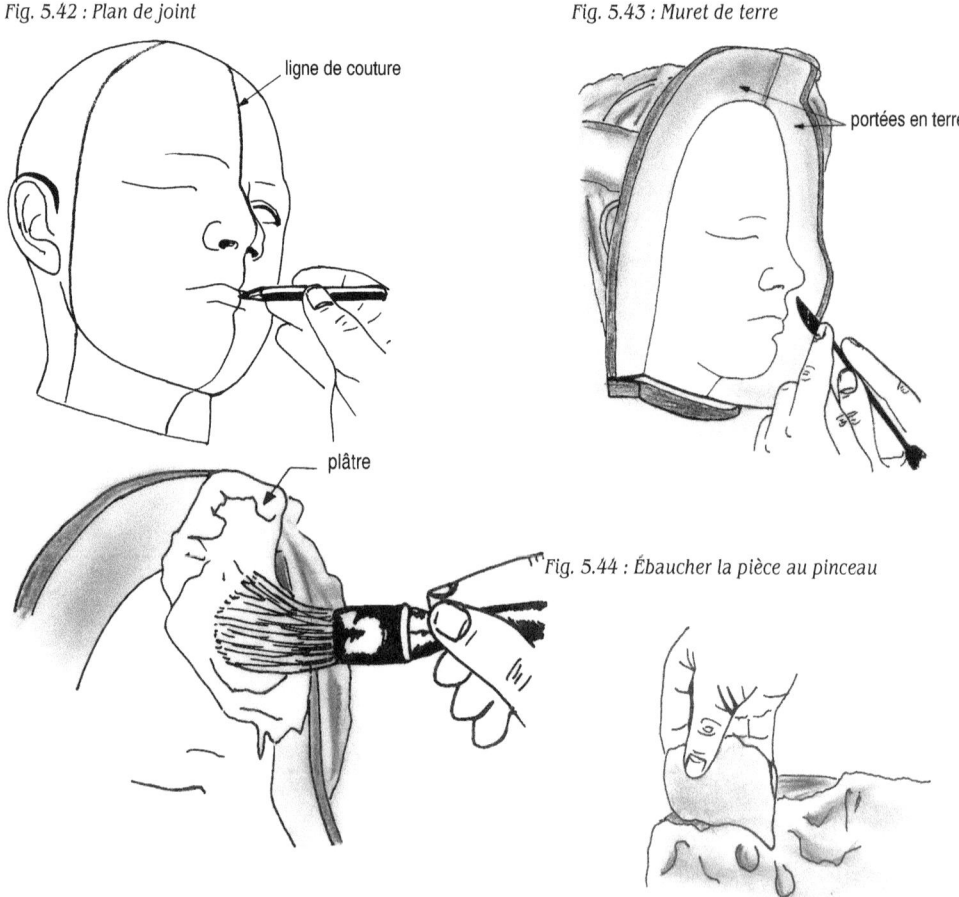

Fig. 5.42 : Plan de joint

Fig. 5.43 : Muret de terre

Fig. 5.44 : Ébaucher la pièce au pinceau

Fig. 5.45 : Charger avec le même plâtre

Remarque : ne pas oublier de faire des repères d'emboîtement (fig. 5.48) avant de mouler la coquille enveloppant les deux pièces (fig. 5.49).

Les moules

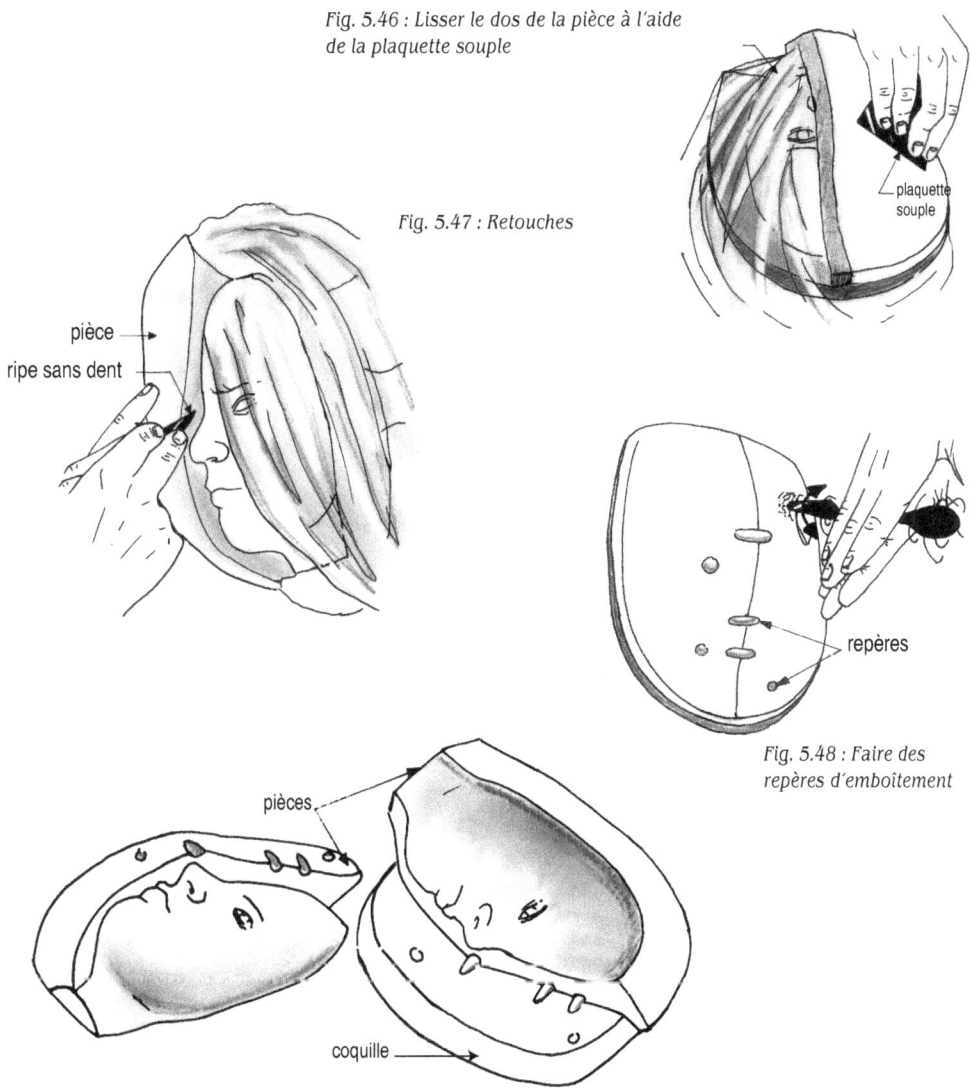

Fig. 5.46 : Lisser le dos de la pièce à l'aide de la plaquette souple

Fig. 5.47 : Retouches

Fig. 5.48 : Faire des repères d'emboîtement

Fig. 5.49 : Moule terminé ; 1 coquille, 2 pièces

d/ Réaliser un moule en deux parties (positif, négatif)

Imaginons le visage de l'acteur sur lequel est appliquée la prothèse : ce visage sera le positif en plâtre, la prothèse le modelage en terre et le négatif en plâtre enrobera la prothèse et le visage. Ce sont là les principales opérations que nous allons effectuer.

Prenons l'exemple d'une prothèse à appliquer sur les joues de la personne dont le visage a été moulé (voir ci-dessus) :
- modeler la forme en terre suivant le schéma de la prothèse à mouler. Pour imiter la consistance de la peau, se reporter à la figure 5.50 ;

Techniques et pratique du staff

- prévoir autour du modelage un espace de 4 à 5 mm sans terre à modeler (G) (fig. 5.50) ;
- recouvrir de terre le reste du positif (K) servant de cavité d'expansion au surplus de mousse de latex dans le moule débarrassé de cette terre ;
- faire le moule ;
- retourner le moule et retirer le modèle (fig. 5.51) ;
- enlever toute trace de terre sur le moule et le modèle.

La technique sera presque identique à celle employée précédemment pour réaliser le nez d'une personne en mousse de latex, la différence résidera dans la conception de l'évacuation de l'excédent de mousse de latex : la cavité (K) du moule en deux parties du visage deviendra gouttière sur le négatif et trou d'évent sur le modèle du nez.

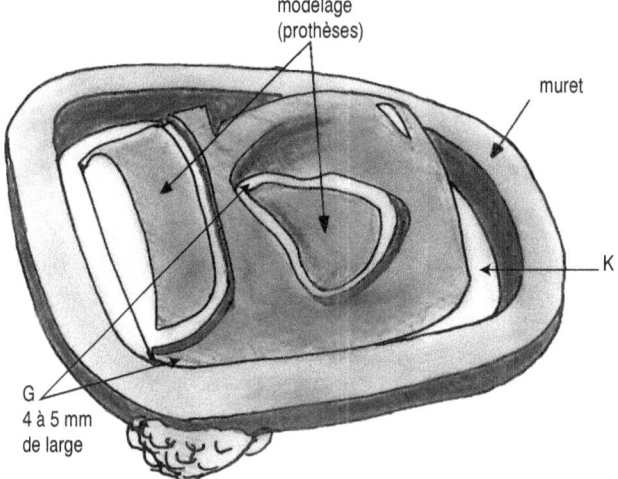

Fig. 5.50 : Modelage de la forme en terre

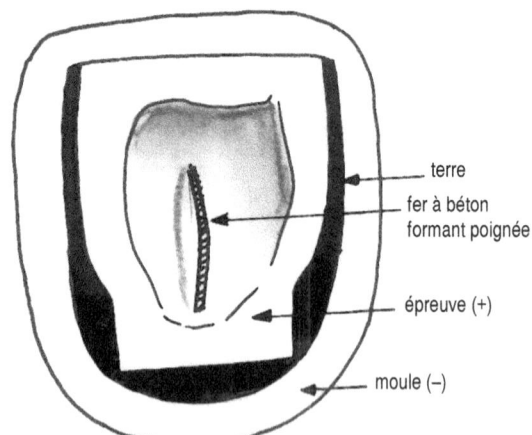

Fig. 5.51 : Moule et modèle retournés

Les moules

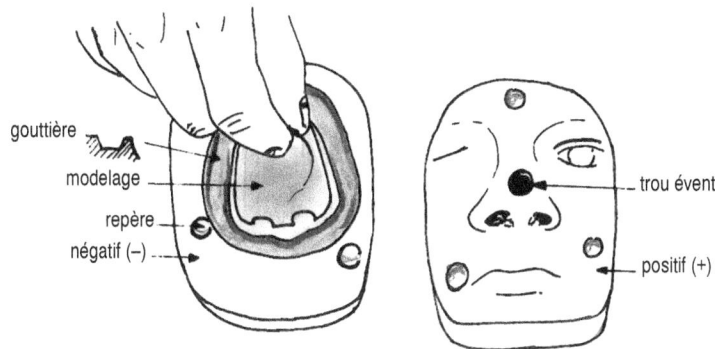

Fig. 5.52 : *Démoulage du positif et du négatif*

Moule en terre à modeler réalisé par estampage

On appelle estampage l'action de pousser progressivement des boulettes de terre à modeler (ou de plastiline) afin d'épouser le profil d'un modèle. Cela n'a rien à voir avec le modelage par lequel on crée le modèle.

On obtient, par l'estampage, des moules en terre ou en plastiline au lieu de bons creux ou de moules souples. Cela est nécessaire lorsqu'il s'agit de prendre sur place les empreintes d'un modèle, afin de travailler à l'atelier par exemple, ou lorsqu'on veut éviter la détérioration d'un modèle précieux, par exemple le marbre, ou encore lorsqu'on veut prendre une copie d'un modèle vulnérable. La terre et la plastiline sont, en effet, plus meubles que le plâtre, donc plus souples et moins dangereuses pour le modèle.

■ Estampage sur bas et sur haut-relief

Processus de fabrication :
- nettoyer l'objet à estamper ;
- isoler l'objet de la terre qui viendra s'y appliquer : utiliser de l'huile sur du bronze ou sur une peinture à l'huile, du talc sur une peinture à l'eau, du bois ou de la pierre (fig. 5.54), de l'huile et du talc sur du plâtre ou sur du marbre ;
- les pièces du moule en terre pouvant se déformer, on peut les dégager avec facilité par écartement. Cela réduit, du même coup, le nombre de pièces à réaliser ;
- on fabrique successivement toutes les pièces, non sans avoir ménagé les repères d'emboîtement et talqué les portées qui viendront en contact entre ces pièces (numéroter le dos de chaque pièce si cela est nécessaire) (fig. 5.53) ;
- quand toutes les pièces sont prêtes, on les talque ;
- prendre ensuite de la terre ni trop molle ni trop ferme, qu'on applique en boulettes en commençant par les parties les plus profondes puis, par adjonctions nouvelles, en repoussant la terre afin qu'il n'y ait plus de manques (fig. 5.55) ;

Techniques et pratique du staff

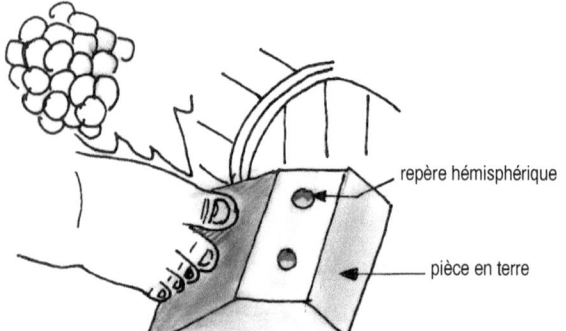

repère hémisphérique
pièce en terre

Fig. 5.53 : Réaliser une pièce en terre

bas rempli de talc

Fig. 5.54 : Talquer le modèle

terre à modeler

Fig. 5.55 : Estampage du modèle

Les moules

- si l'on désire faire une chape en plâtre ou en staff sur le moule en terre, il est conseillé de rendre chape et moule solidaires par l'apport préalable de boulettes de terre en contre-dépouille sur la face extérieure du moule. Si l'on ne fait pas de chape en plâtre, armer le moule au moyen d'un fer rond ou autre afin d'éviter sa déformation (fig. 5.56) ;
- en général certaines retouches du moule doivent être effectuées après démoulage (fig. 5.57) ;
- mouler l'épreuve (fig. 5.58).

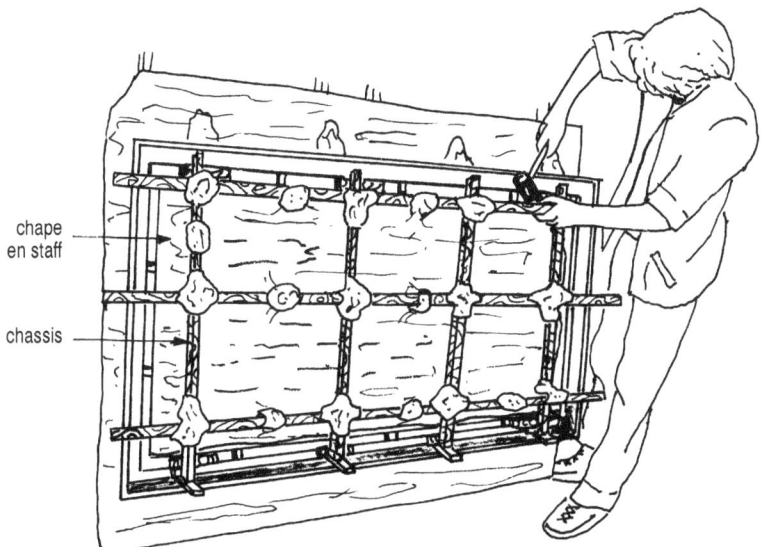

Fig. 5.56 : Démouler le négatif

Fig. 5.57 : Moule retourné

Techniques et pratique du staff

Fig. 5.58 : Épreuve

■ Estampage sur ronde-bosse

- Les techniques d'isolement et de fabrication des pièces sont identiques à celles exposées dans le paragraphe relatif à l'estampage sur bas et haut relief (fig. 5.59) ;
- on réalise une première coquille en terre puis une seconde coquille en plâtre qu'on a soin d'armer et de stabiliser (fig. 5.60 et 5.61) ;
- il reste alors à détacher coquilles et pièces, puis pièces et modèle, à replacer chaque pièce dans la coquille et à mouler après que les retouches éventuelles aient été réalisées (fig. 5.62).

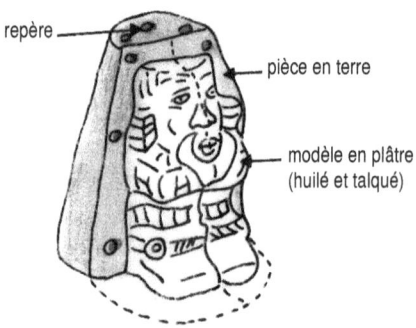

Fig. 5.59 : Fabrication des pièces

Remarque : l'importance du modèle détermine un nombre plus ou moins grand de coquilles à confectionner.

La séparation des coquilles est rendue possible grâce à deux méthodes (fig. 5.63 et 5.64) :
- la première consiste à mettre de chaque côté de la ligne de séparation, sur la coquille en terre, une bande de terre de 1,5 cm de large sur une épaisseur correspondant à celle de la coquille en plâtre à mouler ;
- la seconde consiste à enfoncer légèrement un fil de lin à la ligne de séparation de la première coquille en terre, sur le dos de la pièce, puis de réaliser la coquille en plâtre avant de séparer les deux coquilles en tirant le fil de lin avant le durcissement du plâtre.

Les moules

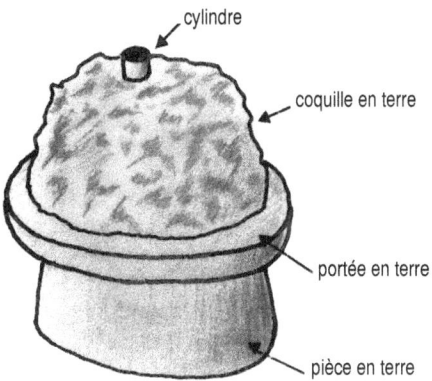

Fig. 5.60 : Réalisation d'une coquille en terre

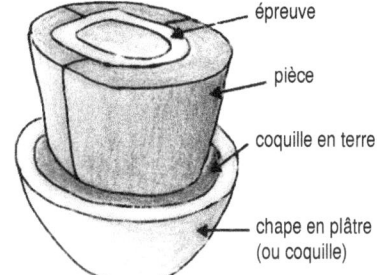

Fig. 5.61 : Réalisation d'une coquille en plâtre

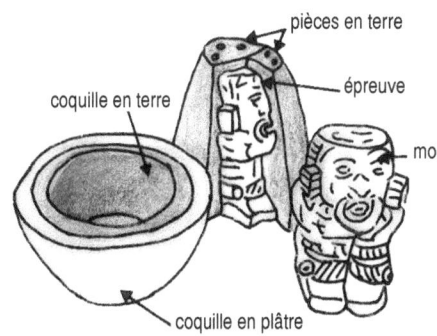

Fig. 5.62 : Détachement de la coquilles et des pièces

Fig. 5.63 : Première méthode de séparation

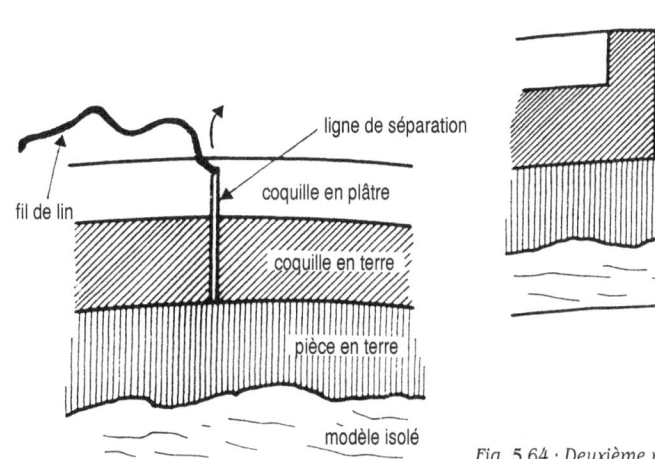

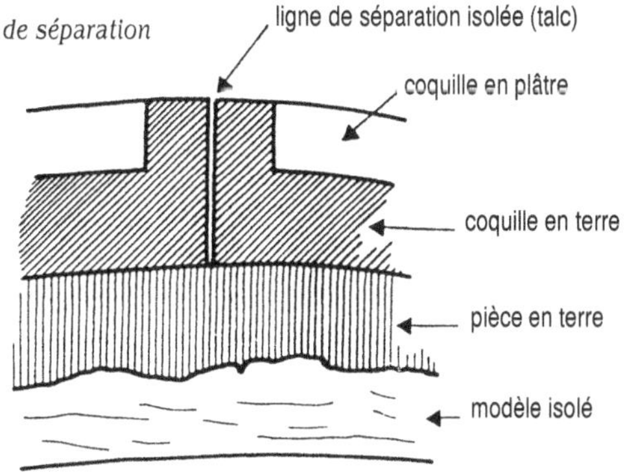

Fig. 5.64 : Deuxième méthode de séparation

175

Techniques et pratique du staff

Moules souples

L'utilisation du moule souple se justifie lorsque l'on veut obtenir une grande quantité de moulages. Le moule souple est plus rapide et plus pratique à réaliser que le moule à pièces, mais il est moins fidèle compte tenu des retraits plus ou moins grands qu'il peut entraîner.
Remarque : seul l'élastomère à mémoire peut reprendre sa forme initiale. Il faut surveiller la déformation qui peut être provoquée par une mauvaise utilisation.

■ Le choix de l'élastomère

Le choix de l'élastomère répond à plusieurs paramètres :
– la nature du moulage : plâtre, élastomère, résine peu agressive (polyester), résine agressive (époxy), etc., béton, cire, métaux à bas point de fusion ;
– le nombre de moulages ;
– la forme du modèle (avec beaucoup ou peu de contre-dépouille) ;
– la fidélité de reproduction du modèle ;
– le coût de la matière d'œuvre ;
– la possibilité de le réutiliser ;
– le temps de mise en œuvre.
Il existe deux sortes d'élastomères :
– les élastomères thermoplastiques : ce sont des élastomères réemployables tels que la gélatine, le Vinamold (marque d'élastomère vinylique) ;
– les élastomères thermodurcissables : ce sont des élastomères à usage unique, à savoir les polyuréthannes et les silicones. Ceux-ci se décomposent en deux familles :
  • les silicones à polycondensation : ce sont des produits de réaction volatile due au retrait de l'alcool lors de la polymérisation. Cette évaporation entraîne un retrait du volume du moule à reproduire pouvant aller jusqu'à 1 % ;
  • les silicones à polyaddition : produits de réaction non volatile, ils n'entraînent pratiquement aucun retrait du volume du moule à reproduire.
Nous utiliserons un élastomère polycondensation pour la confection d'un moule de corniche, un élastomère polyaddition sur un modèle de prototype industriel, enfin un élastomère thermoplastique sur un bas-relief à reproduire.

■ Isoler le modèle

Afin d'éviter toute adhérence du négatif sur son support, il faudra choisir un démoulant en fonction de l'élastomère approprié.
– Gélatine : graisser le modèle préalablement gomme-laqué. La graisse est constituée pour quatre cinquièmes d'huile et pour un cinquième de stéarine que l'on a eu soin de faire fondre en la chauffant sur un réchaud à gaz et en évitant qu'elle ne brûle ;

Les moules

- vinamold : humidifier le support en béton, en pierre ou en plâtre. Sur le métal, aucun isolant n'est nécessaire ;
- élastomères de polyuréthanne : le modèle en plâtre, préalablement recouvert de gomme-laque, est ciré. Il devra être bien sec afin d'éviter l'inhibition du moule souple ;
- élastomères silicones : savonner le plâtre. Sur un support poreux (pierre, etc.), passer de l'alcool polyvinylique ; sur du bois, appliquer soit de la cire, soit de la graisse de vaseline, soit encore de l'alcool polyvinylique ;
- élastomère sur élastomère : passer de la graisse de vaseline.

■ Calculer la quantité nécessaire d'élastomère à couler ou estamper

Symboles :
- C = masse volumique
- m = masse
- v = volume
- e = élastomère
- p = plâtre

Méthodes :
- calculer le volume d'un noyau de terre (en dm³) en pétrissant un pain ayant une forme simple (soit v). Soit la masse volumique de l'élastomère (en kg/dm³), on en déduit la masse de l'élastomère (en kg) ;

$$m = v \times Ce$$

- on pèse un noyau en plâtre (en kg) en supposant un volume égal de plâtre et d'élastomère :

  • masse volumique du plâtre $C_p = \dfrac{m_p}{v}$

  • masse volumique de l'élastomère $Ce = \dfrac{me}{v}$

$$\frac{Ce}{Cp} = \frac{\dfrac{me}{v}}{\dfrac{mp}{v}} \quad \text{(à volume égal)}$$

soit $\dfrac{me}{mp} = \dfrac{Ce}{Cp}$

  • masse d'élastomère soit $me = mp \times \dfrac{Ce}{Cp}$

- on développe un modèle sous forme prismatique. On peut alors calculer son volume v (en dm³) en multipliant la section de base par la hauteur (v = s × h). Il suffit alors de connaître la masse volumique C de l'élastomère pour obtenir sa masse ;

$$m = v \times Ce$$

■ Les composés vinyliques (Vinamold)

Leur principal avantage est de rentabiliser le moule souple. Mais le temps de mélange et le risque de bullage lors de la coulée sont des inconvénients non négligeables.

Les composés vinyliques existent en trois couleurs signifiant chacune un degré de dureté. La couleur jaune signifie que le composé est dure, la couleur blanche qu'il présente une dureté moyenne et la couleur rouge qu'il est souple. On peut les mélanger suivant un dosage variable.

– La fusion peut se réaliser soit dans un récipient posé sur une plaque isolante, à une température de 140° environ, en remuant régulièrement, soit au bain-marie à base d'huile.

Remarque : pendant la fusion, il est prudent de bien aérer le local.

– Le Vinamold fondu est coulé lentement sur le modèle à une température de 100°, jusqu'à ce que l'épaisseur désirée soit atteinte. Pour un coulage sous chape, l'épaisseur entre le modèle et la chape est de 1,5 à 2 cm. Le Vinamold ne pouvant être coulé sur un autre Vinamold qui a durci, il est prudent dès le départ d'évaluer de manière précise la quantité nécessaire ;
– attendre au moins huit heures avant le démoulage ;
– pour une autre utilisation, recouper le Vinamold en petits dés avant de le faire fondre à nouveau.

■ Les élastomères thermodurcissables, vulcanisant à température ambiante

Ne sont pas concernés les élastomères thermodurcissables polymérisant à température. Les élastomères en polyuréthanne sont d'une utilisation plus difficile que les élastomères silicones parce que la plupart d'entre eux ne sont pas autodémoulants. Cela nécessite de passer sur le moule un antiadhérent, par exemple de la barbotine, avant chaque moulage. À noter que les élastomères polyuréthannes sont beaucoup moins onéreux que les élastomères silicones.

Le moldform (élastomère polyuréthane autodémoulant), en revanche, contient une cire qui revient constamment à la surface jusqu'à épuisement. Cela permet d'effectuer un grand nombre de moulages sans être obligé de passer un démoulant sur le modèle.

Il existe trois types de moldform : le moldform S, c'est-à-dire souple, que l'on emploiera sur des modèles à forte contre-dépouille ; le moldform H, qui est dur, utilisé pour des formes simples ; le moldform T, c'est-à-dire thixotrope, qui sert à prendre l'empreinte d'une rosace au plafond afin de la reproduire par exemple.

Remarque : il faut savoir qu'un kilogramme de moldform est égal à 353 cm^3.

Méthode : au produit de base, ajouter le durcisseur. Incorporer ensuite l'accélérateur et malaxer lentement jusqu'à obtenir une homogénéité parfaite : le moldform est alors prêt à couler.

Les moules

a/ *Les élastomères silicones*

Les monocomposants polymérisent grâce au contact de l'air et de l'humidité, alors que les bicomposants polymérisent à froid grâce à l'ajout d'un catalyseur. Il existe deux sortes d'élastomères silicones.
- Les élastomères à polycondensation. Ils offrent une grande résistance au déchirement et une souplesse pour l'allongement. Mais leur inconvénient réside dans un retrait plus ou moins léger dont il faut tenir compte si l'on souhaite obtenir une reproduction rigoureuse. Ces polycondensables n'obtiennent leur dureté définitive qu'au bout d'une semaine. Il faut donc respecter un délai de quelques jours avant de commencer les premiers moulages. Ils peuvent être coulés en milieu humide, sur de la terre à modeler par exemple. Signalons que ces élastomères sont les plus utilisés dans la profession ;
- les élastomères à polyaddition. Ils ne produisent pratiquement aucun retrait. Leur inconvénient est qu'ils produisent des effets d'inhibition au contact de certains modèles, ce qui conduit l'utilisateur à procéder à des essais préalables. On peut mouler aussitôt après la réticulation (polymérisation*) d'un moule en élastomère silicone à polyaddition.

b/ *Remarques*

Il est possible de superposer un élastomère à polycondensation à un élastomère à polyaddition qui sont compatibles, mais pas l'inverse (il s'ensuivrait un effet d'inhibition).
On peut mélanger à doses variables deux bases d'élastomère à polycondensation, de dureté ou de qualité différentes, à condition que ces bases soient compatibles.
On peut superposer un élastomère au même élastomère déjà polymérisé.
On utilise un élastomère alimentaire pour mouler des éléments consommables.
Employer un élastomère spécifique résistant aux températures moyennes pour mouler des métaux à bas point de fusion (320° à 350°).
Pour réparer un élastomère déchiré :
- nettoyer les lèvres de la déchirure à l'acétone ;
- recoller ensuite soit à l'aide du même élastomère catalysé, soit à l'aide d'un monocomposant spécifique, par exemple du caf. 4 ;
- enlever l'excédent ;
- attendre la vulcanisation de la partie réparée.

Lorsque la série de moulages est terminée, laisser une épreuve dans le moule en élastomère afin d'éviter une éventuelle déformation de celui-ci.
Le catalyseur est dosé à l'aide d'une éprouvette graduée ou d'une seringue (fig. 5.65), ou en utilisant des graduations effectuées sur les récipients de la base et du catalyseur (fig. 5.66).
Comment modifier l'état de coulabilité de la base et sa rapidité de polymérisation ?
L'élastomère doit être coulé à une température minimale de 20° ; 25° étant la température recommandée pour un taux d'humidification de l'air de 50 %.
Remarque : la température joue un rôle d'accélérateur lorsqu'il fait chaud ou de retardateur de prise lorsque la température est basse.

Techniques et pratique du staff

Fig. 5.65 : Dosage du catalyseur à l'aide d'une seringue

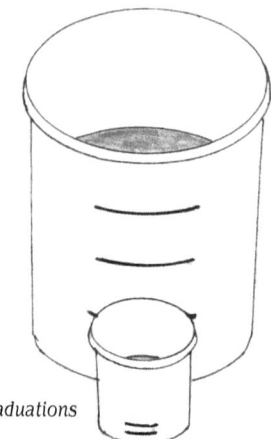

Fig. 5.66 : Utilisation de graduations

Le dosage du catalyseur se situe en fonction d'un pourcentage dont la fourchette est recommandée par le fabricant, et qui influe sur la rapidité de prise de l'élastomère. Pour diminuer le temps de prise de la base, il est possible d'utiliser des catalyseurs à prise rapide. Il est possible de fluidifier la base en incorporant une huile silicone. On peut thixotroper un élastomère normal en y ajoutant un adjuvant tel que le gel de silice.

Remarque : ne jamais couler un élastomère dans un local utilisé en même temps pour travailler des résines, il y a risque d'inhibition.

On peut expanser proportionnellement un élastomère silicone polymérisé en le plongeant dans un bain de solvant du type white-spirit ou essence de térébenthine. Ce procédé a l'avantage d'agrandir de petits modèles (oves, raies de cœur, etc.) sans passer par les étapes de modelage, creux perdu... Cet élastomère peut atteindre un taux d'expansion maximum d'environ 50 % de son volume initial, soit un coefficient de 1,5. L'élastomère expansé perd ses propriétés d'élasticité et de résistance mécanique : il faudra donc aussitôt procéder à la confection de sa matrice, dans le cas d'un modèle (cf. Les moules à creux perdu dans le bas-relief, p. 149), ou de son moulage en plâtre, dans le cas d'un négatif. Nous obtiendrons le processus inverse en incorporant du white-spirit ou de l'essence de térébenthine dans l'élastomère silicone dès le début du mélange de la base avec le catalyseur.

c/ *Quelques astuces*

On peut mélanger la base et le catalyseur à l'aide d'un malaxeur fixé sur une perceuse électrique que l'on fait tourner à petite vitesse (fig. 5.67).

Des bulles d'air s'incorporent à la base lors de son mélange avec le catalyseur, on peut alors les supprimer par dégazage à l'aide d'une cloche à vide. Le dégazage est de courte durée, 4 à 5 minutes, et expanse l'élastomère : il faudra donc l'incorporer dans un récipient de capacité suffisante (quatre à cinq fois plus grand que le volume d'élastomère) afin d'éviter tout débordement (fig. 5.68).

On peut être amené à marquer des repères supplémentaires de positionnement dans la chape (fig. 5.69).

Les moules

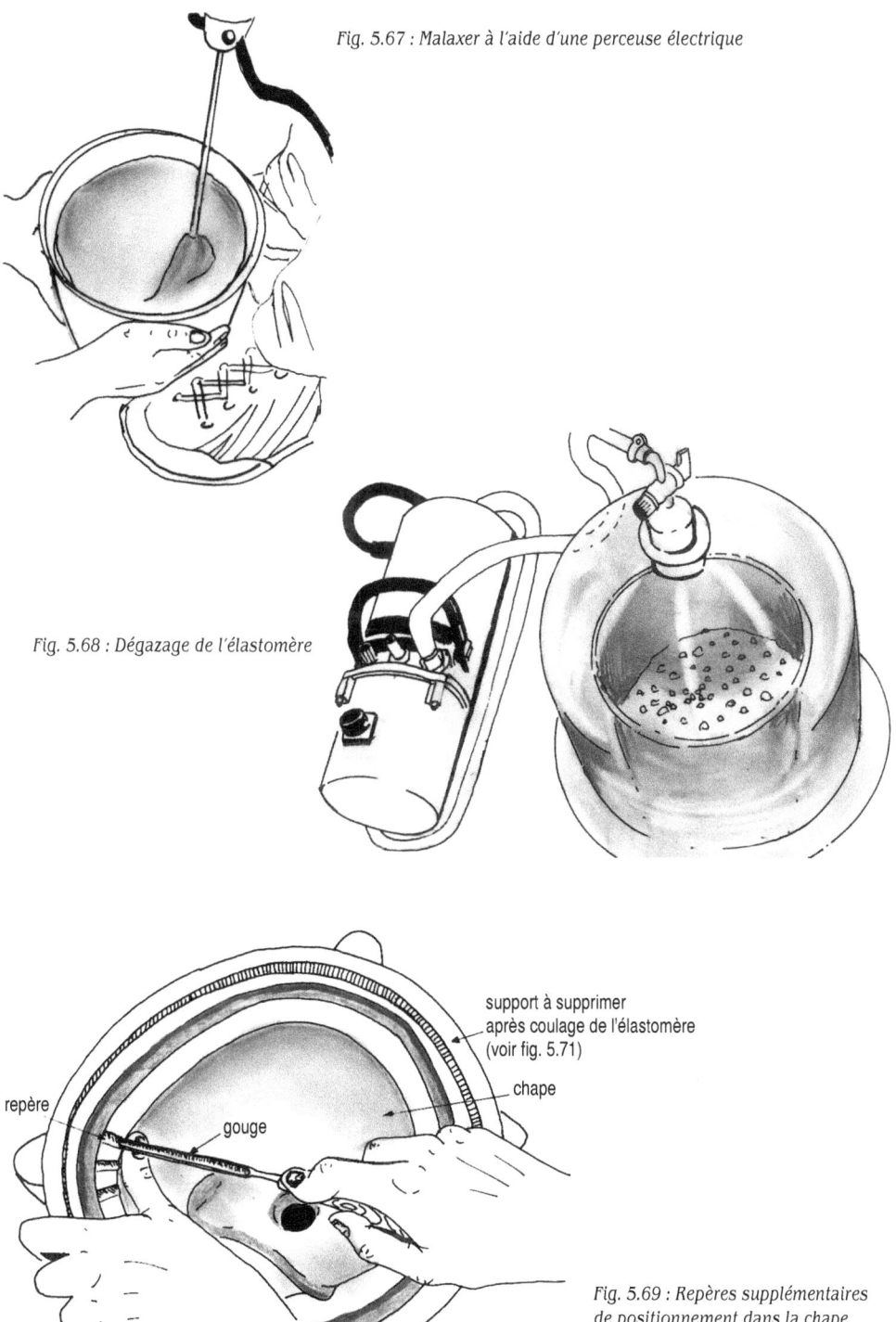

Fig. 5.67 : Malaxer à l'aide d'une perceuse électrique

Fig. 5.68 : Dégazage de l'élastomère

Fig. 5.69 : Repères supplémentaires de positionnement dans la chape

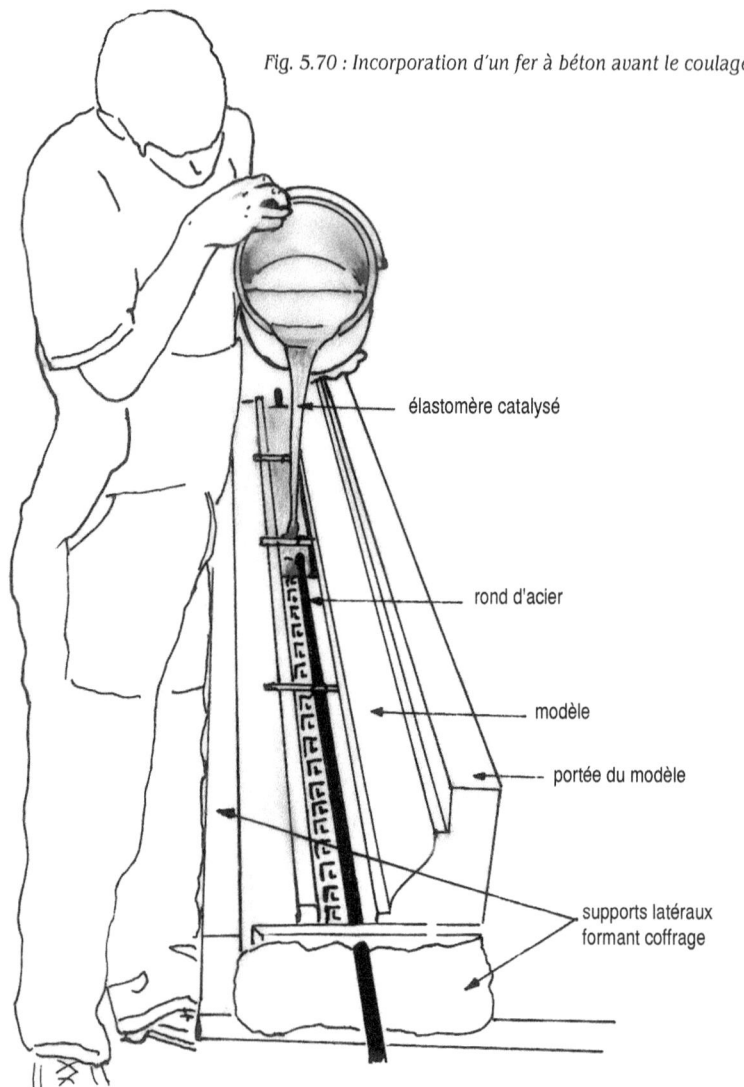

Fig. 5.70 : Incorporation d'un fer à béton avant le coulage

- élastomère catalysé
- rond d'acier
- modèle
- portée du modèle
- supports latéraux formant coffrage

Afin d'éviter la déformation de l'élastomère, on peut être amené à y incorporer un fer à béton lors de la coulée (fig. 5.70).

Il est toujours possible de couper au cutter ou au couteau dit à gélatine la portée de séparation d'un moule souple à une coquille afin de favoriser le démoulage de l'épreuve (fig. 5.71).

On peut également introduire une portée provisoire en plastiline dans laquelle on creuse les repères de positionnement avant d'estamper les trois quarts du modèle, enlever ensuite la plastiline, graisser la portée de séparation et terminer l'estampage (fig. 5.72). On peut encore construire des pièces en plâtre ou autre au dos du moule souple afin de supprimer les contre-dépouilles (fig. 5.73).

Les moules

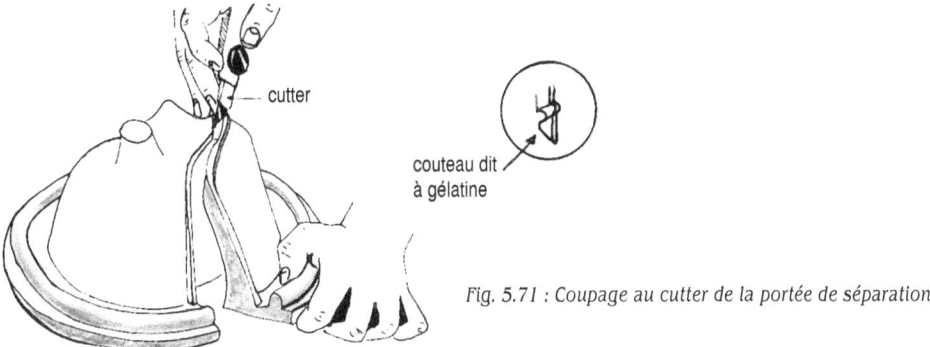

Fig. 5.71 : Coupage au cutter de la portée de séparation

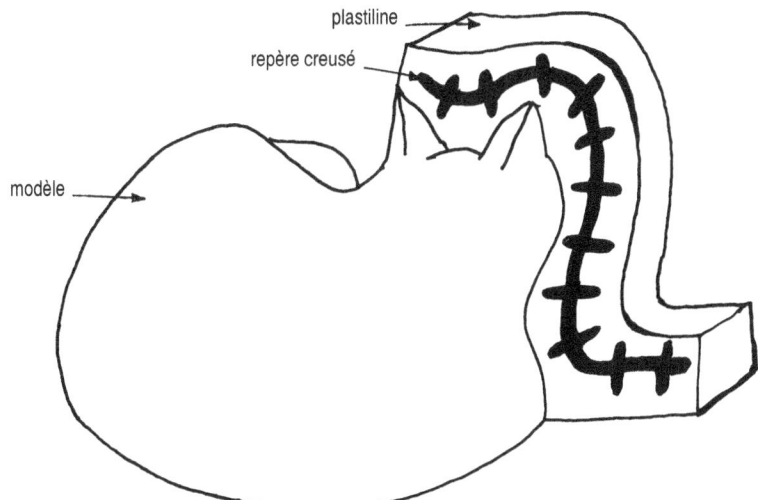

Fig. 5.72 : Portée de séparation en plastiline

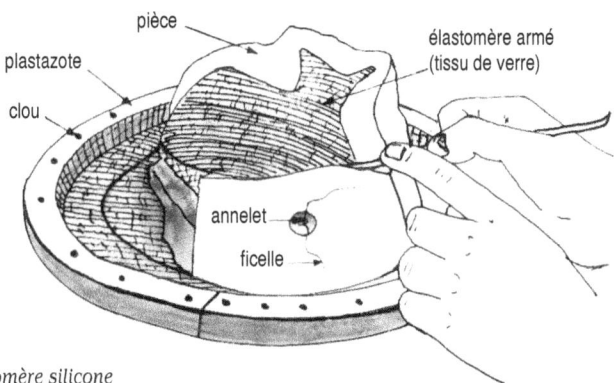

Fig. 5.73 : Moule-chaussette en élastomère silicone

Techniques et pratique du staff

Afin d'éliminer les bulles lors du moulage dans un élastomère de petites dimensions, on peut être amené à pincer le moule à l'endroit de la contre-dépouille (fig. 5.74).
On peut enfin clouer deux plaques de plâtre cartonnées ou en contreplaqué pour former des portées de séparation et les découper (fig. 5.75).

Fig. 5.74 : Pinçage du moule

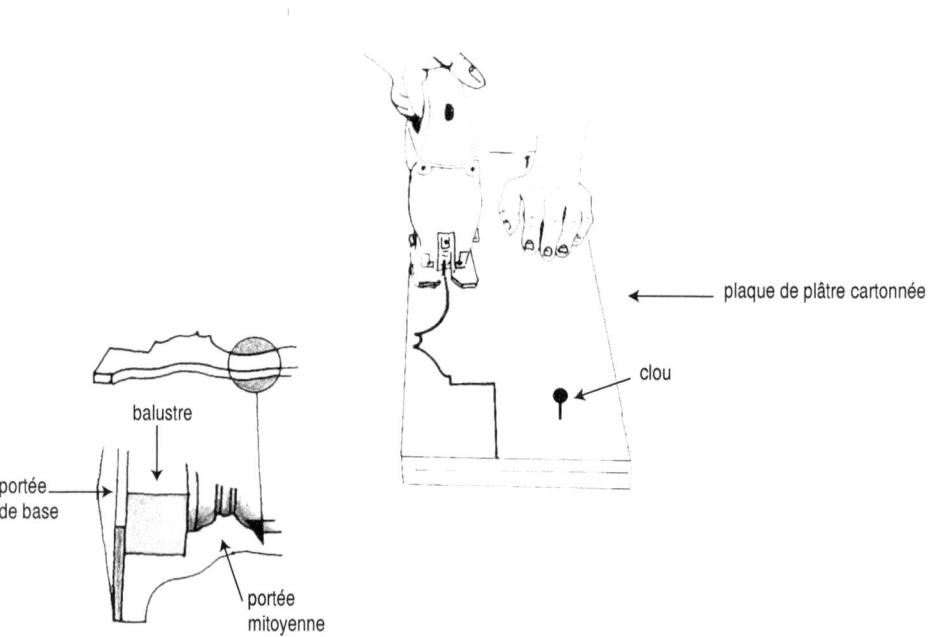

Fig. 5.75 : Découpage des portées de séparation

Les moules

■ Moule souple à deux enveloppes

Dans le cas où l'élément à reproduire ne permet pas l'extraction du moule souple sans division, nous serons dans l'obligation de faire un, deux, etc., plans de joints suivant la complexité du modèle.
Nous allons étudier ici la fabrication d'un moule souple à deux enveloppes sur une statuette (Vénus de Milo), mais ce pourrait aussi bien être une base de colonne...

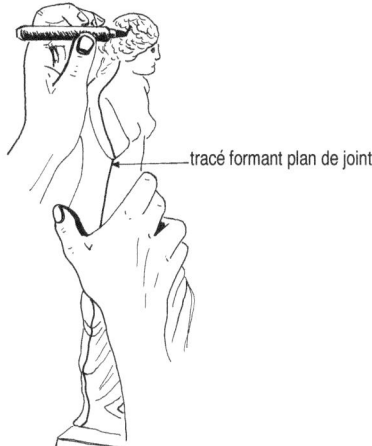

Fig. 5.76 : Traçage de la ligne de séparation ou plan de joint

– Tracer le plan de joint ou de séparation (fig. 5.76) ;
– découper la portée de base (fig. 5.77) et la sceller ;
– isoler le modèle et la portée de base suivant le moule souple employé (savon, cire, etc.) ;
– placer la face du modèle comportant le plus de relief sur des coussinets de terre recouverts de Cellophane ;
– appliquer une bande de terre préalablement découpée (fig. 5.78a) sur la ligne de séparation dont la largeur (8 cm au minimum) est calculée en fonction de la forme du modèle (fig. 5.78b) ;
– creuser sur la portée en terre deux ou plusieurs clés ou mortaises (fig. 5.79) ;
– protéger le modèle par du film plastique en retrait de 1 cm de la portée en terre ;
– recouvrir cette portée en terre d'une portée en plâtre de 8 à 10 mm, renforcée par des filassons formant cravate (ou pendard*) et fixer un ou plusieurs piétements stabilisateurs (fig. 5.80) ;
– retourner le modèle, enlever la terre, nettoyer et retoucher les portées en plâtre si besoin est ;
– savonner les portées de séparation.

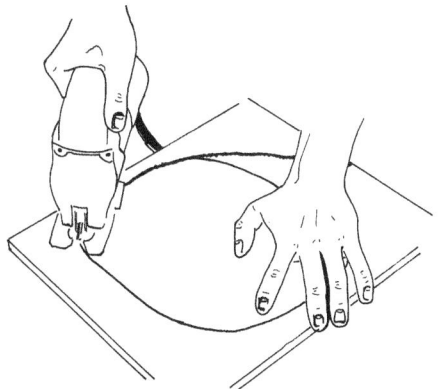

Fig. 5.77a : Découpage de la portée de base
Fig. 5.77b : Plaques de terre découpées

Techniques et pratique du staff

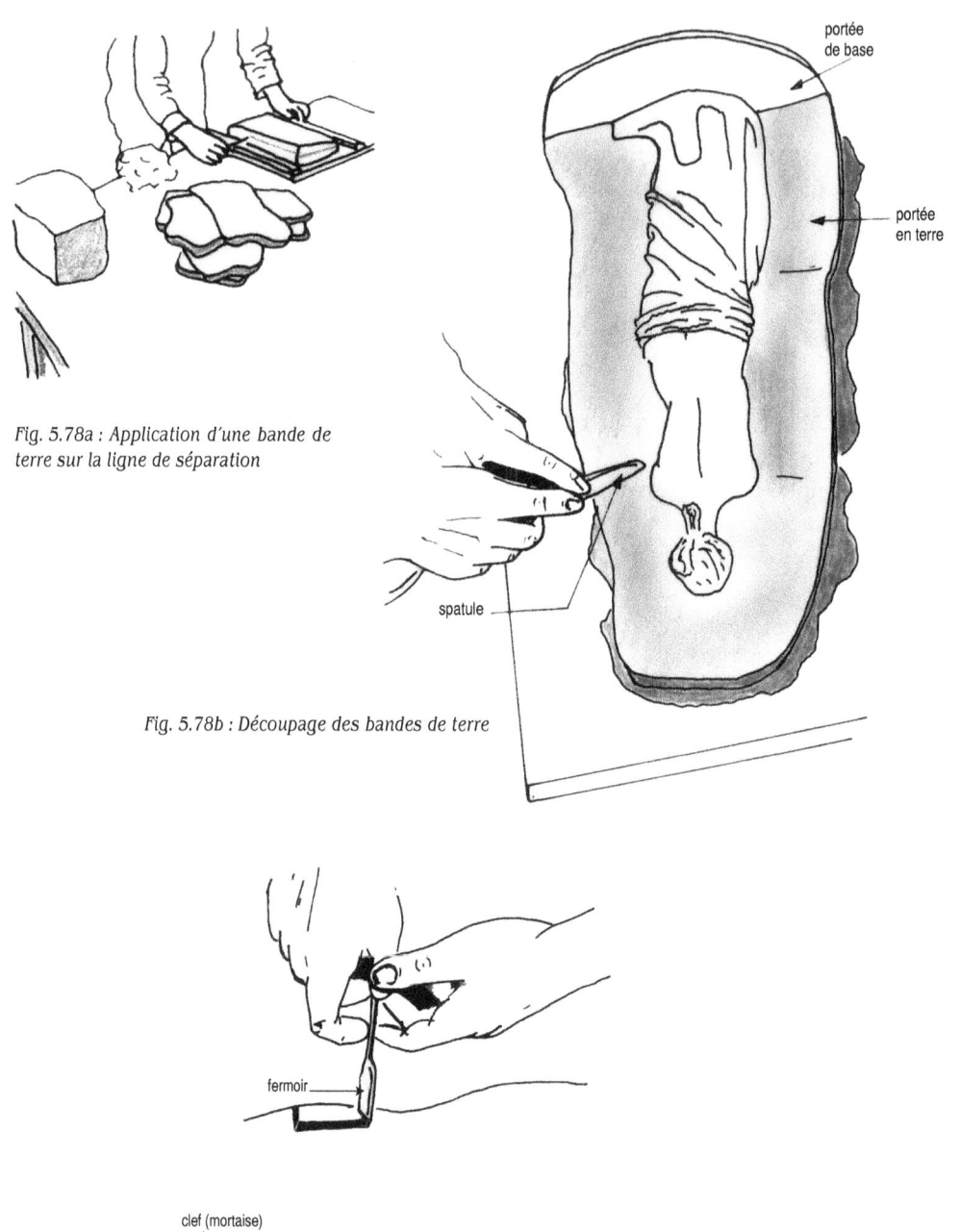

Fig. 5.78a : Application d'une bande de terre sur la ligne de séparation

Fig. 5.78b : Découpage des bandes de terre

Fig. 5.79 : Creusement des clefs

Les moules

Fig. 5.80 : Recouvrement en plâtre à mouler et fixation des piétements

a/ *Fabriquer la première coquille*

– Préparer une épaisseur de terre de 7 à 8 mm pour un élastomère à usage unique, de 1,5 cm à 2 cm pour un élastomère réemployé ou pour la gélatine ;
– avant d'appliquer cette épaisseur de terre sur le modèle, bien isoler ce dernier avec de la Cellophane. L'application se fait de bas en haut, par bandes de terre successives. S'assurer qu'il n'y a pas de contre-dépouille (fig. 5.81). Prévoir une ou plusieurs chapettes au cas où l'épaisseur de terre deviendrait trop importante (fig. 5.73) ;
– lorsque l'enrobement du modèle est terminé, lisser la surface avec une éponge humide ;
– placer à la base du noyau une bande de terre de 3 à 4 cm de largeur (fig. 5.82) ;
– coiffer l'extrémité du noyau de base par un cordon de terre de positionnement de 8 à 10 mm de largeur environ : ce cordon de terre permet de maintenir ensuite le moule souple dans sa coquille (fig. 5.82 et fig. 5.83) ;
– au sommet du noyau, disposer un ou plusieurs troncs de cône en terre sur lesquels se mouleront les trous de coulée du matériau de moulage (fig. 5.84) ;
– il est possible de rajouter un cordon de positionnement au centre du noyau (fig. 5.84) ;

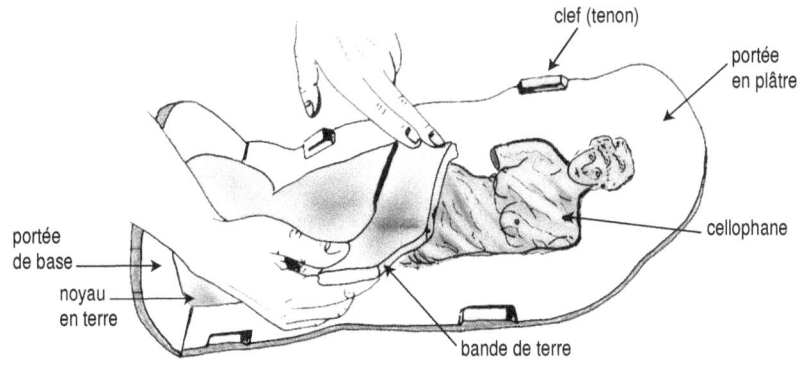

Fig. 5.81 : Application des bandes de terre sur le modèle

Techniques et pratique du staff

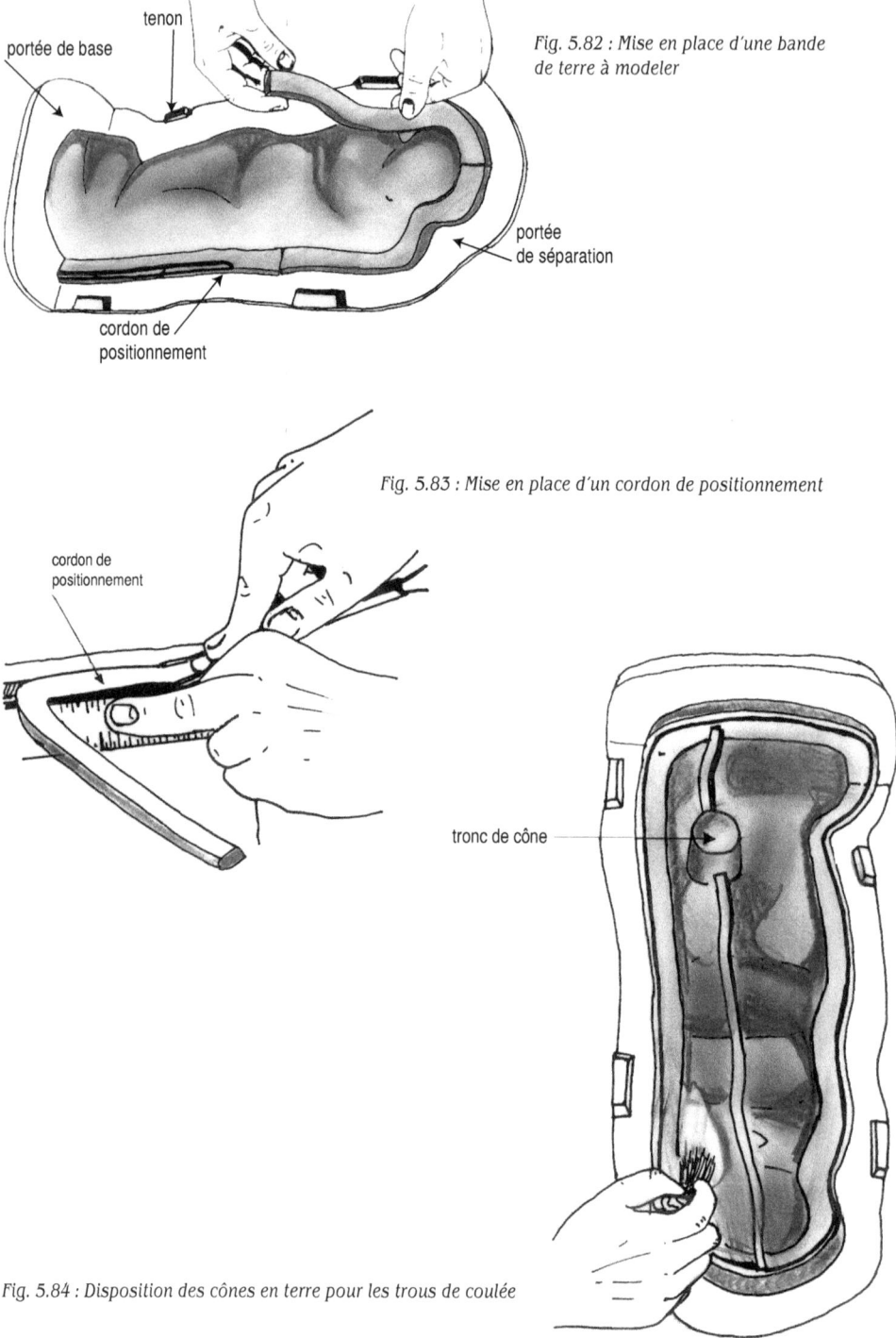

Fig. 5.82 : Mise en place d'une bande de terre à modeler

Fig. 5.83 : Mise en place d'un cordon de positionnement

Fig. 5.84 : Disposition des cônes en terre pour les trous de coulée

Les moules

- pour favoriser le décollement de la coquille après le moulage, enduire la terre d'une légère couche d'huile, puis barbotiner la portée (fig. 5.84) ;
- mouler la première coquille et l'armer, si nécessaire, au moyen d'un châssis en bois, piétement en plâtre, etc. ;
- au démoulage, veiller à ne pas abîmer les portées et à bien nettoyer l'intérieur de la coquille.

b/ *Réaliser le premier moule souple*

Préparation de la coquille :
- avec une perceuse électrique, forer dans la coquille des trous évents par où est chassé l'air au moment du coulage du moule souple (fig. 5.85) ;

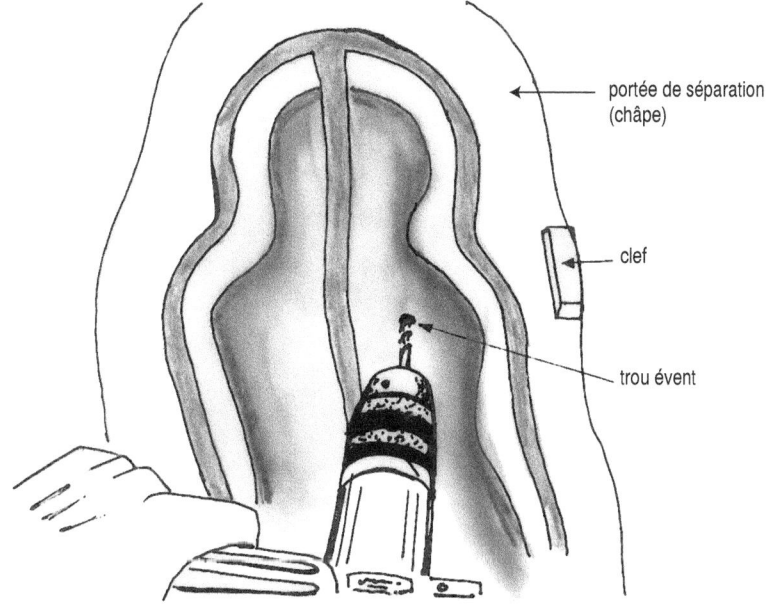

Fig. 5.85 : Perçage des trous évents

- isoler l'intérieur de la coquille avant sa mise en position sur les portées ;
- fixer sur le trou de coulée un cône verseur, ou verse, par exemple une bouteille en plastique coupée (fig. 5.86) ;
- graisser la portée extérieure (modèle/moule) ;
- écraser un cordon de terre sur la rainure du plan de joint ainsi qu'à la base du cône verseur (fig. 5.87) ;
- positionner un filasson sur les portées ainsi qu'à la base du cône verseur (fig. 5.86) ;
- bloquer portées et coquille à l'aide de filassons transversaux (ou autre).

Remarque : lors de coulages importants, il faut apporter un soin particulier au blocage des portées et de la coquille.

Techniques et pratique du staff

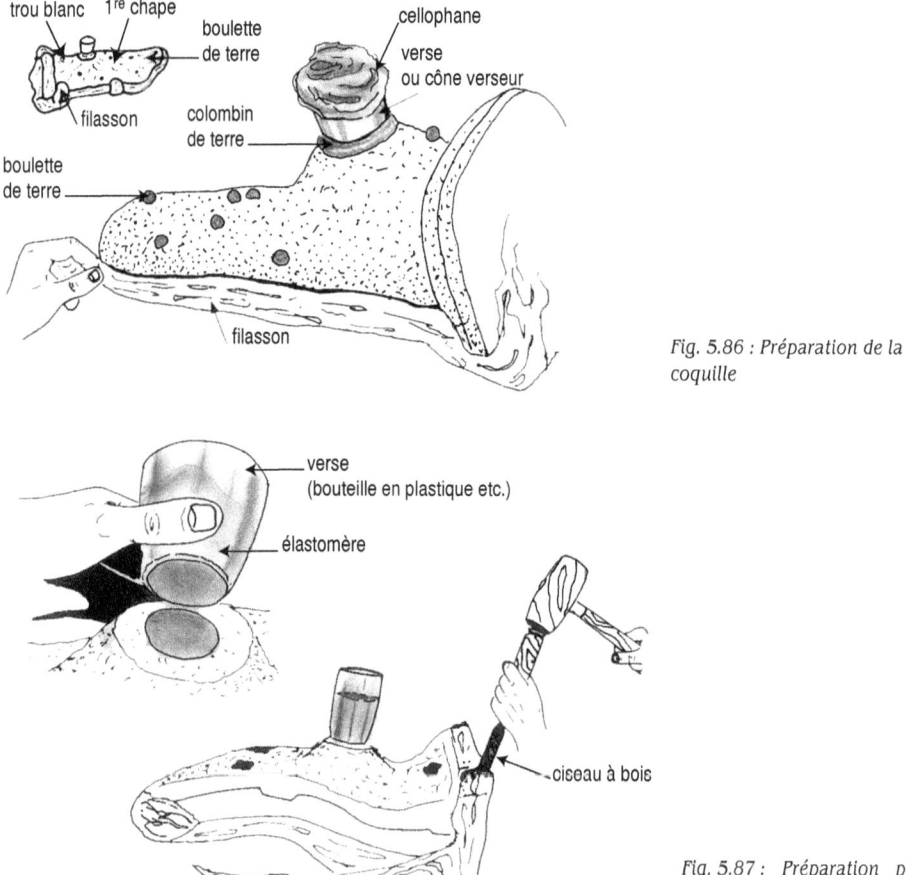

Fig. 5.86 : Préparation de la coquille

Fig. 5.87 : Préparation pour la réalisation de la seconde coquille

Préparation du matériau : mélanger la base avec la quantité de catalyseur correspondant, la dureté de l'élastomère étant choisie en fonction des travaux à effectuer.
Remarque : pour un élastomère de densité 1, le dosage à 5 % de catalyseur par rapport à la base correspond à 5 ml pour 100 ml, soit 50 ml pour 1 l (les fabricants tendent de plus en plus à colorer leurs catalyseurs, afin que l'utilisateur s'assure de leur mélange homogène dans une base blanche, et à utiliser un dosage de catalyseur à 10 % afin d'éviter toute erreur de calcul possible).
Coulage du moule souple de la première coquille :
– faire pénétrer le matériau de coulage à l'intérieur de la coquille par le cône verseur en un mince filet, en se positionnant à 30 cm du cône verseur ;
– à l'aide de boulettes de terre préalablement préparées, obturer chacun des trous évents dès que le matériau de synthèse affleure (fig. 5.86) ;
– la majorité des élastomères prenant du retrait lors de la polymérisation, il sera nécessaire de remplir le cône verseur au-delà de la quantité strictement nécessaire.

Les moules

c/ Réaliser la seconde coquille

- Après avoir retiré le cône verseur et les filassons des portées (fig. 5.87), retourner l'ensemble sur le dos de la première coquille ;
- enlever alors délicatement la portée mitoyenne, savonner la portée du moule de la première coquille. Comme précédemment, protéger le modèle avec de la Cellophane, enrober de terre, etc. comme pour les opérations exécutées lors du moulage de la première coquille ;
- avant le coulage de la seconde coquille, ne pas oublier de graisser la portée du moule souple de la première coquille avec de la graisse de vaseline ;
- démouler (fig. 5.88a et fig. 5.88b) ;
- couper les tétines* (fig. 5.89).

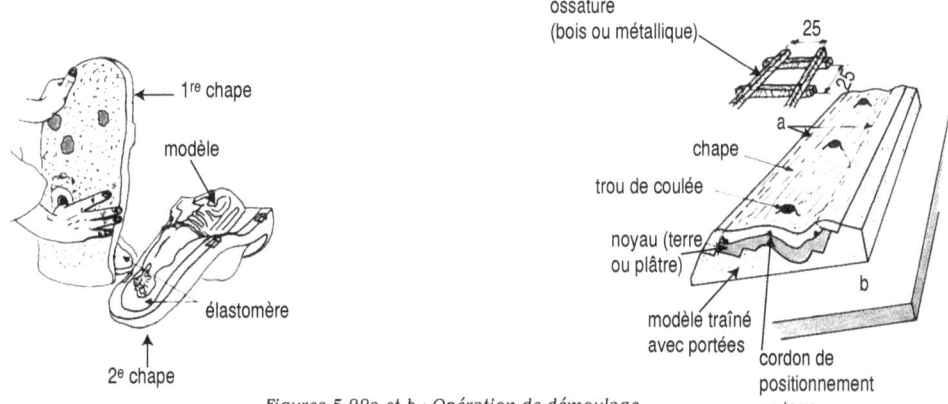

Figures 5.88a et b : Opération de démoulage

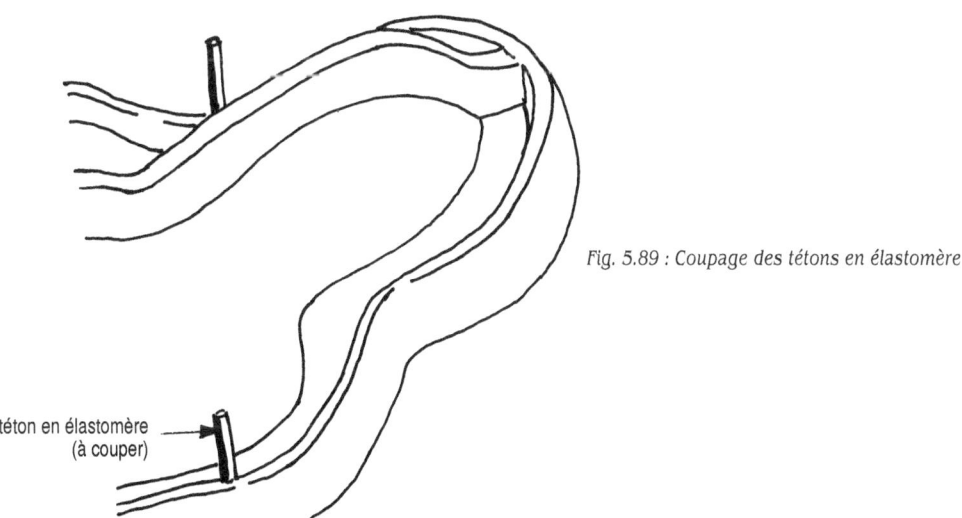

Fig. 5.89 : Coupage des tétons en élastomère

191

Techniques et pratique du staff

d/ Ébauchage

Il existe une méthode par laquelle l'élastomère à usage unique (silicone à polyaddition au retrait faible) n'est pas coulé mais appliqué par ébauches successives au pinceau autour d'une trame-armature en tissu de verre de 100 g/m². Cette technique est utilisée lorsqu'on envisage des éléments importants avec une légère contre-dépouille. Le procédé est alors intéressant surtout sur le plan économique.
- Préparation : prendre une portée mitoyenne plus large (2 cm environ) que dans la méthode de coulage, afin de fabriquer à son extrémité une portée de retour d'une hauteur de 1,5 cm (fig. 5.90) ;
- creuser un sillon à l'intérieur de la portée mitoyenne et sur toute sa longueur afin de pouvoir loger le cordon de positionnement. Porter à 1,5 cm la portée de base en débordement du modèle ;
- ébauchage (fig. 5.91) : sur le modèle et les portées préalablement isolés, passer au pinceau une puis deux couches d'élastomère. Ne pas oublier de charger les endroits en contre-dépouille et, après vulcanisation de chaque couche, nettoyer le pinceau à l'acétone ;
- on étend alors une troisième couche sur laquelle on applique immédiatement le tissu verranne découpé afin qu'il épouse exactement la forme. On applique enfin une couche finale.

Remarque : prévoir éventuellement des annelets de consolidation maintenus à la troisième couche par une seconde verranne vulcanisée ou un cordon de positionnement moulé (fig. 5.91).

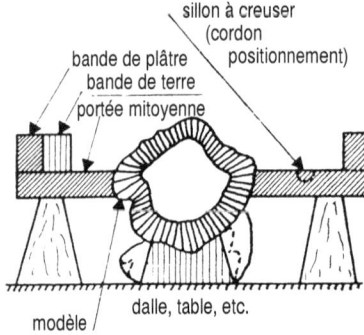

Fig. 5.90 : Réalisation des portées

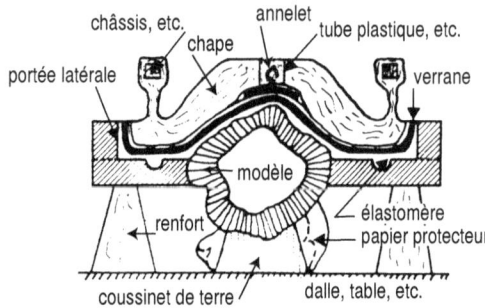

Fig. 5.91 : Moule terminé (première coquille en chape)

■ Principe du moule mère

Lorsque de nombreuses épreuves sont à tirer, devant le risque de détérioration du moule souple, il est recommandé de prévoir tout de suite la fabrication de ce que l'on appelle un moule mère. Il est réalisé en faisant une épreuve dans chaque coquille, portée comprise (fig. 5.92). Cela permet d'obtenir ensuite rapidement autant de moules souples que l'on désire, sans avoir à reprendre toutes les opérations depuis le début.

Les moules

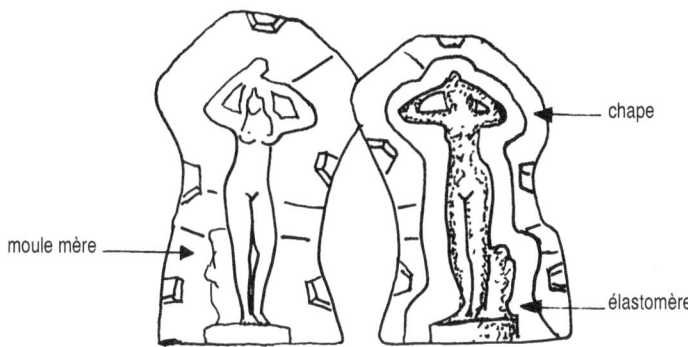

Fig. 5.92 : Principe du moule mère

■ Moule souple à une enveloppe

Le moule souple à une enveloppe devient nécessaire lorsqu'on peut l'extraire de son support sans avoir recours à sa division : un modillon, etc. mais aussi un modèle de chat, tel que celui pris en exemple ici (fig. 5.95).
Dans ce cas, ne pas oublier de sceller à la base du modèle une portée minimale de 7 cm de largeur en débordement.

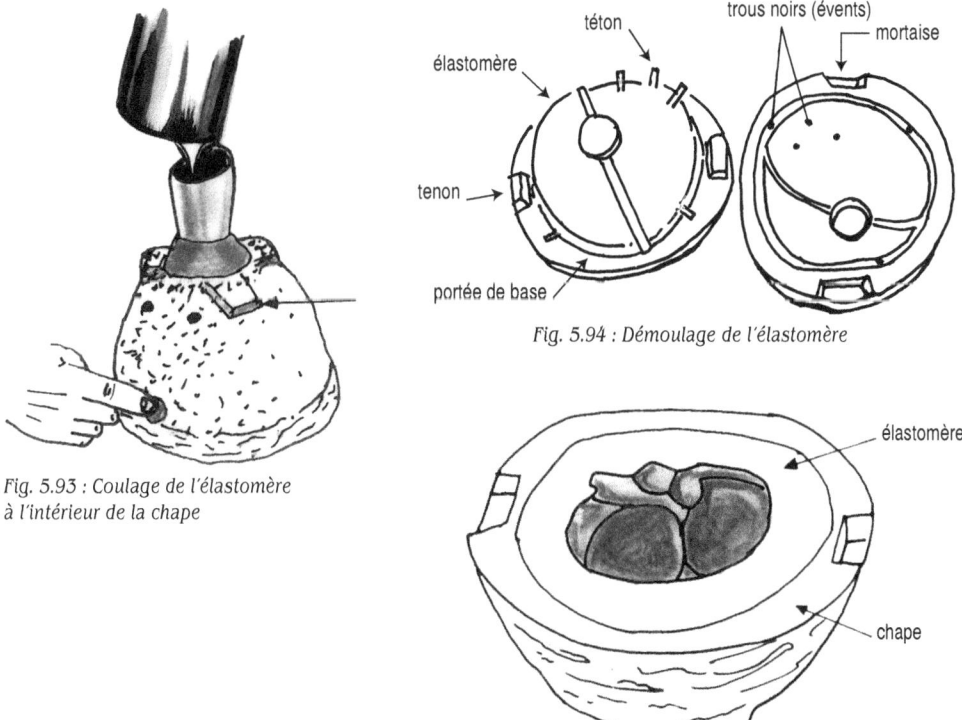

Fig. 5.93 : Coulage de l'élastomère à l'intérieur de la chape

Fig. 5.94 : Démoulage de l'élastomère

Fig. 5.95 : Moule souple à une enveloppe

Techniques et pratique du staff

■ Moule en bateau

Il s'agit du moulage sur un modèle de petites dimensions et de peu de relief à l'intérieur d'un encadrement. Cette méthode évite la fabrication d'une enveloppe (fig. 5.99).
Pour confectionner un moule souple en bateau avec plan de joint, se reporter aux figures : 5.96, 5.97, et 5.98.

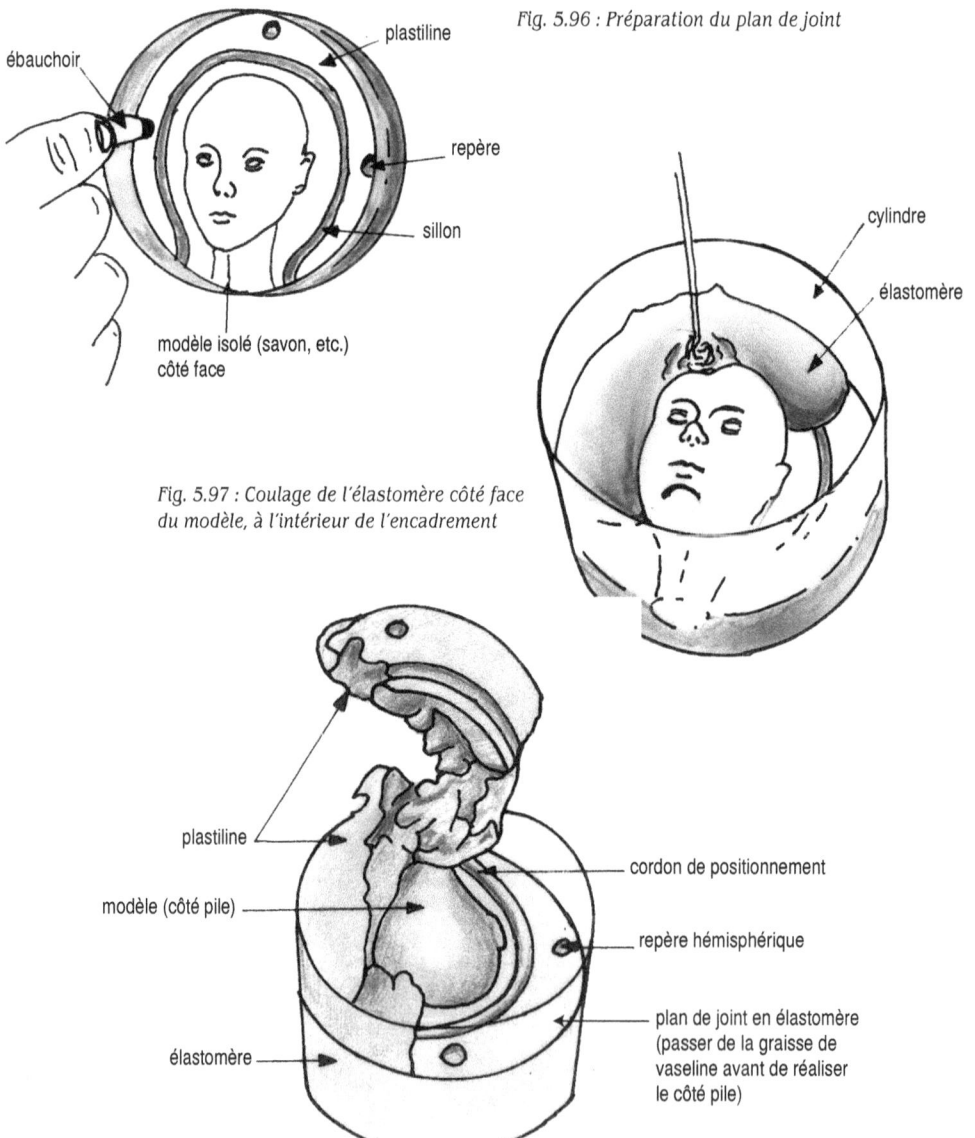

Fig. 5.96 : Préparation du plan de joint

Fig. 5.97 : Coulage de l'élastomère côté face du modèle, à l'intérieur de l'encadrement

Fig. 5.98 : Enlèvement du plan de joint avant le coulage de l'élastomère, côté pile du modèle

Les moules

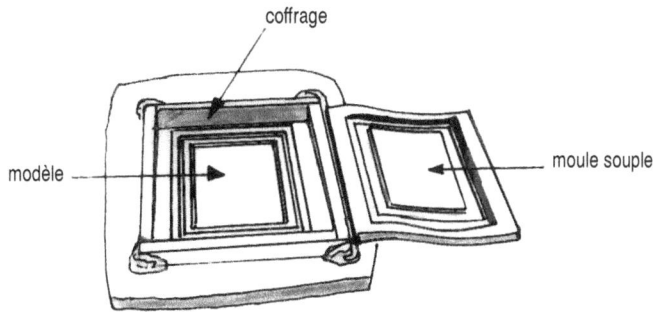

Fig. 5.99 : Moule en bateau

■ Estamper

L'estampage se justifie lorsque, pour en faire une reproduction, on veut prendre l'empreinte d'un modèle ne pouvant être déplacé, par exemple une corniche, une rosace, etc. Mais il se justifie également pour remplacer un coulage sous chape, étant plus rapide d'exécution et utilisant moins de matière d'œuvre.

– Passer la couche d'impression soit à la main, soit au pinceau. Suivant le taux de viscosité, on peut appliquer un élastomère coulable (fig. 5.100). Pour ce faire il faut utiliser un catalyseur à prise rapide ; on peut également prendre un élastomère coulable auquel on ajoute un agent thixotrope (gel de silice, etc.) ou un élastomère thixotrope pâteux mélangé à l'aide d'un riflard (fig. 5.101) et appliqué à la main (fig. 5.102 et 5.103a). Charger ensuite la couche d'impression et lisser au pinceau imprégné d'eau savonneuse ou contre-calibrer le dos du moule souple (fig. 5.103b), l'épaisseur totale à atteindre étant d'au moins 5 mm.

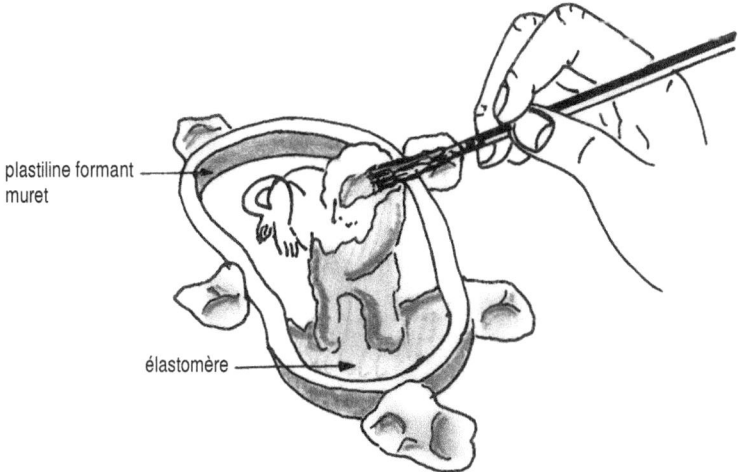

Fig. 5.100 : Application d'un élastomère coulable au pinceau

Techniques et pratique du staff

Fig. 5.101 : Mélange à l'aide du riflard

Fig. 5.102 : Application à la main d'un élastomère thixotrope pâteux

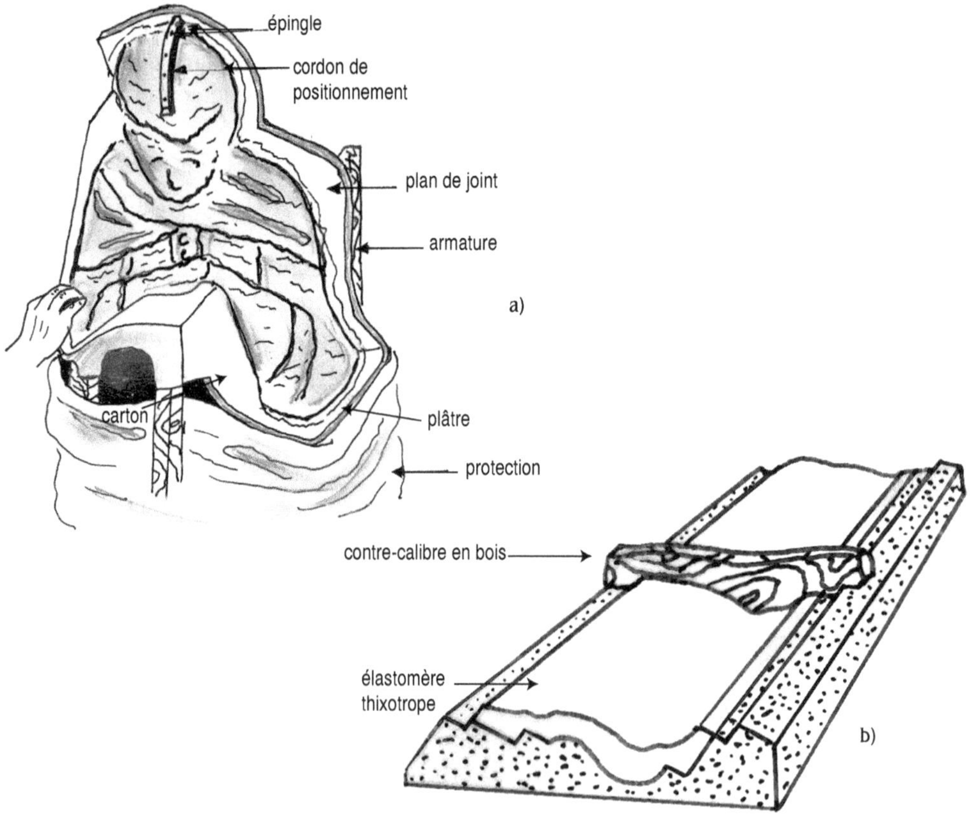

Fig. 5.103 : Mise en place des cordons de positionnement

Remarque : lorsqu'on utilise deux élastomères différents, il faut s'assurer de leur compatibilité. Il faut aussi faire attention à ce que la face brute du moule souple soit toujours en dépouille.

Les moules

- Fixer au dos du moule souple soit les repères hémisphériques (fig. 5.105 et 5.106), sachant qu'ils sont surtout utilisés comme clés d'emboîtement aux plans de joints entre deux moules souples, soit les cordons de positionnement (fig. 5.103a et 5.104) ;
- mouler la chape.

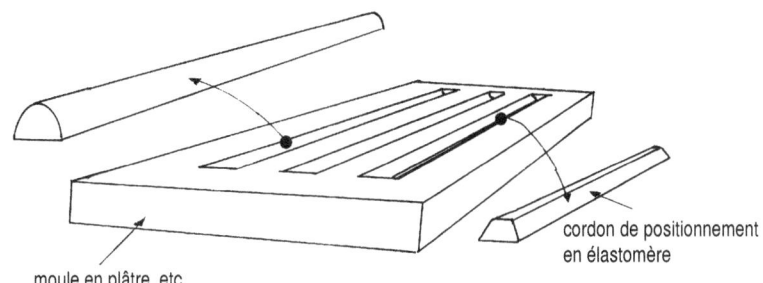

Fig. 5.104 : Démoulage des cordons de positionnement

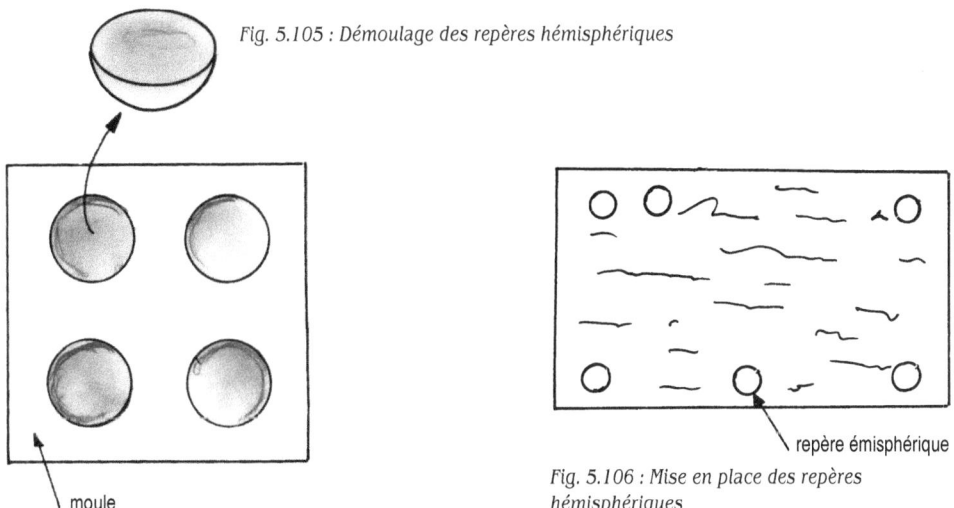

Fig. 5.105 : Démoulage des repères hémisphériques

Fig. 5.106 : Mise en place des repères hémisphériques

■ Faire un moule souple à deux coquilles sur la main d'une personne

Prenons le cas d'un client demandant à un entrepreneur de staff de lui mouler les deux mains afin de s'en servir de presse-livres. L'opérateur devra tenir compte de deux impératifs principaux. Le premier est de s'assurer de la compatibilité de l'élastomère employé avec la peau et le deuxième est de positionner les mains de telle sorte que cela n'occasionne aucune fatigue au client lors de la conception du premier moule souple.
- Utiliser un élastomère compatible avec la peau, par exemple le RTV 70111 de Rhône-Poulenc ;

Techniques et pratique du staff

- placer le plat de la main sur une portée en terre (fig. 5.107) ;
- mettre un muret de terre pour former un coffrage destiné à l'élastomère qui sera appliqué ;
- creuser des sillons de positionnement (fig. 5.107) ;
- graisser le dessus de la main avec de la graisse de vaseline ;
- passer d'abord un voile d'élastomère au pinceau, puis augmenter l'épaisseur jusqu'à 8 mm environ (fig. 5.108) ;

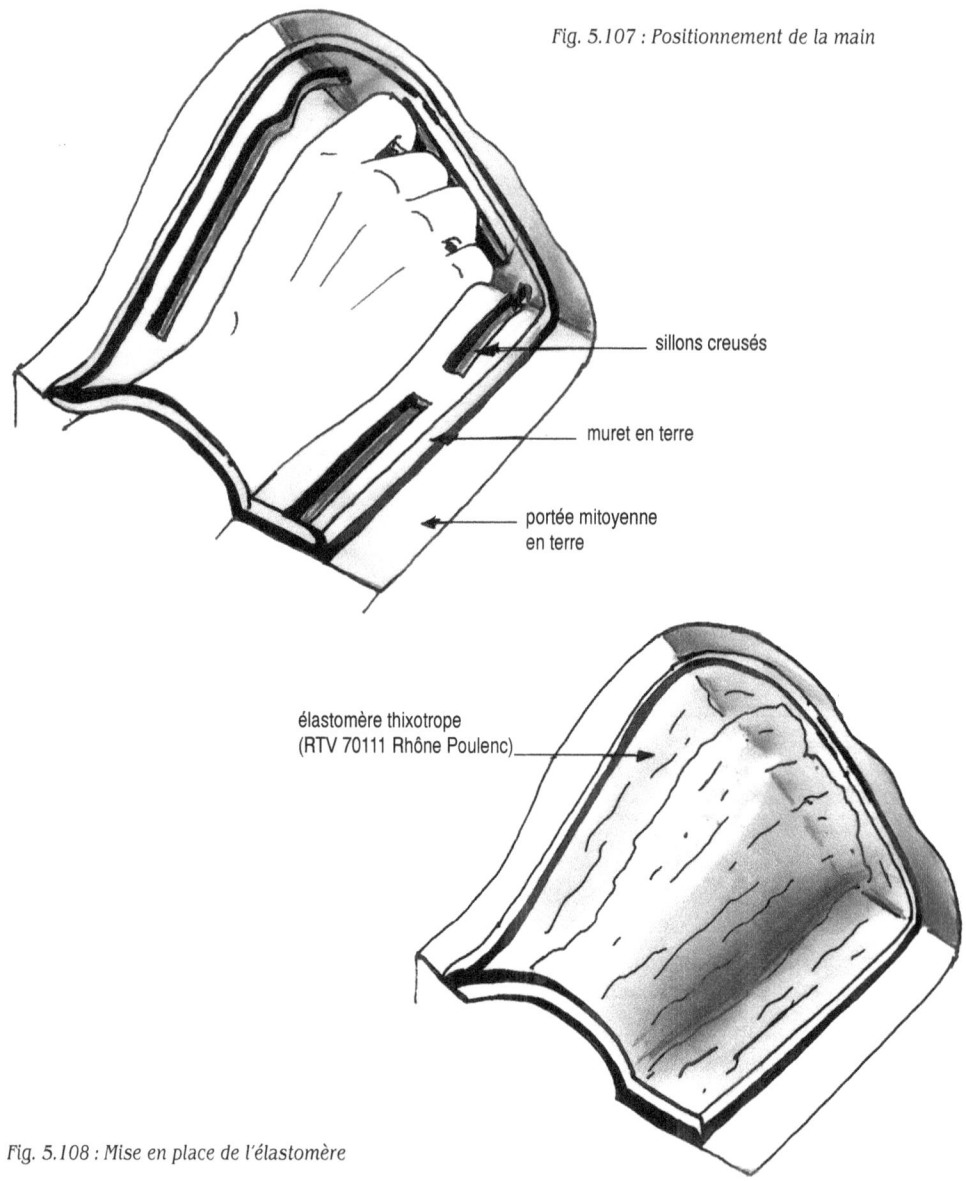

Fig. 5.107 : Positionnement de la main

Fig. 5.108 : Mise en place de l'élastomère

Les moules

- enlever le muret de terre ;
- mouler la première coquille ;
- retourner la main et la première coquille ;
- enlever la terre, nettoyer le plat de la main et la portée de la première coquille en plâtre ;
- isoler avec de la gomme-laque la portée de la première coquille en plâtre. Puis passer un démoulant, par exemple de la graisse de vaseline, sur la portée en plâtre et en élastomère ainsi que dans le creux de la main ;
- recommencer ensuite les opérations énumérées précédemment : muret de terre, estampage du moule souple, enlèvement du muret, graissage de la portée en plâtre, moulage de la seconde coquille (fig. 5.109) ;
- lisser la seconde coquille à la plaquette souple (fig. 5.110) ;
- démouler (fig. 5.111).

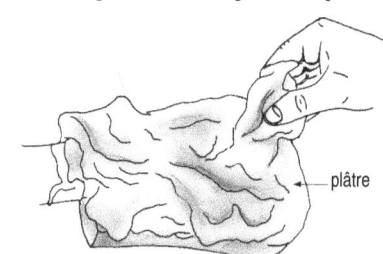

Fig. 5.109 : Moulage de la première coquille en plâtre

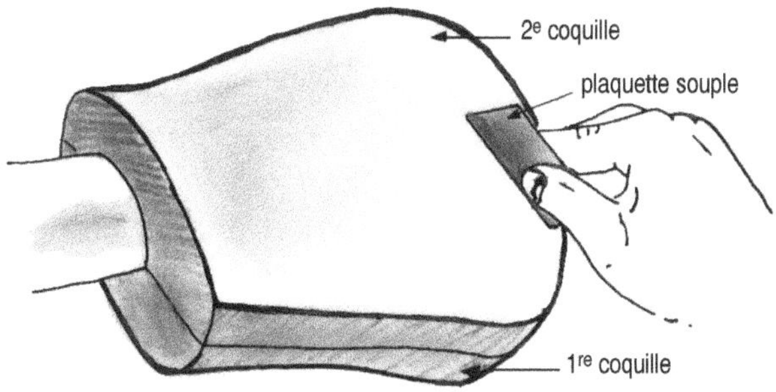

Fig. 5.110 : Lissage de la seconde coquille en plâtre

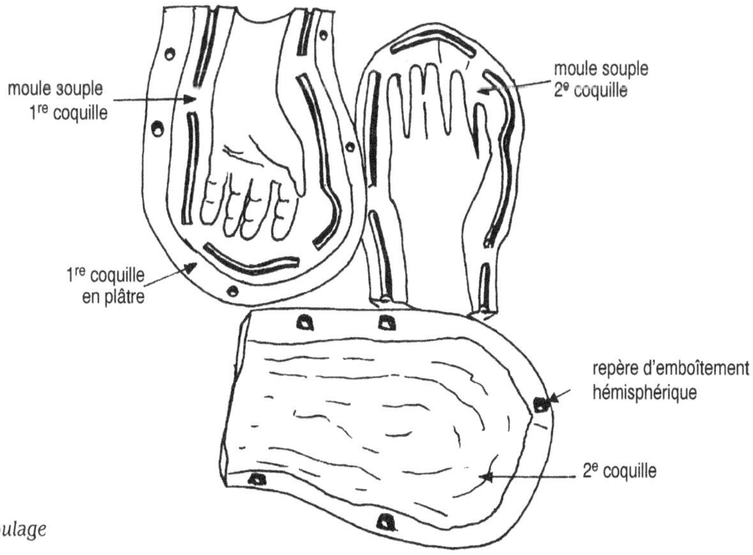

Fig. 5.111 : Démoulage

Remarque : la réticulation du RTV 70111 est très rapide. Cet élastomère très fragile se déchire facilement. Lorsque la position de la main le permet, il est préférable d'exécuter un moule direct sans séparation ni coquille. Après vulcanisation du moule souple, extraire délicatement la main de son enveloppe en incisant légèrement les côtés, si besoin est. Mouler ensuite l'épreuve à la volée.

Prévention : Dans le cas où le silicone, non compatible, vient en contact avec la peau, laver abondamment à l'eau savonneuse. Dans le cas de projection de silicone dans l'œil, laver à l'eau claire et consulter aussitôt un médecin.

L'alginate

L'alginate est un produit naturel à base d'extrait d'algues brunes (alginate de sodium et terre de diatomée). Sa couleur varie du blanc crème à l'ivoire foncé. Sa granulométrie très fine permet une quantité d'empreintes très fidèles. Bien connu dans l'art dentaire pour les prises d'empreintes de bouche, l'alginate est choisi pour le moulage de modèles* vivants ou d'objets de petite dimension. Dans une matrice en ALGINAT, on peut mouler du plâtre, de la cire ou de la résine de polyuréthanne.

Très élastique, il autorise des moulages avec fortes contre-dépouilles* sans avoir à graisser le modèle. Sa résistance mécanique est cependant insuffisante si l'on prévoit plusieurs tirages. L'ALGINAT se déchire facilement de même qu'il se désagrège, il faudra en conséquence extraire le moule de son modèle avec précaution et mouler sans trop attendre.

■ Mouler en alginate la tête d'une personne ou le visage d'un enfant

a/ *Mouler en alginate la tête d'une personne*

- Préparer le matériel : Cellophane, draps, pinceaux, balance, bassine, etc. et la matière d'œuvre : bandes plâtrées, adhésif, graisse de vaseline, alginate ;
- prendre le tour de cou de la personne, ou sujet, à l'aide d'un fil de fer ;
- reporter le tour de cou dans l'axe de deux feuilles de carton jointes (la portée de base formée par les deux feuilles de carton n'est pas obligatoire) ;
- graisser à la vaseline les parties de la tête qui seront en contact avec la Cellophane (fig. 5.112) ;

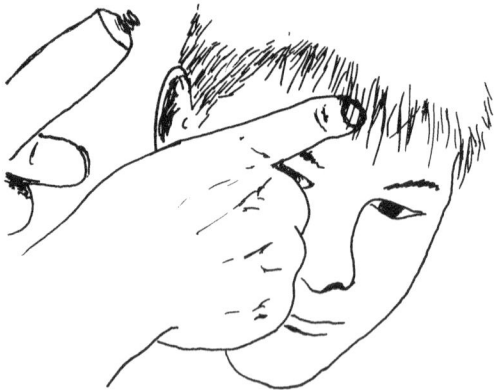

Fig. 5.112 : Application de la vaseline

Les moules

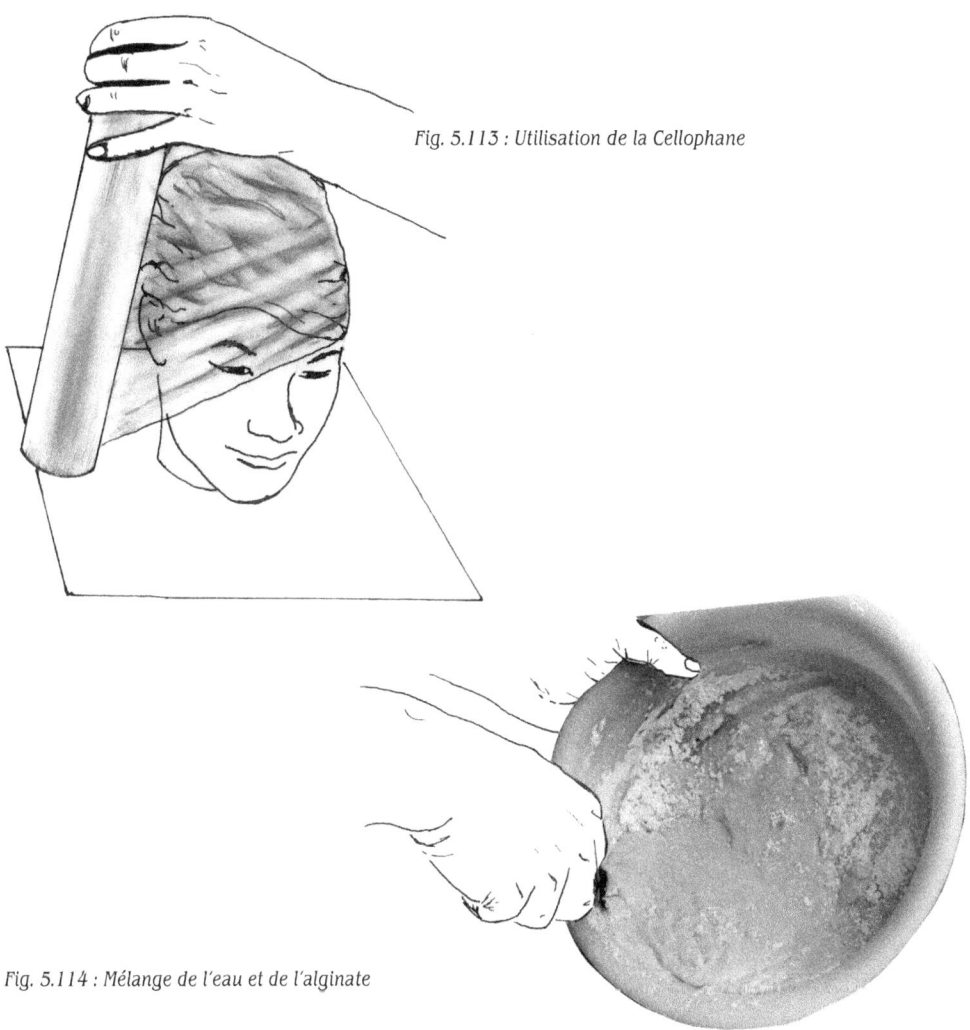

Fig. 5.113 : Utilisation de la Cellophane

Fig. 5.114 : Mélange de l'eau et de l'alginate

- dissimuler la chevelure à l'aide de la Cellophane (fig. 5.113) ;
- prévoir deux bassines avec de la poudre d'alginate à raison de 300 g pour un litre d'eau ;
- la respiration du modèle est facilitée à l'aide d'une paille recourbée vers le haut et placée dans chaque narine. Le modèle se sera entraîné à respirer bouche fermée, et à garder les yeux clos (un mouleur débutant devra impérativement utilisé ce procédé) ;
- ajouter dans une première bassine la quantité d'eau nécessaire puis mélanger rapidement l'eau et l'alginate, pendant 40 à 60 secondes, jusqu'à parfaite homogénéité (fig. 5.114).

Préparatifs : pour une bonne maîtrise de l'étape suivante, il faut deux opérateurs. Pendant que le premier recouvre la tête de la personne (le sujet) du mélange contenu dans

Techniques et pratique du staff

une bassine, le second opérateur prépare un autre mélange d'eau et d'alginate dans l'autre bassine.

Pour des raisons de sécurité de l'opération, il est impératif de demander au sujet de lever la main au cas où un problème surviendrait, et de le rassurer en lui expliquant toutes les opérations à venir.

- Appliquer l'alginate : commencer l'application à la main sur le visage (fig. 5.115a, 115b, 115c). Faire très attention de ne pas obstruer les narines. Continuer l'application de l'alginate derrière la tête sans attendre la prise de la première application, sachant que le temps d'utilisation est de 6 à 8 minutes après le mélange (fig. 5.116) ;
- couper l'alginate avec un outil non tranchant (ébauchoir, spatule, etc.) selon la ligne de séparation choisie (fig. 5.117a, b, c).

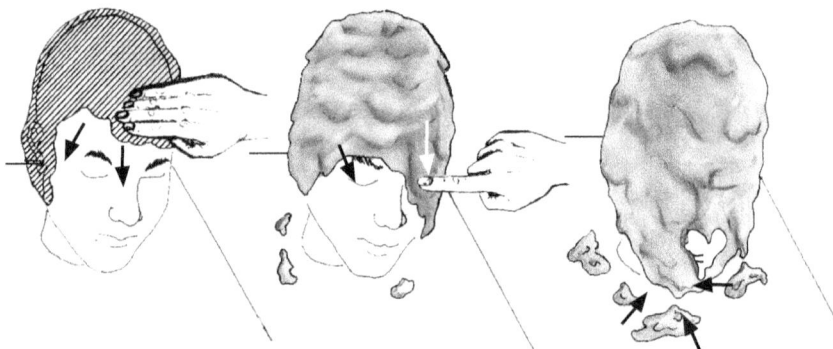

Figures 5.115a, b, c : Application de l'alginate à la main sur le visage

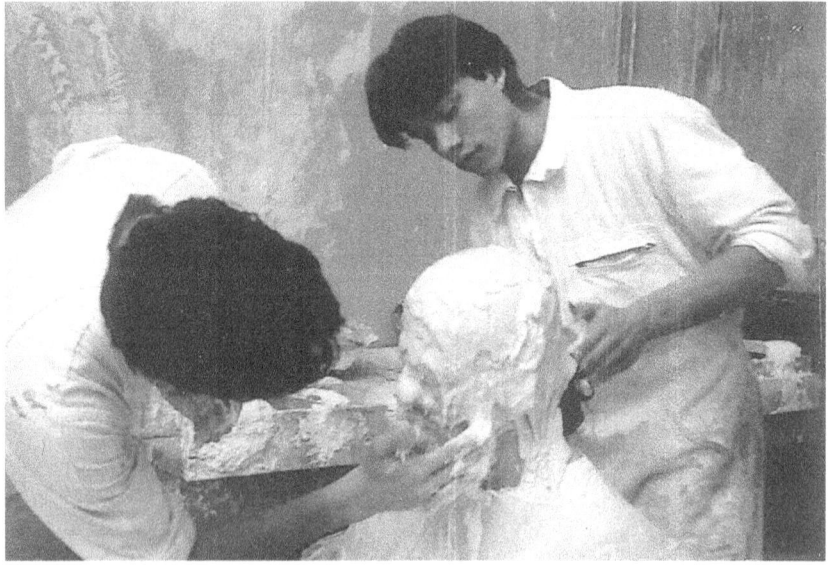

Fig. 5.116 : Application de l'alginate

202

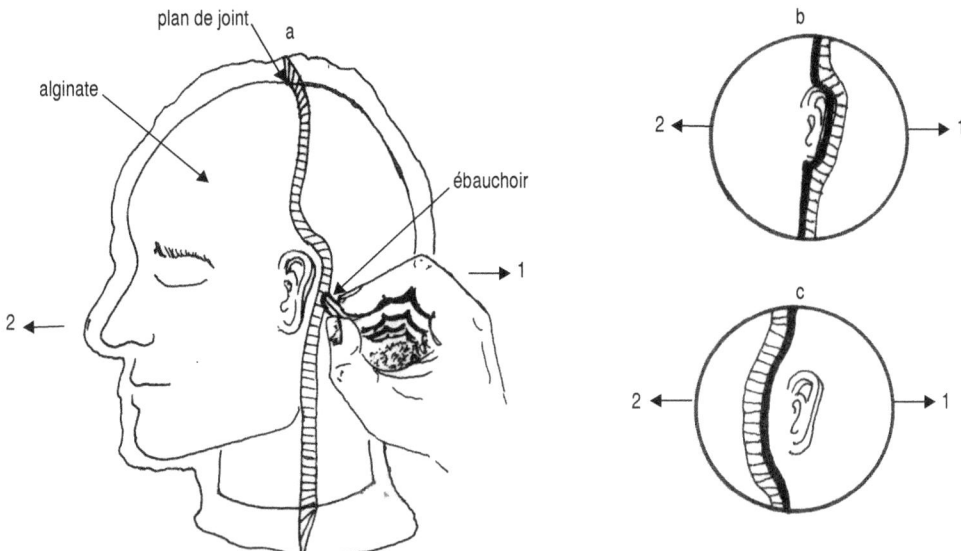

Fig. 5.117 : Coupage de l'alginate

Deuxième technique (fig. 5.118)
- Armer la face brute du moule souple en alginat de deux à trois couches de bandes plâtrées ;
- faire des repères de positionnement au feutre sur les coquilles (fig. 5.119a et b).

Remarque : renforcer les coquilles si besoin est à l'aide de ronds d'acier maintenus par les bandes plâtrées.
- Précautions à prendre : faire très attention à ne pas recouvrir la ligne de séparation avec la bande plâtrée et à ne pas obstruer les narines ;
- démouler le négatif en commençant par l'arrière de la tête du sujet ;
- enlever ensuite le côté face du moule, en introduisant préalablement de l'air entre le sujet et le moule. Pour ce faire, écarter légèrement avec les mains le négatif au niveau des oreilles du sujet, puis tirer le moule doucement vers le bas (fig. 5.120).

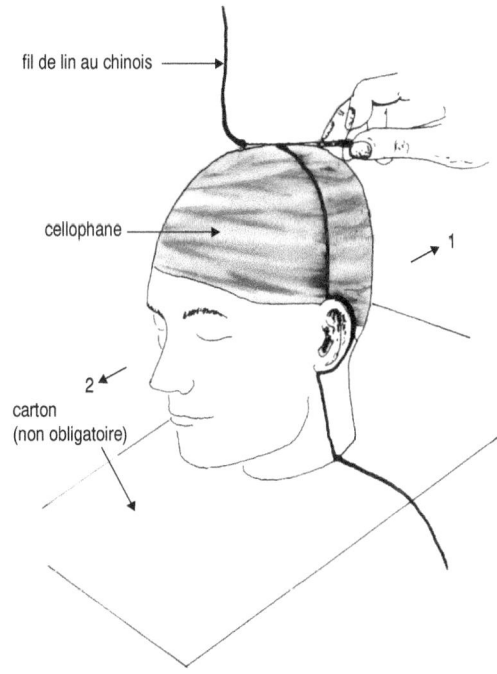

Fig. 5.118 : Autre technique

Techniques et pratique du staff

Remarque : on peut être amené à recoller l'alginate sur son support (coquilles) afin d'éviter toute déformation du moule lors du moulage de l'épreuve à l'aide d'une pâte adhésive pour appareils dentaires (fig. 5.121).

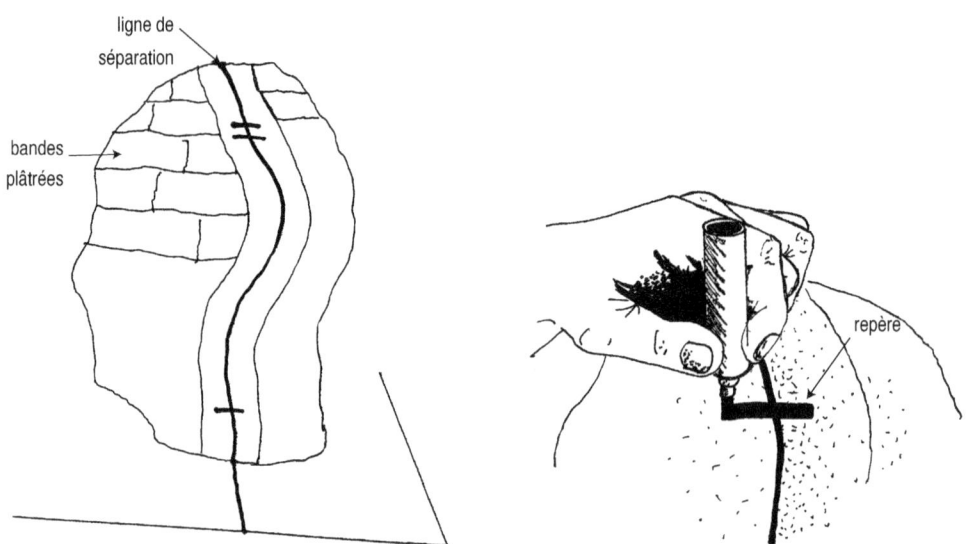

Fig. 5.119a et b : Renforcement par des bandes plâtrées

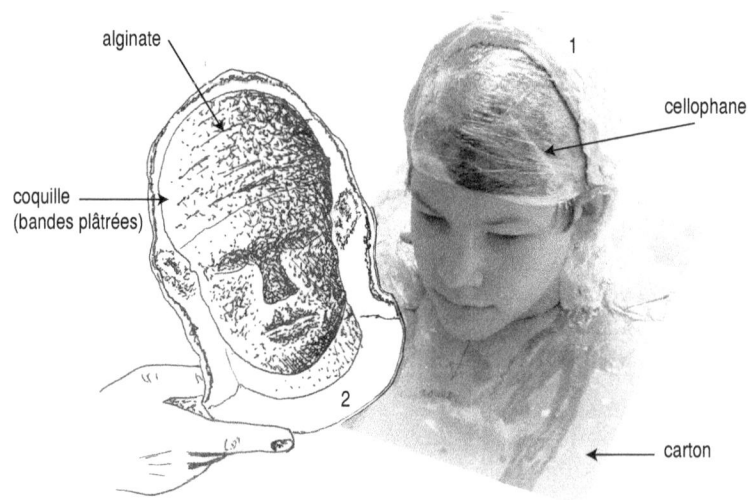

Fig. 5.120 : Démoulage

Les moules

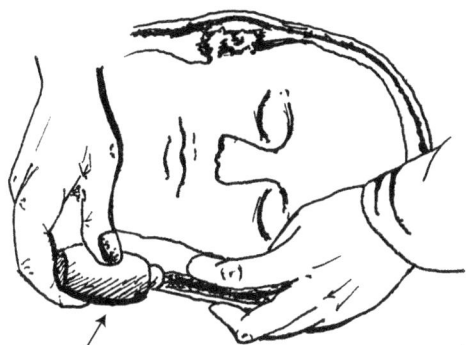

pâte adhésive pour appareils dentaires
Fig. 5.121 : Collage de l'alginate avec une pâte dentaire

b/ *Mouler en alginate le visage d'un enfant*

Le but recherché est de créer un masque.
- Recouvrir le visage de l'enfant (le sujet) d'alginate ;
- armer la face brute du moule souple, etc. et procéder comme dans le paragraphe précédent ;
- démouler le modèle ainsi obtenu après durcissement du plâtre à mouler (fig. 5.122).

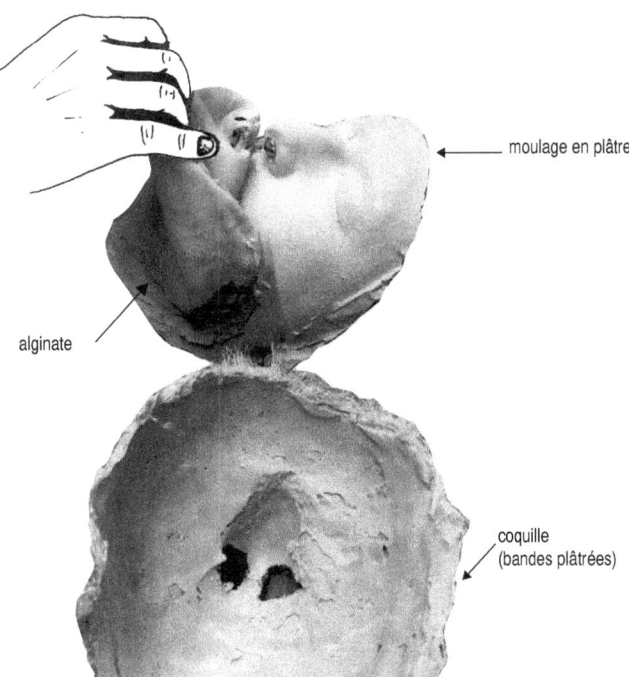

Fig. 5.122 : Démoulage du modèle

205

Techniques et pratique du staff

■ Couler de l'alginate dans un négatif en bateau

- Déterminer le moule à exécuter en traçant son contour sur le modèle ;
- découper au cutter une bande de plastiline ou de pâte à modeler ;
- utiliser la bande de plastiline préalablement découpée pour réaliser un rebord afin de retenir l'alginate à couler (fig. 5.123 et 5.124).

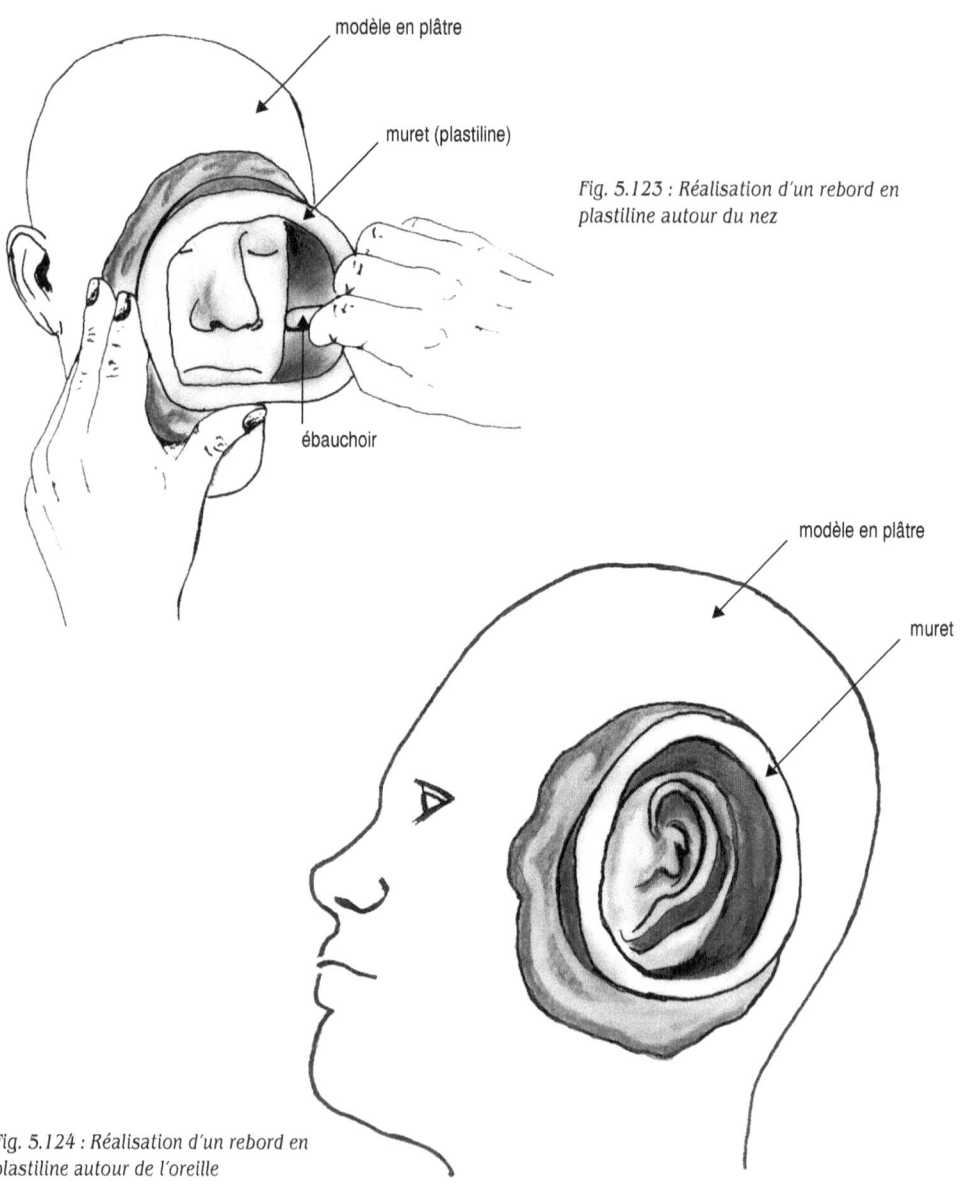

Fig. 5.123 : Réalisation d'un rebord en plastiline autour du nez

Fig. 5.124 : Réalisation d'un rebord en plastiline autour de l'oreille

Les moules

■ **Autres exemples de moulage à l'aide d'alginate**

On peut mouler, à l'aide de l'alginate, une dentition, toute autre partie du corps humain (pied, buste, etc.) (fig. 5.125 et 5.126).
Un creux perdu (la couche de recouvrement en alginat du modèle en terre ou plastiline sera alors coiffée d'une coquille en plâtre : se reporter au paragraphe Les moules à creux perdus, p. 149).

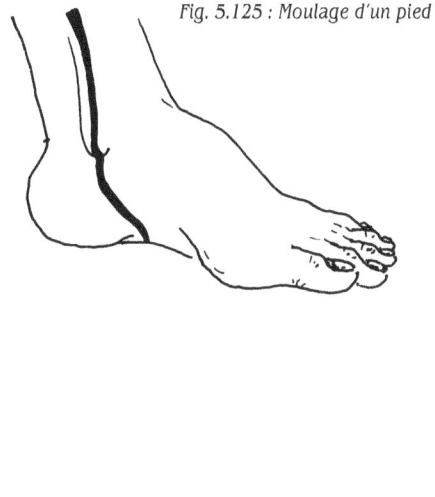

Fig. 5.125 : Moulage d'un pied

Fig. 5.126 : Moulage d'une main

Moule en latex

Si le latex a l'inconvénient d'avoir un retrait important et donc de limiter les moules à de petites dimensions, il a, en revanche, l'avantage d'être très élastique, ce qui permet de le mettre en œuvre sur des modèles ayant de fortes contre-dépouilles.
On l'utilise dans les décors de théâtre, pour l'imitation de feuilles par exemple, mais aussi dans le cinéma (moulage de prothèses, faux nez...).

■ **Le latex**

C'est une sève extraite de l'hévéa, à laquelle on ajoute un stabilisateur (ammoniaque). Son élasticité, sa résistance au déchirement, sa polymérisation à l'air et son moindre coût à l'achat sont ses principaux atouts. Il présente l'inconvénient de ne pas adhérer sur les surfaces lisses ni sur la graisse et d'avoir un retrait d'environ 10 %. Par ailleurs, certaines matières inhibent le latex, à savoir : le cuivre, le fer, l'étain. Si l'on doute du résultat que l'on souhaite obtenir, il est préférable d'effectuer des essais sur les modèles.

■ Quelques astuces

Projeter de la gomme-laque sur la terre avant de passer une couche de latex (fig. 5.127).

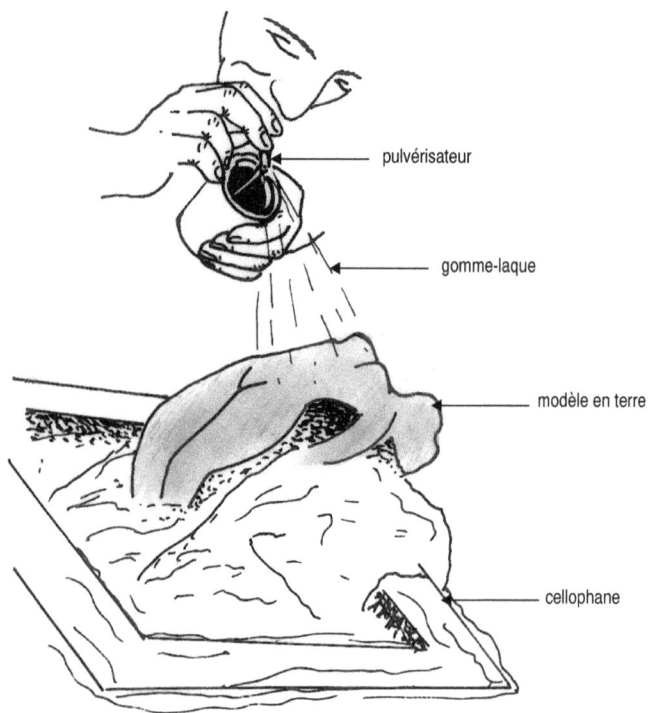

Fig. 5.127 : Pulvérisation de gomme-laque sur le modèle en terre

Armer le latex d'un tissu de verre de 100 g/m², bien que cela ait pour inconvénient de diminuer l'élasticité du latex. En tenir compte lors de la confection de moules avec contre-dépouille (fig. 5.128).

Charger le latex avec du talc, de la craie, du kaolin que l'on aura préalablement mélangé avec une petite quantité d'eau.

Enlever les bavures d'un plan de joint en ponçant le latex à l'abrasif à l'eau ayant un grain très fin.

Teinter le latex dans la masse en y ajoutant des pigments de couleurs mélangés préalablement à une petite quantité d'eau. Il est également possible de le teinter avec de la gouache (fig. 5.129).

Talquer le moule au premier démoulage afin qu'il n'adhère pas sur lui-même (fig. 5.130).

Les moules

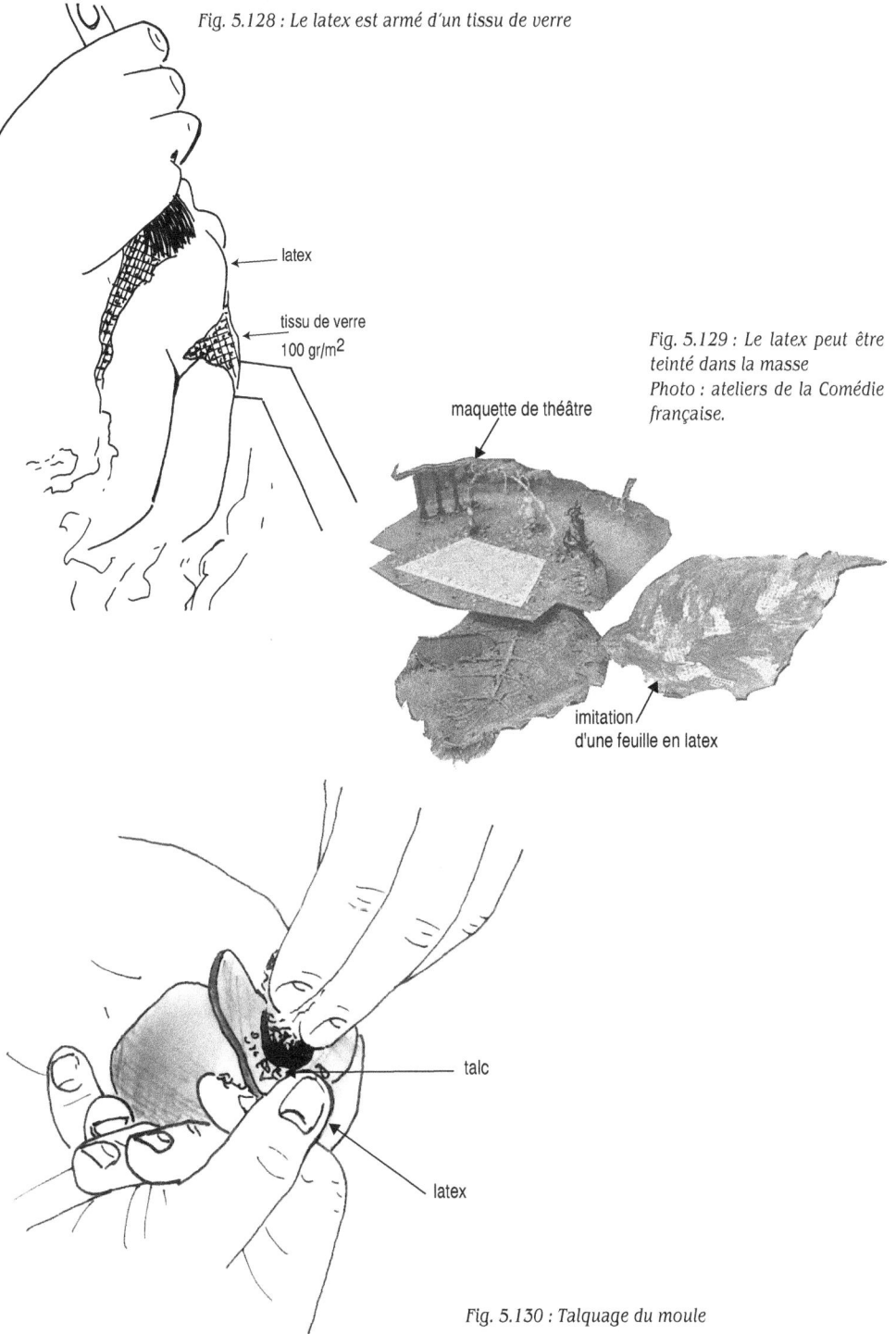

Fig. 5.128 : Le latex est armé d'un tissu de verre

Fig. 5.129 : Le latex peut être teinté dans la masse
Photo : ateliers de la Comédie française.

Fig. 5.130 : Talquage du moule

Techniques et pratique du staff

Prendre l'empreinte d'une partie d'un moulage en plâtre (fig. 5.131) : cet échantillon servira par la suite à l'imitation des pores de la peau sur un modelage en terre, par exemple pour réaliser une prothèse à appliquer sur le visage d'un acteur pour le vieillir ou simuler une coupure, un faux nez, etc.

Éviter toute tâche de graisse, sur laquelle le latex n'adhère pas (traces de doigts, etc.). Dégraisser soit au savon liquide ou avec un produit à vaisselle.

Accélérer la prise du latex à l'aide d'un sèche-cheveux.

Avant d'appliquer le latex, recouvrir les poils du pinceau de savon en pâte. Le nettoyer à l'ammoniaque en fin d'application.

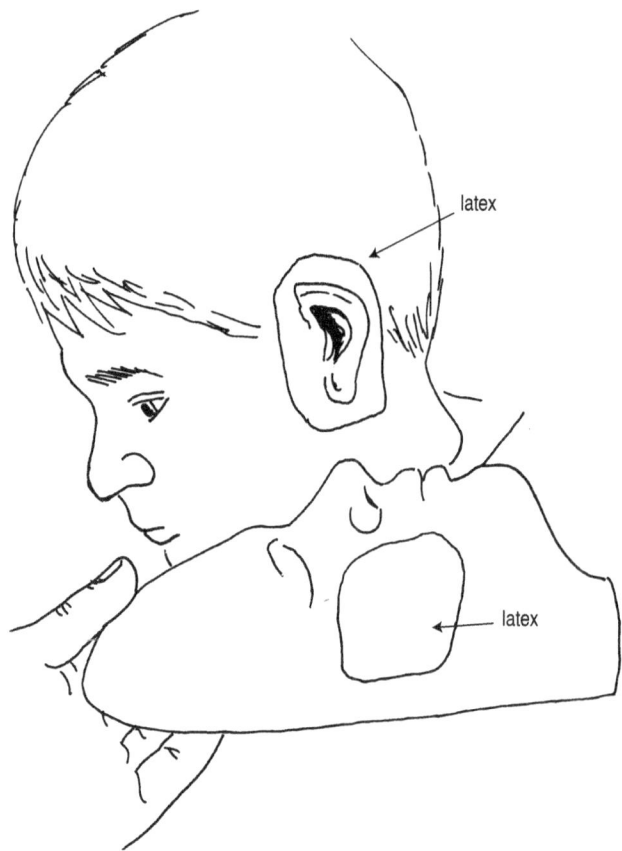

Fig. 5.131 : Prise d'empreinte d'un échantillon

■ Mouler le latex

Pour mouler le latex sur de petits modèles de forme simple, il sera préférable d'utiliser la technique au trempé. En revanche, pour des modèles plus conséquents et à forte contre-dépouille, on emploiera plus particulièrement la technique au pinceau.

Les moules

Technique au trempé (fig. 5.132) :
- plonger le modèle et son support dans le latex, les retirer délicatement et les suspendre. Attendre que le latex ait une consistance laiteuse et renouveler la même opération jusqu'à obtenir l'épaisseur désirée, soit 1 à 2 mm ;
- attendre au minimum une semaine avant d'extraire le moule en latex de son modèle. Ne pas oublier de le talquer (fig. 5.130).

Technique au pinceau (fig. 5.133, fig. 5.134, fig. 5.135) :
- savonner le modèle en plâtre ;
- avec un pinceau, recouvrir de latex le modèle en plâtre. La méthode et le nombre d'applications sont les mêmes que pour le procédé au trempé.

Remarque : le latex n'adhère pas sur lui-même si on polymérise la couche précédente.

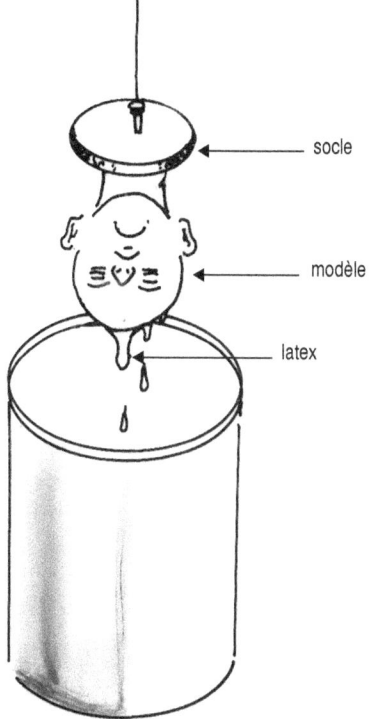

Fig. 5.132 : Technique au trempé

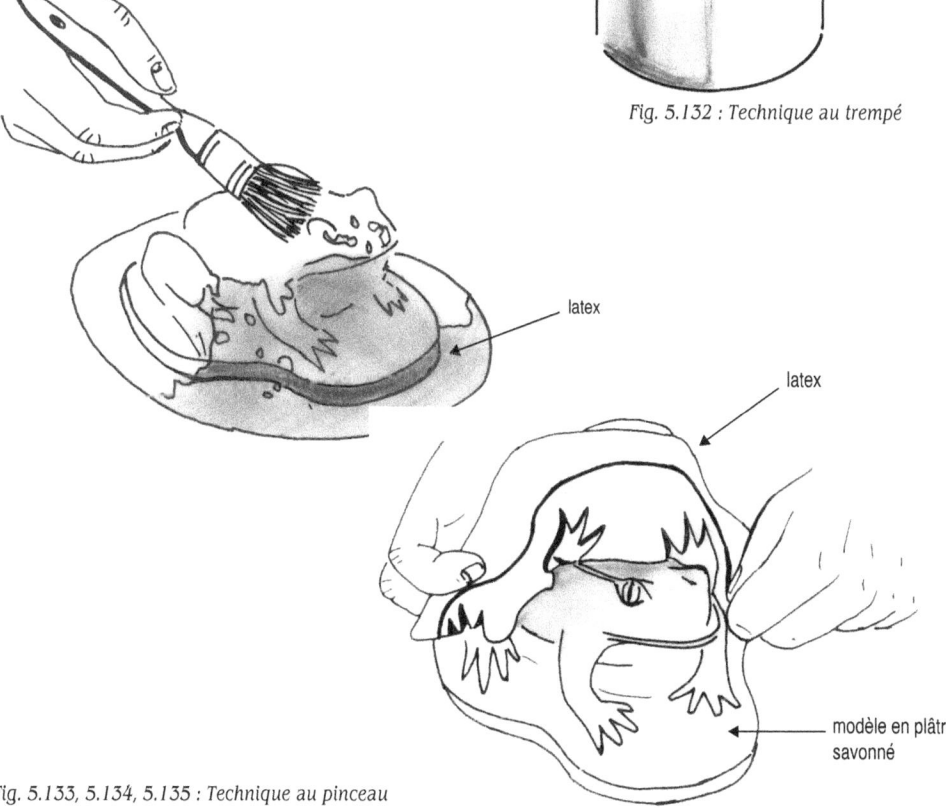

Fig. 5.133, 5.134, 5.135 : Technique au pinceau

211

Techniques et pratique du staff

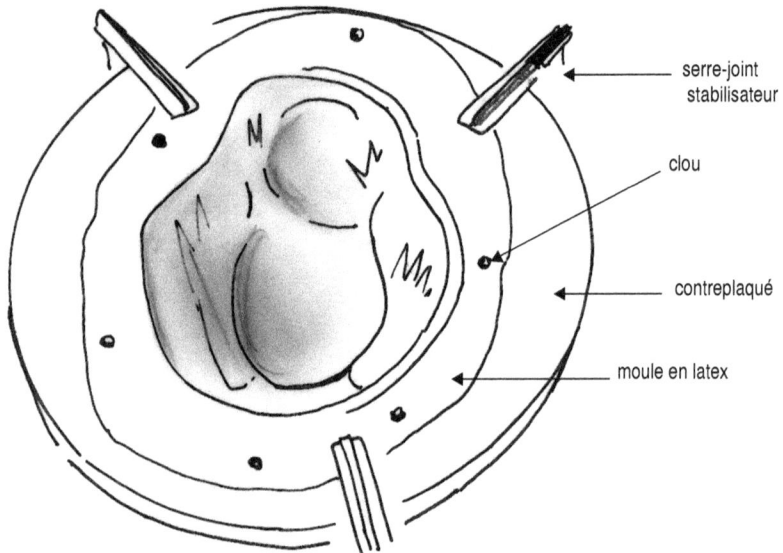

Fig. 5.135 : Technique au pinceau

6 · Les techniques de moulage

Les techniques et les matériaux de moulage sont différents suivant les exigences et le travail demandés : ce sera le plâtre ou la résine pour le moulage statuaire, le staff ou le stuc pour les décors architecturaux, le stratifié polyester pour les décors de théâtre et de cinéma, la résine de coulée en remplacement du carton-pierre pour le moulage d'éléments de décors très fins, dans le staff par exemple.

Moulages en plâtre

Bien que nous trouvions aujourd'hui dans le commerce une variété de plâtres de plus en plus large (allégés par l'incorporation de vermiculite ou de perlite, très durs comme le plâtre dit polyester), le staffeur est bien souvent dans l'obligation d'innover pour subvenir à ses besoins spécifiques.

Ce peut être, par exemple, l'ajout de fils de verre coupés à raison de 1 % en poids dans l'eau de gâchage. Ces fils de verre coupés de 12,5 mm augmentent de 50 % la résistance en flexion ou en traction du plâtre ; il faut brasser l'eau pendant 1 minute avant d'incorporer le plâtre dans l'eau (fig. 6.1).

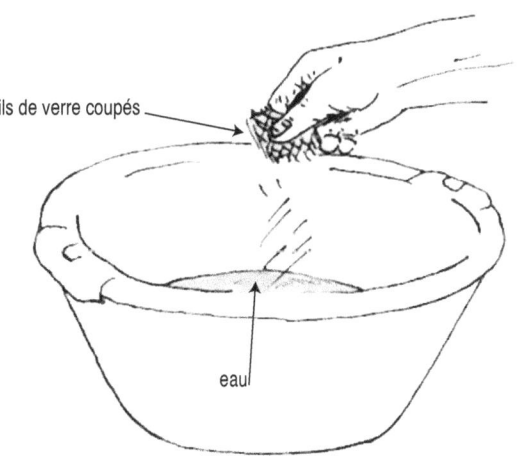

Fig. 6.1 : Ajout de fils de verre coupés

Il peut s'agir aussi de l'ajout de billes de polystyrène dans le plâtre gâché auquel on aura additionné un agent dispersant (fig. 6.2).

Il est également possible d'alléger le plâtre par inclusion de microbilles d'air à structure fermée et d'hydrofuger le plâtre de gâchage en incorporant dans l'eau un adjuvant en pourcentage.

Techniques et pratique du staff

Fig. 6.2 : Ajout de billes de polystyrène

■ Quelques astuces

Pour faciliter l'ébauche de plâtre au pinceau, pincer un moule souple à un endroit en contre-dépouille difficile d'accès (fig. 6.3).
On peut armer le moulage en plâtre de ronds d'acier maintenus par des plots en plâtre (fig. 6.4).
On peut napper au pinceau la couche d'impression d'un moule en croisant les passes afin d'éviter l'inclusion de bulles d'air à la surface du moulage (fig. 6.5).

■ Moulages à la volée (ou à la bocalette)

Dans le cas d'une petite pièce, par exemple une statuette, réalisée dans un moule à deux coquilles préalablement réunies, on répartit le plâtre en déplaçant le moule par un mouvement tournant dans toutes ses positions, comme pour huiler une poêle.
Veiller à rejeter le surplus de plâtre lorsque la paroi du moule est entièrement recouverte de l'épaisseur désirée. Si l'épaisseur est insuffisante, recommencer l'opération avec une

Les techniques de moulage

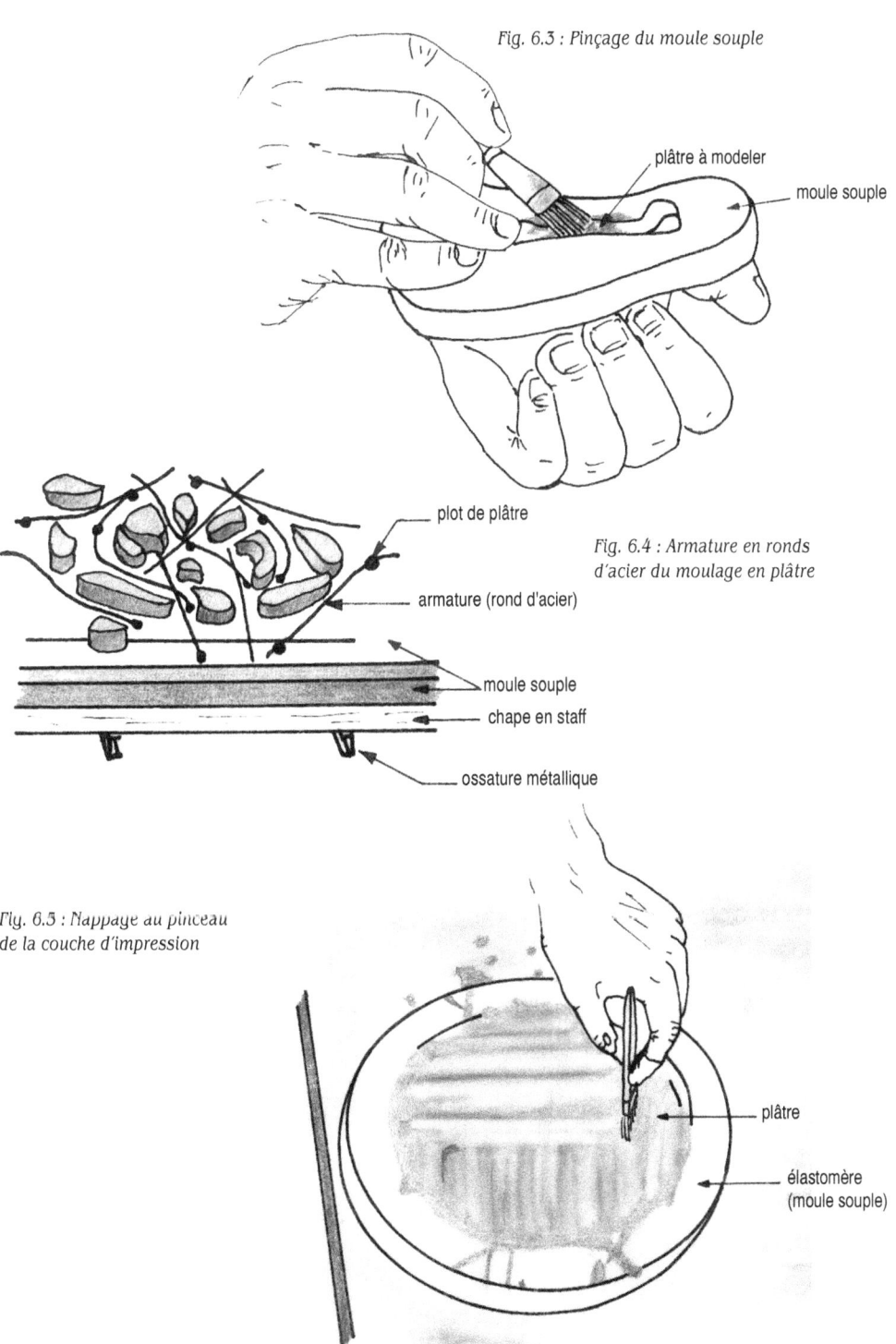

Fig. 6.3 : Pinçage du moule souple
— plâtre à modeler
— moule souple

Fig. 6.4 : Armature en ronds d'acier du moulage en plâtre
— plot de plâtre
— armature (rond d'acier)
— moule souple
— chape en staff
— ossature métallique

Fig. 6.5 : Nappage au pinceau de la couche d'impression
— plâtre
— élastomère (moule souple)

nouvelle gâchée de plâtre. Il faut en général trois gâchées pour obtenir l'épaisseur désirée (fig. 6.6).

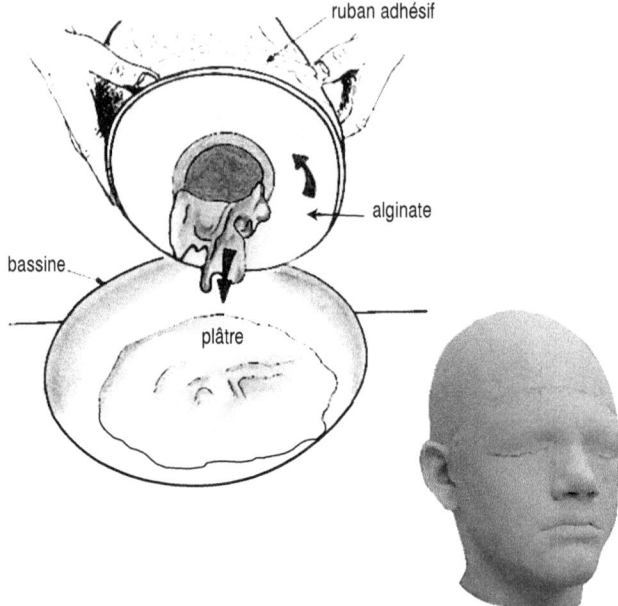

Fig. 6.6 : Moulage à la volée, ou à la bocalette

▪ Moulage en deux parties

Dans le cas d'une grosse pièce, par exemple une statue, on moule séparément dans le moule souple de chacune des deux coquilles et l'on réunit les deux coquilles.
– À l'aide d'un pinceau, appliquer sur la paroi de chaque moule (négatif de l'épreuve) une première couche de plâtre gâchée serrée ;
– recouvrir rapidement cette première couche en projetant le même plâtre à la main. Si nécessaire, faire une deuxième gâchée ;
– Veiller à tenir bien propres les surfaces des portées ;
– refermer les deux coquilles et les bloquer à l'aide de ficelles, élastiques, poignées mécaniques, etc. ;
– solidariser les deux parties de l'épreuve en faisant couler du plâtre à fleur d'eau à la jointure des deux moitiés par le trou de coulée. Après démoulage, retoucher éventuellement au pinceau, à la ripe sans dent, au fermoir etc. Ébaucher si nécessaire.

▪ Moulage classique

Le staffeur, tout au long de sa carrière, est le plus souvent amené à réaliser des moulages classiques (staff traditionnel) d'éléments préfabriqués soit à l'atelier, soit sur le lieu

Les techniques de moulage

même de pose. Nous allons prendre ici l'exemple du moulage d'une niche dans un négatif en stratifié polyester.
L'opération se fait en plusieurs phases :
- passer le démoulant (barbotine) ;
- on projette d'abord un premier plâtre serré que l'on brosse afin de chasser les bulles. On charge alors avec le même plâtre, sur une épaisseur de 5 mm environ : cette couche de plâtre se nomme couche d'impression (fig. 6.7) ;

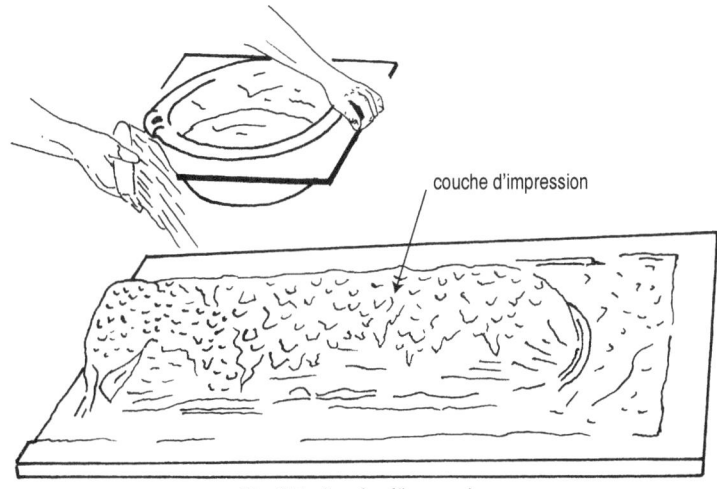

Fig. 6.7 : Couche d'impression

- renforcer les angles par ajout au même plâtre (fig. 6.8) ;
- avant la prise de la couche d'impression, la coiffer de filasse qu'on laisse tomber en neige, et jusqu'à déborder légèrement des portées du moule (fig. 6.9) ;

Fig. 6.8 : Renforcement des angles

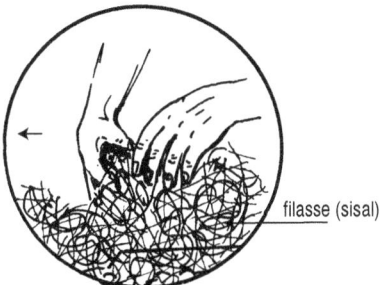

Fig. 6.9 : Répartition de la filasse en neige

- projeter sur la filasse une deuxième couche de plâtre à fleur d'eau à l'aide de la brosse à staffer (fig. 6.10), puis tapoter et brosser toujours dans le même sens afin de peigner régulièrement la filasse (fig. 6.11) ;

217

Techniques et pratique du staff

Fig. 6.10 : Projection sur la filasse d'une deuxième couche de plâtre

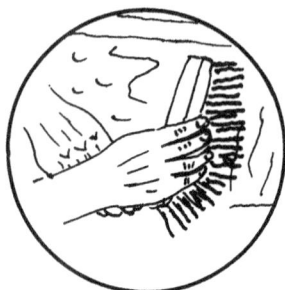

Fig. 6.11 : Peignage de la filasse dans le même sens

- araser la portée du moule à l'aide de la plaquette ou de la truelle langue de chat, etc. (fig. 6.12) puis calibrer cette portée en s'aidant de ses mains que l'on déplace longitudinalement (fig. 6.13) ;

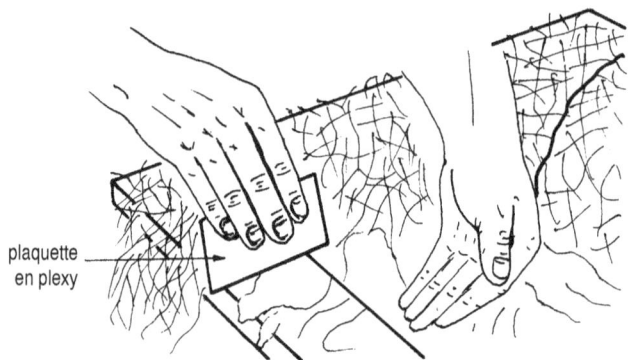

Fig. 6.12 : Passage de la plaquette

plaquette en plexy

Fig. 6.13 : Finition à l'aide des mains

- recouvrir enfin la face brute de l'épreuve avec le même plâtre puis brosser pour régulariser le staff (fig. 6.14) ;
- terminer par un mouchetis et araser les portées de l'épreuve qui a alors 15 mm d'épaisseur environ (fig. 6.15).

Les techniques de moulage

Fig. 6.14 : Brossage du staff

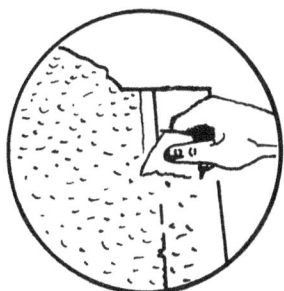

Fig. 6.15 : Arasement des portées

Remarque : il sera nécessaire de réaliser un chanfrein à la base des moulages reposant sur le sol afin d'éviter que ces angles ne cassent à cause de leur fragilité lors de tout déplacement de ces moulages, par exemple la base d'une colonne, etc. (fig. 6.16). On peut encore armer les angles verticaux d'une épreuve lors du moulage par l'apport d'un élément d'angle préfabriqué (fig. 6.17).

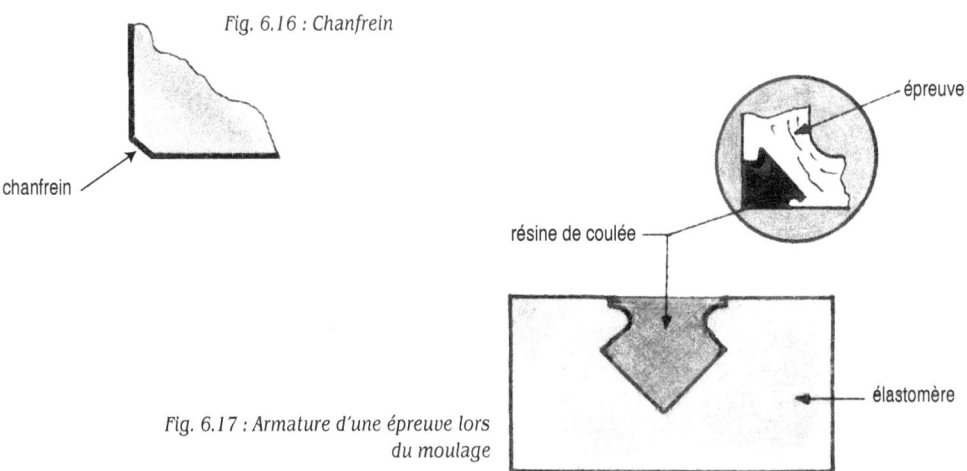

Fig. 6.16 : Chanfrein

Fig. 6.17 : Armature d'une épreuve lors du moulage

■ Moulage au pistolet

Un nouveau procédé permet, par projection au pistolet, de mouler un plâtre plastifié, renforcé par une armature en mat (fig. 6.34) ou tissu de verre, d'une épaisseur de 2 à 3 mm au lieu des 15 mm requis pour un staff traditionnel. Ce staff ultraléger, mis au point en France par Charles Bohu, de l'atelier Sedap, à Nantes (Loire-Atlantique), avec ses propres adjuvants, est dénommé Velistra. Cette technique de moulage en staff ultraléger a l'avantage de réaliser des bas-reliefs très légers, mais elle peut aussi être appliquée dans la réalisation de prototypes, tels que le vélo de piste futuriste cité en exemple (fig. 6.27), elle pourra enfin être utilisée dans le cadre de poses horizontales (fig. 6.29) (attention : à ce jour, aucune règle n'est encore définie pour cette pose éventuelle). L'auteur de cet ouvrage a réalisé également un staff ultraléger qu'il a appelé « Ganstaff », avec l'aide de la société Technique béton Knauf qui a fourni ses adjuvants. (Composition déposée en 1988 sous enveloppe « Soleau »).

a/ *Staff ultraléger armé de mat ou tissus verranne (Ganstaff)*

Méthode de fabrication du « Ganstaff » :
- utiliser un pistolet à gravité ou à aspiration équipé d'une grosse buse ;
- filtrer le plâtre à mouler adjuvanté à l'aide d'une passoire ;
- faire au préalable un essai d'application au pistolet ;
- appliquer au pistolet un voile de plâtre adjuvanté[1] (adjuvants : acrylique + fluidifiant durcisseur + retardateur de prise) (fig. 6.18).

Remarque : bien nettoyer le pistolet avant la prise du plâtre adjuvanté.
- disposer l'armature soit au moyen d'un mat de verre de 100 g/m² que l'on imprégnera par trempage d'un second plâtre adjuvanté (adjuvants : acrylique + retardateur de prise) (fig. 6.19), soit au moyen d'un tissu de verre de 100 g/m² trempé dans le plâtre adjuvanté et mis en forme (fig. 6.20) ;

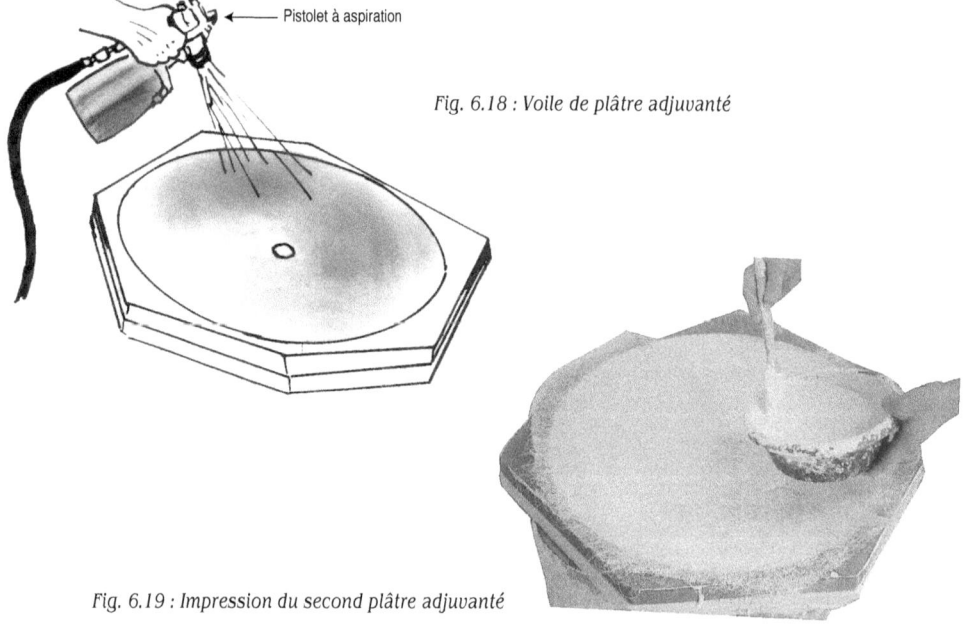

Fig. 6.18 : Voile de plâtre adjuvanté

Fig. 6.19 : Impression du second plâtre adjuvanté

---

1. Les produits cités ici sont disponibles dans les magasins spécialisés dans la vente d'adjuvants s'incorporant au plâtre et au béton. Il existe de nos jours des plâtres adjuvantés prêts à l'emploi (Prestia polycrystal avec épaississant, produits par la Sté Lafarge Prestia).

Les techniques de moulage

– opérer ensuite comme pour un staff traditionnel (fig. 6.21, 6.22, 6.23, 6.24) ;
– démouler (fig. 6.25) et découper au cutter (fig. 6.26).

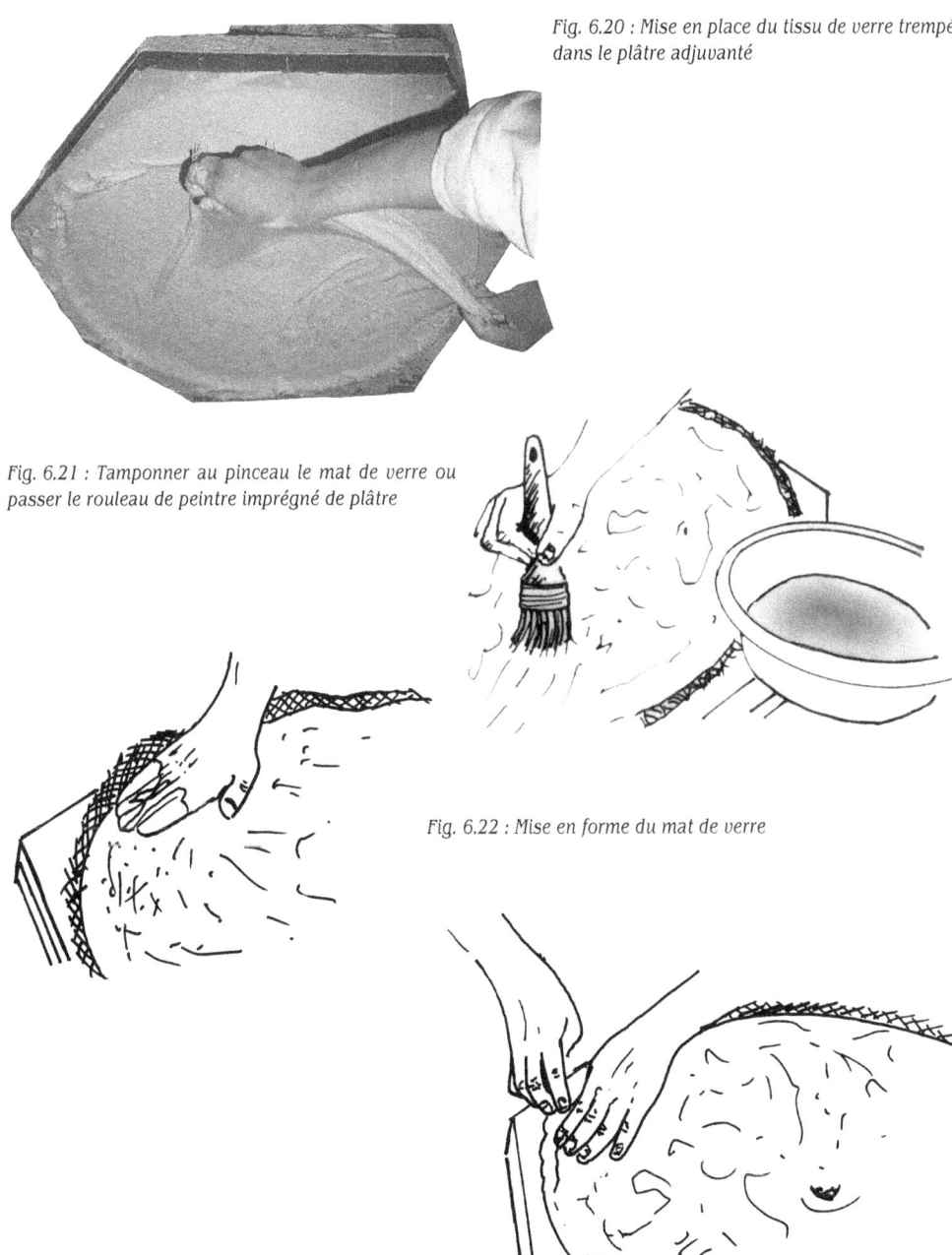

Fig. 6.20 : Mise en place du tissu de verre trempé dans le plâtre adjuvanté

Fig. 6.21 : Tamponner au pinceau le mat de verre ou passer le rouleau de peintre imprégné de plâtre

Fig. 6.22 : Mise en forme du mat de verre

Fig. 6.23 : Rabattre le mat en débordement

Techniques et pratique du staff

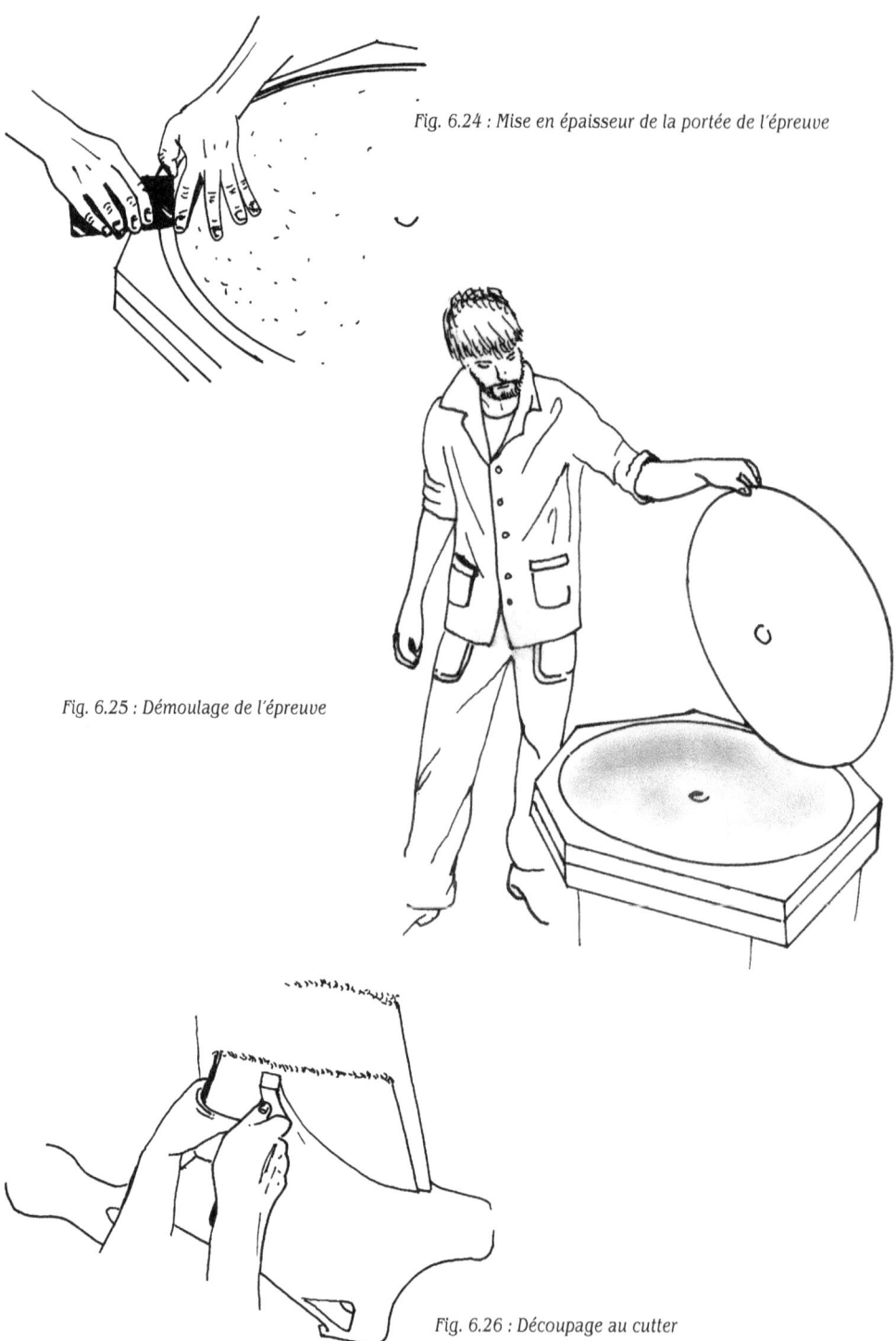

Fig. 6.24 : Mise en épaisseur de la portée de l'épreuve

Fig. 6.25 : Démoulage de l'épreuve

Fig. 6.26 : Découpage au cutter

Les techniques de moulage

Remarques :
a) il faudra remédier à la déformation de la surface plane d'un moulage de grande dimension en staff ultraléger par ajout sur sa face brute soit d'un nid d'abeille en plastique recouvert d'un feutre vendu par la société Please, soit d'une plaque de mousse en polyuréthane (innovations de l'auteur Gérard Rondeau) ;
b) l'utilisation d'un pistolet filicoupeur révolutionnerait sa fabrication, un personnel moins qualifié pourrait y parvenir (idée de l'auteur Gérard Rondeau) ;

Fig. 6.27 : Un nouveau procédé futuriste inventé aux États-Unis

Fig. 6.28 : Vélo en staff ultraléger : ce vélo a été conçu et réalisé en 1988 pour le prix de la Formation aux Métiers d'Art par Sébastien Gadenne, ancien élève du LP du Domaine de Gué-à-Tresmes (77)

Techniques et pratique du staff

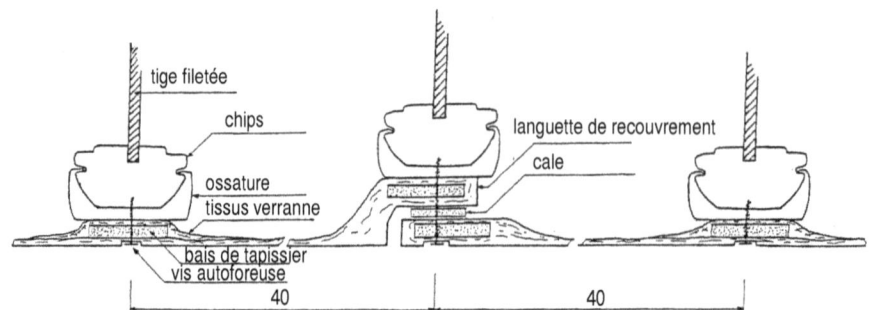

Fig. 6.29 : Pose horizontale en staff ultraléger (l'incorporation d'une baguette en bois non poreuse dans le staff ultraléger est une invention anglaise)

b/ *Staff léger armé de fils coupés (G.R. Staff)*

Cette technique de moulage de faible épaisseur d'un plâtre de moulage adjuvanté armé de fils coupés permet d'exécuter des formes à forte contre-dépouille. Ses avantages sont comme pour le « Ganstaff » :
– faible masse et facilité d'exécution par un personnel non qualifié ;
– développement de son champ d'application dans la réalisation de décors de théâtre ou de cinéma en remplacement du stratifié polyester ;
– moulage de prototypes, épreuves, chapes ou moules de moyenne ou grande dimension.

L'auteur de cet ouvrage a inventé cette technique qu'il a appelée « G.R. Staff » (enveloppe « Soleau » déposée en 2002).

Méthode de fabrication du « G.R. Staff » :
– se reporter au a/ (p. 220) pour le moulage du voile de plâtre adjuvanté à l'aide du pistolet à gravité ;
– gâcher le deuxième plâtre adjuvanté auquel on ajoute les fils coupés ;
– charger le mélange ainsi obtenu de plâtre à modeler jusqu'à obtenir une pâte homogène ;
– incorporer cette pâte dans l'entonnoir d'un deuxième pistolet à buse adaptée ;
– projeter la pâte armée de fils coupés jusqu'à obtenir l'épaisseur désirée (3 à 4 mm) ;
– renforcer si besoin est la face brute du moulage par adjonction d'une armature composée de tissus ou mat de verre : 100 gm^2 ;
– araser les portées du moule ;
– démouler l'épreuve ainsi obtenue.

■ Moulage en plâtre cellulaire

Il s'agit d'un plâtre allégé obtenu par inclusion de microbilles d'air à structure fermée que l'auteur, qui est le premier à avoir utilisé cette technique pour le plâtre, nomme GM Plâtre. (Enveloppe Soleau déposée le 26 mars 1996.)

Le plâtre cellulaire deviendra vite indispensable en moulage manuel ou par injection avec les fils coupés incorporés, dans la fabrication de corniches standard, de plaques de plâtre cellulaires cartonnées et de carreaux de plâtre cellulaires.

Technique :
- incorporer dans l'eau de gâchage une quantité d'agent moussant représentant 1 % du poids du plâtre ;
- ajouter le plâtre à mouler en continuant à malaxer jusqu'à obtenir l'expansion maximale du mélange (par malaxage, l'agent moussant se conduit comme un produit à vaisselle créant les microbulles d'air qui augmentent le volume du plâtre sans en changer la masse) ;
- passer un voile de plâtre à mouler non adjuvanté ;
- épaissir avec le plâtre cellulaire ;
- démouler après la prise du plâtre cellulaire.

Travaux de stuc

Les stucs

Ouvrages d'enduit, de revêtement ou de décor en relief à base de plâtre ou de chaux, les stucs peuvent imiter la pierre ou le marbre.
La définition donnée par la qualification Qualibat sous la référence 6523[1]. Travaux de stuc, est la suivante :
« Entreprise qui réalise tous travaux de stuc-pierre, de stuc-marbre, de stuc à l'antique ou à la fresque, à partir de plâtre ou de chaux grasse.
« L'entreprise est également qualifiée pour la restauration des ouvrages anciens en stuc y compris le nettoyage, la réparation, la reconstitution et le polissage.
« Dans le cadre de son activité, elle procède aux travaux de maçonnerie et de plâtrerie nécessaires à la préparation des supports. »
Les différents praticiens qui réalisent des travaux de stuc sont :
- le compositeur qui gâche et pose le stuc-marbre ;
- le stucateur qui gâche et pose le stuc-pierre ;
  le grèseur qui grèse et ponce le stuc-pierre ;
- le polisseur qui ponce et polit le stuc-marbre ;
- le limonier qui est spécialisé dans l'exécution des limons d'escaliers ;
- le stucateur à fresque qui exécute les stucs à la chaux, ferrés lustrés, éventuellement avec veinage.

Les techniques

Les principales techniques concernant la pratique du stuc obéissent à des savoir-faire ancestraux transmis depuis plus d'un siècle de génération en génération par les praticiens dans les entreprises spécialisées. Des stages de formation sont organisés par la profession, mais il n'existe pas à ce jour un enseignement scolaire dispensé sur ces techniques.

---

[1]. Le produit est disponible dans les magasins spécialisés dans la vente d'adjuvants s'incorporant au plâtre et au béton.

Tableau récapitulatif des enduits en stuc

STUCS AU PLÂTRE

Désignations	Composition des mortiers		Finitions	Observations
	Dégrossis et sous-enduits	Enduits stuc proprement dits		
Stucs-pierre	Plâtre ou plâtre + chaux ou ciment bâtard	Plâtre (avec ajout de colle animale ou d'alun) + pierre broyée + pigments (éventuels) Épaisseur : 7 mm	– brossé – grésé – poncé – poli et ciré (éventuel)	Ils peuvent être moulés. Ils sont utilisés en intérieur ; ils peuvent être utilisés en extérieur sous certaines conditions : climat, orientation, protection contre les eaux et l'humidité.
Stucs-marbre		plâtre (avec ajout de colle animale ou d'alun) + pigments Épaisseur : 7 mm	– poli et ciré	

STUCS AU PLÂTRE

Désignations	Composition des mortiers		Finitions	Observations
	Dégrossis et sous-enduits	Enduits stuc proprement dits		
Stucs ferrés lustrés : Stuc à l'antique Stuc à la fresque Stuc à l'italienne Stuc à la vénitienne Romain antique Marmorino	chaux grasse + brique pilée + sable et chaux grasse + sable appliqués en plusieurs couches	chaux grasse + poudre de marbre + pigments (éventuels) Épaisseur : 3 mm appliqué en 3 couches	– lustré et ciré – veiné, lustré et ciré	Ils sont utilisés en intérieur ; ils peuvent être utilisés en extérieur sous certaines conditions : climat, orientation, protection contre les eaux et l'humidité.

Nota : L'ensemble de ces prestations ne peut être exécuté qu'avec des matériaux naturels apprêtés par le praticien stucateur ; les stucs à la chaux, en particulier, ne sauraient être confondus avec les divers stucco faisant l'objet de techniques spécifiques subordonnées à la peinture.

Les techniques de moulage

■ Les applications

De nos jours le stuc réapparaît dans les constructions modernes. Les plus grands architectes utilisent le stuc pour la décoration des halls de banque, sièges sociaux de grandes entreprises, centres commerciaux, bureaux, villas... une activité importante existe également en matière de restauration et réhabilitation du patrimoine architectural national.

Fig. 6.30 : Limon d'escalier à la française en stuc-pierre

Techniques et pratique du staff

Fig. 6.31 : *Tour d'informations en stuc-pierre grésé*
On distingue les baies de consultation des écrans.

Fig. 6.32 : *Stuc à la chaux dit à l'antique*
Le stuc ferré lustré ciré, ici de ton rouge pompéien, en raison de ses composants, son effet de matière, sa transparence, sa pérennité et son histoire, justifie le qualificatif qui le suit : intemporel.

Les techniques de moulage

■ La restauration

Les stucs, et plus particulièrement les stucs-marbre et les stucs à la chaux, requièrent pour leur entretien et leur restauration un savoir-faire très spécifique. L'attribution de ces travaux à des entreprises de nettoyage ou de ravalement non qualifiées expose les ouvrages de stuc à des hasards très périlleux : une intervention inconsidérée pouvant avoir des conséquences irrémédiables (fig. 6.33).

Fig. 6.33 : Restauration de stucs-marbre dans la salle à manger d'un hôtel particulier classé
En rapport avec l'état de conservation de chacun des éléments, cette restauration comportait la réfection à neuf en plein ou raccordement, le repolissage total ou partiel, le nettoyage à la potée de stucateur et le cirage à la cire vierge.

Moulage en stratifié polyester

■ Le stratifié polyester

Le stratifié polyester se compose d'un empilement de matériaux de différente nature en couches successives, et subissant une modification chimique tendant à les lier intimement pour donner naissance à un matériau unique à processus irréversible.

Un stratifié comprend une couche d'aspect (*gel coat*), une résine, un renfort, un accélérateur et un catalyseur.
Suivant la destination du stratifié, une étude préalable permet de répondre à un cahier des charges qui, par exemple, peut regrouper les exigences suivantes en totalité ou seulement en partie : une bonne résistance en milieux aqueux et/ou à des contraintes chimiques, une résistance mécanique élevée, une épaisseur imposée, la complexité des formes et le classement alimentaire.
Bien d'autres critères de qualité peuvent être nécessaires, auxquels un stratifié peut répondre.

Les méthodes de mise en œuvre

Six méthodes peuvent être appliquées au stratifié polyester.
La méthode dite au contact, qui nécessite l'emploi d'un moule simple face, en une ou plusieurs parties pour la réalisation de moules et de positifs (décors de théâtre et de cinéma, coques de voitures ou de bateaux, etc.). C'est la seule technique employée par les staffeurs.
La méthode dite sur mannequin. Il s'agit d'un revêtement posé sur du bois, de la mousse polyuréthanne, de la mousse polystyrène, du plâtre, de l'acier ou tout autre métal, carton ou papier, ciment ou ferrociment, grillage métallique, tissus tendu (après élimination de l'apprêt).
La méthode dite par projection simultanée repose sur l'utilisation d'un pistolet à deux buses et filicoupeur pour réaliser des coques de bateaux par exemple.
La méthode par injection nécessite l'emploi d'un moule et d'un contre-moule pour réaliser des pièces industrielles.
La méthode dite par enroulement filamentaire et celle dite par pultrusion nécessitent chacune une installation spécifique pour la confection de cuves par exemple.

Le *gel coat* polyester

Le *gel coat* incolore ou coloré constitue la couche première d'un stratifié (moue ou positif). La formulation d'un *gel coat* standard comporte un mélange de résine polyester, un agent de thixotropie, un agent inhibiteur, un colorant et un accélérateur au cobalt. Selon les fabricants, cet embryon général de formulation du *gel coat* standard est complété par l'ajout d'autres composants qui constituent la formulation propre du fabricant.
On peut trouver sur le marché des produits qui répondent aux critères suivants : *gel coat* isophtalique ou orthophtalique et mixte (composé à 50 % de *gel coat* isophtalique et 50 % de *gel coat* orthophtalique) ; *gel coat* à comportement au feu amélioré (en général de classe M2), antiabrasion, alimentaire, autodémoulant, intumescent, pour sanitaire, pour moule. Toutes ces catégories de *gel coats* sont livrées soit en formulation pour une application au pinceau, soit en formulation prête à l'emploi pour une application au pistolet ou à la machine de projection.

Les techniques de moulage

L'utilisation de ces produits, sauf avis contraire du fabricant, nécessite l'adjonction d'un catalyseur PMEC à raison de 2 %.

■ Les mastics et enduits

Ces produits sont également formulés à partir de résines polyester et classés à processus irréversibles.
La formulation générale comporte un mélange de résine polyester, des charges minimales, un agent de thixotropie, un agent inhibiteur et un accélérateur.
Comme pour les *gel coats*, chaque fabricant ajoute d'autres agents pour conduire à des formulations originales. En règle générale, mastics et enduits sont utilisés l'un et l'autre sur une même pièce en stratifié. Ils concourent l'un et l'autre à obtenir de bons états de surface.
Le mastic est plus particulièrement destiné à boucher, rattraper des épaisseurs ou modifier moules et pièces. Il peut être utilisé en assez fortes épaisseurs et se ponce assez facilement. À de rares exceptions prêt, son seul mode de pose est le couteau à mastiquer. Parmi les mastics, on distingue le mastic à faible exothermie, le mastic à faible retrait, le mastic allégé, le mastic utilisé en masse de coulée pour la fabrication directe de pièces conçues en moule et comportant ou non une couche de *gel coat*.
L'enduit est la couche de finition soit du maître modèle, soit de la pièce, soit du moule. La finesse de son grain permet, après ponçage (en général à l'abrasif à l'eau grain 800 ou 1000) et traitement à la cire de démoulage, d'effectuer un tirage ou, sans traitement à la cire, de peindre (utiliser de préférence des laques polyuréthanne).
Les enduits existent sous deux formes : pâteux pour un passage au couteau ou dilués pour un passage au pistolet.

■ Les renforts

Les résines polyester se présentent sous forme liquide ou pâteuse. Pour passer de l'état liquide à l'état solide, elles subissent une transformation chimique appelée polymérisation. Ce phénomène est obtenu par liaison des chaînes de polyester qui se referment les unes dans les autres, ce qui conduit à un retrait dimensionnel. La résine pure polymérisée ou durcie présente donc, d'une part, un retrait relativement important (suivant le type de résine, de 6 % à 9 % en volume) et, d'autre part, une certaine fragilité. Pour compenser en partie ces inconvénients, on fait intervenir un renfort qui, par l'un des procédés décrits plus haut (méthode dite au contact, etc.) va faire partie intégrante d'un nouveau matériau : le stratifié polyester.

■ Les charges

Les charges servent à utiliser moins de résine, elles peuvent aussi alléger le moulage (bulles de verre creuses) ; elles sont encore mises en application pour souder bord à bord deux parties d'un moulage (silice) ou pour réaliser des mastics (talc).

On distingue principalement :
- le talc (30 à 60 %) du poids de la résine utilisée ;
- le kaolin (attention : c'est un retardateur de prise) ;
- le quartz en poudre (40 à 60 % du poids de la résine utilisée) ;
- le graphite (à raison de 5 % à ajouter au quartz, ce qui permet un meilleur glissement) ;
- la silice ;
- les billes de verre creuses ou pleines, etc.

■ Les armatures

Le choix de l'armature est important puisqu'elle seule apporte la résistance mécanique à l'élément moulé en stratifié polyester. La résine a pour rôle de lier ces différentes couches d'armatures. Le mat de verre, par exemple, aura une résistance multidirectionnelle ; quant au tissu de verre utilisé par le staffeur, il aura une résistance en chaîne (verticale) et en trame (horizontale), mais pas en diagonale. Il existe aussi des armatures hybrides reliées mécaniquement (mat et tissu de verre, etc.).

On distingue principalement :
- fils coupés, dont les longueurs courantes sont 3 mm, 4,5 mm, 13 mm ;
- mat de verre à fibres longues agglomérées par un produit appelé ensimage ;
- mat de verre à fibres courtes agglomérées par un produit appelé ensimage (fig. 6.34) ;
- tresse plate de verre (fig. 6.35) ;
- tissu verranne (fibres de verre discontinues obtenues par aspiration) ;
- tissu silionne (fibres de verre continues conçues par étirage mécanique) (fig. 6.36 et fig. 6.37) ;

Fig. 6.34 : Mat de verre 100 g/m²

Fig. 6.35 : Tresse plate de verre 45 g/m²

Fig. 6.36 : Silionne 280 g/m²

Fig. 6.37 : Silionne 290 g/m²

- tissu *roving* (fibres de verre continues réunies en mèches) ;
- tissu carbone ;
- tissu Kevlar (tissu très résistant servant d'armature pour le moulage de gros bateaux par exemple) ;

Les techniques de moulage

– hybrides reliés mécaniquement. Par exemple : carbone et verre (fig. 6.38 et fig. 6.39), carbone et Kevlar (fig. 6.40), mat et tissu *roving*, etc.

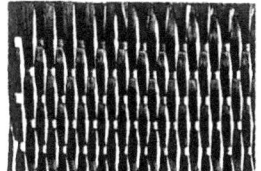

Fig. 6.38 : Carbone/verre 434 g/m²

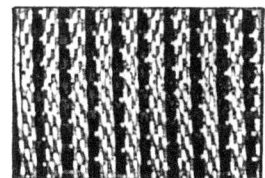

Fig. 6.39 : Carbone/verre 175 g/m²

Fig. 6.40 : Carbone/Kevlar 200 g/m²

■ Les moules

Les moules peuvent être métalliques, en stratifié polyester, en stratifié époxy, en stratifié vinylester, en élastomère de silicone, thermoplastique à forte épaisseur, en bois lamifié, en plâtre.

À ces moulages utilisés par les industriels, s'ajoutent ceux que fabriquent et dont se servent les staffeurs. Ils peuvent être en stratifié polyester pour la réalisation de moules de corniches sans contre-dépouille (qui ont l'avantage d'offrir résistance et légèreté), en élastomère de silicone pour mouler des épreuves plus détaillées, en plâtre sec traité à la gomme-laque ou à la résine polyester adjuvantée de styrène monomère en plâtre humide ou terre traitée au vernis polyuréthane utilisé en application sur les murs humides, pour mouler des pièces uniques.

■ Les démoulants

Les cires en pâte sont des démoulants très efficaces. Leur application nécessite d'utiliser un chiffon doux et d'effectuer des mouvements circulaires sans appuyer. Pour lustrer, il faut changer de chiffon et attendre six heures avant de passer une deuxième couche. On procède de même pour la troisième couche (fig. 6.41). La cire en pâte réalise un transfert sur le moulage : il faut alors poncer celui-ci au papier abrasif à l'eau (600 ou 800) afin de le débarrasser de toute trace de cire dans le cas d'une application de peinture.

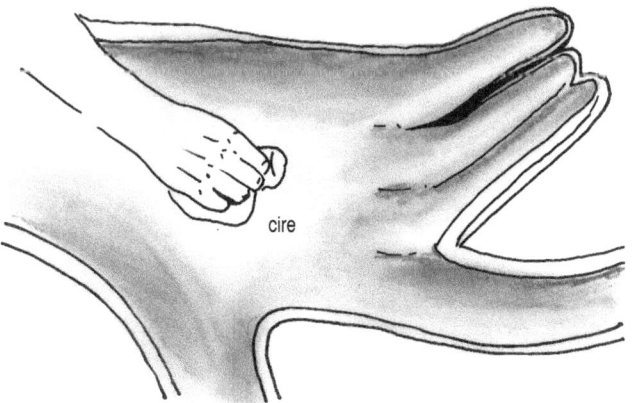

Fig. 6.41 : Cirage du moule

233

Les cires liquides s'appliquent au pistolet, en cinq à six couches. Elles présentent l'avantage de ne pas réaliser de transfert sur l'épreuve.

Les silicones : on les trouve sous forme de graisses ou en bombe. Ils sont très efficaces et résistent aux moyennes températures.

Les pelliculants, tel l'alcool de polyvinyle, sont appliqués en ajout sur la cire soit à l'éponge, soit au pistolet. L'alcool de polyvinyle permet de démouler plus facilement la première épreuve en stratifié mais l'inconvénient est que l'on enlève le brillant de surface du *gel coat*. Il faut attendre 20 à 40 minutes de temps de séchage du produit avant de mouler.

■ Quelques astuces

Tirer un fil pour réaliser une coupe droite sur du tissu de verre (fig. 6.42).

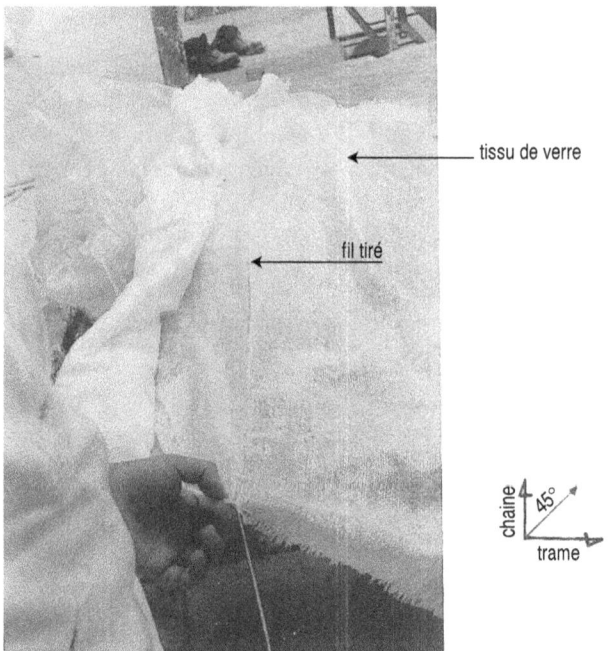

Fig. 6.42 : Réalisation d'une coupe droite à l'aide d'un fil tiré servant de repère

Faire une pièce en élastomère silicone « thixotrope » sur les parties d'un modèle en contre-dépouille. En effet, l'épreuve en stratifié étant rigide, nous ne pouvons l'extraire de son enveloppe à l'endroit de la contre-dépouille que par déformation de celle-ci, ce qui implique le choix de la pièce en élastomère à cet endroit (fig. 6.43).

Les techniques de moulage

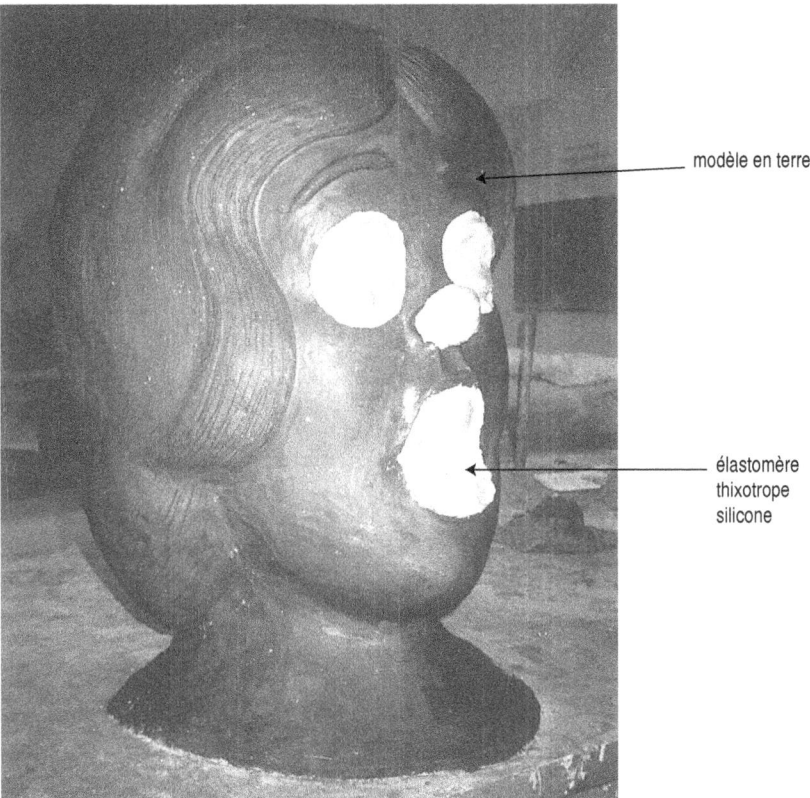

Fig. 6.43 : Pièces en élastomère thixotrope

■ Stockage du liant et de l'armature

Résine standard, gel coat, catalyseur et accélérateur, les liants sont des produits qu'il convient de stocker dans une pièce dont la température se situe entre 15 °C et 18 °C, avec très peu de lumière.
Les armature doivent être stockées dans une pièce sèche et tempérée.

■ Matériel

Le matériel nécessaire pour mouler le stratifié polyester est très simple :
– des chiffons doux, une éponge pour appliquer les démoulants ;
– des pinceaux pour appliquer la résine ;
– un rouleau en laine mohair afin d'appliquer la résine sur de grandes surfaces au relief faible ;
– un rouleau débulleur servant à enlever les bulles (les zones blanchâtres correspondent à des inclusions d'air dans la résine) ;

235

Techniques et pratique du staff

- un doseur servant à mesurer les petites quantités de catalyseur, etc. ;
- une balance électronique pour peser les quantités plus importantes, par exemple la résine, etc. ;
- du papier abrasif à l'eau, 360 pour commencer, 600 ou 800 ensuite pour terminer avec un grain très fin ;
- une paire de ciseaux pour découper les armatures (si besoin est, se servir d'un gabarit préalablement confectionné) ;
- un cutter type Stanley pour découper le stratifié qui déborde pendant la période dite verte, c'est-à-dire lorsque la résine est encore caoutchouteuse ;
- des gants en latex pour mouler ;
- une meuleuse servant à ébavurer le stratifié après polymérisation.

Remarque : les outils doivent être nettoyés à l'acétone.

■ Moulage stratifié au contact avec un moule en plâtre

Bien que les moules en plâtre ou staff soient peu utilisés à cause de leur porosité, de leur manque d'élasticité et de leur fragilité, nous sommes amené à les fabriquer sur des pièces uniques à reproduire du fait du moindre coût de production et de la rapidité d'exécution.

- Passer un bouche-pores sur le moule bien sec : soit une gomme-laque, soit une résine standard mélangée à une résine monomère ;
- appliquer un démoulant, par exemple de la cire ;
- passer dans le moule un voile de *gel coat* préaccéléré que l'on a catalysé dans les proportions adéquates, soit au pinceau (fig. 6.44), soit au pistolet : le *gel coat* peut alors être fluidifié avec de l'acétone ;

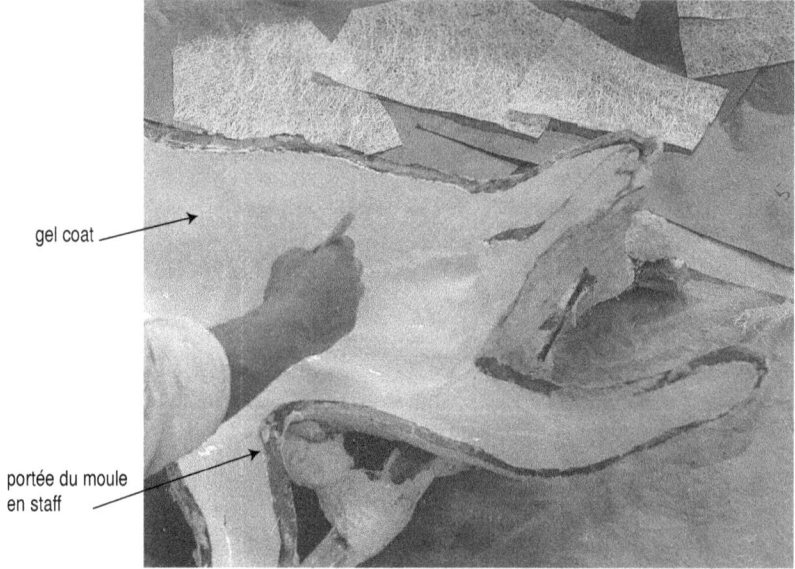

Fig. 6.44 : Passage d'un voile de gel coat au pinceau

Les techniques de moulage

- après l'application, attendre environ une heure et demie que le *gel coat* soit sec et qu'il présente un aspect poisseux – on dit encore « amoureux » –, puis passer une couche plus épaisse de résine standard préaccélérée, elle aussi catalysée dans les proportions adéquates ;
- recouvrir aussitôt la résine standard d'une armature (300 g/m² de mat de verre à fils courts) que l'on tamponne afin de la mettre en forme (fig. 6.45) ;

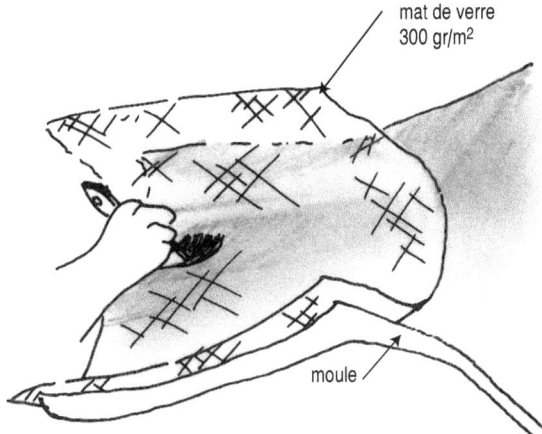

Fig. 6.45 : Application du mat de verre

- attendre que la résine et le liant en émulsion contenu dans le mat se lient correctement avant d'appliquer une deuxième couche de résine au pinceau.

Remarques : pour les grandes surfaces, utiliser le rouleau en laine mohair. En cas de chevauchement de l'armature, la recouvrir sur 3 cm et la décaler pour l'application de la nouvelle couche. Dans le cas d'un angle droit, l'arrondir à l'aide de la résine chargée avant de poser l'armature.

- Enfin, si besoin est, on peut coiffer le *gel coat* d'un mat de surface avant l'intervention du mat 300 g/m² ;
- passer ensuite le rouleau débulleur (fig. 6.46) ;
- appliquer une deuxième armature (mat ou tissu de verre 450 g/m²) jusqu'à l'obtention de l'épaisseur souhaitée.

Remarque : pour le tissu, ne pas tamponner mais plutôt brosser la résine à l'aide du pinceau.

- Durant la période dite verte, qui dure plus de 20 minutes et débute approximativement une heure après le moulage, le stratifié polyester ne coule plus mais reste caoutchouteux (fig. 6.47) ; ébarber alors soit au cutter soit à la meuleuse après la polymérisation du moulage ;
- raidisseurs : utiliser si besoin est une armature métallique, des ronds d'acier, etc. qui seront fixés 24 heures après la polymérisation du stratifié (le bois est à éviter en raison des risques de déformation dus à l'humidité s'il n'est pas entièrement recouvert de résine armée).

Techniques et pratique du staff

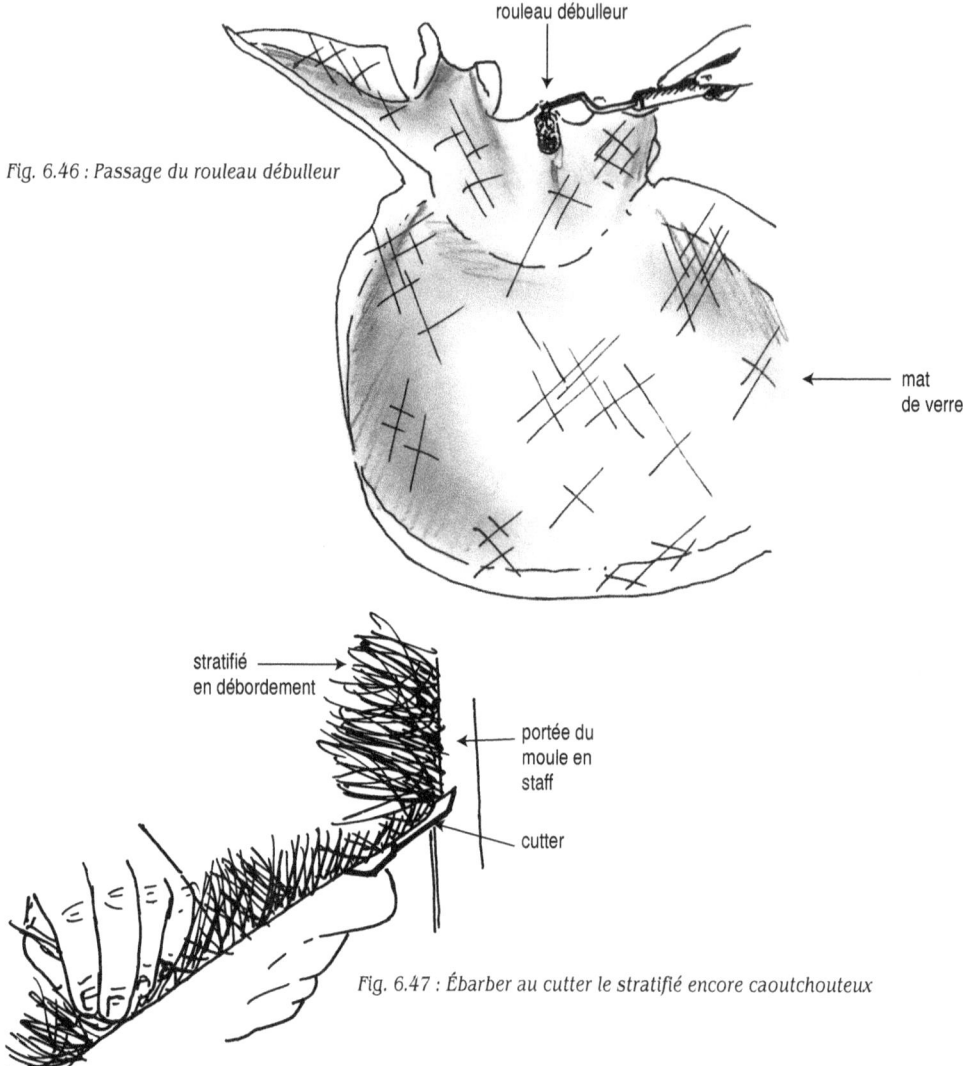

Fig. 6.46 : Passage du rouleau débulleur

Fig. 6.47 : Ébarber au cutter le stratifié encore caoutchouteux

a/ Démoulages difficiles

On peut percer un ou plusieurs trous en prenant soin, par la suite, de les reboucher avec de la plastiline lissée à l'aide de white-spirit. Après le moulage, enlever la plastiline et utiliser de l'air comprimé ou de l'eau chaude pour démouler l'épreuve.

On peut également taper délicatement du côté de la face brute du moulage avec un maillet en caoutchouc.

Remarque : le premier moulage est toujours plus difficile à extraire que les suivants ; en toutes circonstances, on doit démouler l'épreuve en prenant des précautions.

On ne peut utiliser le moule qu'une semaine après sa réalisation.

Les techniques de moulage

b/ *Souder bord à bord deux parties d'un moulage*

Prenons l'exemple d'une base de colonne, statue, sphère ou élément de décor, etc., moulée en deux, trois ou quatre parties... les souder bord à bord afin d'obtenir l'épreuve unique (rassemblée).
- Appliquer du côté de la face brute des deux moitiés de l'épreuve rassemblée (fig. 6.48) un mélange de résine standard à base de silice formant pâte renforcée par une bande de mat de verre si possible ;

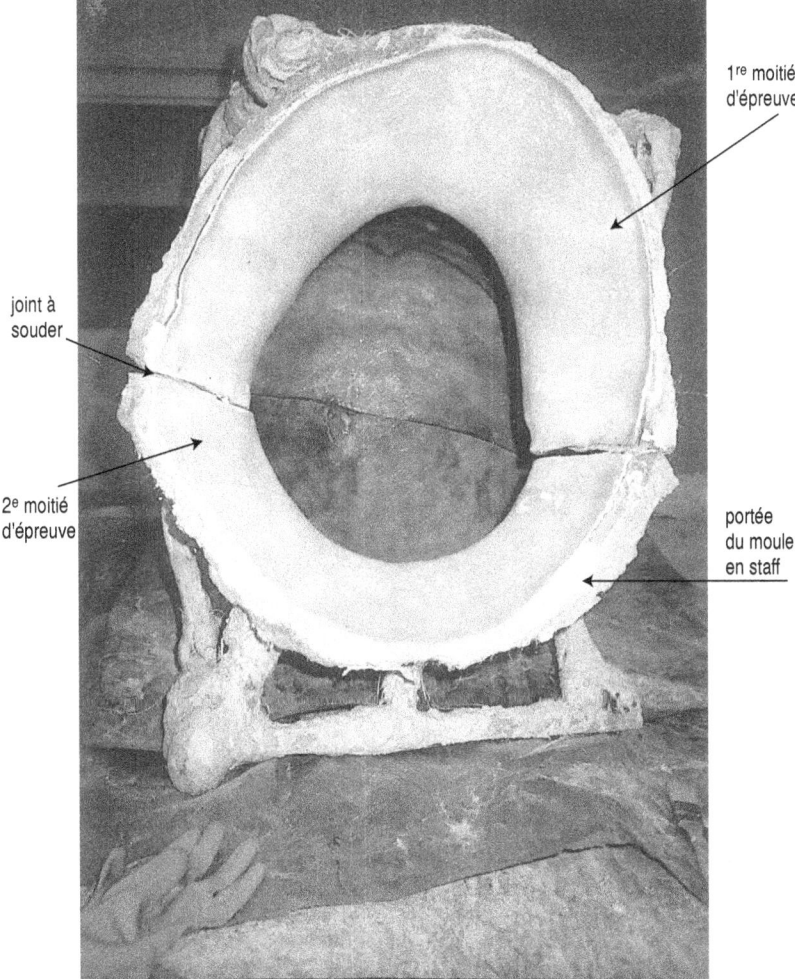

Fig. 6.48 : Rassembler les deux moitiés d'épreuves

- on peut encore réunir ces deux moitiés d'épreuve extraites de leurs coquilles en les maintenant l'une contre l'autre à l'aide d'un ruban adhésif ;
- enlever les bavures apparues sur le côté de la face lisse en utilisant un pinceau imbibé d'acétone, puis lisser le raccord à l'aide d'un enduit polyester que l'on peut éventuel-

lement fabriquer soi-même en ajoutant du talc à de la résine standard, jusqu'à obtenir une pâte consistante (fig. 6.49) ;

traces de gomme-laque (à enlever avec de l'alcool à brûler)

Fig. 6.49 : Tête de Blanche-Neige démoulée

- monter la tête sur son support (fig. 6.50) ;
- autres exemples de statues formant des éléments de décors de la Comédie française soudés bord à bord (fig. 6.51).

Les techniques de moulage

Fig. 6.50 : Carnaval de Meaux ; tête de Blanche-Neige
Réalisée par les élèves du LP du Domaine de Gué-à-Tresmes (77), section staff, année 1986.

Fig. 6.51 : Décor de théâtre
Exposition d'un décor de la Comédie française à l'occasion des journées portes ouvertes au LP du Domaine de Gué-à-Tresmes (77).

■ Réaliser une chape en stratifié polyester

Pour ce type de travail, procéder selon les méthodes décrites plus haut concernant le passage du *gel coat*, de la résine standard et de la mise en forme de l'armature.

Techniques et pratique du staff

- Attendre le lendemain du moulage du négatif en stratifié cité précédemment pour ajouter un feutre[1] formant renfort ;
- rendre le feutre solidaire du moulage précédent par imprégnation d'une résine standard préaccélérée, elle aussi catalysée dans les proportions adéquates ;
- fixer enfin une ossature métallique stabilisatrice.

■ Réaliser une épreuve en polyester dans un moule fermé

La technique du moulage en polyester armé dans un moule fermé est nécessaire pour obtenir des positifs de petites ou moyennes dimensions peu fragiles, tels que les éléments architecturaux, statuettes, etc.
- Passer au pinceau un voile de *gel coat* dans le moule souple ;
- dès que le *gel coat* prend un aspect poisseux-sec, le couvrir d'un mélange composé de résine standard, de calibrite (poussière de pierre représentant 50 % à 100 % du poids de la résine standard utilisée), de microbilles de verre creuses (pourcentage dans les proportions adéquates en volume pour alléger) et du gel de silice (agent thixotrope) ;
- appliquer du mat de verre imbibé de résine standard sur la pâte et le mettre en forme afin que le mat et la pâte se lient bien ;
- ébarber comme indiqué au chapitre précédent.

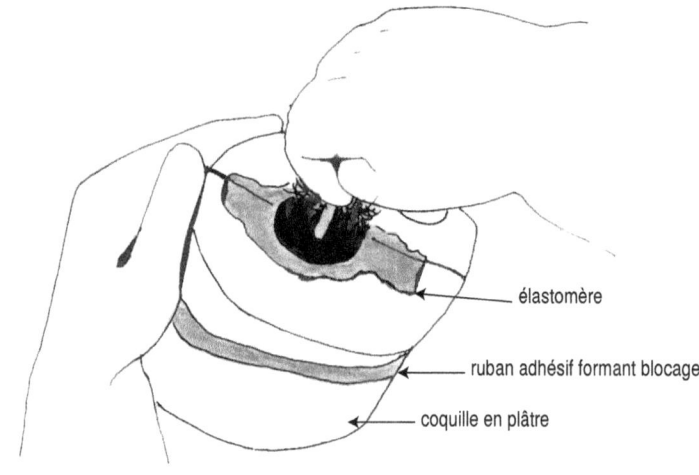

Fig. 6.52 : Moulage dans un moule fermé

---

1. Firet-Coremat, société Please.

Les techniques de moulage

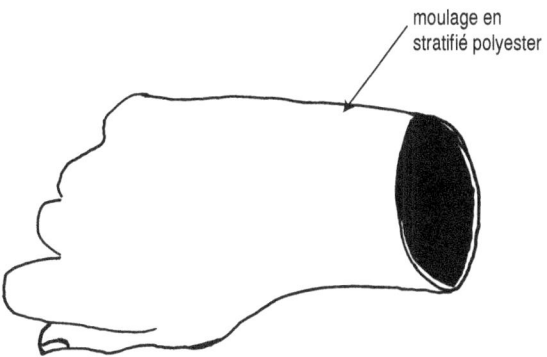

Fig. 6.53 : Épreuve en polyester armé démoulée

■ Colorer et peindre la résine

On peut teinter la résine dans la masse en y ajoutant des colorants appropriés ou des pâtes colorantes en pourcentage dans les proportions adéquates.

On peut encore imiter un faux-marbre : passer le *gel coat* incolore, passer ensuite les colorants mélangés à la résine suivant le motif choisi et stratifier ou charger en fonction de l'effet désiré.

Appliquer enfin une peinture polyuréthanne monocomposant.

■ Compatibilités et incompatibilités

La résine polyester est compatible avec le verre, l'acier, l'aluminium. Elle est incompatible avec le cuivre, les alliages cuivreux, le zinc.

Prévention : le local dans lequel on opère doit être bien aéré et posséder un extracteur d'air. De même, il doit être exempt de poussière et d'humidité.

La vapeur de styrène forme au contact de l'air un mélange explosif ; il est donc interdit de fumer ou de provoquer une flamme quelconque.

La vapeur de styrène irritant les yeux et les voies respiratoires, il est impératif de porter des lunettes de protection et un masque filtrant, et de mettre des gants en latex.

Résines de coulée

Elles sont nécessaires lorsque l'on désire réaliser un modèle de corniche, de rosace ou tout autre élément comportant des oves, des raies de cœur, des feuilles d'acanthes, etc. On emploie alors des résines de polyuréthanne.

La résine G 25, de la société Please, peut être coulée en masse. Elle présente l'avantage d'avoir un temps de prise très rapide :

– mélanger en parts égales les composants A et B ;

Techniques et pratique du staff

- passer un voile de résine au pinceau pour les détails fins, par exemple un petit moule de chapiteau corinthien ;
- couler aussitôt le reste de la résine jusqu'à affleurement des portées. Un moule en plâtre devra être passé à la gomme-laque et ciré ;
- démouler environ 30 minutes après avoir coulé la résine.

La résine PU Noire 4 de la société Codim est très intéressante pour effectuer des coulages en bateau de faible épaisseur. Cette résine de polyuréthanne à prise rapide peut être démoulée encore molle puis mise en forme sur une partie courbe par exemple. Elle peut également être clouée sans casser et se ramollir à nouveau avec un décapeur thermique. Cette résine peut servir à la restauration des cadres à tableaux en carton-pierre (fig. 6.54 et fig. 6.55).

Fig. 6.54 : Moule

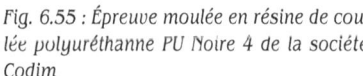

Fig. 6.55 : Épreuve moulée en résine de coulée polyuréthanne PU Noire 4 de la société Codim

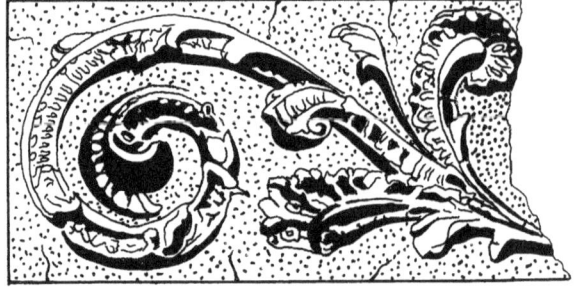

Les résines de coulée peuvent encore être utilisées dans un but artistique. On emploie dans ce cas les résines d'inclusion : ce sont en général des résines en polyester ou époxy. Leur emploi exige de respecter les indications des fiches techniques des fabricants (fig. 6.56 et fig. 6.57).

Rappelons que la résine d'inclusion démoulée est brute de décoffrage, et qu'il faut en conséquence la lisser à l'abrasif à l'eau ou à la pâte à polir (fig. 6.58).

Remarque : on peut dégrossir à la pâte abrasive, puis terminer par un polissage à la cire (fig. 6.59).

Les techniques de moulage

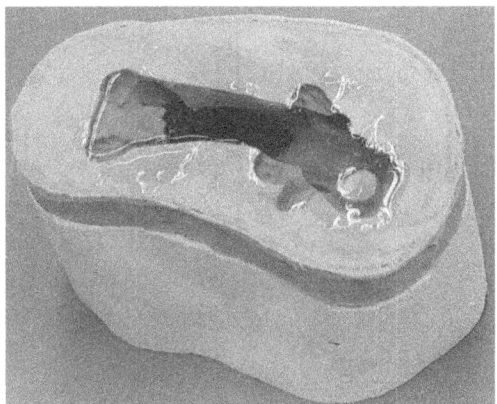

Fig. 6.56 : Coulage de la résine d'inclusion

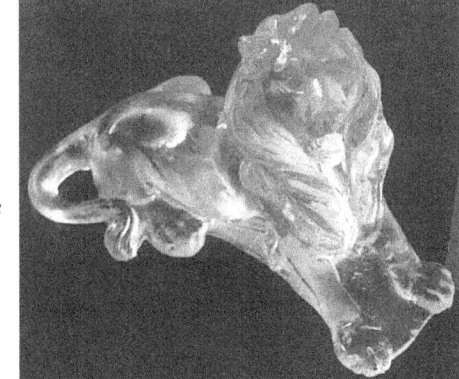

Fig. 6.57 : Épreuve démoulée

Fig. 6.58 : Pâte à lustrer

Techniques et pratique du staff

Fig. 6.59 : Épreuve terminée

Moulage en pâte époxy

Cette technique de moulage est utilisée dans le cas d'un modèle devant être remodelé. Cette pâte se travaille très facilement avec des outils spécifiques pour travailler le bois. Si l'on souhaite ajouter de la pâte, nettoyer la surface à enduire avec de l'alcool à brûler. On peut rendre cette résine plus fluide en y ajoutant une résine époxy standard, mais on change alors sa dureté et ses propriétés de taillage qui deviennent difficiles.
On peut également traîner (on dit encore trousser) la pâte : il faut maintenir un chiffon imbibé d'alcool au-dessus du calibre pour éviter que celui-ci adhère.

■ Mouler un modèle de voiture

Nous appuierons notre exposé sur l'exemple du moulage d'un prototype créé par Gérard Welter, responsable des ateliers de style de la marque Peugeot et ancien élève de la section staff du lycée polyvalent du Domaine du Gué-à-Tresmes (Seine-et-Marne), créateur de la WM puis de la WR qui participent, sous sa responsabilité, à la course des Vingt-quatre heures du Mans.
Prévoir des gants en latex, de l'alcool à brûler, des chiffons, de la cire en pâte.
Prenons de la pâte époxy SV 427.
- Isoler le moule au contact (cf. Moulage en stratifié polyester, p. 229) ;
- passer sur la table de travail une couche de cire en pâte formant un film protecteur ;
- passer un voile d'alcool à brûler sur la cire à l'aide d'un chiffon imbibé ;
- les mains protégées de gants recouverts d'alcool à brûler, mélanger la pâte époxy SV 427 avec le durcisseur HV 427 en proportions égales ;

Les techniques de moulage

- estamper la pâte dans le moule en la repoussant à l'aide d'un chiffon imbibé d'alcool, sur une épaisseur de 5 mm (fig. 6.60) ;

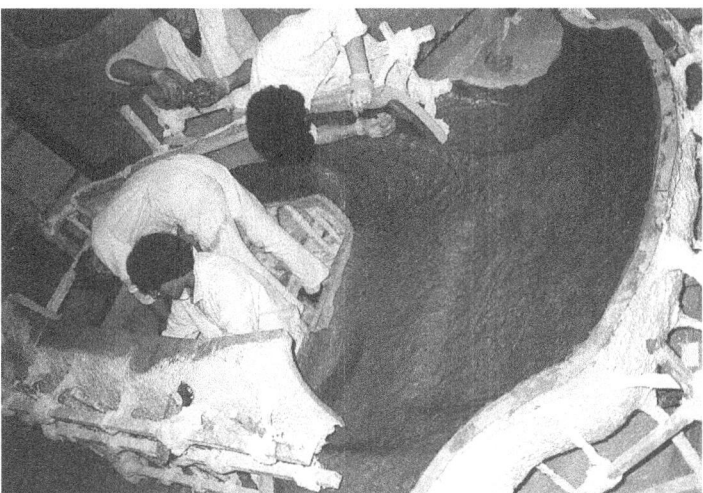

Fig. 6.60 : Estampage de la pâte dans le moule

- employer la technique de l'estampage terre (par adjonction nouvelle en repoussant la pâte déjà appliquée) pour recouvrir le moule ;
- charger avec la pâte suivant le même procédé, sur une épaisseur de 1,5 à 3 ou 5 cm suivant les besoins ;
- armer la pâte encore molle d'un tissu de verre que l'on imprègne de résine époxy standard (fig. 6.61) ;
- fixer l'ossature ;

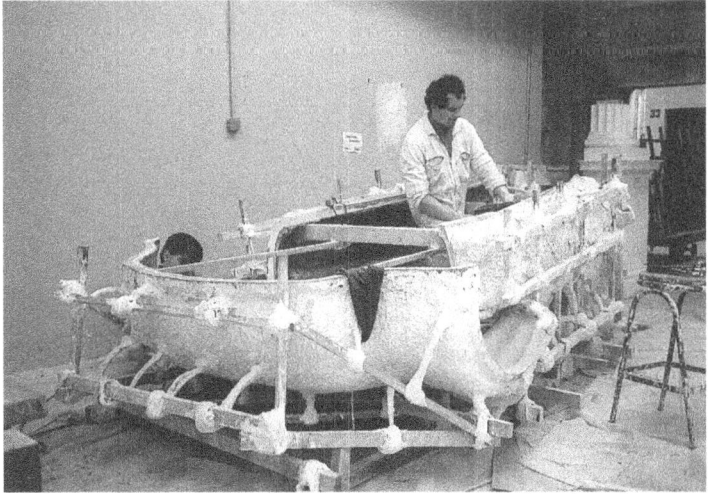

Fig. 6.61 : La pâte est armée d'un tissu de verre imprégné de résine époxy

– Démouler et retoucher le modèle si besoin est (fig. 6.62) ;
Une protection rigoureuse est indispensable : masque, lunettes de protection et précautions d'usage s'imposent.

Fig. 6.62 : Démoulage et retouches éventuelles du modèle

Moulage en latex et mousse de latex

Le staffeur est amené à employer le latex et la mousse de latex pour le cinéma : il peut ainsi transformer un acteur en vieillard grâce à un masque appliqué sur son visage, mais aussi créer des monstres, des animaux...

■ Le latex

Nous allons développer ici la technique qui consiste à obtenir, par moulage dans une matrice en plâtre fermé, une peau de latex remplie de mousse de latex formant, par exemple, une statuette. L'avantage de ce moulage réside dans sa légèreté, sa souplesse et sa résistance due aux latex.
– Remplir le moule à pièces en plâtre de latex ;
– attendre que les bords se gélifient sur l'épaisseur désirée avant de recouler l'excédent (fig. 6.63) ;
– avant de mettre la mousse de latex, attendre la fin du séchage qu'il est possible d'accélérer à l'aide d'un sèche-cheveux ;
– incorporer la mousse de latex dont la hauteur de coulée est calculée par rapport à son taux d'expansion. Se reporter au paragraphe suivant pour sa préparation (fig. 6.64) ;
– démouler (fig. 6.65).

Les techniques de moulage

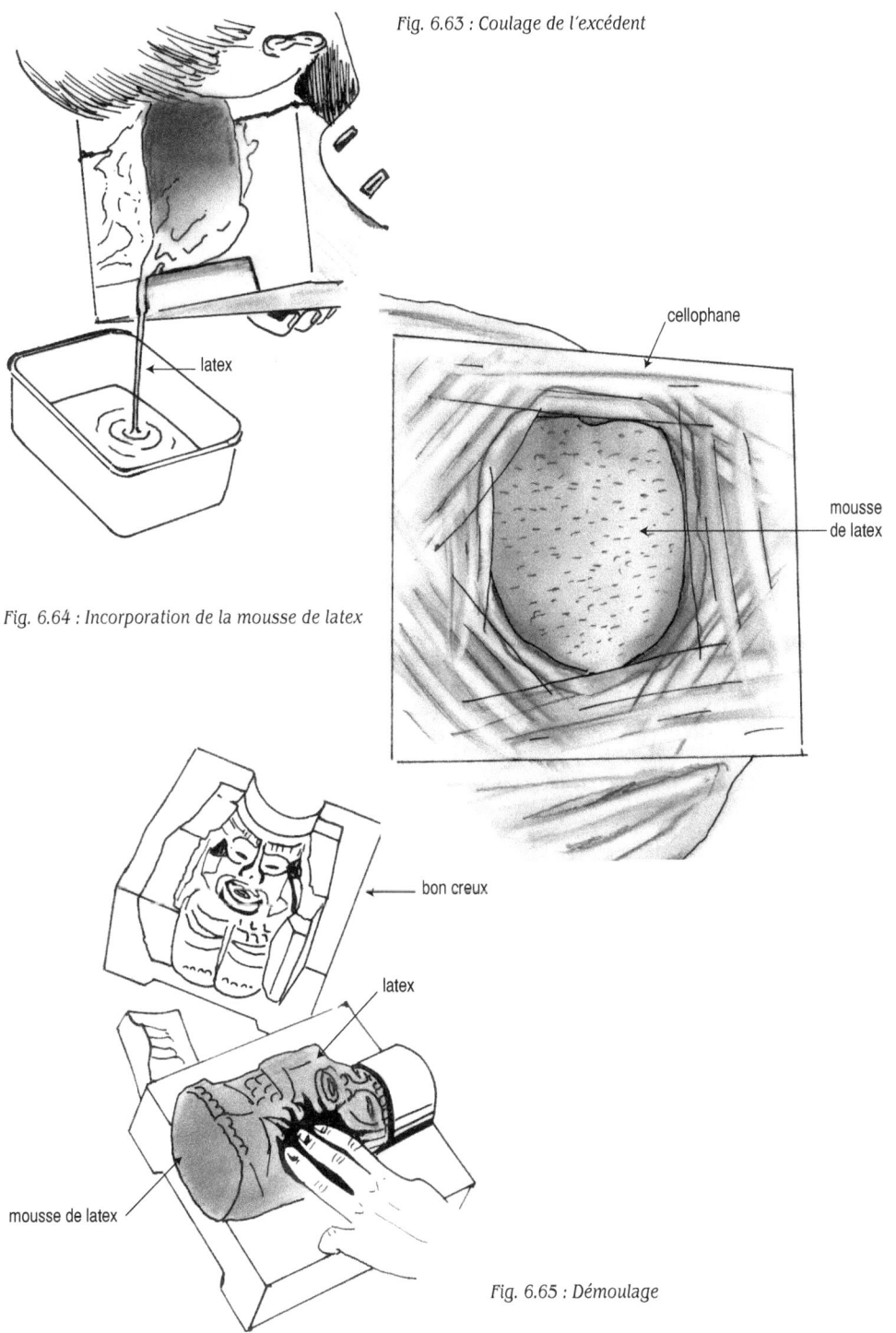

Fig. 6.63 : Coulage de l'excédent

Fig. 6.64 : Incorporation de la mousse de latex

Fig. 6.65 : Démoulage

Techniques et pratique du staff

■ Mousse de latex expansive

Le travail consiste ici à réaliser deux prothèses et un nez en mousse de latex pour transformer le visage d'un enfant, mais on peut aussi réaliser sur un modelage (fig. 6.72), selon le même principe (positif négatif et coulage en mousse de latex), la tête de gorille (fig. 6.73) dont Franck Gauthier est l'auteur.
– Protéger le moule en plâtre par savonnage ;
– mettre la quantité nécessaire de mousse à froid (fig. 6.66) ou à chaud :
  • la mousse à froid Burmann est mélangée avec 20 % du produit B ;
  • la mousse à chaud Burmann est adjuvantée d'un agent moussant, d'un agent de prise et d'un agent de gélification, le tout étant malaxé suivant des vitesses et un temps à respecter pour chaque phase, conformément à la fiche technique du fabricant.
– Attendre l'expansion et démouler pour la mousse Burmann à froid (fig. 6.67, 6.68, 6.69, 6.70).

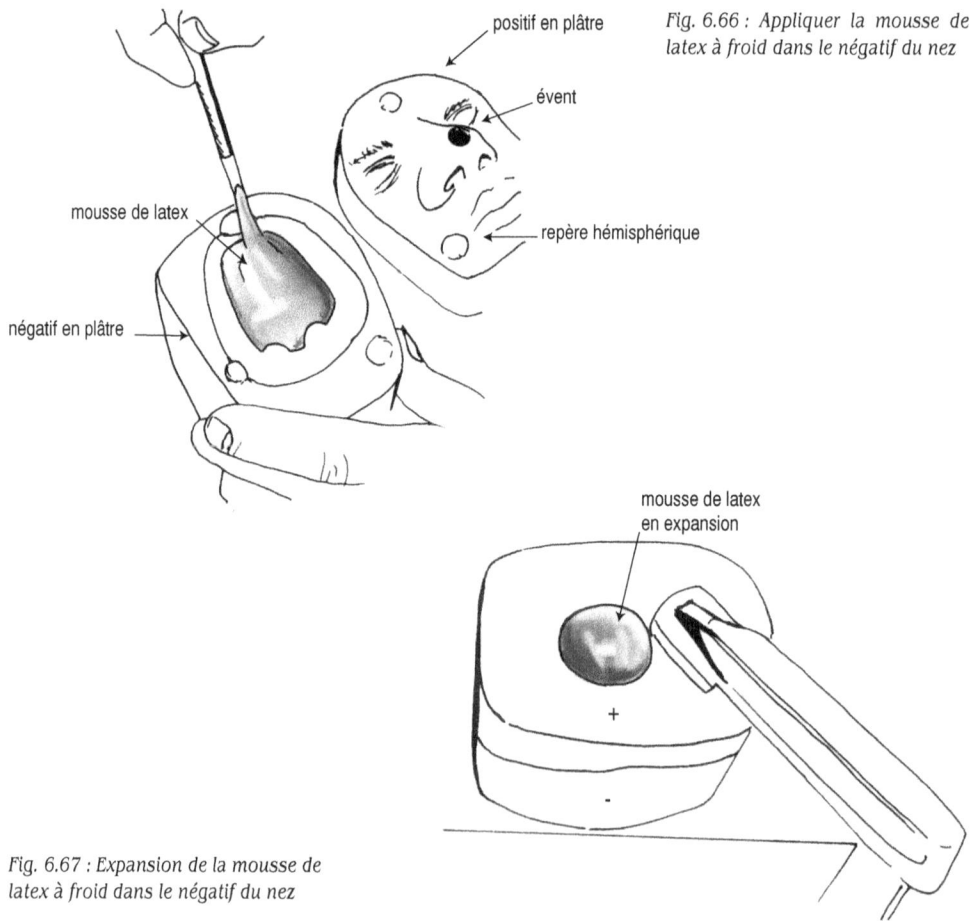

Fig. 6.66 : Appliquer la mousse de latex à froid dans le négatif du nez

Fig. 6.67 : Expansion de la mousse de latex à froid dans le négatif du nez

Les techniques de moulage

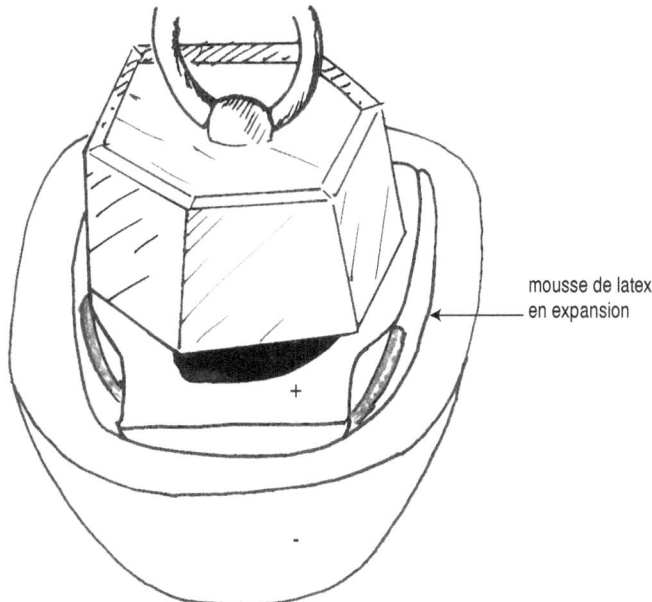

Fig. 6.68 : Expansion de la mousse de latex à froid formant prothèses

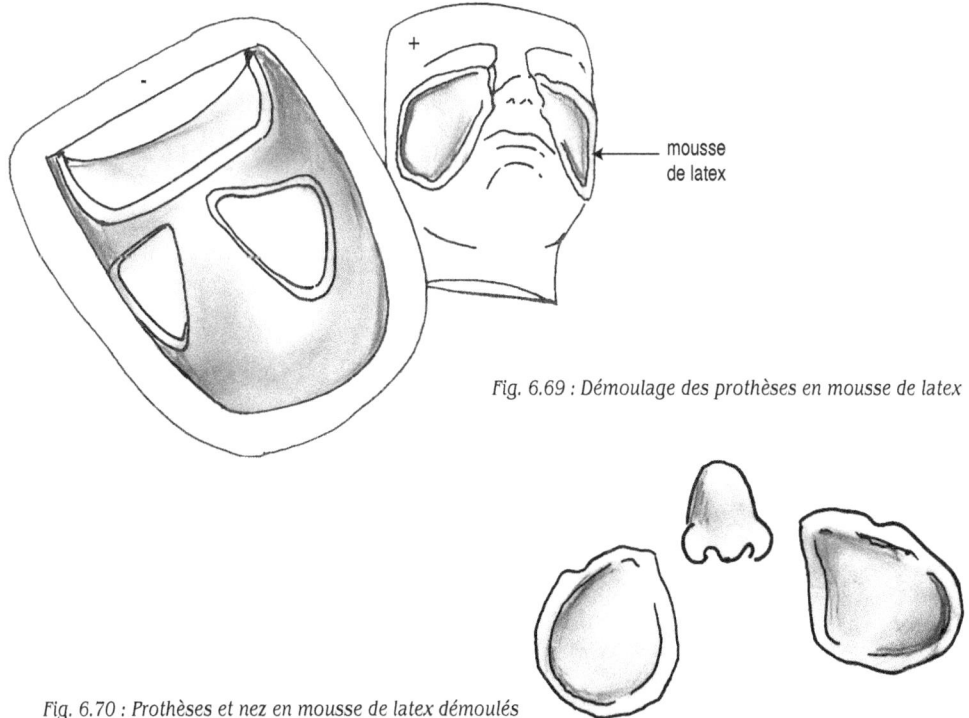

Fig. 6.69 : Démoulage des prothèses en mousse de latex

Fig. 6.70 : Prothèses et nez en mousse de latex démoulés

– mettre la mousse Burmann à chaud dans un four porté à une température de 93° pendant trois à cinq heures, en fonction de son volume, afin qu'elle acquiert sa consistance définitive.

■ Astuces

On peut coller sur la peau d'une personne une prothèse en mousse de latex à l'aide de latex au centre et de colle Spirit Gum sur les bords (fig. 6.71). Il est recommandé de faire préalablement un essai d'application de latex sur la peau de la personne afin de s'assurer que celle-ci n'est pas allergique au produit.

■ Peindre la mousse de latex

On peut peindre la mousse de latex à l'aide de peintures spéciales ou acryliques projetées à l'aérographe ou au pulvérisateur. On peut également mettre des fonds de teint pour maquillage et surligner avec des crayons gras.

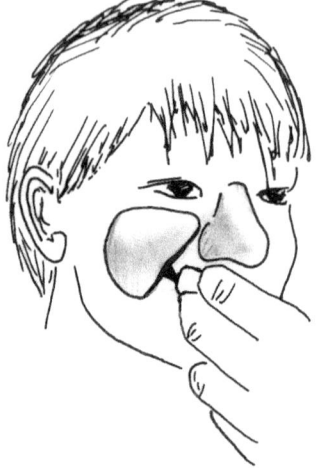

Fig. 6.71 : Collage d'une prothèse au latex

Fig. 6.72 : Modèle en terre
Ce modèle en terre a été réalisé en 1986 pour le prix de la formation aux Métiers d'Art, par Franck Gauthier, ancien élève de la section staff au LP du Domaine de Gué-à-Tresmes.

Fig. 6.73 : Tête de gorille en mousse de latex
Réalisée en 1986 par Franck Gauthier.

Les techniques de moulage

Moulage en mousse de polyuréthanne rigide ou souple

L'avantage de la mousse polyuréthanne est sa légèreté. On utilise ces mousses dans de nombreux secteurs : automobile, bâtiment, décors, moulages, etc.
Leur utilisation exige de bien isoler le moule. Avec un plâtre bien sec par exemple, il est nécessaire de passer d'abord de la gomme-laque (bouche-pores), puis de la cire (démoulant). En revanche, les moules souples en silicone ne requièrent aucun traitement.

■ Mouler dans un négatif ouvert

Le travail consiste ici à couler de la mousse polyuréthanne rigide dans un moule ouvert en élastomère silicone pour obtenir l'épreuve d'un chat. Par le même procédé, on peut très bien mouler une base de colonne, une partie de décor...
– Mélanger la partie A et B suivant le pourcentage requis ;
– couler rapidement la quantité de mousse désirée (cette quantité est fonction du taux d'expansion) (fig. 6.74) ;

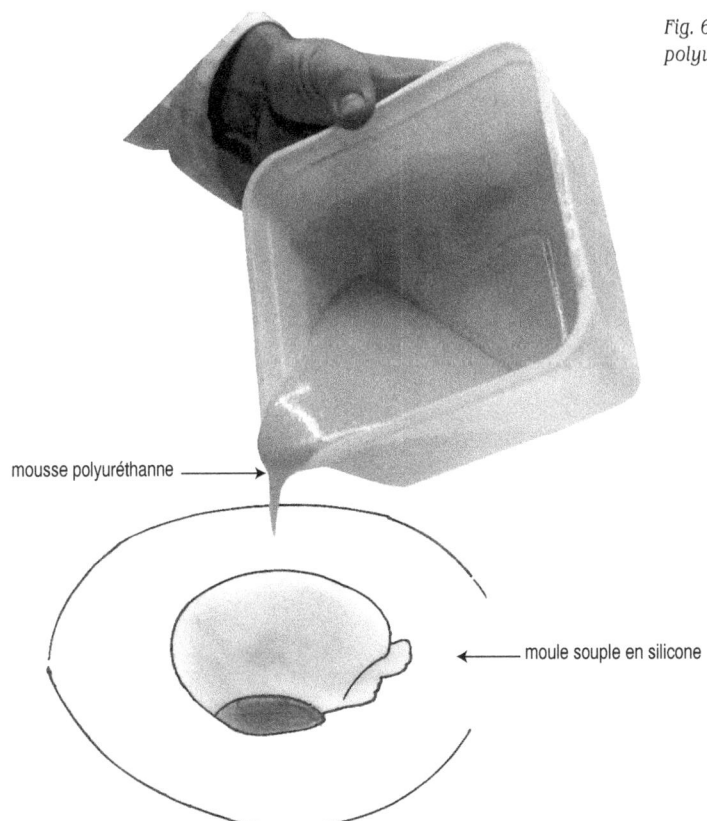

Fig. 6.74 : Coulage de la mousse de polyuréthanne

mousse polyuréthanne

moule souple en silicone

Techniques et pratique du staff

– mettre un papier Cellophane au-dessus du moule (fig. 6.75) ;

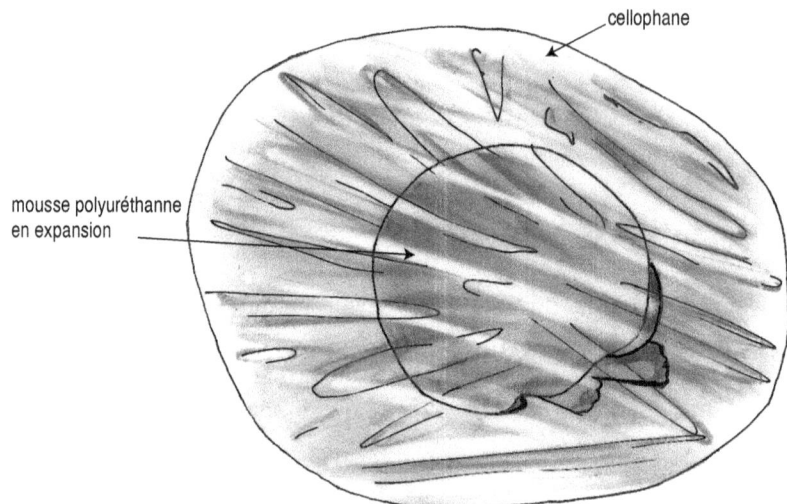

Fig. 6.75 : Mise en place d'un papier Cellophane au-dessus du moule

– couper l'excédent de mousse après durcissement (fig. 6.76) ;

Fig. 6.76 : Coupage de l'excédent

Les techniques de moulage

– Démouler le positif en mousse polyuréthanne dure (fig. 6.77).

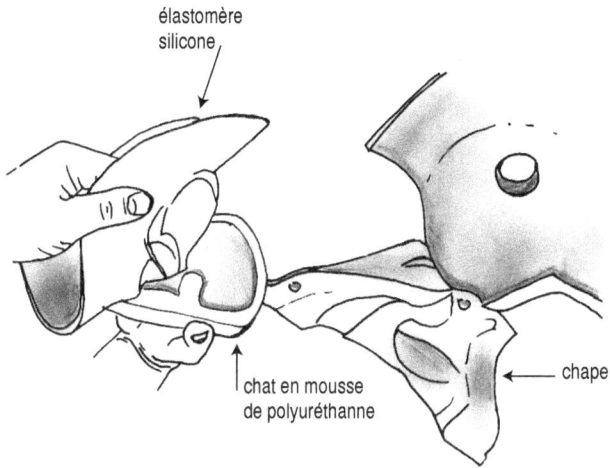

Fig. 6.77 : Démouler l'épreuve

Remarque : On peut peindre l'épreuve à l'aide d'une peinture de polyuréthanne monocomposant. Dans le cas du moulage d'une mousse de polyuréthanne souple, on peut projeter auparavant une peinture de polyuréthanne formant peau de moulage.

7. Les techniques de pose

Pose d'une corniche

■ Implantation et ancrage

Avant l'avènement du staff, les corniches étaient traînées directement au plafond par les plâtriers. De nos jours, cette méthode est d'ailleurs toujours employée. Quant au staffeur, il apporte des éléments préalablement moulés qu'il assemble. Son travail de pose se ramène aux quatre opérations essentielles suivantes : tracer (ou implanter), maintenir provisoirement, fixer, retoucher.

Implantation : près avoir dégauchi les murs et le plafond, si nécessaire, tracer un trait de niveau autour de la pièce afin de délimiter l'avancée et la retombée de la corniche (fig. 7.1 et fig. 7.2).

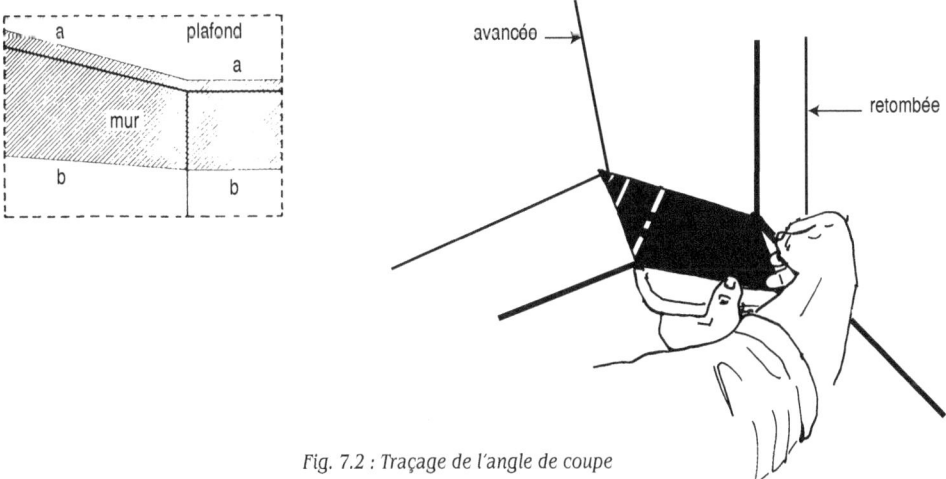

Fig. 7.1 : Pose d'une corniche ; implantation

Fig. 7.2 : Traçage de l'angle de coupe

Ancrage : piocher les murs et le plafond à l'intérieur du trait de niveau.

Support provisoire : selon le matériau de construction de l'immeuble, on peut utiliser soit des clous à la retombée et à l'avancée (les murs sont en plâtre ou recouverts d'isolants en plaques de plâtre cartonnées/polystyrène, le plafond est en plâtre ou en plaques de plâtre cartonnées), soit des taquets à la retombée avec des clous à l'avancée (ce sont les mêmes matériaux supports définitifs que précédemment, la seule différence résidant dans le choix du taquet à la retombée qui permet un meilleur maintien du talon de la corniche durant la pose, fig. 7.3), soit encore des clous ou taquets à la retombée avec des liteaux à l'avancée (les murs sont composés des mêmes matériaux que dans les deux cas précédents, mais le plafond est en béton, fig. 7.4), soit enfin des liteaux à la retombée et à l'avancée (les murs sont en parpaings de ciment et le plafond en béton, fig. 7.5).

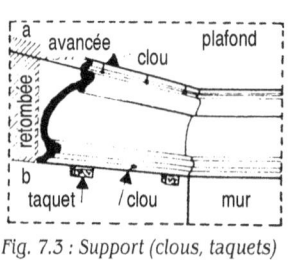

Fig. 7.3 : Support (clous, taquets)

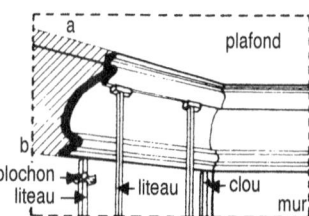

Fig. 7.4 : Support (liteaux, clous)

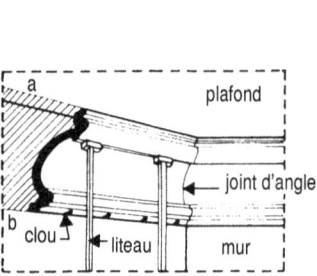

Fig. 7.5 : Support (liteaux)

■ Fixation

Selon le matériau de construction, la fixation peut se faire par collage, scellement ou clouage.

a/ Collage

Le collage est le mode de fixation le plus courant parce qu'il s'adapte à tous les matériaux.
Enduire de colle à carreaux de plâtre mur et plafond à l'intérieur du tracé (fig. 7.6).
Mettre la première corniche en position exacte d'avancée et de retombée.
Placer le deuxième élément et l'aligner sur le premier en utilisant deux papillons placés au joint de séparation.
Mettre de la colle sur le joint d'angle suivant ainsi que sur le mur et le plafond, etc.
Enlever la colle en débordement à l'aide de la plaquette et passer aussitôt une éponge imbibée d'eau pour supprimer toute trace de colle.
Enlever également les supports provisoires dès la prise de la colle (environ 2 heures après la mise en place définitive de la corniche).

Les techniques de pose

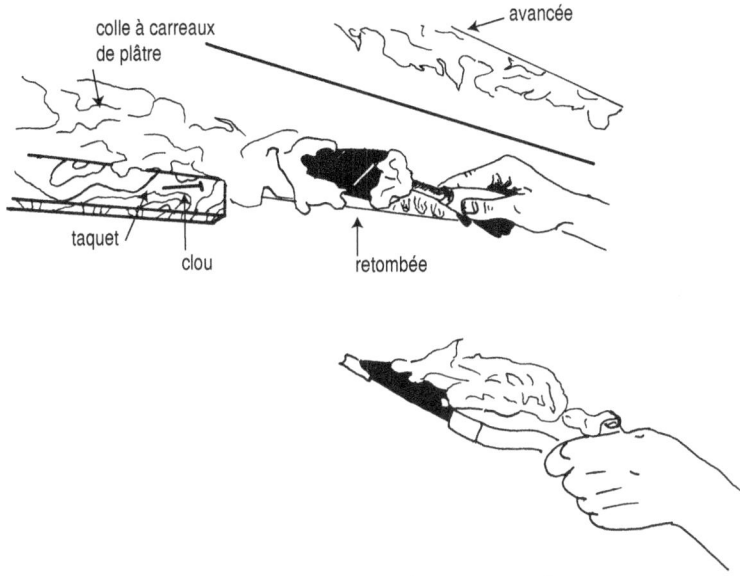

Fig. 7.6 : Fixation à la colle à carreaux de plâtre

Gratter toute trace de colle visible en utilisant le chemin de fer plat.
Enlever les papillons.
Bourrer les joints de séparation (les prévoir de 1 cm de largeur) avec des filassons appliqués à la spatule en léger retrait de la face de parement.

b/ *Scellement sur murs et plafonds en plâtre*

La corniche ayant été préalablement percée de trous en forme d'entonnoirs tous les 50 cm, on la met en position sur les supports provisoires de retombée afin d'indiquer sur le mur et le plafond, d'une marque de crayon, la place de chacun des trous.
Redescendre alors les éléments. Aux points tracés, planter deux clous en V.
Après mise en place et alignement des éléments par deux papillons aux joints de séparation, la corniche est alors ancrée grâce à des filassons bourrés autour des clous par les trous-entonnoirs.
Terminer les joints d'angle et les joints de séparation (les prévoir de 1 cm de largeur) avec des filassons appliqués à la spatule, et affleurer à la plaquette.
Remarque : une autre technique consiste à faire des trous ou des poches en débordement de la corniche au mur et au plafond tous les 50 cm (fig. 7.19a).

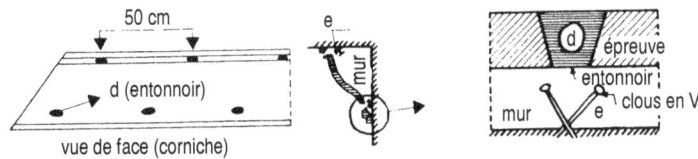

Fig. 7.7 : Fixation par scellement

Techniques et pratique du staff

c/ *Clouage sur murs et plafonds en plâtre*

Forer dans la corniche une série de trous obliques et fraisés, d'un diamètre égal à celui des clous de fixation choisis.

Les éléments sont ancrés dans les murs et le plafond au marteau, à l'aide des clous galvanisés. Le principe de mise en place, d'alignement et de bourrage des joints est le même que pour un scellement.

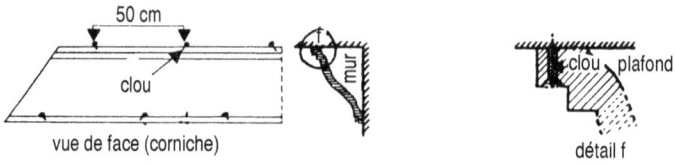

Fig. 7.8 : Fixation par clouage

d/ *Finition*

Mouiller les noirs* au pinceau (fig. 7.9).

Fig. 7.9 : Mouiller les noirs au pinceau

Bourrer à la spatule (fig. 7.10).

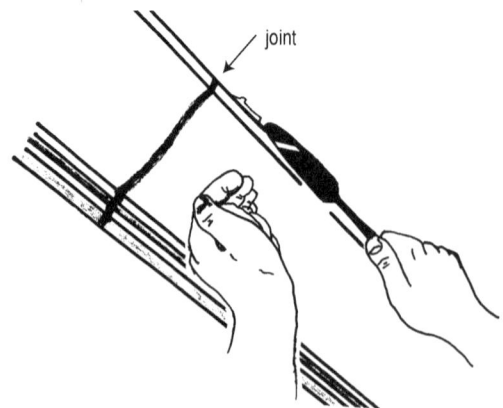

Fig. 7.10 : Bourrage à la spatule

Les techniques de pose

Par exemple : les noirs, les joints, les entonnoirs avec du plâtre clair coudé. Affleurer et lisser à la plaquette (fig. 7.11 et fig. 7.12).

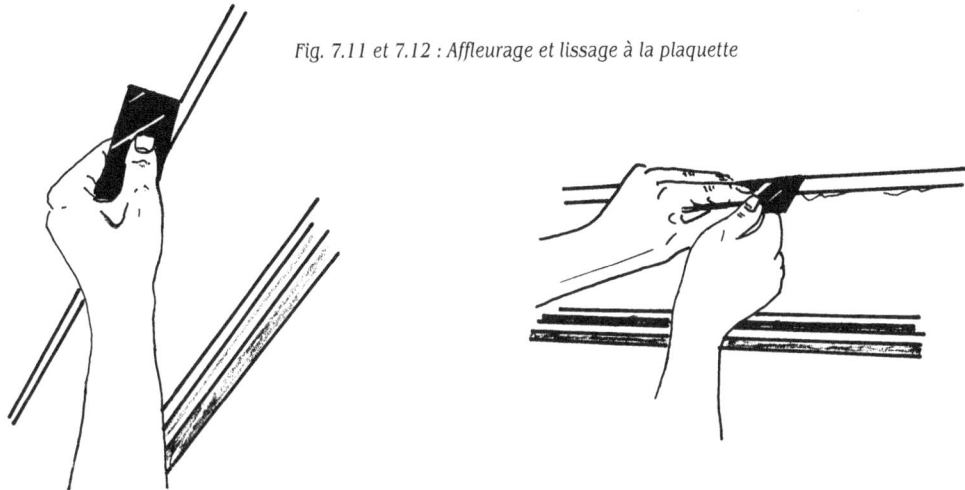

Fig. 7.11 et 7.12 : Affleurage et lissage à la plaquette

Ébavurer au chemin de fer (fig. 7.13).

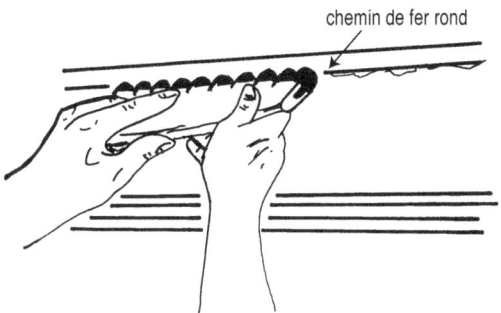

Fig. 7.13. Ébavurage au chemin de fer

Pose d'un plafond suspendu

■ Les méthodes traditionnelles

On employait autrefois comme supports des lattes clouées, du lattis en roseau fendu, du treillis céramique, etc. sur lesquels on étendait le plâtre pour obtenir le plafond. Les plâtriers emploient aujourd'hui des hourdis de terre cuite posés par rangées sur des règles mobiles. Chaque hourdis est fixé par un crochet, l'ensemble des crochets constituant la suspente. Après avoir rempli les joints au plâtre, le plâtrier tire une première couche sur l'ensemble, puis lisse ensuite au plâtre clair coudé (fig. 7.14).

Techniques et pratique du staff

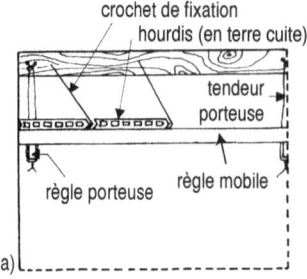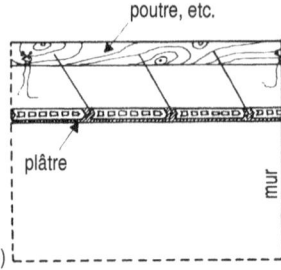

Fig. 7.14 : Pose d'un faux plafond en hourdis de terre cuite

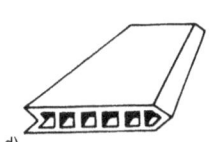

Pose de faux-plafond en hourdis (terre cuite)
a) Pose des hourdis (terre cuite)
b) Faux-plafond terminé
c) Crochet de fixation
d) Hourdis (en terre cuite)

■ Pose d'un plafond suspendu plat en staff ou faux plafond

Le travail de pose d'un plafond suspendu en staff se résume aux opérations essentielles suivantes : échafaudage, implantation, suspentes, ossatures, ancrages, supports provisoires, pose d'une première rangée de plaques, pose de la dernière plaque, finition.

a/ *Implantation*

1re solution : le trait de niveau du plafond suspendu est battu au cordeau à tracer en utilisant un trait de niveau préalablement établi par le maçon par exemple (fig. 7.15a). Cette méthode efficace est la plus utilisée.
2e solution : si le sol est de niveau, on fixe la ligne de niveau du plafond suspendu en reportant à chaque angle le même nombre de hauteurs d'une pige déterminée. Cette méthode est utilisée lorsqu'il n'y a pas de trait de niveau préalablement établi par le maçon à 1 mètre du sol fini.
3e solution : tracer les points de repère du niveau du plafond à l'aide d'un niveau à bulle posé sur une règle mobile fixée à un clou. Procéder ainsi aux quatre angles (fig. 7.15b). Cette méthode est la moins efficace puisqu'il y a risque d'erreur à chaque report de la règle.

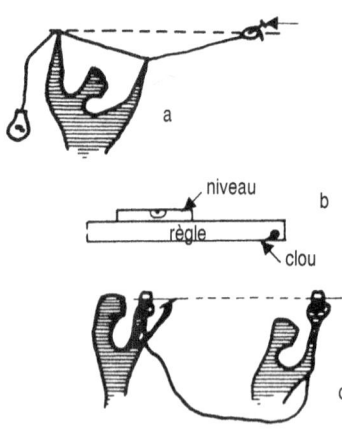

Fig. 7.15a, b, c : Implantations

4e solution : deux opérateurs tracent les points de repère du niveau du plafond à l'aide d'un niveau à eau. Pour cela, il suffit de choisir au départ un point de niveau de base (fig. 7.15c). Cette méthode est très efficace lorsqu'il n'y a pas de trait de niveau préalablement établi et que le sol n'est pas de niveau.

Les techniques de pose

5ᵉ solution : les points de repère sont tracés à l'aide d'un appareil à laser rotatif. Cette méthode est la plus efficace, elle tend à se généraliser pour tracer le niveau des pièces de grandes dimensions.

b/ *Ancrage mural*

Piocher les murs au-dessus du trait de niveau tout autour de la pièce.

Mise en place des supports provisoires (les indications suivantes sont valables pour des plaques de 80 cm par 120 cm).

Choisir d'abord la nature des ancrages en fonction des besoins (pour toute information complémentaire, se reporter à la mise en œuvre des plafonds en staff NF P 73-201-2 et DTU 25-51 cités en annexe 4).

Les plaques de staff à face de parement plane et lisse utilisées doivent être conformes à la norme NF P 73-301 « Éléments en staff : plaques, éléments pour décoration ».

Le plâtre utilisé est le plâtre à mouler pour staff conforme à la norme NF B 12-302 « Plâtres à mouler pour staff ».

L'eau de gâchage utilisée doit être conforme à la norme NF P 18-303 « Eau de gâchage ») ; l'eau potable peut être utilisée.

Les filasses utilisées doivent répondre aux spécifications figurant dans la norme NF P 73-301 « Éléments en staff : plaques, éléments pour décoration ».

Les plaques doivent être stockées à l'abri des intempéries et des chocs ou salissures pouvant survenir du fait de l'activité du chantier ; elles seront placées de chant, verticalement, serrées du pied et isolées des remontées d'humidité. La mise en œuvre de plaques gelées est interdite.

Les alignements d'accessoires de pose à écartement sont implantés en fonction des dimensions et de l'épaisseur des plaques utilisées. L'espacement maximal des alignements de scellement dans les deux sens sur le staff est fonction de l'épaisseur des plaques ; il doit respecter les valeurs du tableau suivant :

Épaisseur des plaques en staff	1 cm	1,2 cm	1,5 cm
Espacements maximaux des alignements de scellement sur la face brute du staff dans les deux sens	40 cm	46 cm	55 cm

Déterminer les points d'ancrage dans une fourchette de 40 à 55 cm selon l'épaisseur et les dimensions des plaques, et réaliser la surface d'ancrage au-dessus du trait de niveau par piochage du mur vertical porteur. Sur le trait de niveau, fixer à 40 cm l'un de l'autre les clous supports pour les plaques.

c/ *Mise en place des règles porteuses* dans un local de 4 m × 4 m*

Sur des règles porteuses de rive en retrait de 20 cm du mur et la règle porteuse centrale en position horizontale absolue fixées par des tendeurs, disposer les premiers rangs de

Techniques et pratique du staff

règles mobiles, la première étant placée à 35 cm du mur, la seconde à 40 cm de la première, la troisième à 40 cm, etc.

d/ *Mise en place des règles porteuses dans un local de plus de 4 m × 4 m*

La première règle porteuse est placée à 20 cm du mur, la seconde à 1,80 m de la première, etc. (fig. 7.16).

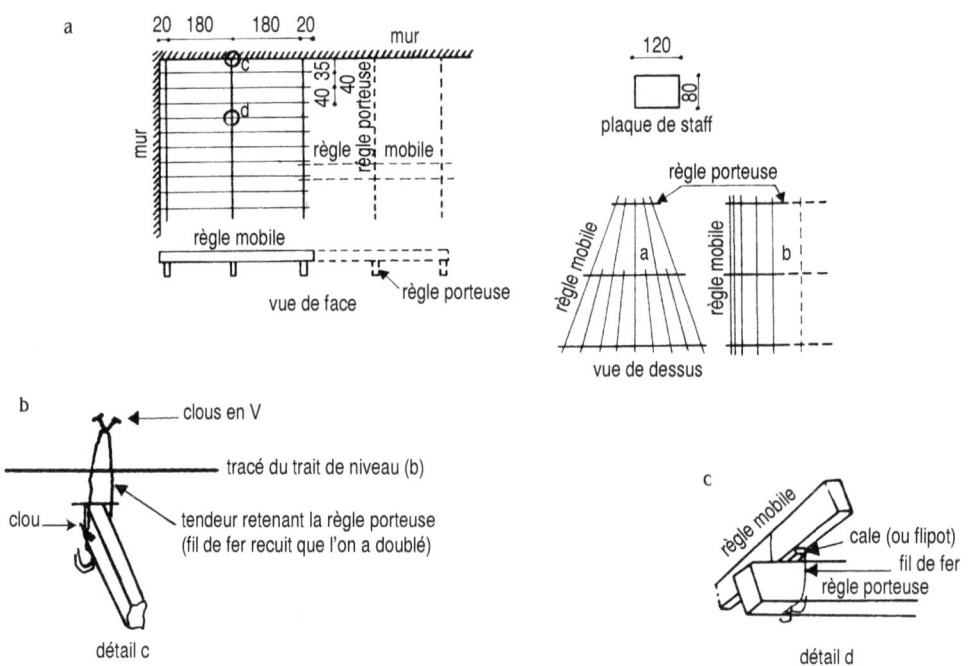

Fig. 7.16 : Jeux de règles mobiles-porteuses

e/ *Pose de la première rangée de plaques*

Les plaques ayant été griffées sur chant, on les dispose sur les règles mobiles en orientant le côté longitudinal de préférence vers la source de lumière la plus frisante (fig. 7.19a) et en réservant, tout autour, un joint de 0,5 mm minimum.

L'immobilisation des plaques se fait avec des papillons de serrage aux joints transversaux et longitudinaux (fig. 7.17). Lorsqu'une plaque est creuse ou bombée, opérer comme indiqué ci-dessus (fig. 7.19b).

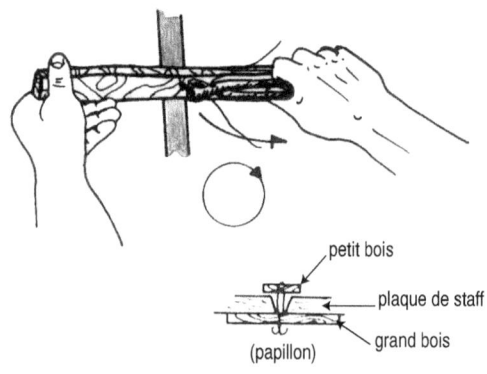

Fig. 7.17 : Papillon de serrage

Les techniques de pose

Recouvrir ensuite tous les joints, côté face brute des plaques, par des casquettes de recouvrement en partant du mur.
Veiller toujours à ce que la filasse ne déborde pas de la surface de parement.
Accrocher définitivement la première rangée de plaques par des pendards de 2 cm de section, fixés aux ancrages qui se trouvent au-dessus des règles mobiles (Fig. 7.18a et b).

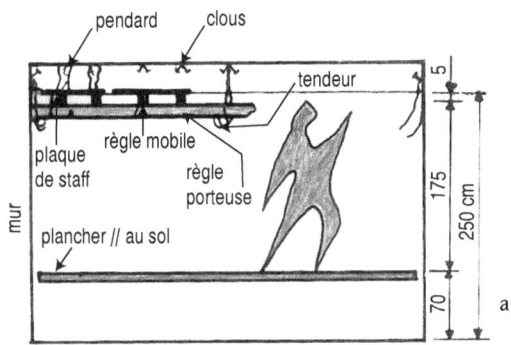

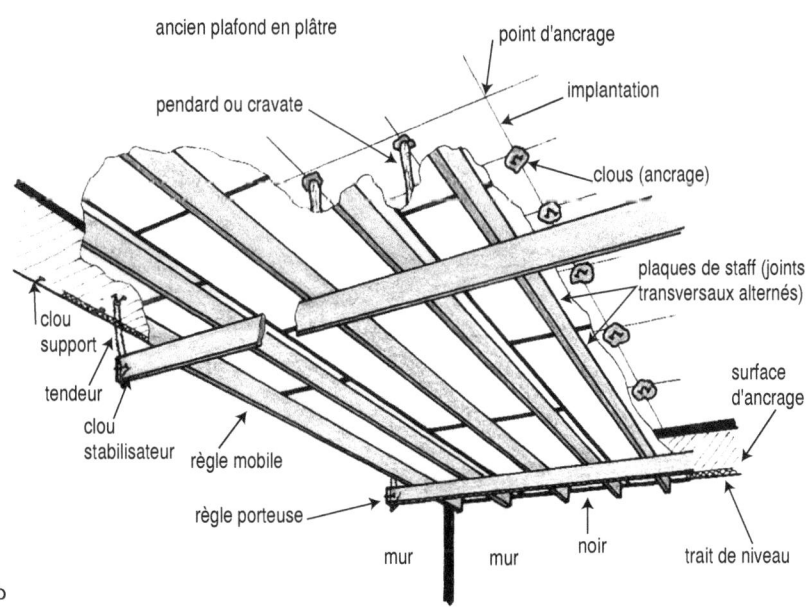

Fig. 7.18 : Disposition des plaques de staff pour plafond

Techniques et pratique du staff

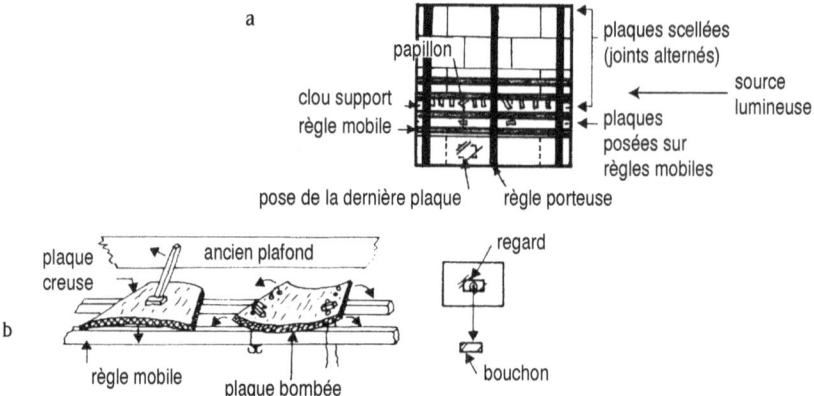

Fig. 7.19a : Accrochage de la dernière rangée de plaques
Fig. 7.19b : Rectifier une plaque de staff creuse ou bombée

f/ Pose de la dernière plaque

Lorsque l'accrochage a durci, il reste à ôter les clous supports, les papillons, les flipots et les règles mobiles que l'on remettra aussitôt en place pour la troisième rangée de plaques (joints transversaux alternés).

Découper dans la dernière plaque un regard qui permettra à l'opérateur de poser les dernières casquettes et les derniers pendards, etc. On replacera en dernier lieu le bouchon du regard dans son logement qu'on aura préalablement recouvert de casquettes en débordement (fig. 7.17).

g/ Finition

Après le rabotage des angles au chemin de fer plat, effectuer un premier affleurement à la plaquette.
Bourrer les joints et les noirs et procéder au deuxième affleurement (fig. 7.20a).
Faire un deuxième bourrage, puis un troisième affleurement et enfin procéder au lissage définitif (fig. 7.20b).
Remarques : pour ces opérations, il est conseillé d'utiliser un plâtre arrivant légèrement en dessous du niveau de l'eau dans le gâcheur.
Se servir du couteau à enduire pour le bourrage et lissage des joints et de la truelle langue de chat pour le bourrage des noirs ; le lissage étant fait à la plaquette.

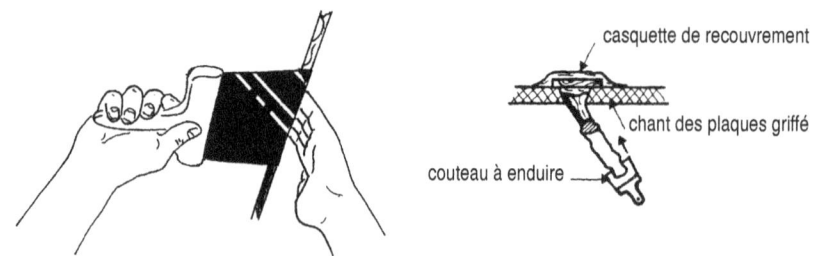

Fig. 7.20a : Bourrage des joints et des noirs

Les techniques de pose

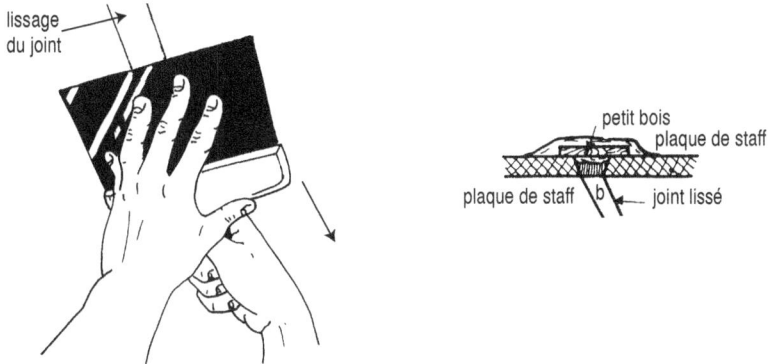

Fig. 7.20b : Deuxième bourrage et lissage du joint

■ Plafond suspendu à plaques modules démontables

Ces plaques modules fabriquées en plâtre, fibres de verre ou fibres minérales servent à réaliser des plafonds qui peuvent être démontés facilement et posés rapidement. Leur inconvénient est le jaunissement dans le temps : on y remédie par application de peinture, encore que cela enlève l'effet de matière.

a/ *Profilés*

Pour la pose, on remplace le jeu de règles porteuses mobiles par des profilés supports définitifs.
Les profilés primaires sont maintenus à un juste écartement en fonction de l'épaisseur de leur section (1 m ou 1,20 m) par une suspente composée de tiges filetées, par exemple.
Les profilés secondaires sont maintenus aux profilés primaires par des étriers ou clips.
Des cornières de rives remplacent les clous supports de plaques.

b/ *Technique de pose*

Pour la première règle, la plaque module est encastrée dans l'aile du profilé support secondaire et elle repose sur la cornière de rive (bloquer avec des écorces de plaque). Placer le deuxième profilé support secondaire et le serrer en encastrement sur la seconde rangée de plaques.
Maintenir les plaques entre elles par des languettes de jointure en carton.
Fixer la dernière plaque de la manière suivante : d'une part, elle repose sur la cornière de rive, d'autre part elle est fixée aux autres plaques, après suppression de la partie supérieure de la rainure, par des épingles.

c/ *Technique de finition*

Utiliser une pâte à enduire.

Techniques et pratique du staff

■ Pose d'un plafond suspendu à caissons

Le jeu de règle est le même que pour la pose d'un plafond suspendu plat, mais il faut de plus :
- le bloquer en rive ;
- tracer avec exactitude les repères muraux et les repères sur règles mobiles afin de bien définir le tracé des caissons ;
- mettre en position initiale la première rangée centrale longitudinale, de préférence, et lorsque les circonstances le permettent.

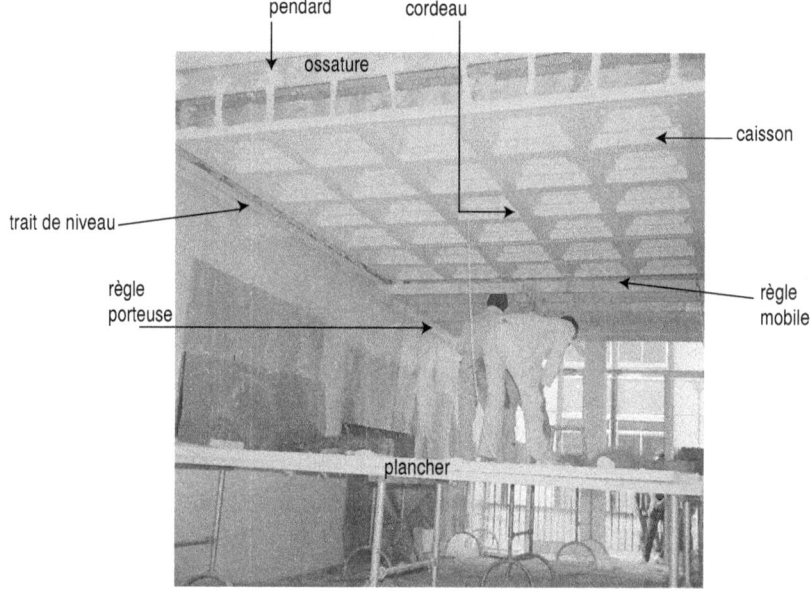

Fig. 7.21 : Plafond suspendu à caissons

Remarque : vérifier le bon alignement des caissons modules par les repères et les cordeaux tendus.

Pose d'une coupole

Il faut tracer d'abord l'implantation, puis fixer l'ossature à sa juste place (demi-basting, etc.). La suspente sera composée de ronds d'acier (fig. 7.22).

■ Pose d'une petite coupole (au-delà de 1 m de diamètre)

Jusqu'à 2 m environ, l'épreuve est moulée complètement puis mise en place.

Les techniques de pose

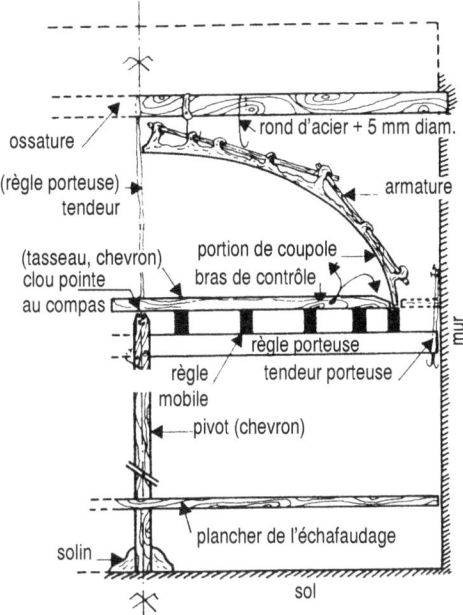

Fig. 7.22 : Pose d'une coupole

Au-delà de 2 m, on moule par tranche que l'on assemble d'abord au sol, sur l'exact contour du tracé de l'épure, et que l'on arme du côté de la face brute avant la mise en place et la fixation définitives.

■ Pose d'une coupole moyenne (au-delà de 3 m)

Mettre le jeu de règles en position horizontale absolue et le bloquer minutieusement ; choisir la méthode (cf. Pose d'un plafond suspendu plat en staff ou faux plafond, p. 267). Mettre en place un chevron-pivot qui sera fixé au sol par un solin et sur la règle porteuse par un serre-joint.
Au sommet du chevron-pivot monter, sur axe, un bras de contrôle au rayon de la coupole. Ce bras repose sur les règles mobiles et part à volonté baliser en repère la base de la coupole.
Monter le premier élément, puis le second, etc. et vérifier à chaque fois la position : on se sert, pour la base, du bras de contrôle, et pour le sommet, du fil à plomb.

■ Pose d'une grande coupole (au-delà de 6 m)

Dans ce cas, le support provisoire n'est plus constitué d'un jeu de règles mais de la surface du plancher de l'échafaudage dont on doit en conséquence vérifier l'horizontalité et la stabilité parfaites.

Techniques et pratique du staff

On moule, sur place, chaque tranche de coupole par phases successives et l'on fixe définitivement au fur et à mesure.

Pose verticale

Le travail de pose verticale se ramène aux opérations traditionnelles de mise en place provisoire puis de mise en place définitive.

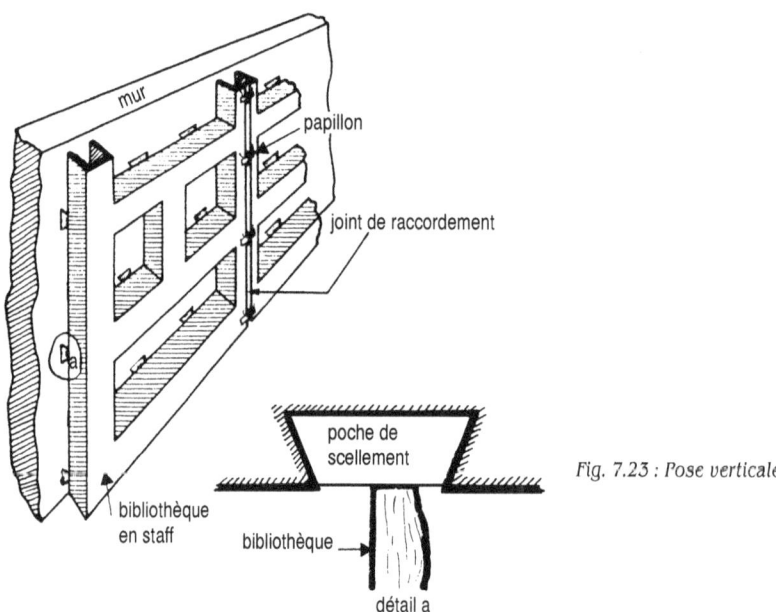

Fig. 7.23 : Pose verticale

■ Mise en place provisoire de tous les éléments

Cette phase est nécessaire pour repérer les points exacts où seront creusées les poches de scellement mais aussi pour vérifier que l'alignement se fera sans défaut.
On commence toujours par les éléments de repère, à savoir les extrémités et les contours de fenêtres.

■ Mise en place définitive

Mettre de la colle à carreaux de plâtre à l'intérieur du tracé d'alignement.
Caler en premier les éléments de repère à l'aide de taquets, chevillettes, etc.
Vérifier constamment la verticalité et l'alignement.
Sceller en bourrant des filassons patins dans les poches de scellement.

Les techniques de pose

Procéder de même pour la suite des éléments.

Serrer des papillons de blocage aux joints entre deux éléments. Bourrer ensuite de filassons en retrait de la face de parement.

Pour la finition, se reporter au paragraphe consacré à la méthode de pose du plafond suspendu plat.

Quelques ouvrages spectaculaires en staff

Les photographies suivantes illustrent les travaux remarquables pouvant être réalisés en staff (Fig. 7.24 à 7.29).

Fig. 7.24 : Plafond en staff dans un grand magasin

Fig. 7.25 : Plafonds, corniches, contre-cloisons, arcs et colonnes en staff dans la salle à manger d'un hôtel

Techniques et pratique du staff

Fig. 7.26 : Plafond à coupole en staff dans le bureau du président d'une société multinationale

Fig. 7.27 : Plafond décoratif en staff dans le hall d'accueil d'un organisme européen

Les techniques de pose

Fig. 7.28 : Plafond perforé en staff dans le restaurant du personnel d'une grande banque

Fig. 7.29 : Plafond à caissons en staff dans le grand auditorium d'un édifice dédié à la musique

8 · Le modelage

Le modelage est la technique qui consiste à se donner une forme par le façonnage d'une substance molle : glaise, cire, plastiline ou terre.
On préfère cette méthode à la sculpture sur bloc monolithique dans la mesure où elle permet ajouts ou retraits de matériaux en boulette à volonté.
Partant de cette forme on peut obtenir un creux perdu, un modèle en plâtre, un bon creux ou moule souple, autant d'épreuves que l'on veut avec tous les matériaux possibles : plastique, ciment, plâtre, stuc, etc.
Nous traiterons uniquement de cinq domaines essentiels liés au modelage : le matériau, l'outillage de fabrication et de contrôle, le support et l'armature, la pédagogie d'approche et les étapes de l'évolution du modeleur.

Le matériau

Si la plastiline ne pose pas de problème autre que financier, la terre, elle, demande à être entretenue. Elle doit être ni trop molle, auquel cas elle colle aux doigts, ni trop dure, on ne peut la façonner. Il faut donc la tenir en permanence à son degré hygrométrique idéal. Pour ce faire, on la recouvre d'un linge humide, lui même revêtu d'une toile de polyane étanche.

L'outillage

L'outillage de contrôle se compose d'un fil à plomb, d'un compas maître de danse et d'une machine de mise au point.
En dehors de la main, principe essentiel, l'outillage de fabrication comprend les ébauchoirs et les mirettes. Employés surtout pour la finition, les ébauchoirs sont une sorte de palettes en buis taillé au profil désiré. Employées surtout pour dégrossir ou creuser les formes, les mirettes sont des outils composés d'un anneau de fil de fer galvanisé fixé à un manche en bois (fig. 8.1).

Techniques et pratique du staff

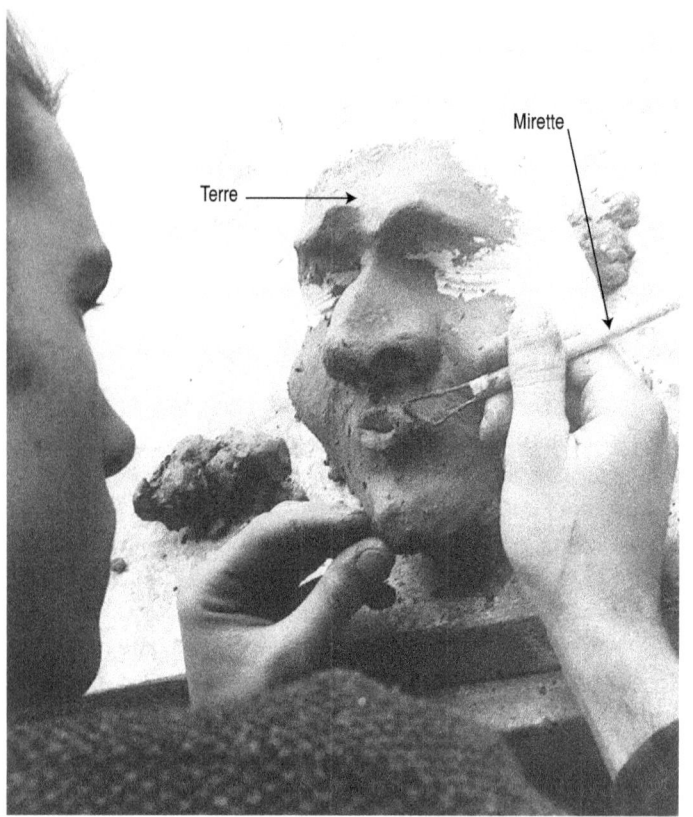

a/

b/

Fig. 8.1 : Masque en terre sur modèle en plâtre

Les supports et les armatures

Les supports de base sur lesquels s'opère le façonnage seront différents suivant qu'il s'agit d'un bas-relief ou d'un haut-relief, pour lesquels on utilise une planche inclinée, ou qu'il s'agit d'une ronde-bosse : on travaille alors sur une sellette réglable pivotante ou sur un plan mobile quelconque.

Remarque : dans le cas où le bas-relief comporte des parties assez saillantes, maintenir la terre par un dispositif approprié : tête d'une personne en plâtre servant de base de travail à la réalisation d'un masque (fig. 8.1a et b), bois entouré d'un fil de fer le reliant au support par des clous (fig. 8.2) dans la conception des hauts-reliefs, structures du type potence (fig. 8.3) dans le cas de petits modelages en ronde-bosse (fig. 8.4), enfin ossature en grillage pour de grands modelages en ronde-bosse (fig. 8.5).

Armatures : pour un haut-relief ou une ronde-bosse, le façonnage s'effectue autour d'un noyau dont la forme approche celle du modèle souhaité. On obtient le noyau en disposant autour d'un mât fixé au socle un squelette de grillage, de polystyrène, etc. aux volumes désirés.

Fig. 8.2 : Bois de soutènement

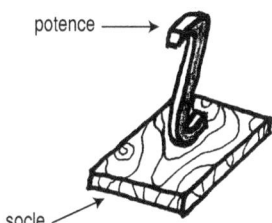

Fig. 8.3 : Potence sur socle

La pédagogie du modelage

Une initiation à l'esthétique, un apprentissage des principes élémentaires de dessin et de sculpture, une éducation du goût, le sens des proportions, des lignes et des volumes contribuent à préparer un bon modeleur. Nous sommes dans le domaine de la création artistique.

L'emploi de la terre demande en outre une formation spécifique. Pour familiariser un élève à cet emploi, on peut recourir en atelier aux exercices suivants :
- faire imprimer sur une plaque de terre et à l'aide du pouce et de l'index une série de sillons géométriques (courbes, losanges, etc.) ou de profils (poisson, oiseau, etc.) ;
- compliquer l'exercice en faisant creuser à l'aide de la mirette des formes en creux de niveaux différents ;
- compliquer encore l'exercice en faisant compléter le relief en creux précédent par un apport de volumes successifs ;

– enfin, suggérer la réalisation d'une forme en ronde-bosse de création personnelle (fig. 8.4) ;

Fig. 8.4 : Créations personnelles par des élèves du LP du Domaine de Gué-à-Tresmes (77)

– compliquer l'exercice en faisant une forme en ronde-bosse plus conséquente (fig. 8.5).

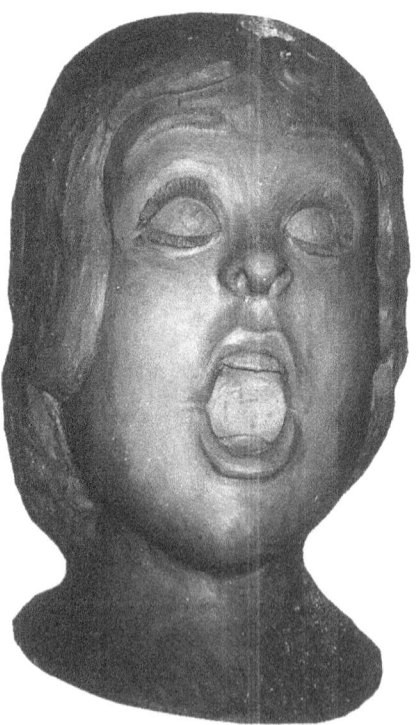

Fig. 8.5 : Tête de Blanche-Neige en modelage sur ossature en grillage

Le modelage

La progression du modeleur

Elle se fait en fonction de la difficulté des types de modèle. Il convient de commencer par des modelages de bas-reliefs simples puis de continuer avec des modelages de bas-reliefs compliqués (fig. 8.6). Ensuite, avec la même prudence, aborder les hauts-reliefs primaires, puis les hauts-reliefs sophistiqués. Enfin, et de la même façon, il convient d'approcher le travail des rondes-bosses.

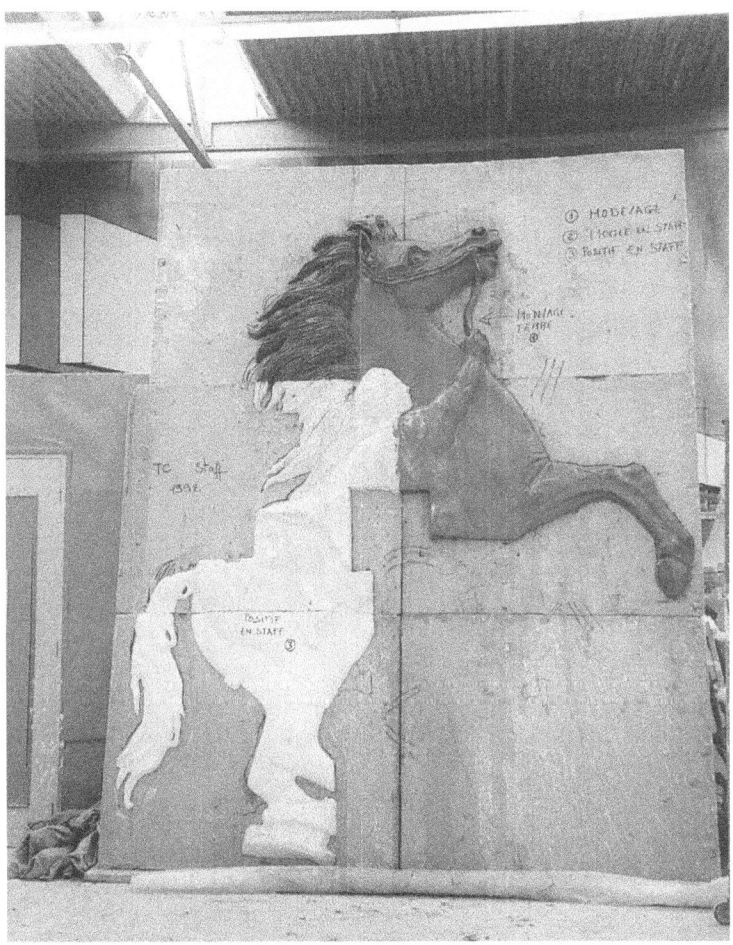

Fig. 8.6 : Bas-relief compliqué
Réalisé en 1992 par les élèves de la classe de terminale, section staff, du LP du Domaine de Gué-à-Tresmes.

Dans chaque type de travail, la progression se fait en tenant compte des différentes étapes à parcourir. Le modeleur doit apprendre à approcher un premier profil d'un seul jet, par ajouts et retraits de boulettes de terre, et s'entraîner ensuite à passer du profil primaire au profil élaboré. Il termine sa formation en s'initiant à l'art de la finition : lissage, animation des formes à l'aide d'effets de matière. Par exemple, imiter les rides de la peau par déplacement d'une ripe sur du polyane préalablement posé sur la terre, imiter la peau à l'aide d'une écorce d'orange ou du latex qui aura été moulé sur un modèle en plâtre, etc.

Au dernier stade de son évolution, il doit se tenir prêt à répondre à des demandes spécifiques parmi lesquelles l'agrandissement ou le retrait par rapport à un élément donné, la reconstitution de la partie manquante d'un original, la recherche d'un décor autour d'un élément donné, le travail d'après une photographie, etc.

9 • Imitations

Techniques et procédés

Avant de livrer une épreuve définitive, on peut, à la demande, lui donner un aspect superficiel reproduisant les caractères d'un matériau, d'une époque, d'un style, d'une exposition à l'air, à l'eau, etc. On lui confère alors ce qu'on appelait une patine et ce que les professionnels ont choisi de désigner aujourd'hui sous le terme d'imitation.
Ce chapitre est consacré aux matériaux, outils et techniques propres à obtenir sur une épreuve en plâtre différents aspects souhaitables de matière.

■ Donner l'apparence du vieux bois sculpté

Utiliser pour outillage une brosse métallique, des clous, une brosse à peindre et un spalter. Les produits utilisés sont un glacis incolore et trois pigments : sienne naturelle, ocre jaune, terre de cassel (qu'on peut remplacer par de l'ombre naturelle ou de l'ombre brûlée). Suivant la teinte du bois désirée, on peut mélanger les trois poudres.
Effectuer les opérations d'imitation suivantes :
- mutiler l'objet à l'aide de la brosse métallique en rayant fortement toujours dans le même sens. Afin de faire apparaître l'aspect fibreux et usé du vieux bois, faire des rayures de différentes profondeurs ;
- piquer, à l'aide d'une pointe, les surfaces de cet objet de multiples trous affirmant l'existence de parasites lignovores ;
- peindre l'objet d'un glacis teinté, bois clair ou foncé, avec la brosse à peindre ;
- réaliser une sorte de poussière à l'aide de pigments qu'on dépose avec le spalter, dans les aspérités ;
- ne jamais cirer, sinon l'effet naturel serait perdu.

■ Obtenir l'aspect d'un granit gris ou rose

Utiliser une brosse à tableau et un petit spalter.
Se procurer les produits suivants : glacis incolore, pigments blanc, noir, bleu et aluminium en poudre pour le granit gris, pigments ocre rouge, laque de garance, rouge, jaune de chrome, gris clair, aluminium, pour le granit rose.

Effectuer les opérations d'imitation suivantes :
- passer un premier glacis sur la totalité de la statuette fait d'un mélange de blanc, noir et bleu pour le granit gris, et d'un mélange d'ocre rouge, de laque de garance avec un peu de jaune pour le granit rose ;
- faire un chiquetage* plus foncé à la brosse à tableau, presque noir pour un granit gris, par exemple ;
- faire ensuite trois glacis très liquides : gris clair bleuté, gris plus foncé et blanc pour le granit gris ; rouge de garance, ocre rouge et gris clair pour le granit rose ;
- imprégner le petit spalter (largeur 5 cm) du premier glacis et spiter* l'objet ;
- refaire l'opération avec la deuxième teinte ;
- refaire la même opération avec le troisième glacis ;
- recommencer l'opération mais avec un soupçon d'aluminium et seulement par endroits. Veiller à ce que l'aluminium ne devienne brillant qu'après fixation et, en conséquence, éviter de surcharger.

■ Imiter le fer forgé

L'outillage se résume au spalter et à la brosse de peintre.
Les produits utiles sont le glacis incolore et les pigments : noir, blanc, poudre d'aluminium, ocre rouge et jaune.
La réalisation de l'imitation se fait en quatre phases :
- préparer d'abord les glacis teintés en noir et gris foncé ;
- peindre l'objet en noir mat en s'efforçant de créer des nuances par pochage de gris différents à l'aide de la brosse ;
- pocher ensuite au spalter dans le glacis précédent non fixé de la poudre d'aluminium, afin de donner une impression de cristallisation métallique, en veillant à ne pas trop charger en aluminium ;
- peaufiner enfin au spalter avec de la poudre d'aluminium dans les angles et sur les parties en relief. L'impression de rouille peut être surajoutée par endroits, par application au spalter de glacis couleur rouille, c'est-à-dire ocre rouge et jaune.

■ Donner l'impression de l'ivoire

Travailler à la brosse de peintre et au chiffon de laine non pelucheux.
Employer de la cire jaune liquide et ocre jaune.
Procéder comme suit :
- préparer une cire blanche liquide légèrement teintée d'ocre jaune, en faisant fondre au bain-marie la cire mélangée à un peu d'essence de térébenthine ;
- recouvrir le plâtre à l'aide de cette cire teintée à l'aide de la brosse à peindre ;
- frotter, après séchage, avec un chiffon de laine.

■ Produire un reflet de bronze

a/ *Bronze neuf*

Outils : brosse à tableau, brosse à peindre, grand spalter (10), petit spalter (5), chiffon.
Matière d'œuvre : gomme-laque incolore (remplaçant le glacis) et pigments de couleur : vert bronze, vert anglais, ocre jaune, brun, noir, blanc.
Imitation : avec la brosse de peintre, recouvrir l'objet d'une couche de gomme-laque pigmentée vert bronze. Laisser sécher pendant 30 minutes. Puis pocher, au petit spalter, une couche de gomme-laque incolore très fluide chargée de brun et de poudre de bronze. Le bronze de la première couche doit apparaître par transparence, à travers le glacis brun. Peaufiner en finition les parties importantes (de relief surtout) par des applications de gomme-laque surchargée de poudre de bronze.

b/ *Vieux bronze*

La méthode consiste à passer la poudre de bronze sur une couche non fixée de gomme-laque préalablement teintée de marron et soulignée de vert foncé. Des effets de vert ou de marron peuvent être précisés après coup au spalter.

c/ *Bronze de convention*

On appelle ainsi l'effet bronze obtenu sur un fond de couleur papier kraft, recouvert d'un glacis incolore non fixé et préalablement divisé en quatre bandes horizontales :
– placer un premier glacis teinté brillant dans la bande supérieure (mélange d'ocre jaune, et d'ombre brûlée en petite quantité avec un peu de blanc) ;
– passer un second glacis teinté rouge brun dans la seconde bande (mélange de brun-Van-Dyck, d'ombre brûlée et d'un quart du premier glacis) ;
– passer un troisième glacis teinté vert foncé à l'intérieur de la troisième bande (mélange de vert anglais, de blanc et d'un quart du deuxième glacis rouge brun) ;
– aux séparations des bandes, spalter afin que les teintes se combinent en dégradé.

d/ *Bronze médaille*

– Passer un glacis incolore sur un fond terre de sienne naturelle mat bien fixé ;
– recouvrir d'un glacis (poudres mélangées de bronze argent et de bronze or) en chargeant la partie supérieure ;
– pocher ensuite du haut vers le bas afin d'obtenir le dégradé.

Technique de la gomme-laque

La technique de l'imitation à la gomme-laque (diluée dans de l'alcool à 95°) diffère par rapport à la technique du glacis (§ 9.1.1, 9.1.2, 9.1.3, 9.1.4 et 9.1.5) dans le choix du liant permettant d'obtenir les teintes.

■ Bronze barbedienne

Peindre le moulage (la tête) de couleur imitation bronze barbedienne.
Choix des teintes de base : terre d'ombre naturelle, terre d'ombre brûlée, terre de sienne naturelle, ocre rouge.
Liant : gomme-laque blanche et brune pour moitié.
Très important :
– mettre en premier lieu les quatre pigments et les mélanger à sec ;
– ajouter un peu de diluant (alcool à 95°) et mélanger le tout ;
– en dernier lieu, ajouter le mélange gomme-laque blanche et brune aux quatre pigments dilués à l'alcool à 95°, ceci donne la teinte de base ;
– avec un tampon, tamponner le moulage en plâtre (la tête) de la teinte obtenue par ce mélange (teinte de base) jusqu'à le recouvrir complètement ;
– préparer :
  • de la poudre d'or pâle couleur diamant et de la poudre couleur ocre rouge sur un carton ;
  • une solution d'alcool à 95° et de gomme-laque blanche et brune (l'alcool à 95° dilue la gomme-laque) ;
– imprégner un chiffon de la solution alcool/gomme-laque ;
– appliquer le chiffon sur la poudre d'or pâle couleur diamant, puis, plus légèrement, sur la poudre couleur ocre rouge ;
– passer ensuite le chiffon sur les parties saillantes de la tête (fig. 9.1) ;
– revenir à la teinte de base à laquelle on a ajouté un peu de gomme-laque blanche ;
– passer sur le moulage un mélange de cire liquéfiée avec de l'essence de térébenthine mélangée à du noir ivoire et de la couleur terre de sienne brûlée ;

Fig. 9.1 : Résultat après passage de la poudre or

- essuyer le moulage à l'aide d'un chiffon de coton dès que la consistance de la cire est poisseuse, presque sèche (fig. 9.2) ;
- terminer en passant, à l'aide d'un chiffon, de la poudre couleur orange mêlée d'ocre rouge (fig. 9.3).

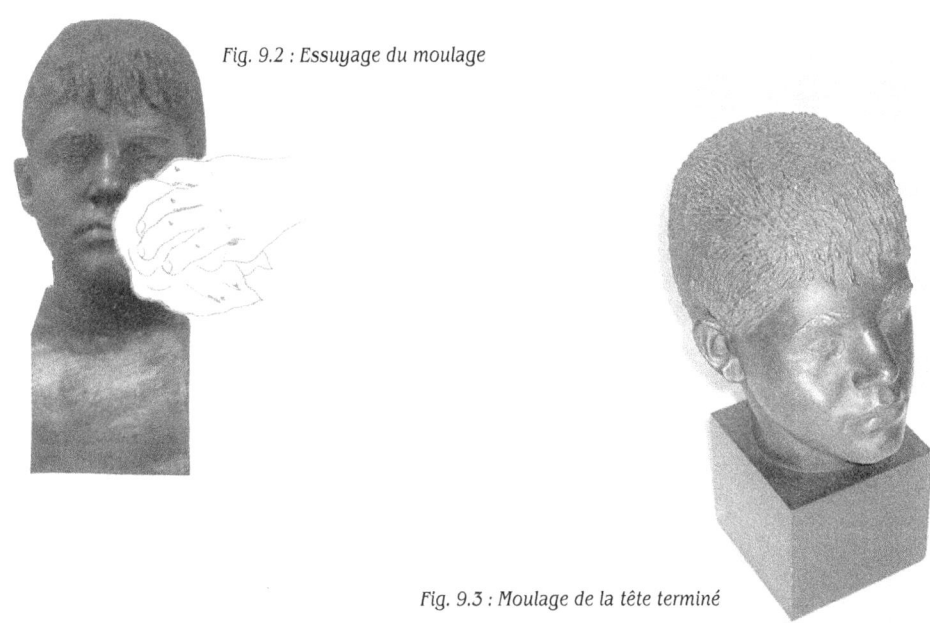

Fig. 9.2 : Essuyage du moulage

Fig. 9.3 : Moulage de la tête terminé

Autres exemples

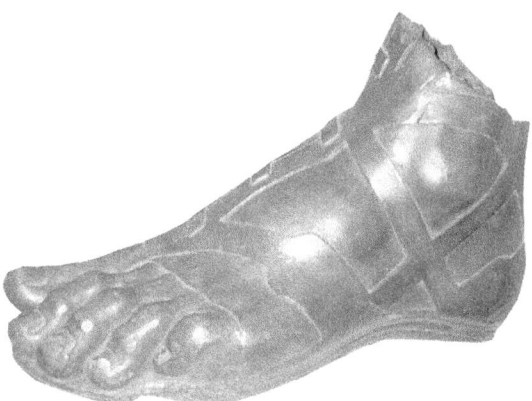

Fig. 9.4 : Moulage en plâtre imitation bronze
Modèle exposé en 1993, au LP du Domaine de Gué-à-Tresmes (77), par Jacques Laurent, ancien élève de la section staff, responsable chef de l'atelier de moulage du musée du Louvre.

Techniques et pratique du staff

Fig. 9.5 : Monsieur Lorenzi, sculpteur-mouleur dans son atelier de moulage

Fig. 9.6 : (1) Cynocéphale et (2) femme inconnue par F. Lamana, XVe siècle

Fig. 9.7 : Cheval T'ang à l'arrêt, façon céramique

Imitations

Fig. 9.8 : *Flore de Carpeaux (buste 55 cm)*

Fig. 9.9 : *Vénus callipyge (1,60 m)*

Fig. 9.6, 9.7, 9.8 et 9.9 : *Travaux réalisés dans les ateliers Lorenzi*

10 · De l'amateur au professionnel

À l'époque ou les loisirs se développent, où les travaux manuels s'introduisent dans les animations des écoles maternelles, garderies et colonies de vacances, où chacun se trouve engagé à réaliser par lui-même l'aménagement, l'équipement et la décoration de son logement, le staff apparaît comme une technique économique, pratique et de choix. Nombreux sont ceux, moniteurs, professeurs, bricoleurs ou gens de métiers qui, empiriquement, recherchent, à tâtons, pour leurs besoins, les méthodes du staffeur. C'est à ceux-là que ce chapitre s'adresse.

Des exercices pour les jeunes

On peut faire réaliser à un enfant une prise d'empreinte, en lui faisant couler du plâtre dans le creux laissé par un objet, un coquillage par exemple, sur une plaque de pâte à modeler.
Ou lui faire modeler un cendrier sur du plâtre. L'enfant est amené à sculpter l'objet selon son inspiration. On peint ensuite la surface après l'avoir polie.
Ou encore lui faire mouler une empreinte animale. Repérée sur le sol, l'empreinte sera délimitée par un petit cadre en bois dans lequel on versera un plâtre gâché à fleur d'eau.
Lui faire fabriquer aussi un cube plein en utilisant une boîte en carton consolidé, à décorer ensuite.
Obtenir encore un cube en creux en faisant napper au pinceau l'intérieur d'un montage de quatre faces en bois. Pour obtenir la sixième face, retourner le cube sur une plaque de plâtre frais.
Plus difficile apparaît le moulage d'un fruit, une poire par exemple, puisqu'il exige la confection d'un creux perdu à deux coquilles sur le fruit lui-même. L'opération se fera en deux phases et les deux épreuves obtenues seront collées, le plâtre étant sec, à la colle cellulosique, à carreaux de plâtre, etc.
Il est possible de créer des panneaux décoratifs pittoresques en coulant du plâtre sur des plaques de terre préalablement imprimées par l'enfant en toute liberté : doigts,

mains, pieds, objets disposés à son gré. Les résultats obtenus au démoulage sont en général, agréablement surprenants.

Après avoir rempli de plâtre un encadrement de bois, on peut suggérer à l'enfant d'y insérer soit des cailloux, soit des coquillages, soit des brindilles etc. en fonction d'un graphisme préparé d'abord sur le papier. On obtient ainsi un tableau.

Tableau aussi ce qui sera produit en ajoutant une plaque de staff géométrique, ou en lui superposant des cylindres, des cubes ou des parallélépipèdes collés. Les creux et surplombs peuvent être utilisés simultanément en vue d'effets particuliers.

Sur un support de mur en bois ou en staff, on peut façonner un relief particulier par application de casquettes sur une carapace de grillage travaillé en forme (fig. 10.1).

Fig. 10.1 : Façonnage d'un relief particulier

Remarque : ces travaux doivent être pour le moniteur, l'animateur ou l'enseignant le point de départ de recherches personnelles et d'exercices variés à l'infini.

Des travaux plus sophistiqués

Avec un peu d'adresse et de soin, les bricoleurs ont possibilité de se doter, grâce au staff, d'un certain nombre d'objets généralement coûteux et que, de toute façon, ils ne trouveraient pas dans le commerce à leur convenance.

Voici, parmi beaucoup d'autres, quelques suggestions : les carénages d'une moto, d'une carlingue, de sacoches, d'une coque de voiture, d'un bateau, de sièges, de bassins à poissons, etc. sont réalisables en utilisant la méthode du moule traîné ou par cerces juxtaposées scellées sur dalle ou sur axe suivant la circonstance (voir le paragraphe des cas particuliers (fig. 4.92, 4.93 et fig. 4.94b). On peut enfin utiliser la technique du retrait (§ 4.2.14.2, fig. 4.110, fig. 4.111 et fig. 4.112).

De l'amateur au professionnel

Lorsque le modèle en plâtre est terminé, on tire un bon creux, un moule souple ou un moule en polyester à partir desquels on fera des épreuves au polyester.
Les cadres à tableaux de tous profils sont à la portée des bricoleurs habiles.
- 1re solution : faire l'épure sur une plaquette de zinc, découper le profil, monter le traîneau, opérer comme indiqué à la page 165 (fig. 5.36) ;
- 2e solution : employer la méthode du clou rainureur (fig. 10.2).

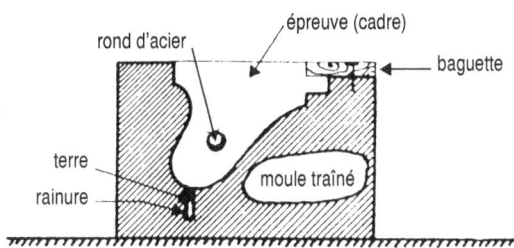

Fig. 10.2 : moule traîné : méthode du clou rainureur

Remarque : se rappeler que ce moule sera brisé après moulage de l'épreuve.
- 3e solution : traîner contre la portée du moule (fig. 10.3) ;

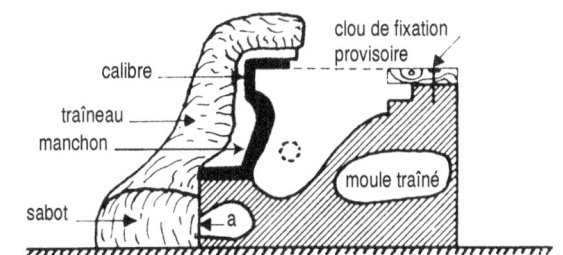

Fig. 10.3 : moule traîné : méthode du traînage contre la portée (a) du moule

- 4e solution : fabriquer le moule en assemblant plusieurs profils (fig. 10.4).

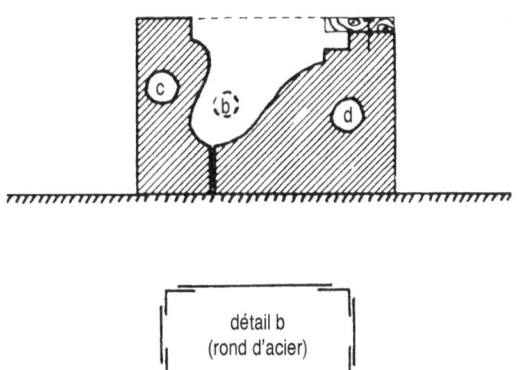

Fig. 10.4 : moule traîné : méthode par assemblage des profils (c et d)

Remarque : ne pas oublier, après ébauchage du moulage, d'incorporer une armature de métal afin d'assurer la rigidité du cadre (fig. 10.4, détail b).

Des baffles en staff peuvent être fabriqués à la forme de cubes en creux. Il suffira de découper une des faces à la scie sauteuse selon le profil du ou des haut-parleurs.

Sur un mur, le décorateur-amateur façonnera des décors intérieurs au gré de son imagination : niches, cheminées décoratives. Il lui suffira d'appliquer une série de polochons sur un grillage mis en forme fixé au mur par l'intermédiaire d'une charpente en bois. La surface de parement pourra être laissée telle quelle en fibre végétale (fig. 10.5) ou bien lissée et peinte.

Fig. 10.5 : décor intérieur des années 1960

Ne pas oublier d'incorporer une armature d'acier afin de donner à chaque pièce une parfaite rigidité.

Les amoureux des poutres pourront les réaliser en staff à partir d'un moule à deux pièces et une chape. Prendre pour base de fabrication de ce moule une poutre réelle (fig. 5.16b).

L'assemblage d'éléments en staff obtenus par moulage donne des formes variées et originales de bibliothèques ou de placards.

Suggérons encore la confection de corniches avec boîte à rideaux ou de hottes de cheminée.

Tous les créateurs utiliseront valablement notre technique pour façonner leurs maquettes et en tirer éventuellement des moules à épreuves.

De l'amateur au professionnel

Les céramistes créent des modèles par traînage de plâtre (plats, plateaux, assiettes, etc.).
Les mouleurs, ceux des Ateliers du Louvre, par exemple, fabriquent des moules de reproduction de statuettes d'ornement.
Les modélistes peuvent créer certains modèles réduits en plâtre et en tirer des moules à épreuves.
Les mécaniciens automobiles sont amené, notamment lors de la réparation de coques de voiture en polyester, à créer des pièces uniques. La technique du staff leur est indispensable.
De plus en plus, les plâtriers, les peintres, les maçons utilisent les méthodes de pose de corniches, etc.
Dans l'industrie, les prototypes de voitures, d'avions, de bateaux sont créés en général en staff, polystyrène ou clay. Les tableaux de bord ou les décors de volumes intérieurs seront plutôt réalisés en terre à modeler ou clay.
La gendarmerie emploie le procédé de prise d'empreintes dans un sol meuble.
L'architecturier-maquettiste réalise ses formes en staff. C'est le cas de Jacques Coüelle, architecte français qui a employé cette technique, entre autres, pour la maquette de la cité marine de Port Galère à Théoule-sur-Mer, dans les Alpes-Maritimes.
Le décorateur-étalagiste confectionne souvent ses parements de vitrines par application de polochons sur du grillage façonné ou par incorporation d'éléments moulés en polyester ou en plâtre.
La technique du staff est également utilisée par les entreprises qui fabriquent des éléments décoratifs en béton de fibres, des moulages en stratifié polyester pour la création de modèles, la fabrication de moules en élastomère ou en stratifié polyester permettant d'obtenir des éléments préfabriqués en ciment armé de fils coupés ou de stratifié polyester, ou des décors pour des animations murales, des manèges, des lieux ludiques, etc.
Certains pâtissiers-confiseurs sont connus pour leurs confections de fruits, animaux, coquillages en sucre ou biscuit à partir de moules sur des modèles.
Cette énumération incomplète montre les possibilités immenses des techniques du staffeur et notamment les perspectives qu'elles recèlent pour le créateur amateur ou professionnel. Loin de bloquer l'imagination, ces techniques au contraire la libèrent et procurent dans tous les domaines des solutions qui, sans elles, n'existeraient pas, ou seraient beaucoup plus coûteuses.

Annexe 1 •
Les écoles de staff

Cet ouvrage serait incomplet s'il ne comportait pas, pour l'amateur, l'élève, le parent d'élève ou le professionnel des renseignements pratiques ou des références qu'en d'autres cas ils sont obligés de chercher, souvent sans succès.
Nous nous sommes attaché à noter ici quelques indications concernant les écoles de staff, les examens professionnels, les Olympiades des métiers, le concours de l'un des meilleurs ouvriers de France, les adresses utiles et les ouvrages indispensables.

■ Formation par l'Éducation nationale

Pour les jeunes gens âgés de quatorze à seize ans, le dossier est constitué par le chef d'établissement d'origine. Le niveau scolaire requis est la fin de classe de troisième des collèges. Après leur succès au CAP les élèves peuvent préparer en deux années scolaires à temps plein dans le même établissement le brevet des métiers d'art volumes (BMA) : staff et matériaux associés (diplôme de niveau IV).
Les jeunes gens sont scolarisés à temps plein.
Site internet des anciens élèves staff et céramique du LEP du Domaine de Gué-à-tresmes : http://perso.club-internet.fr/david.kala/legueextresmes

Établissement scolaire :
Lycée polyvalent du Domaine du Gué-à-Tresmes
BP n° 03
77440 Congis-sur-Therouanne
Tél. : 01 64 35 52 56 – Fax. : 01 64 35 59 56
À l'issue de deux années d'études pratiques et générales, l'élève est présenté au certificat d'aptitude professionnelle : CAP de staffeur-ornemaniste (diplôme de niveau V).
Après leur succès au CAP les élèves peuvent soit :
– préparer en deux années de scolarité à temps plein le brevet des métiers d'art volumes : staff et matériaux associés (diplôme de niveau IV) au sein du même établissement scolaire ;

Techniques et pratique du staff

– entrer dans la vie active ;
– s'ils sont sélectionnés à l'issue d'un concours, ils peuvent préparer un brevet de technicien supérieur (BTS) ou un Diplôme des Métiers d'Art (DMA) en deux ou quatre années de scolarité à temps plein dans les domaines suivants :
- architecture intérieure,
- art de la céramique,
- vitrail,
- décor du mur,
- matériaux de synthèse,
- plasticien de l'environnement architectural, etc.

D'autres établissements scolaires préparent au CAP de staffeur-ornemaniste :
Lycée professionnel du bâtiment « Le Corbusier »
Rue de l'Université
76800 Saint-Étienne-du-Rouvray
Tél. : 02 35 66 60 77 – Fax. : 02 35 66 15 38

Lycée professionnel
5, Place de la République
22220 Tréguier
Tél. : 02 96 92 32 63 – Fax. : 02 96 92 22 75
Au sein de ces écoles, il existe souvent des possibilités d'hébergement.

■ Formation en entreprise (en alternance)

Préparation en deux ans au CAP de staffeur-ornemaniste (diplôme de niveau V) : pour les jeunes gens âgés de seize à vingt-cinq ans, le niveau scolaire requis est la fin de la classe de troisième des collèges.
Il est indispensable que l'élève soit accueilli dans une entreprise de staff agréée par la direction départementale du travail dont elle dépend afin de pouvoir former des apprentis. L'élève devra passer des tests de connaissances générales dans un centre de formation d'apprentis du bâtiment.
L'élève, s'il est majeur, ou son représentant légal signe un contrat d'apprentissage d'une durée de deux ans ou un contrat de qualification avec l'entreprise d'accueil.
L'enseignement du métier (pratique) a lieu dans l'entreprise et sur les chantiers (sous certaines conditions), la responsabilité de la formation étant assurée par un maître d'apprentissage.
Cet enseignement est complété par des cours professionnels (pratiques et théoriques) environ cinq jours par mois dans l'un des organismes de formation suivants :

Annexe 1 • Les écoles de staff

Centre de formation d'apprentis du bâtiment
5, avenue Albert-Camus
91220 Brétigny-sur-Orge
Tél. : 01 60 84 39 27 – Fax. : 01 69 88 91 67
(Possibilités d'hébergement)

Centre de formation du bâtiment
Quartier des Trois Moulins
Parc d'activités Sophia Antipolis
80, rue Jean-Joannon
06600 Antibes
Tél. : 04 92 91 09 76 – Fax. : 04 92 91 09 81

Association ouvrière des compagnons du devoir du tour de France
82, rue de l'Hôtel de Ville
75004 Paris
Tél. : 01 44 78 22 50 – Fax. : 01 42 71 10 19
(Possibilités d'hébergement)

■ CAP connexe

Les jeunes gens titulaires du CAP de plâtrier (option A : plâtrier; option B : plâtrier-peintre; option C : plâtrier-maçon), peuvent préparer en une année d'apprentissage le CAP de staffeur-ornemaniste dans les organismes de formation suivants :
Centre de formation d'apprentis du bâtiment
5, avenue Albert-Camus
91220 Brétigny-sur-Orge
Tél. : 01 60 84 39 27 – Fax. : 01 69 88 91 67

Centre de formation d'apprentis de la chambre des métiers de la Charente
68, avenue Gambetta
16000 Angoulême
Tél. : 05 45 90 47 00 – Fax. : 05 45 90 47 29

Après l'obtention du CAP, les élèves peuvent :
– soit préparer en deux années de scolarité à temps plein le brevet des métiers d'art volumes : staff et matériaux associés (diplôme de niveau IV) au lycée polyvalent du Domaine du Gué-à-Tresmes :
  BP n° 03
  77440 Congis-sur-Therouanne
  Tél. : 01 64 35 52 56 – Fax. : 01 64 35 59 56
– soit continuer leur métier dans la vie active.

■ Formation professionnelle des adultes

Les jeunes gens âgés de vingt-six ans et plus peuvent préparer le CAP de staffeur-ornemaniste sous forme de :
- modules d'initiation ;
- modules de perfectionnement ;
- en congé individuel de formation ;
- en insertion professionnelle, etc.

au sein du GRETA de Meaux
Bureau de la formation continue
Domaine du Gue-à-Tresmes, BP 03
77440 Congis-sur-Therouanne
Tél. : 01 64 35 58 30
(Possibilité d'hébergement).

Les adultes qui ont eu une activité dans la profession du bâtiment (plâtrerie) peuvent demander à bénéficier d'un stage de perfectionnement de staffeur-ornemaniste d'une durée de 450 heures environ : fabrication et pose de staff, par l'intermédiaire de l'Association nationale pour la formation professionnelle des adultes (AFPA) :

AFPA
5, route Nationale
91510 Lardy
Tél. : 01 60 62 80 80 et 01 69 27 14 14 – Fax. : 01 60 82 68

■ Formation professionnelle continue

Chaque année, à la demande des professionnels, la Chambre syndicale nationale des entrepreneurs de staff, stuc et activités annexes (10, rue du Débarcadère, 75852 Paris cedex 17 – Tél. : 01 40 55 14 40 – Fax. 01 40 55 14 41) organise des stages de formation professionnelle continue dont le coût pédagogique est financé par l'AREF- BTP, pour les salariés des entreprises de plus de dix salariés et par le FAFSAB. pour celles de moins de dix salariés. Ces entreprises doivent cotiser au titre de la formation professionnelle continue pour leurs salariés.

Annexe 1 • Les écoles de staff

Photographie : maquette de Gérard Rondeau,
médaille d'argent MOF architecturier-maquettiste en 1976 (aile Gabriel du château de Versailles)

Photographie : maquette de Gérard Rondeau,
médaille d'or MOF architecturier-maquettiste en 1980 (château d'eau de Saclay : architecte A. Perret)

Techniques et pratique du staff

■ Le concours *Un des meilleurs ouvriers de France*

Créé en 1923, ce concours qui se déroule tous les trois ans récompense l'excellence du travail dans près de 230 métiers, de l'alimentation au bâtiment et travaux publics, en passant par la coiffure, les industries textiles, les métiers graphiques, etc.
Patronné par l'Éducation nationale et trois ministères dont celui du Travail, de l'Emploi et de la Formation professionnelle, le titre Un des meilleurs ouvriers de France est la preuve de la reconnaissance d'un très haut niveau de compétences dans un métier donné.
Renseignements :
M. le Secrétaire général
Comité d'organisation des expositions du travail
Les meilleurs ouvriers de France
1, rue Descartes
75231 Paris Cedex 05
Tél. : 01 46 34 48 49 – Fax : 01 46 34 49 19

Société des meilleurs ouvriers de France
151, rue de Rome
75017 Paris
Tél. : 01 46 22 10 98
Le staffeur concourt dans le groupe III « Métiers du patrimoine architectural », classe 8 : « sculpture décorative – staff – stuc ».
Exemples de sujets à réaliser pour l'obtention du titre section architecturier-maquettiste en :
- 1976 : aile Gabriel du château de Versailles, échelle : $1/33_{1/3}$;
- 1980 : château d'eau de Saclay par Auguste Perret, échelle $1/33_{1/3}$.

Quelques conseils utiles aux futurs candidats du concours « Un des meilleurs ouvriers de France » dans nos spécialités par l'auteur, Gérard Rondeau, MOF médaille d'argent en 1976 et MOF médaille d'or en 1980. Le concours « Un des meilleurs ouvriers de France » comprend un certain nombre de phases essentielles : *rechercher, étudier, dessiner, exécuter.*
- *rechercher* tout document complémentaire pour compléter le plan fourni pour l'exécution de l'œuvre du concours (ouvrages sur l'histoire de l'art, etc. mais si possible se déplacer sur le lieu où l'on peut voir le sujet à reproduire : musées, édifices publics ou privés, etc. et prendre des photos si cela est permis ou faire des croquis) ;
- *étudier* l'œuvre à réaliser afin de ne pas fauter en matière de style en réalisant le plan à une échelle imposée (ce plan devra être parfait) ;
- un choix technique de réalisation non approprié nuira à la qualité de l'œuvre imposée ;

- *dessiner* le plan à l'échelle demandée (il existe des règles graduées à échelles multiples 1/20, 1/50, 1/100, 1/25, 1/33, 1/75 appelées Kutchs que l'on trouve dans certaines librairies (on peut soi-même fabriquer une échelle graphique). Exécuter toutes les coupes ou sections nécessaires à la réalisation des différents éléments ou détails composant la maquette à reproduire ;
- *exécuter* la maquette avec beaucoup de précision, minutie, en s'armant de courage ;
- sujets réalisés par l'auteur Gérard Rondeau :
  - aile Gabriel du château de Versailles (1976) : le fronton avec entablement et retour a été exécuté en une seule partie (technique du moule feuilleté) mais également la partie centrale ainsi que le rez-de-chaussée sans les moulures, portes, fenêtres colonnes et balustrades, etc. qui ont été rapportées par la suite ;
  - château d'eau de Saclay (Auguste Perret) (1980) : la partie haute circulaire a été obtenue par moulage dans un négatif composé de deux demi-traînages feuilletés, assemblés et scellés (le moule a été roulé afin d'obtenir un estampage parfait de la couche d'impression de l'épreuve. La deuxième difficulté a consisté à bien aligner les différents éléments formant contrefort du château d'eau. Les raccords des fenêtres devant être invisibles, le choix de la technique permettant l'encastrement de ces parties à ajouter a été pris.

# Annexe 2 •
Quelques personnalités du staff

Le lycée polyvalent du Domaine de Gué-à-Tresmes, 77440 Congis-sur-Thérouanne, se dénommait auparavant CET (Centre d'enseignement technique). La section staff était à l'époque placée sous la responsabilité de quatre maîtres d'apprentissage éminents dont trois d'entre eux sont aujourd'hui à la retraite.
On peut citer quelques personnes qui font honneur à cette école :
Hubert Désagneaux, directeur, animateur, organisateur d'expositions, qui est à l'origine de la création de l'école en 1937 ;
André Chauvet, professeur de staff, meilleur ouvrier de France dans cinq spécialités différentes, a été membre du jury du concours dans le groupe II « Bâtiment et travaux publics », classe 13 « Sculpture décorative – staff et stuc » pendant de nombreuses années ;
Jean-Claude Poiley, professeur de dessin technique, décédé accidentellement en 1964 ;
François Digue, inspecteur de l'Éducation nationale, ex-professeur de dessin artistique.

Ont fait leur apprentissage avec le professeur de staff André Chauvet :
Gérard Welter, aujourd'hui responsable de l'atelier de style de la société des automobiles Peugeot, qui a créé, entre autres, des voitures (WR) qui participent chaque année à la course prestigieuse des 24 heures du Mans ;
Jacques Laurent, responsable de l'Atelier de moulage du Louvre (Réunion des musées nationaux), meilleur ouvrier de France, membre du jury du concours dans le groupe III « Métiers du patrimoine architectural », classe 8 « Sculpture décorative – staff et stuc »,
Jean-Jacques Jousse, responsable de l'Atelier de décors de la Comédie française, ancien élève de la section décoration-peinture, a été formé par les professeurs MM. Vedrenne et Monnet ;
Daniel Volckaert, chef d'entreprise, spécialisé dans les conduits de ventilation et gaines coupe-feu en staff ;

sans oublier Émile Bienvenu, René Hericher, aujourd'hui décédés, Jean Rigaud et Pierre Stenger, présidents et présidents d'honneur de la Chambre syndicale nationale des entrepreneurs de staff, stuc et activités annexes, ainsi que de nombreux professionnels aujourd'hui chefs d'entreprise de staff, chefs d'ateliers ou chefs de chantier au sein de cette profession.

Annexe 3 • Liste des fournisseurs et sociétés

Société Ateliers Blanch'art, 204, rue de la Croix-Nivert, 75015 Paris,
Tél. : 0145584343 – Fax : 0145584344.

Société Atelier Sedap, 3, rue Sanlecque, BP 166, 44006 Nantes cedex 01,
Tél. : 0240998525 – Fax : 0240352622.

Société Les Ateliers du style, 54 bis, rue de l'Amiral-Roussin, 75015 Paris,
Tél. : 0148282671 – Fax : 0147266401.

Société Codim, Garonor, bâtiment 14 B, BP 530, 93169 Aulnay-sous-Bois cedex,
Tél. : 0145910544 – Fax : 0145910540.

Société Gazechim-Please, 6, rue Jean-Monet, ZI de l'Ambressis, BP 93,
77270 Villeparisis, Tél. : 0160214800 – Fax : 0160214811.

Société des établissements Hermelin & Cie, 52, rue Berlioz,
78140 Vélizy-Villacoublay, Tél. : 0139460422 – Fax : 0139461917.

Société Lafarge Prestia, 1, rue du Port, 95630 Meriel,
Tél. : 0130363205 – Fax : 0130364619.

Société Layher, BP 3, 16, avenue James de Rothschild. Parc d'activités des Trois Noyers, Ferrières-en-Brie, 77614 Marne-la-Vallée cedex 3. Agence du Havre : 55, avenue Henri Dunant, 76330 Notre-Dame de Gravenchon.
Tél : 02 35 38 80 00 – Fax : 02 35 38 79 99.

Société BPB, 34, avenue Franklin-Roosevelt, 92282 Suresnes cedex,
Tél. : 0146254625, Fax : 0146380808,
(Remerciements à Monsieur Jean-Claude Collot, pour sa précieuse collaboration au chapitre : « Fabrication du plâtre à moule » de cet ouvrage).

Techniques et pratique du staff

Société PNR, Parc industriel, 22, rue du Fer à cheval, BP 446, 95204 Sarcelles cedex,
Tél. : 0139907319 – Fax : 0139923287.

Société SOE Stuc & Staff, 204, rue de la Croix-Nivert, 75015 Paris,
Tél. : 0145574733 – Fax : 0145581480.

Société Pierre Guillaume Stenger, 98, rue de la Plaine des Bouchers,
67100 Strasbourg, Tél. : 0388403001 – Fax : 0388402920.

Société Soceco Reckli, 40, rue Lauriston, 75116 Paris,
Tél. : 0147274918 – Fax : 0147273584.

Société UCPI, 3, rue d'Amiens, 93380 Pierrefitte-sur-Seine,
Tél. : 0149711444 – Fax : 0148230608.

Société Ulysse, 1, rue de la Louisiane, 75018 Paris,
Tél. : 0142093581 – Fax 0144650192.

Société Werey Plâtre et Staff, 4, rue des Champs, 68140 Gunsbach,
Tél. : 0389773171 – Fax : 0389770982.

Annexe 4 • Adresses utiles

Réseau régional des métiers, 33, rue Barbet-de-Jouy, 75700 Paris,
Tél. : 0153855940 – Fax : 0153855949.

Syndicat national des industries du plâtre, 3, rue Alfred-Roll, 75017 Paris,
Tél. : 0144014735 – Fax : 0144014758.

Union nationale des entrepreneurs, plâtriers, plaquistes, staffeurs et stucateurs, 33, avenue Kléber, 75784 Paris cedex 16,
Tél. : 0140695214 – Fax : 0147235098.

Chambre syndicale nationale des entrepreneurs de staff, stuc et activités annexes, 75852 Paris cedex 17, Tél. : 0140551440 – Fax : 0140551441.

Association ouvrière des compagnons du devoir du tour de France, 82, rue de l'Hôtel-de-Ville, 75180 Paris cedex 04,
Tél. : 0144782250 – Fax : 0142711019.

Fédération compagnonique des métiers du bâtiment, 143, avenue Jean-Jaurès, 75019 Paris, Tél. : 0142402204 – Fax : 0142404620.

– Pour se procurer les normes françaises sur le staff :

Association française de normalisation (AFNOR), Tour Europe, 92049 Paris cedex la Défense, Tél. : 0142915555 – 0142915553 – 0142915534.

– Norme NF B 12-302 de juin 1982 sur les plâtres à mouler pour staff.
– Norme NF P 73-301 de septembre 1991, sur les Éléments en staff, plaques, éléments pour décoration.
– Norme NF P 73-201 DTU 25-51 de septembre 1994 sur « La mise en œuvre des plafonds en staff » 1 – Cahier des clauses techniques 2 – Cahier des clauses spéciales. Des normes européennes du staff sont en préparation.

Institut national de la protection industrielle, 26 bis, rue de Saint-Pétersbourg, 75008 Paris, Tél. : 0142945252, 0146925800.

Association pour la connaissance et l'évolution du moulage de Sèvres, 4, Grande Rue, 92310 Sèvres, Tél. : 0145343400.

Association des Amis de l'Écomusée, musée du plâtre, 13, rue Thibault-Chabrand, 95240 Cormeilles-en-Parisis, Tél. : 0139972968.

GRETA de Meaux, bureau de la formation continue, Domaine du Gué-à-Tresmes, BP 3, 77440 Congis-sur-Thérouanne, Tél. : 0164355830.

Centre scientifique et technique du bâtiment, BP 2, 77421 Marne-la-Vallée cedex 2, Tél. : 0164688436 – Fax : 0164688478.

Réunion des musées nationaux, Atelier de moulage du musée du Louvre, immeuble Axial, 1, impasse du Pilier, 93217 La Plaine-Saint-Denis, Tél. : 0149460263 – Fax : 0149469534.

Association pour la promotion des métiers du plâtre, 9, rue La Pérouse, 75784 Paris cedex 16, Tél. : 0140695214 – Fax : 0147235098.

Écomusée du plâtre, 13, rue Thibault-Chambrand, 95240 Cormeilles-en-Parisis, Tél. : 01.39.97.29.68 (Madame Laurence de Larivière). Ouvert tous les mardi, jeudi et samedi de 9 h à 13 h. Courriel : platre95@club-internet.fr, site internet : http://perso.club-internet.fr/platre95.

L'écomusée du plâtre, dont Monsieur Lemaire est le directeur, possède une salle d'exposition ouverte au public tous les samedis de 9 h 30 à 12 h 00 (entrée gratuite) et une bibliothèque composée de 600 livres et 200 revues consacrées au plâtre (à consulter sur place).

Annexe 5 •
Bibliographie

ADRAIT R. et SOMMIER D. – *Guide du constructeur en Bâtiment* – Éditions Hachette.

APPLITEC, 19, rue de l'Industrie, 67400 Illkirch, Tél. : 0388661746, Fax : 0388660340.

ARTHUR D., Modelage, Moulage – Éditions Fleurus, Manie-tout n° 20.

ASSOCIATION OUVRIÈRE DES COMPAGNONS DU DEVOIR DU TOUR DE FRANCE – *Encyclopédie sur la plâtrerie, le staff et le stuc* – deux volumes.

BALBIEN H. – *Le Staff, architecture et décoration* – Éditions Eyrolles – épuisé.

BERTHOLON P., GAILLARDOT L., OLIVIER G. – *Les Métiers du style automobile* – Éditions techniques pour l'automobile et l'industrie (Boulogne-Billancourt).

BONBON B.S. – *Perspective scientifique et artistique* – Éditions Eyrolles (Paris).

« *Cloisons et plafonds* » édité par le Centre d'assistance technique et de documentation (CATED), domaine de Saint-Paul, 78470 Saint-Rémy-Les-Chevreuse, Tél. : 0130852463, Fax : 0130852466.

COLE E. – *Grammaire de l'architecture* – Éditions : Dessain et Tolra.

DELPECH J.-P. – *La Pratique du moulage* – Éditions Eyrolles.

DELPECH J.-P., FIGUIERES M.-A., MARI N.– *Technique du moulage. Alginate et bandes plâtrées* – Éditions Eyrolles.

DELPECH J.-P., FIGUIERES M.-A., MARI N.– *Technique du latex* – Éditions Eyrolles.

ESQUIÉ – *Traité élémentaire d'architecture* – Éditions Ch. Massin.

GAUTHIER J. – *Graphique d'histoire de l'art* – Plon Éditions.

Guide des Écoles d'art et des stages – 300 écoles d'art – 100 pages – Dessin, peinture, illustration, sculpture, arts graphiques, arts appliqués, métiers d'art, histoire de l'art… Ouvrage réalisé avec le concours de la SEMA – Grand Palais Édition.

GROMORT – *Éléments d'architecture classique – Parallèle d'ordre grecs, romains et application des ordres* – Éditions Fréal.

Techniques et pratique du staff

Nouveau Manuel complet du mouleur en plâtre, Librairie Difage, 63, avenue Jean-Chaubet, 31500 Toulouse, Tél. : 0561545228, Fax : 0561229937.

PARRENS L. – *Précis de perspective d'aspect appliquée à l'architecture* – Éditions Eyrolles.

PARRENS L. – *Traité de perspective d'aspect, tracé des ombres appliqué* – Éditions Eyrolles.

SYNDICAT NATIONAL DES INDUSTRIES DU PLÂTRE – *Le Plâtre – physico-chimie – Fabrication et Emploi.*

SYNDICAT NATIONAL DES INDUSTRIES DU PLÂTRE – *Plâtre information* – (Revue).

VERGEZ – *Les illuminés de l'art royal, 8 siècles de compagnonnage* – Éditions Juliard.

WAECHTER R. – GREENE OKAJIMA M.-L. – *Technique du Plâtre. Éléments de Moulage* – Éditions Dessain et Tolra.

Annexe 6 • Lexique

Abattis
Partie détachée d'un modèle sur lequel on fera un moule particulier (exemple : bras d'une statue en plâtre, etc.),

Accélérer
Augmenter la rapidité de polymérisation d'un produit sans la provoquer.

Accrochage (ou suspente)
Ensemble des pendards (on dit encore cravates) ou rond d'acier, par exemple, qui maintiennent la suspension d'éléments en staff posés plus souvent horizontalement.

Affleurer
Action de mettre au même niveau par dressage deux éléments disjoints.

Alunage
Opération qui consiste, pour durcir la gélatine d'un moule, à la couvrir au pinceau d'une solution d'eau et d'alun.

Ancrage
Procédé de fixation de la suspente (clous en V, clous à béton, trous, etc.).

Annelet
Anneau à pattes : a) annelet d'extraction : il permet de retirer plus facilement les pièces à enlever ; b) annelet de consolidation : il maintient les pièces isolées en contact avec l'enveloppe durant le moulage d'une épreuve ; c) annelet de fixation : il peut servir de patte de scellement lors d'une pose verticale, etc. ; d) annelet de support : il sert par exemple, à fixer un cadre en staff (l'anneau sera en débordement afin d'enrober l'ancrage fixé préalablement).

Araser
Action d'affleurer le plâtre en débordement des portées d'un moule lors du staffage de l'épreuve.

Balustres rampants
Balustres dont les deux profils non déformés suivent la pente de la balustrade qui est de 30° (fig. A6.1).

Le principe de construction d'un balustre rampant est le suivant :
– réaliser le géométral du demi-balustre à l'échelle 1/1 ;
– tracer la droite horizontale xx' passant par la base du balustre ;
– du point le plus éloigné de l'axe (A), descendre une droite verticale recoupant xx' au point B ;
– du point B, tracer un segment de droite suivant un angle de 45° recoupant l'axe du demi-balustre au point C ;
– tracer une droite horizontale partant du point C (yy'), puis, d'un point quelconque sur cette droite (C') remonter une ligne à 45° recoupant xx' en E ;
– en partant du point E, opérer comme précédemment pour obtenir le point C ;
– du point E, remonter la verticale représentant l'axe du balustre rampant ;
– pour obtenir les points A' et A'', il suffit de tracer une horizontale partant de A vers A', puis, la verticale AB, l'angle à 45° BC, remonter la verticale partant de C' qui recoupe l'horizontale partant de A en A', tracer de A' une demi-droite dont l'angle est de 30° vers A'', envoyer une verticale de C'' recoupant la demi-droite exécutée précédemment en A'' ;
– utiliser le même procédé pour obtenir tous les autres points nécessaires à la construction du balustre rampant.

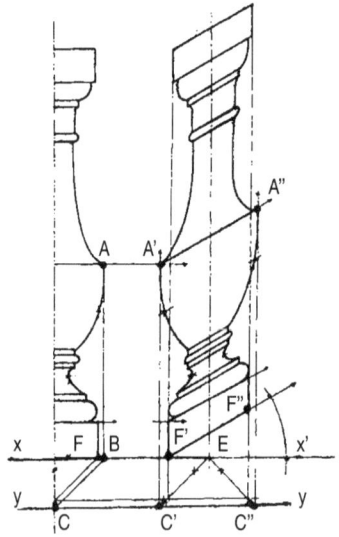

Fig. A6.1 : Balustre rampant

Barbotinage en couleuvre
Barbotinage partiel.

Barbotine
Mélange à quantité égale de savon noir et d'huile végétale (verser l'huile jusqu'à coloration bien jaune de la composition).

Annexe 6 • Lexique

Bas-relief

Ouvrage (terre, plâtre, bois, pierre, etc.) dont le relief est en léger surplomb sur un fond de même composition.

Battage

Technique consistant à lâcher le fil d'un cordeau à tracer, préalablement tendu au maximum, afin d'obtenir une ligne de repère.

Bon creux

Moule à pièces en plâtre à une ou plusieurs enveloppes.

Brosse à pocher

Brosse à poils demi-courts et racés, numérotée : 1, 2, 3, 4, etc. en fonction de la largeur et de la longueur souhaitées.

Brosse à tableau

Pinceau de peintre d'art qui existe dans le commerce à partir du numéro 2.

Brosse de peintre

Pinceau du peintre en bâtiment.

Broutage

Dès que les passes à vide, lors d'un traînage, n'ont pas été effectuées à temps et que le plâtre a exercé sa poussée, il devient difficile de raboter son excédent, ce qui provoque des ressauts.

Calibre

Plaquette de zinc découpée à la forme désirée.

Calibre curseur

Profil cloué sur un manchon de bois, monté sur un patin cornière, ce qui permet de le faire glisser sur un rail (méthode Balbien), ou à l'aide d'un câble s'enroulant autour d'une bobine (méthode Chauvet) dans le cas par exemple du traînage d'une colonne torsadée.

Calibre module

Cette technique se justifie lorsque l'on traîne en partie droite une quantité importante de petites moulures au profil parfaitement identique entrant dans la décoration d'un plafond mouluré par exemple. Fabrication :
– utiliser trois plaquettes en zinc ;
– découper et limer un premier profil sur la première plaquette en zinc qui servira de matrice pour les deux autres profils à réaliser à l'aide des autres plaquettes ;
– superposer les trois plaquettes en zinc découpées et les lisser au juste profil, les poncer ensuite séparément ;
– réunir les trois plaquettes en zinc à l'aide de papier adhésif (scotch) (fig. A6.2).

Fig. A6.2 : Calibre module

Carton pierre

Matière malléable employée pour l'ornementation de rosaces, cadres à tableaux, etc. Le carton pierre était composé de 20 % d'eau, 5 % de papier de soie bouilli, 20 % de colle de peau versée à chaud et de 55 % de blanc de Meudon (craie) : les pourcentages sont exprimés en poids. La pose de carton pierre était réalisée par collage ou clouage (les ornements expédiés secs étaient aptes à être posés lorsqu'ils avaient la souplesse du caoutchouc. On les rendait caoutchouteux en les plaçant entre deux linges humides pendant une douzaine d'heures. Le carton pierre difficile d'emploi qui était sensible à l'humidité a été avantageusement remplacé par la résine polyuréthane de coulée (cf. Résines de coulée p. 243).

Casquette

Bandage de filasse composé d'une succession de polochons ronds qui coifferont la couche d'impression d'une chape en cours de fabrication ou qui, encore, serviront à lier les plaques de staff en les appliquant par juxtaposition ou en débordement des joints, ce qui forme « le cordon ».

Catalyser

Ajouter un produit à la base qui entraînera ainsi sa polymérisation.

Cerce

Plaque de staff ou de plâtre à un profil donné, servant à exécuter une forme sans traînage. C'est aussi un rond d'acier coupé à la longueur désirée auquel on donne une certaine courbure afin de maintenir le sabot en position idéale lors du montage d'un traîneau droit.

Chanfrein

Biseau réalisé sur l'arête d'une enveloppe (par exemple).

Chape

Enveloppe composée de plâtre et de filasse recouvrant les pièces d'un moule. Elle sera armée d'un châssis ou piétement si nécessaire.

Chapette

Petite enveloppe de plâtre dont on doublera le dos d'une chape lorsque plusieurs pièces forment une contre-dépouille avec cette chape. Chapette et chape seront rendues solidaires grâce à l'insertion d'une cheville de bois.

Châssis

Armature de bois ou de métal fixée sur une enveloppe (côté face brute) dont le but est d'abord d'éviter sa déformation mais aussi d'assurer sa stabilité. Une épreuve, de la même façon, lorsque les circonstances l'exigent, sera armée d'un châssis.

Chevillette

Piton qui sert à maintenir un élément en staff à sa bonne place avant de le sceller.

Chiqueter

Faire des groupes de taches à l'aide du chiqueteur, pinceau qui travaille par ajouts ou par dépouillé (cf. définition).

Clés

Tenons destinés à positionner et mobiliser l'enveloppe lors du coulage d'un moule souple, lors du moulage de l'épreuve, etc. (la partie femelle se nomme, mortaise).

Colombin

Saucisson de terre destiné à maintenir certains calibres en position idéale lors du montage du traîneau, ou à mouler une loge dans l'enveloppe pour moules souples, créant ainsi une galerie d'immobilisation (ce colombin de terre se nommera alors colombin de positionnement).

Contre-dépouille

Éléments d'un modèle qui ne peuvent être moulés que par la division en pièces, ou par la réalisation d'un moule souple, ou par destruction du moule s'il s'agit d'un modèle en terre.

Contre-sabot

Pièce de bois ou plâtre et filasse se trouvant à l'opposé du sabot et servant de stabilisateur.

Coquille

Enveloppe des pièces d'un bon creux en plâtre (armée si nécessaire à l'aide de fentons, etc.).

Cordon

Ensemble des casquettes posées en débordement des joints entre deux plaques de staff (côté face brute) lors du scellement d'une rangée de plaques afin de les lier entre elles.

Cornière

Pièce moulée à angle droit destinée par exemple à dissimuler un tuyau dans un appartement.

Couche d'avertissement

Première couche de plâtre appliquée lors d'un moulage sur modèle en terre, cire, plastiline (on colore cette première couche qui servira de point de repère et de vigilance lors de la destruction du moule à creux perdu).

Couche d'impression

Première couche de 5 mm de plâtre appliquée lors du moulage d'une épreuve ou d'une enveloppe par staffage, coulage, ébauchage. Le dosage sera à fleur d'eau sauf pour les parties verticales de grande hauteur d'un moule ; dans ce cas le dosage sera plus fort.

Coudé

Se dit d'un plâtre arrivé à consistance crémeuse, ce qui facilite son emploi lors de l'ébauche d'un traînage par exemple.

Couleur en jus (ou glacis teinté)

Se dit à propos d'un glacis faiblement coloré.

Coussinet (ou berceau) de terre

Tas de terre recouvert de papier servant à supporter le modèle lors de la confection de sa portée de séparation puis de la confection du bon creux ou moule souple.

Couture

Ligne de jointure précise de deux pièces dont le tracé est conçu pour éviter toute contre-dépouille.

Creux perdu

Moule en plâtre destiné à être cassé lors de la récupération de l'épreuve.

Dépouillé

Procédé qui consiste à écarter les pigments par applications d'essence sur le glacis et à laisser apparaître le fond, par endroits.

Dépouille

Éléments d'un modèle qu'on peut démouler en bloc et sans pièces.

Dépouiller

Se dit de briser un creux perdu afin de libérer l'épreuve unique moulée préalablement.

Désaffleuré

Se dit d'un élément qui n'est pas au même niveau qu'un autre qui lui est contigu.

Devis (base de calcul)

On retiendra, outre les diverses charges et le taux de profit de l'entreprise, la quantité approximative de plâtre utilisé, les rythmes de fabrication et les rythmes de pose.

Quantité de plâtre pour le staff
 – à la fabrication : 1 sac de 40 kg de plâtre à modeler pour 3 m² – 300 g de filasses par m² ;
 – à la pose : 1 sac de 40 kg de plâtre à modeler pour 6 m² – 300 g de filasse par m².

Rythme de fabrication. Il faut compter :
 – 20 à 30 min. pour le traçage, le découpage, le limage et le ponçage d'un calibre ;
 – 30 min. pour l'enchâssement d'un calibre ;
 – 30 min. environ pour le montage d'un traîneau droit ;
 – 1 h environ pour la mise en place d'un traîneau circulaire ;
 – 15 min. par coupe ;
 – 40 min. pour la réalisation d'une pièce de bon creux ;
 – 45 min. pour une pièce chape ;
 – 45 min. pour une épreuve.

Rythme de pose
On estime qu'un ouvrier peut poser 5 m² par jour de plafond suspendu compte tenu des circonstances suivantes :
 – le transport et le chargement du matériel et des matériaux ;
 – l'accès et l'étage ;
 – les conditions d'échafaudage ;
 – la forme et l'espace à aménager ;
 – les travaux supplémentaires éventuels ;
 – la distance plus ou moins favorable de l'ancrage ;
 – l'évacuation des gravats.
D'une manière générale le coût du matériau intervient pour peu dans le devis (de 15 à 20 % environ).

Dresser
Action de rendre une surface bien plane à l'aide de la plaquette.

Ébarber
Enlever sur une épreuve les bavures qui résultent du joint entre deux ou plusieurs pièces après moulage.

Ébaucher
Terme synonyme d'estamper et qui doit lui être préféré (voir estamper, b).

Élément
Partie moulée d'un ensemble destiné à la pose.

Enchâssement
Enrobage du calibre avec du plâtre (l'ensemble plâtre ou bois assurant la rigidité du calibre se nomme « manchon »).

Enveloppe

On désigne ainsi l'ensemble recouvrant les pièces d'un bon creux ou un moule souple (chape ou coquille).

Épanneler

Action de tailler une masse de plâtre pour obtenir un profil définitif.

Épiscope

Appareil permettant de projeter soit un texte, soit un dessin à l'aide d'un transparent, mais aussi le contour d'un profil découpé sur carton.

Épreuve

Pièce réalisée par coulage ou moulage.

Épure

Tracé guide réalisé sur une dalle, etc. et servant de repère à l'assemblage judicieux d'un modèle par exemple.

Ergot

Lamelle de zinc de forme appropriée servant : a) à dégager du manchon le profil du calibre, cette lamelle s'appellera alors « ergot de dégagement » ; b) à nettoyer le rail lors de l'exécution d'un traînage avec traîneau à glissières méthode Balbien, cette lamelle sera nommée « ergot de nettoyage » ; c) on emploiera enfin un ergot de finition pour effacer entre autres la rayure laissée par le rail dans la méthode du traînage hélicoïdal citée ci-dessus.

Estampage

Opération consistant à prendre l'empreinte d'un ornement avec une matière malléable (terre, plastiline) afin de mouler ensuite une copie de cet ornement dans le moule en terre ainsi réalisé.

Estamper

a) Voir estampage b) se disait autrefois de l'action de mettre un premier voile de plâtre en ébauchant avec le pinceau lors d'un moulage afin d'éviter les vents et les manques (on dit maintenant « ébaucher »). *Remarque* : remettre aussitôt sur ce premier voile une autre couche de plâtre projetée à la main.

Face brute

Face cachée d'un élément en staff moulé.

Face de parement

Face visible d'un élément en staff moulé.

Fenton ou fanton

Tige de fer à section carrée torsadée à la forme désirée servant à armer la coquille d'un bon creux, ou un creux perdu ou encore la coquille en terre d'un estampage, ou enfin une épreuve. *Remarque* : les fentons peuvent être remplacés par du rond d'acier, mais ce n'est pas souhaitable.

Filasson

Petit polochon.

Gâcher

Action de saupoudrer régulièrement le plâtre dans l'eau et de le brasser.

Gélatine

Substance que l'on récupère à la surface de l'eau après avoir fait bouillir des os d'origine animale. Bien que la gélatine ne soit plus utilisée comme moule souple thermoplastique, sa technique de coulage se justifie pour la réalisation de certains effets spéciaux pour le cinéma. Il faut laisser tremper les plaques neuves de gélatine dans de l'eau froide, lorsque les plaques se plient et deviennent blanches à l'endroit de la pliure, les retirer de l'eau. La fusion de la gélatine est obtenue dans un bain-marie dont l'eau doit être à 60° environ ; ne jamais la faire bouillir et remuer de temps en temps afin d'activer la fusion. Lorsque la gélatine est fondue, la sortir du bain-marie, attendre avant de couler que la température de la gélatine soit proche de 40°. Une température trop élevée de la gélatine aurait pour effet d'écailler le vernis graissé qui isole le modèle. La gélatine est employable lorsqu'elle produit un filet ininterrompu en coulant du bâton dont on s'est servi pour la remuer lors de la fusion. Démouler lorsqu'elle a repris sa rigidité.

Gélifiée

Se dit d'une résine en phase de prise, elle a alors la consistance du caoutchouc et peut se couper au cutter.

Glacis coloré

Glacis plus ou moins pigmenté, tout en conservant sa transparence.

Glacis incolore

Vernis composé de 2/3 d'huile, 1/3 d'essence de térébenthine et de siccatif (10 % l'été, 20 % l'hiver).

Glissières d'un traineau

Parties de celui-ci qui sont au contact avec la dalle.

Gomme-laque fluide

Gomme-laque diluée dans de l'alcool à brûler.

Gouttières

Sillons creusés sur la portée des pièces et de la première coquille d'un bon creux afin de chasser l'air et le surplus de plâtre lors de tout moulage (l'orifice d'entrée se nommera « trou noir », l'orifice de sortie « trou blanc »).

Graissage

Action d'isoler le moule de l'épreuve afin de démouler facilement celle-ci (pour le moule en gélatine, on utilise un mélange de stéarine fondue et de quatre cinquièmes d'huile qu'on étend dans le moule une heure après l'alunage).

Gripper ou griffer

C'est strier le côté d'une plaque de staff ou encore un noyau, etc. afin de mieux assurer la liaison avec un plâtre venant s'y juxtaposer ou superposer.

Haut-relief

Ouvrage (terre, plâtre, bois, pierre, etc.) dont le relief est important, mais toujours sur un fond de même nature.

Imitation

Action de transformer, grâce à l'application de couleurs, un objet (en plâtre, par exemple) afin de lui donner (toujours approximativement) l'aspect d'un matériau donné.

Inhibition

Se dit d'un élastomère ou d'une résine qui ne sont pas complètement polymérisés (ceux-ci restent poisseux en surface).

Joint

Espace de 1 cm entre deux éléments posés.

Limaille

Ensemble de copeaux de zinc ou d'un métal quelconque.

Manchon

Enveloppe de plâtre enrobant un calibre après enchâssement ou bien support de bois contre lequel ce même calibre sera cloué afin de lui apporter la rigidité nécessaire à sa non-déformation.

Manques

Absences de plâtre dans l'élément moulé. Ceci est provoqué soit par un mauvais moulage soit par un plâtre gâché trop serré.

Maquette

Modèle, généralement à petite échelle, d'un élément, d'un détail, d'un ensemble en staff; réalisée en plâtre et/ou en staff, elle complète et visualise les documents graphiques et facilite la mise au point des procédés techniques de fabrication.

Modèle

Élément ou assemblage d'éléments en vue d'obtenir un nombre d'épreuves déterminées après fabrication d'un moule à pièces ou souple.

Morcellement

Action de débiter la gélatine ou le composé vinylique ayant servi, afin d'en faciliter la fusion.

Annexe 6 • Lexique

Mouchetis

Effet de matière réalisé au dos de l'épreuve durant le moulage (effet réalisé avec le deuxième plâtre après avoir appliqué la filasse).

Noirs

a) Joints muraux pour pose de plafond plat suspendu. b) Joints muraux et au plafond pour la pose de corniche. c) Contre-dépouilles dans le drapé d'une statue par exemple.

Noyau

Structure creuse ou pleine constituée de gravats (fig. 4.47), de morceaux de staff (fig. 4.54b), de rebut de corniches (fig. 4.57) ou de plaques de plâtre cartonnées (fig. A6.3) sur laquelle, lorsque le profil a un volume d'une certaine importance, on effectue le traînage définitif. La fabrication du noyau permet d'économiser du plâtre et de bien réussir son traînage.

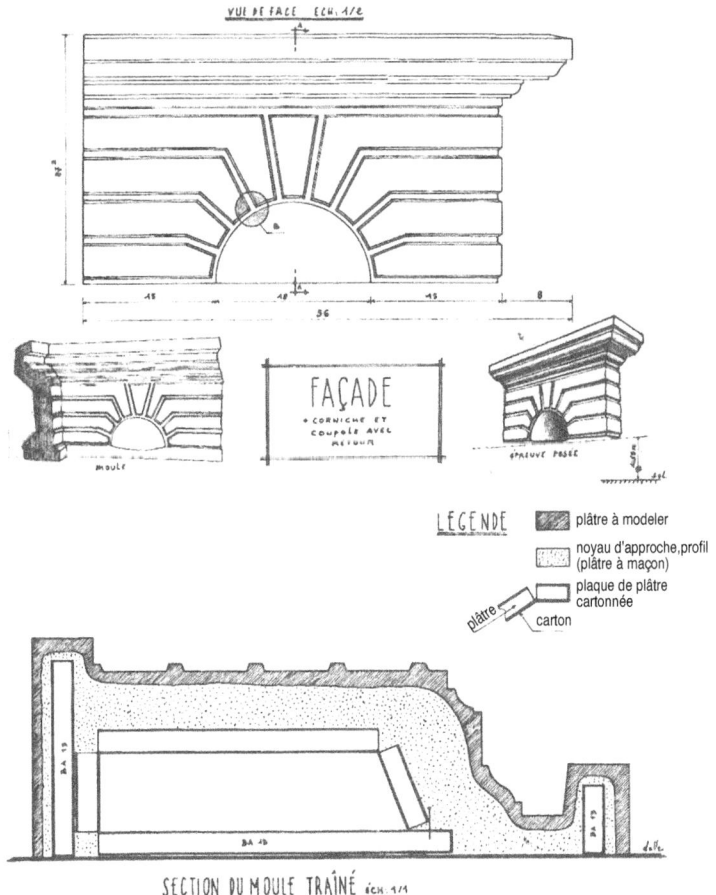

Fig. A6.3 : Noyau creux en plaques de plâtre cartonnées

321

Ossature

Ensemble d'éléments de bois ou de métal supportant l'accrochage lorsque le point d'ancrage est trop élevé.

Papillons

Cales de bois placées au-dessus (petites cales) et au-dessous (grandes cales) de deux plaques de staff afin qu'elles joignent parfaitement. Le serrage des cales se fait par le moyen d'un fil de fer que l'on torsade à son extrémité.

Passe

Action de glisser le traîneau avec ou sans plâtre.

Patine

Technique de vieillissement d'un support donné.

Patins de scellement

Polochons fixant les ronds d'acier (5 mm de diamètre au moins) aux deux extrémités lorsque ceux-ci constituent la suspente. On désigne de même les filassons de fixation d'un faux plafond plat en staff lorsqu'il se trouve à une distance inférieure à 5 cm de son support.

Peau de vache

Tissu de filasse ou toile de jute qui jointoie les cerces et sur lequel sera lissée l'enveloppe de plâtre du noyau définitif ou du modèle réalisé par cerces.

Pelure

Couche de plâtre traîné sur le noyau savonné d'un traînage feuilleté : il est destiné à être enlevé après moulage de l'épreuve.

Pendard (ou cravate, etc.)

Polochon tressé de filasse servant à une fixation horizontale (section = 2 cm au minimum).

Pic exothermique

C'est la plus haute montée en température lors de la polymérisation d'une résine.

Pièces

Ensemble des éléments de plâtre (terre, etc.) dont l'ensemble constitue le profil en creux du modèle. Cet ensemble permet le démoulage facile des formes en contre-dépouille. Il permet de plus une grande fidélité de reproduction.

Pièces perdues (ou fausses pièces)

Lorsqu'il n'est pas possible de maintenir entre elles certaines pièces dans une enveloppe à cause d'une contre-dépouille trop importante, on sera amené à réaliser des pièces perdues (voir bon creux à deux coquilles, cas particuliers importants).

Périmètre

– carré :	a × 4
– rectangle :	(a + b) × 2
– triangle :	a + b + c
– parallélogramme :	(b + h) × 2
– trapèze :	B + a + b + c
– cercle :	2 π R ou π D

Pige

Tige de bois (latte, liteau) coupée à la longueur voulue servant de gabarit (pour l'implantation d'un plafond plat suspendu, par exemple).

Pivot

Élément central en bois coiffé de zinc qui sert de guide au traîneau circulaire (exemple : traînage d'un moule de coupole).

Plafond plat suspendu en staff : (se dit encore faux plafond)

Plafond composé d'un nombre désiré de plaques de staff scellées et raccordées : la planéité générale est vérifiée avec une règle à plots de 2 m de longueur et des plots de 3 mm de hauteur. On doit pouvoir mettre en contact simultanément les deux plots d'extrémités avec la surface de l'ouvrage et l'on doit pouvoir observer un basculement de la règle, le contact du plot central est recherché.

Plaque de staff

Élément en plâtre à mouler pour staff, généralement armé de filasse végétale ou de fibres minérales, de forme rectangulaire dont la face de parement est plane et lisse. La surface pratique des plaques est de 1 m².

Pocher

Tapoter avec le spalter (ou mieux, avec la brosse à pocher) les pigments de couleur désirés sur un glacis déterminé.

Points d'ancrage

Endroits où, d'après le tracé d'implantation du plafond suspendu sur l'ancien plafond, on dispose les ancrages (se conformer à la norme-DTU sur « la mise en œuvre des plafonds en staff »).

Polochon

Morceau de filasse trempé dans le plâtre (casquette, pendard, patin de scellement, filasson).

Polymérisation

Processus chimique permettant à une base de passer d'un état liquide à un état solide.

Portée

Partie d'un moule ou d'une pièce servant de support.

Poussée du plâtre

Gonflement du plâtre (préférer le terme « poussée » au terme « gonflement »).

Raccorder

Faire un raccord de plâtre, pour jointoyer deux plaques de staff ou deux éléments d'un modèle, etc.

Regard

Trou réalisé dans la dernière plaque de staff d'un faux plafond et par lequel on fait passer les derniers pendards et les dernières casquettes. On rebouche ensuite.

Règles mobiles

Règles supportant une rangée de plaques avant leur fixation. Elles sont maintenues par des règles porteuses.

Règles porteuses

Règles supportant les règles mobiles (ces règles seront maintenues provisoirement à leur juste hauteur par des tendeurs en fil de fer doublé. La vérification de l'alignement des règles porteuses s'opérera grâce à une autre règle, un cordeau ou un rayon laser).

Réhydratation

Opération consistant à tremper dans l'eau froide de la gélatine neuve avant la fusion (afin de l'accélérer).

Repères

Trous hémisphériques faits au dos et sur les côtés des pièces en dépouille de façon à mettre ces pièces en ordre et à les maintenir en place. Il existe maintenant des repères en plastique appelés « natch ».

Rives

Extrémités d'un plafond plat suspendu sur les quatre murs verticaux d'un local par exemple.

Ronde-bosse

Ouvrage en relief terre, plâtre, bois, pierre, etc. et « autour duquel on peut tourner » (Le Robert).

Sabot

Élément de bois ou de plâtre et filasse servant de guide lors de l'exécution d'un traînage droit.

Savon noir

Il sert à boucher les pores du plâtre avant le moulage (sa préparation requiert de faire bouillir 2/3 d'eau pour 1/3 de savon noir et ne doit être utilisée que refroidie). On peut encore le mélanger à froid, dans ce cas se munir d'un gant en latex. On peut remplacer le savon par de la gomme-laque ou de l'emex (annexe 3. sté. PNR) ou du démoulant « 832/B Hexcel France ».

Sceller

Action de rendre solidaires au moyen de polochons soit deux parties d'un élément qu'on doit raccorder, soit des plaques de staff lors de la fabrication d'un plafond suspendu, etc.

Soffite

Pièce moulée comportant deux angles droits, destinée, par exemple, à dissimuler un tuyau dans un appartement.

Solin

Plâtre ou ensemble de polochons appliqués à la base d'un grand pivot pour le maintenir dans sa position idéale avant : a) la fixation de sa charpente de consolidation, b) le montage des cerces support du noyau creux, c) le traînage de l'enveloppe du noyau.

Spalter

Pinceau long et plat dont l'épaisseur est très réduite.

Spiter

Action de projeter des gouttelettes de peinture en brossant la main sur le spalter.

Staffer

Action de projeter du plâtre à la brosse. Elle suppose un geste professionnel entraîné.

Surfaces

- carré : $a \times a$
- rectangle : $a \times b$
- triangle : $a \times h : 2$
- parallélogramme : $b \times h$
- cercle : πR^2
- sphère : $4 \pi Rh$
- cylindre :   surface latérale $2 \pi Rh$
- cône : πRh

Surface d'ancrage

Sillon pioché sur un mur au-dessus du trait de niveau d'implantation d'un plafond suspendu par exemple. Ce sillon favorise le scellement des casquettes de rive.

Surform

Rabot-râpe universel.

Suspente

Voir accrochage.

Taloche d'enchâssement

Élément en bois ou en aluminium à la forme désirée, servant à planéifier les deux couches de plâtre qui constituent le manchon dont Gérard Rondeau est le créateur.

Talus de débordement

Profil en plâtre dépassant de 0,5 à 1,5 cm le profil du calibre et servant à traîner l'enveloppe du noyau plein ou creux. On le fera sauter après le traînage, au niveau du grain d'orge (à 1,5 cm au-dessus du profil final).

Talus rentrant

Biseau réalisé sur le manchon en plâtre pendant l'enchâssement du calibre. Il est placé sur le côté du profil de dégagement de 2 mm.

Talus sortant

Biseau réalisé sur le manchon en plâtre pendant l'enchâssement du calibre. Il est placé sur le côté du profil en dégagement de 1,5 cm (le manchon en bois n'a pas de talus sortant).

Taquets

Coins de bois servant à caler les éléments de staff avant leur scellement, ou cales maintenant une corniche à la retombée avant fixation.

Tendeur (ou tirant)

Fil de fer tendu dont le rôle est de fixer provisoirement le support des éléments à poser (les plâtriers emploient des serre-règles).

Tétines (ou tétons)

Petits cylindres obtenus par remplissage des évents lors du coulage de l'élastomère.

Thermodurcissable

Produit qui passe de la phase liquide à la phase solide sans possibilité de retour.

Thermoplastique

Qui peut être à nouveau rendu à l'état liquide par chauffage (par exemple, Vinamold, cire, etc.).

Touiller

Action de brasser le plâtre pour le rendre homogène.

Annexe 6 • Lexique

Tournasin

Outil de céramiste servant à dégrossir un cylindre de plâtre pour obtenir différentes formes sur le plateau du tour.

Traînage croisé

Pour un traînage d'un modèle de pointe de diamant de base carrée dont les quatre faces ont un profil identique en dépouille, l'évidement du calibre représentera la section de la pointe de diamant passant par son sommet. Le traînage de la pointe de diamant s'obtiendra par passes successives sur l'un des côtés de l'angle de la dalle, puis sur l'autre à l'aide du même traîneau jusqu'à lissage parfait de ce modèle (fig. A6.4 et A6.5).

Par le même principe, on pourra obtenir une pièce traînée de moule de balustre par exemple, mais il faudra alors utiliser deux traîneaux : le calibre du premier traîneau sera découpé au profil du moule à obtenir, le calibre du second traîneau sera découpé au profil des côtés de la pièce à exécuter. Le traînage du moule de balustre s'obtiendra par passes successives du premier traîneau sur l'un des côtés de l'angle de dalle, puis du deuxième traîneau sur l'autre côté de cet angle de dalle.

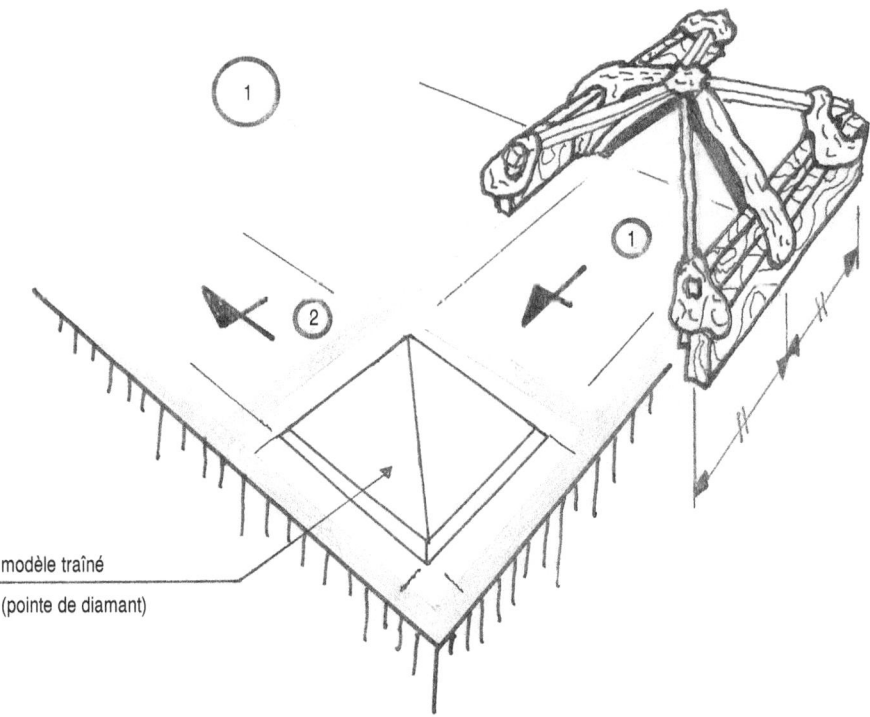

Fig. A6.4 : Pointe de diamant

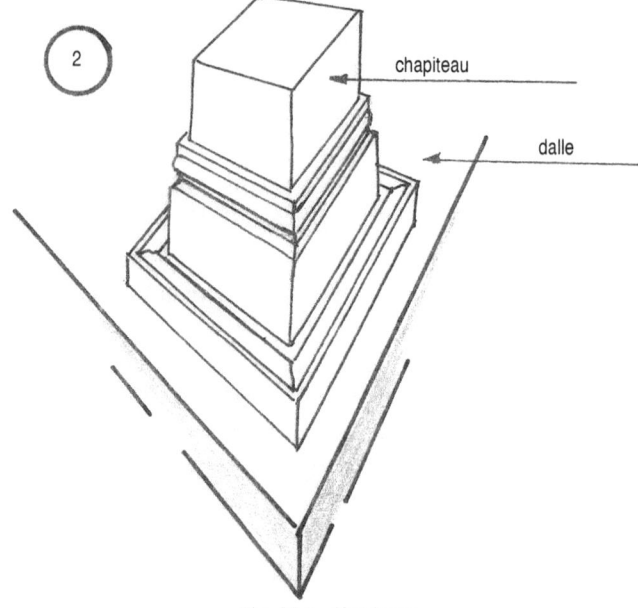

Fig. A6.5 : Chapiteau

Traînage feuilleté

Traînage du profil d'un moule en contre-dépouille lisse et isolé (après moulage le noyau est enlevé et la pelure est cassée). Il reste l'épreuve en contre-dépouille.

Traînage module

Le principe consiste à :
– tendre une ficelle à chaque extrémité de la dalle (pinces à linge, etc.) ;
– maintenir la ficelle à la hauteur désirée (milieu de la moulure) par des cales constituées de plâtre ou de plaques de plâtre cartonnées ;
– traîner de chaque côté de la dalle en même temps ;
– couper les traînages en partie module.
– le collage des moulures se fera à l'aide de colle à carreaux de plâtre ou de colle vendue en cartouche.

Traîneau

Ensemble composé en général du sabot, du calibre enchâssé et du contre-sabot. On le rend solidaire avec des polochons et une armature en bois avant de traîner la forme désirée.

Traîner

Action de pousser le traîneau après avoir placé le plâtre (on commence les passes lorsque le plâtre est crémeux).

Annexe 6 • Lexique

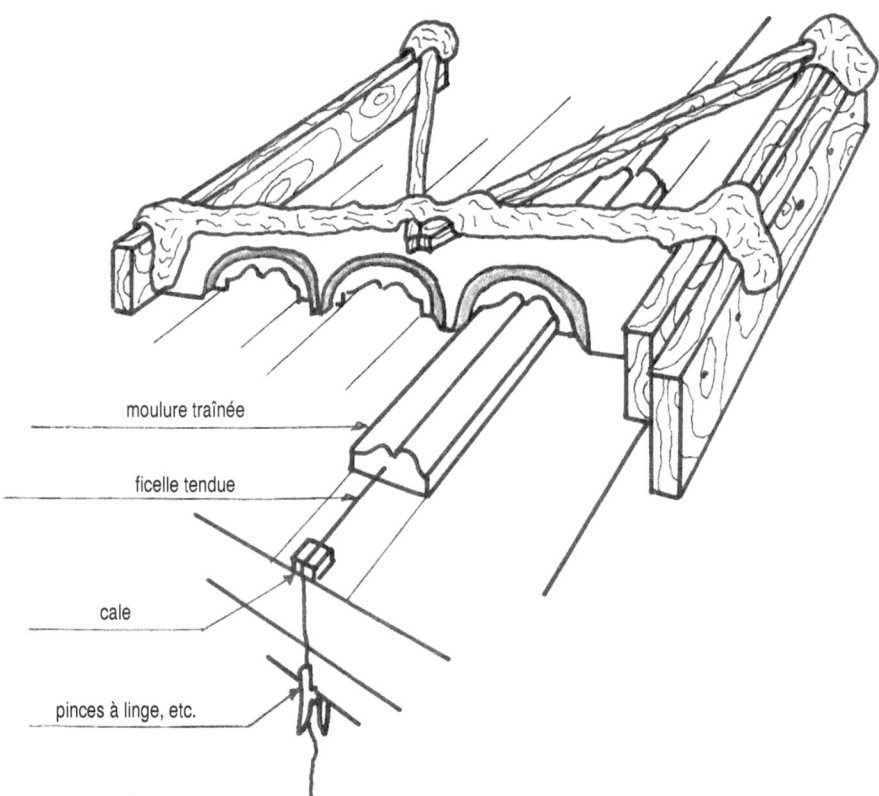

Fig. A6.6 : Traînage module

Triangle rectangle

Polygone à trois côtés possédant un angle droit.

En prenant pour exemple : AB la base, AC la hauteur et BC l'hypoténuse, quelques règles à rappeler :

– théorème de Pythagore : $AB^2 + AC^2 = BC^2$

– relations trigonométriques : AC = BC sin B ou Abtg B, AB = BC cos B ou AC cotg B,

Sinus B = AC/BC, tg B = AC/AB, cotg B = AB/AC.

– utiliser la calculette pour retrouver un angle, un sinus, etc. le sinus de 60° par exemple :

60 $\boxed{\sin}$ = 0,8660254, l'angle à obtenir grâce à un sinus connu : 0,8660254 $\boxed{1N\sqrt{}}$ $\boxed{\sin}$ = 60.

– pourcentage d'une pente (ex. pour calculer la pente d'un toit : AC × 100/BA = pente %.

Trou blanc

Orifice de sortie d'un trou évent ou d'une gouttière (côté extérieur de la coquille).

Trou évent

   Pores pratiqués dans une chape à l'aide d'une perceuse. C'est par ces pores que l'air peut s'échapper lors du coulage d'un moule souple. On désigne aussi par « trou évent » la galerie creusée dans un moule souple afin de chasser l'air venant se bloquer aux endroits de forte contre-dépouille.

Trou noir

   Orifice d'entrée d'un trou évent ou d'une gouttière (côté intérieur du moule ou de la coquille).

Trusquin

   Outil servant à tracer à la pointe ou au crayon une ligne parallèle à une arête donnée.

Vents

   Petits trous à la surface d'une épreuve moulée provoqués par des bulles d'air emprisonnées.

Verseur (ou verse)

   Entonnoir de zinc utilisé dans la fabrication d'un moule souple pour couler la gélatine ou l'élastomère à l'intérieur d'une enveloppe.

Volumes

– cube :	a^2	
– parallélépipède rectangle :	$b \times a \times c$	
– prisme :	$B \times h$	(B = surface de base)
– sphère :	$4/3 \, \pi \, R^2$	
– cylindre :	πR^2 ou $\pi D^2 \, 4 : 4$	
– cône :	$2 \, \pi \, R^2$	
– pyramide :	$B \times h : 3$	(B = surface de base)